Verhandlungen, Mitteilungen
und
Berichte
des
Centralverbandes Deutscher Industrieller.

№ 104.

Herausgegeben
vom
Geschäftsführer H. A. Bueck, Berlin W., Karlsbad 4a.
Telephon: Nr. 2527, Amt VI.

Dezember 1906.

Berlin 1906.
J. Guttentag, Verlagsbuchhandlung,
G. m. b. H.

I.

Sitzung des Ausschusses
des
Centralverbandes Deutscher Industrieller
zu Berlin am 17. November 1906.

II.

Entwurf eines Gesetzes
betreffend
die gewerblichen Berufsvereine.

III.

Eingaben
des
Centralverbandes Deutscher Industrieller
aus dem Jahre 1906.

IV.

Kathedersozialismus.
Vortrag des Geschäftsführers des Centralverbandes Deutscher Industrieller H. A. Bueck, gehalten in Gleiwitz am 28. Oktober 1906.

V.

Beschlüsse
des
Ausschusses des Centralverbandes Deutscher Industrieller in der Sitzung am 17. November 1906.

VI.

Geschäftsbericht
für die Zeit vom 5. Mai 1905 bis zum 20. Juni 1906.

Inhaltsverzeichnis.

Sitzung des Ausschusses

des

Centralverbandes Deutscher Industrieller,

abgehalten am

17. November 1906, vormittags 11 Uhr, zu Berlin, im Palasthotel.

Vorsitzender, Hüttenbesitzer **R. Vopelius**-Sulzbach: Meine Herren! Gestatten Sie, daß ich Sie namens des Direktoriums begrüße.

Wir treten sofort in die Tagesordnung ein.

I. Geschäftliche Angelegenheiten.

a) Festsetzung des Etats des Jahres 1907.

Meine Herren! Nach einem früheren Beschlusse des Ausschusses werden die Gehaltsfragen hier nicht besprochen, wohl aber die übrigen Posten des Etats. Ich stelle jedoch anheim, ob Sie davon nicht doch Abstand nehmen wollen. Der Etat ist ebenso aufgestellt wie der verflossene.

Aus Ihrem Schweigen darf ich wohl entnehmen, daß Sie auf Einzelheiten nicht eingehen wollen. Der Etat ist genehmigt.

Meine Herren! Bei dieser Gelegenheit möchte ich Ihnen mitteilen, daß das Direktorium einstimmig den Beschluß gefaßt hat, für den Fall — von dem wir alle hoffen, daß er nicht bald eintreten möge —, daß Herr Generalsekretär Bueck aus seiner Tätigkeit im Centralverbande ausscheiden sollte, ihm eine Pensionsberechtigung zuzusprechen und ebenso eventuell seiner Frau Gemahlin. Eine Diskussion hierüber möchte ich selbstverständlich nicht hervorrufen. Aber ich glaube, Sie werden dem Beschluß Ihres Direktoriums stillschweigend Ihre Zustimmung geben. (Lebhafte Zustimmung. Zuruf: Nicht stillschweigend, sondern laut!)

Meine Herren! Dann kommen wir zu Punkt

I b) Zuwahl von Mitgliedern in den Ausschuß.

Herr Generalsekretär Bueck, darf ich bitten!

Generalsekretär **Bueck**-Berlin: Meine Herren! Bei unserem ältesten Mitgliede, möchte ich beinahe sagen, bei dem Verein Deutscher Eisengießereien, hat sich sowohl im Vorsitz wie in der Geschäftsführung eine Aenderung vollzogen. Der Vorsitz ist auf Herrn Kommerzienrat Ugé in Kaiserslautern übergegangen, und es ist Ihnen ja allen in der Erinnerung, daß unser langjähriger Freund Scherenberg, der so tätig in unserem Verbande mitgewirkt hat, vor zwei Jahren plötzlich mitten in seiner Tätigkeit in einer Versammlung durch den Tod abgerufen wurde. Seine Stelle ist besetzt worden durch den Syndikus der Handelskammer Düsseldorf, Herrn Dr. Brandt.

Das Direktorium schlägt Ihnen vor, diese beiden Herren in den Ausschuß zu kooptieren.

Vorsitzender: Meine Herren! Ich frage, ob jemand etwas gegen die Kooptation hat. — Das ist nicht der Fall.

Herr Kommerzienrat Ugé ist hier. Ich darf ihn demnach als Mitglied des Ausschusses begrüßen.

Kommerzienrat **Ugé**-Kaiserslautern: Ich nehme die Wahl dankend an.

Generalsekretär **Bueck**-Berlin: Meine Herren! Ebenso ist in dem Verein zur Wahrung der bergbaulichen Interessen im Oberbergamtsbezirk Dortmund in der Besetzung des Präsidiums wie in der Geschäftsführung eine Aenderung eingetreten. Der frühere Vorsitzende ist Mitglied unseres Ausschusses; der neue Vorsitzende aber, Herr Bergrat Kleine, ist es noch nicht, und das Direktorium schlägt Ihnen vor, auch diesen Herrn in den Ausschuß zu kooptieren.

Herr Bergmeister Engel, der früher Geschäftsführer dieses Vereins war, hat seine Stellung im Ausschusse mit seinem Amt in dem Verein niedergelegt. An seine Stelle ist Herr Bergassessor von und zu Loewenstein getreten. Es wird Ihnen vorgeschlagen, diese beiden Herren, Herrn Bergrat Kleine und Herrn Bergassessor von Loewenstein, zu kooptieren.

Vorsitzender: Meine Herren! Sie haben die Vorschläge gehört. Ich frage, ob sich ein Widerspruch erhebt. — Das ist nicht der Fall. Sie haben die beiden Herren kooptiert.

Generalsekretär **Bueck**-Berlin: Meine Herren! Dann wird Ihnen vorgeschlagen, an Stelle des leider gleichfalls verstorbenen langjährigen Kollegen, Herrn Dittmar, Geschäftsführer des Mittelrheinischen Fabrikantenvereins, dessen Nachfolger, Herrn Meesmann-Mainz, zu berufen, und an Stelle des Herrn Kommerzienrat Stahl, der durch die Wahl in das Direktorium aus dem Ausschuß ausgeschieden ist, den jetzigen Mitdirektor im Vulcan, Herrn Baurat Flohr, zu kooptieren. (Bravo!)

Vorsitzender: Ich darf wohl ohne besondere Abstimmung Ihre Zustimmung zu diesen beiden Vorschlägen konstatieren.

Generalsekretär **Bueck**-Berlin: Ferner, meine Herren, wird Ihnen vorgeschlagen, der Uebung entsprechend, daß die Herren Geschäftsführer der meisten größeren Vereine, die dem Centralverbande angehören, auch in den Ausschuß kooptiert sind, Herrn Dr. Kuhlo, den Geschäftsführer des Vereins der Bayerischen Industriellen, in den Ausschuß zu kooptieren.

Sodann, meine Herren, ist dem Centralverbande beigetreten der Vorsitzende der Centralstelle zur Vorbereitung von Handelsverträgen, Herr von Martius, außerdem auch noch sein Kollege im Vorstande dieses Vereins, der Geheime Kommerzienrat Goldberger. Das Direktorium schlägt Ihnen vor, den Vorsitzenden Herrn von Martius auch in den Ausschuß zu kooptieren.

Vorsitzender: Meine Herren, ich stelle die Wahl des Herrn von Martius und des Herrn Generalsekretärs Dr. Kuhlo zur Diskussion und darf wohl annehmen, daß Sie diese Kooptation annehmen.

Dann kommen wir zu Punkt II der Tagesordnung:

Bericht des Geschäftsführers.

Ich bitte Herrn Bueck, das Wort zu nehmen.

Generalsekretär **Bueck**-Berlin: Die letzte Versammlung des Centralverbandes war eine Delegiertenversammlung und hat am 21. Juni d. J. stattgefunden. Diejenigen, die an dieser Versammlung teilgenommen haben, werden sich mit einer gewissen Befriedigung an sie erinnern. Der Centralverband konnte damals auf eine dreißigjährige Tätigkeit zurückblicken, während deren er der deutschen Industrie und dem deutschen Wirtschaftsleben wohl recht erhebliche Dienste geleistet hat. Die Versammlung trug daher in erfreulicher Weise einen festlichen Charakter.

Seit jener Zeit hat der Centralverband wieder eine nicht unerhebliche Erweiterung erfahren. Außer einer Reihe von Einzelmitgliedern sind ihm 4 korporative Verbände beigetreten: die Verkaufsstelle für gewalzte und gepreßte Bleistäbe in Köln, der Stanzblechverband in Hamm, der Verband deutscher Kokosindustrieller in Hervest-Dorsten und der Verband deutscher Maschinenbauanstalten für Brauerei- und Mälzereianlagen in Berlin. Danach, meine Herren, umfaßt der Centralverband augenblicklich 181 korporative Mitglieder.

Meine Herren! Die Zwischenzeit von jener Versammlung ab — es war der Hochsommer und es waren die ersten Herbstmonate — konnte man früher gewissermaßen als eine Ruhepause nicht nur in unserm öffentlichen Leben, sondern vielfach auch in der geschäftlichen Tätigkeit betrachten. Das hat eigentlich schon seit längerer Zeit aufgehört. Die Vielgestaltigkeit unserer allgemeinen und besonders unserer wirtschaftlichen Verhältnisse, die Intensität, mit der sich die Interessen von allen Seiten der Beachtung und der Verfolgung ihrer Ziele zudrängen, machen es, daß von einer derartigen Ruhepause eigentlich nicht mehr die Rede ist. Das wirtschaftliche Leben hat in dieser Zeit in hohem Maße pulsiert, und auch andere Ereignisse sind in der Zeit, die seit der letzten Versammlung verlaufen ist, eingetreten, die mir heute zu einigen Betrachtungen Gelegenheit geben.

Meine Herren! Zunächst war es die Ausführung einzelner in der letzten Reichstagssession beschlossener Gesetze, die den Centralverband beschäftigt hat. Jeder Patriot war schon seit einer Reihe von Jahren in Besorgnis und Unruhe versetzt durch den traurigen Zustand der Finanzen im Deutschen Reiche. Es wurde daher mit Freuden begrüßt, als die Reichsregierung im vorigen Jahre mit Vorschlägen zu einer durchgreifenden Finanzreform an den Reichstag herantrat.

Meine Herren! Was aus den wohlüberlegten, zum großen Teil auch durchaus zutreffenden Vorschlägen der Reichsregierung geworden ist, ist Ihnen bekannt. Es sind in dieser Beziehung Beschlüsse vom Reichstage gefaßt worden, die in der Geschichte der Gesetzgebung und des Parlamentarismus Deutschlands kein Ruhmesblatt bilden werden. Einige der beschlossenen Steuern, namentlich die den Verkehr belastenden Steuern, haben zu ernsten Bedenken Anlaß gegeben.

Der Centralverband freilich hat in seiner am 9. Dezember v. J. abgehaltenen Ausschußsitzung darauf verzichtet, gegen diese Steuern Einspruch zu erheben. In diesem Verzicht lag aber keineswegs eine Billigung derselben. Der Centralverband wollte nur mit seinem Verzicht seinen Willen aussprechen, nicht in die Reihe der jammervollen Patrioten zu treten, die gegen jede Steuer Einspruch und Protest erheben, an der sie selbst mitzahlen sollen. Das war der Sinn des Verzichts des Centralverbandes.

In der Ablehnung der wohlbegründeten Vorschläge der Regierung und in dem Suchen nach einem Ersatz dafür ist man im Reichstag zu Steuern gekommen, die, wie beispielsweise die Steuer auf die Tantiemen der Verwaltungsräte, ganz abgesehen davon, daß sie eine dritte Besteuerung eines und desselben Steuerobjektes in Betreff des Einkommens darstellt, doch wohl auch wegen des geringen Ertrages geeignet ist, das Deutsche Reich im Auslande lächerlich zu machen, zum mindesten Zweifel an der wirtschaftlichen Leistungsfähigkeit und Kreditfähigkeit des Reiches zu erwecken.

Meine Herren! Bezüglich der Erhebung des Frachturkundenstempels waren bei einer Reihe von unseren Mitgliedern Bedenken aufgetaucht, die sich in Beschwerden beim Centralverbande bemerklich machten. Die Beschwerden gingen dahin, daß der Frachturkundenstempel von demjenigen erhoben wurde, der die Fracht zu zahlen hatte. Meine Herren! Der Grundsatz ist ein bisher allgemein anerkannter gewesen, daß bei der Verstempelung von Urkunden derjenige den Stempel zu tragen hat, der die Urkunde ausstellt. Ihrer Geschäftsführung erschienen die Klagen daher vollständig berechtigt, und wir schlugen dem Direktorium vor, bei dem Herrn Minister der öffentlichen Arbeiten zu beantragen, in dieser Beziehung eine Aenderung eintreten zu lassen. Unser Gesuch wurde abschlägig beschieden. Der Herr Minister erklärte, daß im Interesse des allgemeinen Verkehrs es zweckmäßiger erscheine, die Steuer von dem Frachtzahler zu erheben. Inzwischen angestellte Umfragen bei unseren Mitgliedern ergaben, daß ein sehr großer Teil derselben vollständig zufrieden mit der Anordnung der Königlich Preußischen Staats-Eisenbahnverwaltung war. Es ergab sich daraus für unser Direktorium die Erkenntnis, daß es sich hier gewissermaßen um eine Machtfrage handelte. Der wirtschaftlich Stärkere legte die Zahlung des Stempels dem wirtschaftlich Schwächeren auf, den er auch mit der Zahlung der Fracht belastete. Ihr Direktorium erkannte, daß diese Sache bei der Einführung zu großen Bedenken und Klagen auf der einen oder der anderen Seite Veranlassung gibt, daß aber mit dem Abschluß neuer Verträge auf diesem Gebiete diese Frage, wie gesagt, sich als eine Machtfrage ohne Bedenken regeln würde; das Direktorium hat daher beschlossen, in dieser Angelegenheit nichts weiter zu tun.

Einen weiteren, viel ernsteren Beschwerdepunkt bildete die Berechnung des Frachturkundenstempels. Es wurden bei uns Beschwerden darüber erhoben, daß bei der Verladung gleicher Mengen von Gütern, wenn sie in Wagen von einer höheren Tragkraft als 10 t, also von einer Tragkraft von 12½, 15 oder 20 t versendet werden, ein erheblich höherer Stempel berechnet würde, als wenn die Versendung in 10 t-Wagen erfolge. Meine Herren! Diese Art der Berechnung widersprach nicht nur dem Wortlaut des Gesetzes — nach unserer Auffassung wenigstens —, sondern sie war auch wirtschaftlich widersinnig. Es ist Ihnen bekannt, daß das Streben der Eisenbahn, in voller Uebereinstimmung mit den Ansichten der Industrie, dahin geht, so viel als möglich Wagen mit einer höheren Tragkraft zu verwenden. Es laufen ja auch in dem Güterwagenpark der Preußisch-Hessischen Eisenbahngemeinschaft bereits 76 pCt. Wagen, die eine höhere Tragkraft als 10 t haben. Durch diese Art der Berechnung, bei der sich die Versendung in 10 t-Wagen als wesentlich vorteilhafter gestaltete, wurde dem Streben der Eisenbahn entschieden entgegengewirkt. Es mußte natürlich jeder danach trachten, für seine Sendungen auf Entfernungen, die eine Fracht von nicht mehr als 25 M. darstellten, soviel als möglich 10 t-Wagen zu benutzen. Die Widersinnigkeit dieser Sache lag so klar zu Tage, daß von seiten Ihrer Geschäftsführung Verhandlungen mit den betreffenden Behörden geführt wurden, zunächst im Ministerium der öffentlichen Arbeiten und im Reichsschatzamt, das doch nach meiner Ansicht die Entscheidung in dieser Sache hatte. Ich kam aber bald zu der Ueberzeugung, daß das Königlich Preußische Finanzministerium eine entscheidende Stimme habe, ich habe daher auch im Preußischen Finanzministerium in dieser Sache verhandelt. Im Ministerium der öffentlichen Arbeiten erkannte ich wohl sofort, obgleich man sich nicht bestimmt aussprach, daß unsere Beschwerde als berechtigt angesehen wurde, und daß eine Abhilfe erwogen werde. Das gleiche war, wenn auch nicht mit derselben Deutlichkeit, im Finanzministerium zu erkennen. Der Herr Finanzminister hat uns dann aber durch ein Reskript vom 1. September mitgeteilt, daß die nach den eisenbahnseitigen Grundsätzen zulässige Mehrbelastung eines Wagens über das angeschriebene Ladegewicht des Wagens hinaus nicht Veranlassung zu einer Berechnung des Stempels nach dem nächst höheren Satze geben solle, der Stempelberechnung solle nicht das Ladegewicht des gestellten, sondern des angeforderten Wagens zu Grunde gelegt werden, wenn das Gewicht der Ladung die Tragfähigkeitsgrenze des Wagens nicht übersteigt.

Es solle die Tarifnummer 6d so ausgelegt werden, daß der für die Berechnung des Stempels maßgebende Frachtbetrag von 25 M. nicht auf die jeweilig auf den Frachtbrief beförderte Ladung, sondern auf eine normale Ladung von 10 t zu beziehen ist.

Damit waren die Klagen berücksichtigt und beseitigt — freilich, meine Herren, muß ich sagen, mit Hilfe einer etwas gezwungenen Auslegung des Gesetzes seitens der maßgebenden Behörden, wie denn auch dieser Fall beweist, daß unsere Gesetze in neuerer Zeit mangelhaft redigiert werden.

Meine Herren! Eine langjährige Klage der Industrie, die Höhe der Güterfrachten, hat auch den Centralverband in neuerer Zeit wieder beschäftigt. Diese Frage kann umsoweniger von der Tagesordnung verschwinden, als die Erinnerung an die bei der Verstaatlichung der Eisenbahnen gegebene Zusicherung nicht vergessen werden kann, die Zusicherung, daß die Erträgnisse der Eisenbahnen wesentlich im Interesse des Verkehrswesens selbst verwertet werden sollen. Das mag die aufrichtige Meinung des damaligen Ministers der öffentlichen Arbeiten, des Ministers Maybach gewesen sein, der diese Erklärung abgab. Sie ist aber nicht eingehalten worden, und das Abgeordnetenhaus hat sich einmal in etwas merkwürdiger Weise von dem damaligen Herrn Finanzminister sagen lassen müssen: was seid Ihr so dumm gewesen, das zu glauben! Es ist das meiner Ansicht nach ein recht bedenklicher Ausspruch gewesen, weil damit eigentlich gesagt wird: Glaubt doch nicht, wenn Euch die Staatsregierung irgend etwas versichert!

Nun, wir wollen das dem längst verstorbenen Herrn nicht so über das Grab hinaus nachtragen. Aber, meine Herren, tatsächlich ist es ganz anders gekommen. Die Ueberschüsse der Eisenbahnen werden in wachsendem Maße zur Bestreitung der allgemeinen Bedürfnisse des Staates verwendet. Von den Ueberschüssen sind verwendet worden, bald nach der Verstaatlichung im Jahre 1885/86 23 706 000 M., im Jahre 1890/91 86 360 000 M., im Jahre 1895/96 172 000 000 M., im Jahre 1900 295 000 000 M., also fast 300 000 000 M. und im Jahre 1905 470 793 000 M.

Zieht man von diesem rechnungsmäßigen Ueberschuß der Staatseisenbahnverwaltung alle zum Zwecke der Eisenbahnverwaltung gemachten Aufwendungen wieder ab, so ergeben sich, während noch 1885/86 ein Defizit von 9 111 000 M. vorhanden war, in den späteren Jahren die folgenden Summen als verfügbar für allgemeine Staatszwecke:

	Ueberschuß		Ueberschuß
1890/91 .	43 098 000 M.	1900 . .	202 959 000 M.
1895/96 .	142 191 000 „	1905 . .	284 766 000 „

Im Verhältnis zu dem auf die Eisenbahn verwendeten Anlagekapital sind demnach zu allgemeinen Staatszwecken verwendbar gewesen:

1890/91 . . .	0,67 %	1900	2,54 %
1895/96 . . .	2,03 %	1905	3,11 %

Auf Anregung eines unserer kompetentesten Mitglieder, des Stahlwerksverbandes, haben vor kurzer Zeit kommissarische Beratungen zwischen Delegierten der am meisten bei der Frachtfrage beteiligten Verkehrskreise im Centralverbande stattgefunden; sie haben zu dem Ergebnis geführt, daß doch die damals versprochene systematische Ermäßigung der Gütertarife wieder und immer wieder verlangt werden müsse. Man war überzeugt, daß es nur möglich sei, schrittweise und vorsichtig auf diesem Gebiete vorzugehen, und daß zunächst nur solche Gebiete in Angriff genommen werden dürfen, auf denen jeder Interessengegensatz in der Industrie ausgeschlossen sei. Man verständigte sich somit dahin, zunächst eine Ermäßigung für Rohmaterialien zu fordern, und zwar in Bezug auf die Abfertigungsgebühr, die allen Industrien gleichmäßig zugute kommen würde. In der Begründung figuriert hauptsächlich die Annahme, daß die Abfertigungsgebühr doch durch die Beförderung der einzelnen Wagen bewirkt werde, und da jetzt in so großen Mengen — ich sagte Ihnen schon, meine Herren, daß 76 pCt. des Güterwagenparks aus Wagen mit einer höheren Tragkraft als 10 t bestehen — Wagen mit einer höheren Tragkraft zu expedieren sind, so muß doch auch für eine gleiche Menge Güter eine verhältnismäßig geringere Wagenzahl zur Expedition gelangen. Die Staatseisenbahnverwaltung hat daher eigentlich keinen Titel mehr dafür, die Abfertigungsgebühr in der gleichen Höhe wie früher zu erheben.

Auf dieser Grundlage ist eine Eingabe an den Herrn Minister vom Centralverband abgefertigt worden, und wir wollen hoffen, daß diese zu einem günstigen Ergebnis für die Industrie führen wird.

Meine Herren! Eine andere Frage auf diesem Gebiet ist auch vom Centralverband behandelt worden, zu welcher die vielfachen Klagen aus der Industrie uns Veranlassung gegeben haben: die Höhe der Gebühr für den Transport auf den Anschlußgeleisen. Der Centralverband hat sich, eben infolge der zahlreichen, bei ihm eingegangenen Anträge, veranlaßt gesehen, in dieser Beziehung eine Eingabe an den Herrn Minister um Ermäßigung bezw. gänzlichen Fortfall der Gebühr bei den Anschlußgeleisen zu erlassen. Der Herr Minister hat sehr prompt in wenigen Tagen uns einen abschlägigen Bescheid erteilt, mit einer Begründung, die wohl dahin zusammengefaßt werden kann, daß die Vorteile der Anschlußgeleise ganz allein den betreffenden Industriellen zufallen, daß der Staat von ihnen gar keine Vorteile, sondern nur Lasten habe.

Wir haben Veranlassung genommen, diese Antwort in einem Rundschreiben unseren Mitgliedern mitzuteilen. Es ist uns ein reiches Material darauf zugegangen, dahingehend, daß der Herr Minister in seinen Anschauungen sich doch im Irrtum befinde, daß der Staat auch ganz außerordentliche Vorteile von den Anschlußgeleisen hat. Das Direktorium hat beschlossen, wenigstens den Versuch zu machen, die Argumentation des Herrn Ministers in einer erneuten Eingabe als nicht zutreffend zu bezeichnen. (Bravo!)

Weiter hat den Verband die Eisenbahnverkehrsordnung beschäftigt. Ein Entwurf war von dem Reichseisenbahnamt ausgearbeitet worden, da die jetzt bestehende Eisenbahnverkehrsordnung doch in manchen Beziehungen für die moderne Entwickelung des Verkehrs nicht mehr vollkommen paßte. Durch die Freundlichkeit des Reichseisenbahnamtes waren wir in die Lage versetzt, unseren sämtlichen korporativen Mitgliedern ein Exemplar dieses Entwurfs zugehen zu lassen, und wir haben zu unserer Freude gefunden, daß diese Sache außerordentliches Interesse bei unseren Mitgliedern hervorgerufen hat, denn wir haben ein sehr starkes Material von Gutachten bekommen, das in einer Eingabe verarbeitet worden ist. In unserer Interessengemeinschaft, auf die ich noch zu sprechen komme, ist unsere Eingabe beraten und dann gemeinschaftlich dem Reichseisenbahnamt übermittelt worden. Es ist anzunehmen, daß die neue Verkehrsordnung, die viele Verbesserungen und Erleichterungen enthält, am 1. April 1908 in Wirksamkeit treten wird.

Meine Herren! Gestatten Sie mir, noch eine Angelegenheit zu berühren, die eigentlich nur die preußischen Mitglieder des Centralverbandes näher angeht, aber, wie ich glaube, auch bei den Mitgliedern aus den anderen Bundesstaaten einiges Interesse hervorrufen wird. Es ist das der § 23 Abs. 3 des abgeänderten Einkommensteuergesetzes vom 19. Juni 1906.

Dieser Paragraph lautet:

„Wer für die Zwecke seiner Haushaltung oder bei Ausübung seines Berufs oder Gewerbes andere Personen dauernd gegen Gehalt oder Lohn beschäftigt, ist verpflichtet, über dies Einkommen, sofern es den Betrag von jährlich 3000 M. nicht übersteigt, der in Absatz 1 genannten Behörde (d. h. der Einschätzungsbehörde oder der Gemeindebehörde) auf deren Verlangen binnen einer Frist von mindestens zwei Wochen Auskunft zu erteilen. Diese Pflicht liegt auch den gesetzlichen Vertretern nicht physischer Personen ob.“

Infolge dieses Paragraphen wurde an unsere Mitglieder von einer Reihe von Gemeindebehörden die Anforderung gestellt, förmliche Listen über ihre Arbeiter, über das, was diese verdienten, und auch über deren Wohnsitz einzureichen. Darüber beschwerte sich ein Teil unserer Mitglieder bei uns, und wir nahmen Veranlassung mit dem Herrn Finanzminister über diese Angelegenheit zu verhandeln. Das Ergebnis dieser Verhandlung war, daß der Herr Minister glaubte, es sei vorläufig noch nicht zweckmäßig über die Frage, wie und in welcher Art die Anforderungen des neuen Gesetzes von der Industrie zu erfüllen seien, allgemeine Anweisungen zu erlassen. Der Herr Minister gab der Hoffnung Ausdruck, daß die Durchführung dieser Bestimmung auf Grund freundlicher gegenseitiger Verständigung, unter wohlwollender Berücksichtigung der Eigenart der einzelnen Betriebe seitens der Gemeinden, durch gegenseitige Uebereinkunft sich ohne Störung vollziehen würde. Der Herr Minister sagte, daß in dieser Richtung die Gemeindebehörden von ihm bereits unterrichtet worden seien.

Wir richteten darauf ein Rundschreiben an unsere Mitglieder, in dem wir ihnen von der Ansicht des Herrn Ministers Kenntnis gaben. In Rheinland und Westfalen war man erst der Ansicht, daß die Aufforderung, Listen einzureichen, unter jeden Umständen abgewiesen werden müsse. Es haben dann aber dort die von dem Herrn Minister auch in Aussicht gestellten gegenseitigen Verhandlungen und Verständigungen stattgefunden, und zwar auf der Grundlage, daß die einzelnen Fabriken an die Gemeindebehörden ihres Betriebsortes eine namentliche Liste der von ihnen beschäftigten Arbeiter nebst Angabe des Einkommens, auch, soweit tunlich, des Wohnortes der Arbeiter abliefern. Die Gemeindebehörde des Betriebsortes hat dann den auswärtigen Behörden Auszüge aus den Listen zu geben.

Nun, meine Herren, hat sich aber doch der Herr Finanzminister veranlaßt gesehen, am 6. Dezember eine allgemeine Verfügung über die Ausführung dieses Paragraphen und darüber, was die Industriellen in Erfüllung der ihnen durch diesen Paragraphen auferlegten Pflicht zu tun haben, zu erlassen. Der Erlaß des Herrn Ministers beruht auf dem Kompromiß, der in Rheinland und Westfalen geschlossen ist. Aber, meine Herren, der Herr Minister geht von der Grundanschauung in seinem Erlaß aus, daß die Industriellen durch das Gesetz verpflichtet sind, die Listen zu liefern. Ich habe die feste Ueberzeugung, daß diese Ansicht des Herrn Ministers in dem Gesetz keine Stütze findet. Wenn sich trotzdem jetzt, wie es den Anschein hat, die Industriellen bereit zeigen, diese Listen, die viele Arbeit und viele Kosten verursachten, zu liefern, so ist das ein außerordentlich weitgehendes Entgegenkommen der Industrie.

Aber, meine Herren, auch diese Vorgänge zeigen es, daß auch dieses Gesetz als nicht klar und gut redigiert und daher als fehlerhaft hinausgegangen bezeichnet werden muß. (Sehr richtig!)

Meine Herren! Eine andere Sache hat Ihr Direktorium beschäftigt, das ist die Vereinfachung bei dem Protestverfahren von Wechseln. Die betreffende, vom Reichsjustizamt ausgearbeitete Vorlage ist durch den Reichsanzeiger vom 23. Juli d. J. veröffentlicht worden, und wir haben auch — wie es ja unsere Pflicht ist — in einem Rundschreiben unsere Mitglieder aufgefordert, sich gutachtlich zu dieser Sache zu äußern. Auch diese Frage hat ein großes Interesse bei unseren Mitgliedern erregt, es sind in einer Beziehung wohl übereinstimmend die Ansichten dahin ausgesprochen worden, daß die Vereinfachung wünschenswert sei. In manchen Beziehungen gehen die Gutachten auseinander. Eine der wesentlichsten Vereinfachungen soll darin bestehen, daß Wechselproteste auch von den Briefträgern aufgenommen werden sollen, freilich nur in einem beschränkten Betrage. Es sollen nur Wechsel bis zum Betrage von 800 Mark, entsprechend der Summe, die auch für Postanweisungen gestattet ist, von den Briefträgern protestiert werden können.

Da gingen nun die Ansichten dahin auseinander, ob diese Summe durch Gesetz festgelegt werden solle, in welchem Falle ja, wenn eine Erhöhung dieser Summe eintreten sollte, wieder eine Aenderung des Gesetzes notwendig werden würde, oder ob, wie es der Vorschlag der Regierung will, die Bestimmung darüber dem Bundesrat zugeschoben werden soll. Ihr Direktorium hat sich dahin ausgesprochen, daß es zweckmäßiger sei, die Feststellung dieses Betrages, der größeren Beweglichkeit wegen, dem Bundesrat anheim zu geben.

Meine Herren! Es ist Ihnen schon durch Rundschreiben mitgeteilt worden, daß der Centralverband Begünstigungsverträge in Bezug auf die Haftpflicht- und Unfallversicherung mit der Kölner Unfallversicherung abgeschlossen hat. Ich hoffe, daß dieses Vorgehen des Direktoriums die Zufriedenheit und Zustimmung der Mitglieder des Centralverbandes finden wird. In dieser Hoffnung ist das Direktorium weiter gegangen und hat die Geschäftsführung ermächtigt, Unterhandlungen in Bezug auf die Lebensversicherung und die damit verbundenen Branchen zu führen.

Ich habe schon die Interessengemeinschaft erwähnt, die der Centralverband im vorigen Jahr mit der Zentralstelle für Vorbereitung von Handelsverträgen und mit dem Bunde der Industriellen abgeschlossen hat. Meine Herren! Die Hoffnungen, mit denen dies geschehen ist, scheinen in Erfüllung zu gehen. Wir haben bis jetzt in zum Teil recht bedeutungsvollen Fragen — ich will nur z. B. an die Frage unserer handelspolitischen Beziehungen zu den Vereinigten Staaten erinnern — mit Leichtigkeit eine Verständigung unter diesen drei Gruppen der Industrie erzielt, die in ihrer Gesamtheit wohl, ich möchte sagen, die ganze deutsche Industrie vertreten. Auch bezüglich der Eisenbahnverkehrsordnung ist das der Fall gewesen. Gestern nun hat eine Sitzung dieser Gemeinschaft stattgefunden, in der nicht unerhebliche Angelegenheiten zur Beratung standen, über die auch eine allgemeine Verständigung erzielt worden ist. So ist von der Gemeinschaft eine Ausstellungskommission gebildet worden nach dem Vorbilde einer Einrichtung, die in Frankreich besteht, die dort von der Regierung außerordentlich begünstigt wird als sehr nutzbringend für die gesamte Industrie, für das Kunstgewerbe und die Kunst selbst, eine Einrichtung, die dort weit verbreitet ist und derartigen Anklang gefunden hat, daß sie Tausende von Mitgliedern zählt.

Meine Herren! Die Aufgabe dieses Ausstellungskomitees soll sein, fortgesetzt das Ausstellungswesen in der ganzen Welt im Auge zu behalten und zu studieren, alles Material zu sammeln, alle Vorkommnisse zu registrieren und auf Grund ihrer Kenntnisse und Erfahrungen im gegebenen Falle den Interessenten mit Rat und Tat zur Seite zu stehen.

Mit der Bildung dieser Kommission wird auch ein Antrag in erfüllendem Sinne erledigt, den der Verein der Maschinenbauanstalten am 7. Februar d. J. bei dem Centralverbande gestellt hat, und der dahin ging, der Centralverband möge sich mit dem internationalen Ausstellungswesen beschäftigen. Denn, meine Herren, diese Kommission wird ihre Tätigkeit außer auf die von mir bereits hervorgehobenen Punkte zu erstrecken haben auf die deutschen und internationalen Ausstellungen im Auslande, auf die ausländischen und internationalen Ausstellungen in Deutschland und auf die deutschen Ausstellungen im Inlande. Meine Herren! In diese Kommission hat jeder der Vereine seinen Vorsitzenden und drei andere Mitglieder gewählt, es gehören ihr die drei Geschäftsführer an, und der Vorsitz ist dem Herrn Geheimen Kommerzienrat Goldberger übertragen worden.

Außerdem, meine Herren, ist auf Antrag des Bundes der Industriellen die Frage erörtert worden, ob es zweckmäßig ist, eine Stelle für die Förderung des Exports zu begründen, und welche Aufgaben derselben zu stellen sind. Zur Prüfung dieser Frage ist eine weitere Kommission gewählt worden, zu der außer den Geschäftsführern der drei Verbände zwei Mitglieder von jedem Verbande gehören. Die Mitglieder des Centralverbandes sind gestern bereits von unserem Direktorium gewählt worden.

Meine Herren! Eine andere Frage bewegt einen Teil unserer deutschen Industrie in neuerer Zeit außerordentlich intensiv: Der Entwurf der neuen Maß- und Gewichtsordnung liegt zur Zeit im Reichstage und wird voraussichtlich in nicht langer Zeit zur Erledigung kommen, da die Arbeiten in der Kommission bereits zu Ende geführt sind.

In der Industrie sind bezüglich dieser Maß- und Gewichtsordnung schon vorher große Bedenken gewesen, die aber verstärkt worden sind durch folgenden, in der Kommission angenommenen Antrag:

„Zum Messen und Wiegen im öffentlichen Verkehr dürfen, soweit dadurch der Umfang von Leistungen bestimmt werden soll, nur geeichte Maße, Gewichte und Wagen angewendet werden. Zum öffentlichen Verkehr gehört der Handelsverkehr auch dann, wenn er nicht in offenen Verkaufshallen stattfindet."

Nun kommt aber die Hauptsache:

„Sofern es sich um die Ermittelung des Lohnes in fabrikmäßigen Betrieben handelt, dürfen auch außerhalb des öffentlichen Verkehrs hier nur geeichte Maße, Gewichte und Wagen verwendet werden."

Meine Herren, das betrifft große Industrien, es betrifft bezüglich ihrer Fördergefäße die Kohlenindustrie, die bisher nur unter gewissen Umständen verpflichtet war, diese Gefäße eichen zu lassen. Vor allem aber, meine Herren, könnte dadurch unsere Textilindustrie in Mitleidenschaft gezogen werden, da sie in vielen Fällen durch Zähler und ähnliche Vorrichtungen an Webestühlen und an den Spinnmaschinen den Akkordlohn berechnet, wie es in England auch der Fall ist. Wir haben uns in England erkundigt; da müssen alle diese Zähl- und Anzeiger-Apparate, auf denen die Berechnung des Lohnes beruht, geeicht werden. Meine Herren! Sollte das auch hier eingeführt werden, so würde dies mit außerordentlichen Kosten für die Textilindustrie verbunden sein; denn es würden wesentliche Umänderungen in den Maschinen und vielleicht gar die Herstellung ganz neuer Maschinen erforderlich werden.

Meine Herren! Es sind zwar Versicherungen seitens der Regierung abgegeben worden, die wohl dazu beitragen könnten, einigermaßen die Bedenken der Industrie zum Schweigen zu bringen. Aber, meine Herren, es ist auf solche Versicherungen der Regierung nicht immer zu bauen, da wir seit Jahren die Erfahrung gemacht haben, daß sie gegenüber den sozialen Bestrebungen — und die liegen ja zum Teil auch auf diesem Gebiete — eine recht schwache Haltung bewiesen hat.

Die allgemeine Wirtschaftslage ist im ganzen befriedigend gewesen, in hohem Maße sogar in dem letzten Jahre. Meine Herren! Wir haben eine Hochkonjunktur, die sich in der Hauptsache bezieht auf den Grad der Beschäftigung. Die Preise muß ich, wenn ich die Preise ähnlicher wirtschaftlicher Bewegungen in der Vergangenheit und diejenigen Preise vergleiche, die in den Zeiten tiefster Depression unserer Industrie gewaltet haben, als solche bezeichnen, die sich auf einer mittleren Linie bewegen. Dieser Umstand, meine Herren, ist geeignet, wie nichts in der Welt mehr, die segensreichen Wirkungen unserer Kartelle zu zeigen. Meine Herren! Sie alle haben ein viel größeres, weitgehenderes Verständnis für die wirtschaftlichen Bewegungen als ich.

Sie werden also vielleicht in noch höherem Grade davon überzeugt sein, daß, wenn wir diese Kartelle auf dem Gebiete der Rohmaterialien und Halbfabrikate nicht hätten, wir dann unendlich viel höhere Preise haben würden, als sie jetzt sind, z. B. die Preise für Kohlen. Meine Herren! Die Kohlenindustrie ist heute an der Grenze ihrer Leistungsfähigkeit angelangt — eine Grenze, die freilich nur durch den Arbeitermangel gezogen ist, einen Arbeitermangel, der sich in allen Industrien in hohem Grade schädlich fühlbar macht. Aber, meine Herren, dieser Umstand gerade hat dazu beigetragen, daß ja gegenwärtig schon eine gewisse Knappheit an Kohlen vorhanden ist. Stellen Sie sich vor, welche Preise heute für Kohlen gezahlt werden müßten, wenn das Syndikat nicht da wäre, welches überhaupt im Laufe dieses Jahres der Hochkonjunktur noch keine Erhöhung der Kohlenpreise vorgenommen hat, während nur jüngst an der Saar die staatlichen Gruben eine nicht unwesentliche Erhöhung der Kohlenpreise vorgenommen haben.

Meine Herren! So sind auch die hohen Erträgnisse der Werke meiner Ueberzeugung nach nicht sowohl auf die Höhe der Preise, als auf den Umstand zurückzuführen, daß die Werke seit längerer Zeit bereits voll beschäftigt sind, und dadurch an den Generalkosten Erhebliches gespart wird. Meine Herren! Wir können wohl annehmen, daß diese Hochkonjunktur auf einer ganz gesunden Basis beruht, daß sie beruht auf der außerordentlichen Nachfrage, welche sich, weniger im Auslande, sondern namentlich im Inlande, gezeigt hat, und, meine Herren, diese besonders hohe Nachfrage im Inlande glaube ich besonders zurückführen zu sollen auf die glänzende Lage unserer Landwirtschaft, welche infolge der hohen für dieselbe inaugurierten Schutzzölle eingetreten ist.

Aber, meine Herren, ich kann mich der Bemerkung nicht enthalten, daß es sich immer mehr und mehr herausstellt, daß diese landwirtschaftlichen Zölle in wesentlicher Beziehung überspannt worden sind. Es zeigt sich das in zwei Richtungen: einmal durch die sehr wesentliche Verteuerung allgemein notwendiger Lebensbedürfnisse — nicht des Brotes, meine Herren, das hebe ich besonders hervor. Von allen den Kundgebungen, die im Deutschen Reiche hervorgetreten sind, von sehr maßgebenden und sehr bedeutungsvollen Körperschaften richtet sich keine einzige gegen die Verteuerung des Brotes, mir ist wenigstens davon nichts bekannt. Hierin liegt der Beweis, daß die Zollpolitik des Centralverbandes vollständig richtig gewesen ist; denn er hat befürwortet, dem deutschen Getreidebau einen wirkungsvollen Schutz zu gewähren, weiter aber ist der Centralverband niemals gegangen.

Der Centralverband hat überhaupt bei der Befürwortung der landwirtschaftlichen Zölle und der Zölle insgesamt immer das Gemeinwohl vorangestellt und, meine Herren, so sehr ich den Schutz unseres Getreidebaues gleichfalls in meinen zahlreichen Referaten empfohlen habe, so habe ich doch, ohne jemals auf Widerspruch in den Versammlungen zu stoßen, immer die Behauptung aufgestellt, daß die übertrieben hohen Zölle für die übrigen Lebensmittel mit dem Gemeinwohl nicht vereinbar sind.

Daß die Zölle auf diesem Gebiete überspannt sind, geht auch aus einer anderen Erscheinung hervor: aus der ganz außerordentlichen Steigerung der Güterpreise. Meine Herren, wir kommen anscheinend in eine Periode, die ähnlich ist der in den vierziger und fünfziger Jahren des vorigen Jahrhunderts. Damals wurden Güter gekauft, nicht um sie zu bewirtschaften, sondern als Spekulationsobjekt, um sie am anderen Tage mit Vorteil wieder zu verkaufen. Das kommt jetzt schon in nicht wenigen Fällen vor. Meine Herren, es scheint, daß diejenigen recht behalten sollen, die behaupteten, daß die ungeheure Ueberspannung eines Teiles der landwirtschaftlichen Zölle freilich den jetzigen Besitzern Vorteil bringen wird, daß sie aber geeignet ist, die Nachkommen und diejenigen, die in dieser glänzenden Periode neue Güter kaufen, um sie zu bewirtschaften und zu behalten, bald wieder in dieselbe Notlage zu versetzen, wie diejenige gewesen ist, die zu dieser Ueberspannung der Zölle geführt hat. Wir wollen nicht hoffen, daß es dahin kommt; aber, meine Herren, die Erscheinungen, die hier hervortreten, sind doch höchst bedenklicher Art.

Meine Herren, inwieweit die neuen Handelsverträge und der neue Zolltarif auf die Bewegung in diesem Jahre eingewirkt haben, läßt sich mit Sicherheit noch nicht feststellen. Es sind auch viele andere Momente, die mit großer Macht die Verhältnisse beeinflußt haben. Wenn wir im Januar und Februar dieses Jahres 1173 Millionen ausgeführt haben, nur 106 Millionen weniger als in den ersten drei Monaten Januar, Februar und März des vorigen Jahres, so ist das jedenfalls dem Umstande zuzuschreiben, daß am 1. März der neue Zolltarif und die neuen Handelsverträge in Wirksamkeit traten. Meine Herren, wenn wir aber die Ein- und Ausfuhr in den ersten neun Monaten dieses Jahres, Januar bis ultimo September, vergleichen, so finden wir, daß die Einfuhr in viel höherem Maße gestiegen ist als die Ausfuhr, und ich überlasse es Ihrer Beurteilung, inwieweit dazu die neuen Handelsverträge beigetragen haben. In den ersten neun Monaten des Jahres 1906 hat die Einfuhr gegen den gleichen Zeitraum des Jahres 1905 um 896 374 000 M. und gegen den gleichen Zeitraum des Jahres 1904 um 1 210 804 000 M. zugenommen, während sich die Ausfuhr im Jahre 1906 — immer in den ersten drei Quartalen — dem Jahre 1905 gegenüber nur um 355 236 000 M. und dem Jahre 1904 gegenüber nur um 532 707 000 M. höher gestellt hat.

Meine Herren, der gesamte Außenhandel, also die Ein- und Ausfuhr in den ersten drei Quartalen hat in dem laufenden Jahre

betragen	. . . .	10,1 Milliarden,
im Jahre 1905	. . . .	8,8 „
„ „ 1904	. . . .	8,3 „

Es hat also eine außerordentliche Zunahme stattgefunden. Aber, meine Herren, die anderen Staaten haben sich auch einer großen Prosperität zu erfreuen. So hat die Ausfuhr zugenommen in Oesterreich-Ungarn im ersten Halbjahr um 135 Millionen Kronen, in der Schweiz im ersten Halbjahr um 60 Millionen Franks, in Rußland in den ersten drei Quartalen um 85 Millionen Rubel, in England, ganz besonders, in den ersten drei Quartalen um 700 Millionen Mark; in den Vereinigten Staaten vom Januar bis August um 132 ½ Millionen Dollar. Aber, meine Herren, bezüglich der Vereinigten Staaten ist hervorzuheben, daß die Ausfuhr die Einfuhr um 253 ½ Millionen Dollar überstiegen hat.

Sehr erheblich sind die Klagen über das teure Geld, über die hohen Diskontsätze. Ich bin nicht in der Lage, in diese Klagen einzustimmen. Ich erblicke in dieser Erscheinung eine der wohltätigen und heilsamen Wirkungen unserer Goldwährung.

Meine Herren, wir müssen hierbei zunächst freilich die große Zunahme unserer Einfuhr ins Auge fassen, die jedenfalls dazu beigetragen hat, die Geldknappheit zu steigern. Es ist Ihnen bekannt, daß der Wechselkurs den Goldpunkt überschritten hat. Das bedeutet, daß der Zeitpunkt da ist, wo es vorteilhafter ist, bares Geld in das Ausland zu senden, als hier im Inlande Wechsel zu kaufen.

Meine Herren, im übrigen aber bedeutet dieser hohe Diskont, daß Sorge getragen werden muß, um die Golddeckung unserer Währung, unserer ganzen Zahlungsverpflichtungen im Inlande zu erhalten. Meine Herren, vom bimetallistischen Standpunkte aus könnte man ja sagen, ja, wenn wir auch Silber hätten, dann wäre diese ganze Verteuerung des Geldes vermieden worden. Mit vollem Rechte würden das die Bimetallisten behaupten können, denn der Bank würde es außerordentlich leicht werden, ihre Keller mit unermeßlichen Quantitäten Silber zu füllen und, meine Herren, für den Gebrauch im Inlande könnte sich ja auch bei dem gesetzlichen Vorhandensein des Bimetallismus dieses Geld ganz gut bewähren. Es würde in Massen und zu billigem Zinssatze der Geschäftswelt zur Verfügung gestellt werden; aber es würde in hohem Grade dazu beitragen, die Spekulation zu einer ungesunden Höhe emporzutreiben, und als eine solche ungesunde Spekulation würde ich auch die dann voraussichtlich in weitem Umfange eintretende Erweiterung und die Neuanlage von industriellen Betrieben lediglich auf Grund gerade der augenblicklich stattfindenden Hochkonjunktur ansehen. Das, meine Herren, wird durch unsere Goldwährung und durch den hohen Diskontsatz, den wir jetzt haben, vermieden. Der ist geeignet, die Spekulation einzuschränken und dadurch unsere ganzen wirtschaftlichen Verhältnisse auf einer gesunden Basis zu erhalten. Wenn auch den einzelnen durch die Geldknappheit und die Höhe des Diskonts schwere Nachteile bereitet werden, so halte ich die Vorteile für die Gesamtheit für viel bedeutungsvoller, die dadurch erreicht werden, daß die Spekulation in Schranken gehalten wird. Daher kann ich, wie gesagt, in diese Klage nicht mit einstimmen.

Meine Herren, nach langer Ruhe ist der Wirtschaftliche Ausschuß wieder einmal einberufen worden. Er hat sich mit dem spanischen Handelsvertrag beschäftigt. Wegen desselben finden augenblicklich Verhandlungen unserer Kommissare in Madrid statt, die sich außerordentlich in die Länge zu ziehen scheinen.

Meine Herren, in den neunziger Jahren hatten sich die beiden Regierungen bekanntlich bereits über einen Vertrag verständigt, der auch vom deutschen Reichstage angenommen, von den spanischen Cortes aber nicht erledigt wurde. Es trat der Zustand eines Zollkrieges ein, der schließlich durch ein Handelsabkommen auf der Grundlage der Meistbegünstigung aus der Welt geschafft wurde. Dieses Abkommen war am 1. Juli d. J. abgelaufen. In der Zwischenzeit hatte auch Spanien einen neuen Zolltarif in Kraft gesetzt, der exorbitante Sätze enthielt, weil er aufgestellt war nach den Wertschätzungen der Waren seitens der betreffenden Fabrikanten. Auf den Widerspruch der anderen Staaten und auch Deutschlands haben einige, jedoch ganz ungenügende Ermäßigungen stattgefunden. Ich fürchte, meine Herren, daß Deutschland dadurch, daß es den Meistbegünstigungsvertrag bis zum 31. Dezember prolongiert hat — eine Prolongation, in der doch gewissermaßen eine Anerkennung dieses neuen spanischen Tarifes ausgesprochen wurde — seine Position bei dem Abschluß eines neuen Handelsvertrages etwas geschwächt hat. Die Schweiz und Frankreich sind ganz anders verfahren. Die haben keine Prolongation eintreten lassen, sie ließen es auf den Zollkrieg ankommen, und

Frankreich besonders hat erst in eine Prolongation gewilligt, als es seinen Vertrag in der Tasche hatte, der mit Rücksicht auf die Verhandlungen mit Deutschland geheim gehalten wird. Bezüglich des Vertrages, den Spanien mit der Schweiz abgeschlossen hat, sind gestern zum ersten Male einige Mitteilungen gekommen, von denen ich noch nicht habe Kenntnis nehmen können. Wir wollen hoffen, daß unsere Unterhändler in Madrid Kraft und Rückenstärke genug besitzen, um den stolzen Spaniern auch einigermaßen zu imponieren.

Meine Herren, es sollen auch Verhandlungen mit Dänemark wegen eines neuen Vertrages in Sicht sein. Ich will aber heute nicht weiter auf unsere handelspolitischen Beziehungen eingehen und nur noch hervorheben, daß auch mit Guatemala der Meistbegünstigungsvertrag vom 20. September 1887 bis zum 15. März 1911 verlängert worden ist.

Meine Herren, auf den Gebieten der Sozialpolitik und der sozialen Bewegung möchte ich mich heute in weitere, umfassende Erörterungen nicht einlassen. Ich möchte das, wenn es überhaupt notwendig sein sollte, auf den Bericht in der nächsten Delegiertenversammlung verschieben. Ich kann aber doch nicht umhin, auf die tatsächlichen Vorgänge, die in der Berichtsperiode hervorgetreten sind, mit einigen Worten noch hinzuweisen, und da sind es die Vorgänge in der Sozialdemokratie, die mit Rücksicht auf ihre Zwiespältigkeit, auf ihre Zweiteiligkeit, will ich mich lieber ausdrücken, in die Erscheinung getreten sind.

Meine Herren, die Sozialdemokratie zerfällt in die politische Partei und in die Gewerkschaften. Die politische Partei besteht nur aus Sozialdemokraten, die Gewerkschaften haben auch Nichtsozialdemokraten zu Mitgliedern. Die politische Partei hat den Klassenkampf, den Kampf gegen die bestehende Staats- und Gesellschaftsordnung auf ihre Fahne geschrieben, die Gewerkschaften die Besserung der Lebenshaltung und der Arbeitsbedingungen der Arbeiter. Meine Herren, in den Gewerkschaften ist eine starke, nicht nur von den nichtsozialdemokratischen Mitgliedern, sondern auch von den, wenn ich mich sozialdemokratisch ausdrücken soll, weniger zielbewußten Genossen gestützte Bewegung, die mit großer Schärfe verlangt, daß die Gewerkschaften den politischen Zielen der Partei vollständig neutral gegenüberstehen sollen, daß sie ihre ganze Macht und ihre Mittel verwenden sollen zu ihrem hauptsächlichen Zwecke, der Förderung der Lebensbedingungen und der Arbeitsverhältnisse ihrer Mitglieder.

Die politische Partei ist ganz entgegengesetzter Ansicht. Die politische Partei verlangt, daß die Gewerkschaften zuerst und vor allem sozialdemokratische Organisationen sein sollen. Sie sagt, daß die Gewerkschaften gerade infolge ihrer großen Macht und ihrer großen Mittel am geeignetsten sind, eine wirkungsvolle Propaganda zu machen und den Kampf gegen die Unternehmer im Parteiinteresse zu führen.

Meine Herren, diese Frage hat schon auf der Tagesordnung verschiedener Parteitage der Sozialdemokratie gestanden, und sie ist immer im Sinne der Partei entschieden worden, auch diesmal in Mannheim. Meine Herren, dort ist ein Beschluß gefaßt worden, der folgendermaßen lautet — er ist wegen seiner Gewundenheit interessant, und ich muß mir erlauben, ihn Ihnen vorzulesen —:

„Die Gewerkschaften sind unumgänglich notwendig für die Hebung der Klassenlage der Arbeiter innerhalb der bürgerlichen Gesellschaft, sie sind nicht minder notwendig wie die sozialdemokratische Partei, die den Kampf für die Hebung der Arbeiterklasse und ihre Gleichberechtigung mit den anderen Klassen der Gesellschaft auf politischem Gebiete zu führen hat, im weiteren aber über diese ihre nächste Aufgabe hinaus die Befreiung der Arbeiterklasse von jeder Unterdrückung und Ausbeutung durch Aufhebung des Lohnsystems und die Organisation einer auf der sozialen Gleichheit aller beruhenden Erzeugungs- und Austauschweise, also der sozialistischen Gesellschaft, ein Ziel, das auch der klassenbewußte Arbeiter der Gewerkschaft notwendig erstreben muß. Beide Organisationen sind also in ihren Kämpfen auf gegenseitige Verständigung und Zusammenwirken angewiesen.

Um aber die Einheitlichkeit des Denkens und Handelns von Partei und Gewerkschaft zu sichern, die ein unentbehrliches Erfordernis für den siegreichen Fortgang des proletarischen Klassenkampfes bildet, ist es unbedingt notwendig, daß die gewerkschaftliche Bewegung von dem Geiste der Sozialdemokratie beherrscht werde. Es ist daher Pflicht eines jeden Parteigenossen, in diesem Sinne zu wirken."

Meine Herren, damit ist die Verbrüderung vollständig wieder hergestellt. Die Gewerkschaften bleiben, was sie gewesen sind: sozialdemokratische Organisationen.

Aber, meine Herren, die Nebenerscheinungen, die hervorgetreten sind, sind doch von höchster Bedeutung. Die Draufgänger der sozialdemokratischen Partei, der unwiderstehliche Bebel an der Spitze, der es noch immer verstanden hat, die Partei mit sich fortzureißen, der bisher immer Machthaber in der sozialdemokratischen Partei gewesen ist, haben die Segel eingezogen, die Flagge vor den Gewerkschaften gestrichen. In Zukunft wird der Kurs, den die Sozialdemokratie nimmt, von den Gewerkschaften bestimmt werden. Dieser Kurs wird kein friedlicher sein, und, meine Herren, soweit die sozialdemokratische Partei doch noch immerhin einen Einfluß hat, werden die Ziele der Gewerkschaften, die Hebung der Lebensbedingungen und die Besserung der Arbeitsverhältnisse, immer nur der Mantel sein, der dem Streite umgehängt wird. Das wirkliche Streitobjekt wird immer die Verdrängung des Arbeitgebers aus seinen Positionen sein, denn der Arbeitgeber soll verdrängt werden, um auf diesem Wege zum sozialistischen Arbeiterstaat und zu der sozialistischen Produktionsweise zu gelangen.

Es sind aber noch andere Nebenerscheinungen, meine Herren, die sehr beachtenswert sind, es ist das offene Eingeständnis der Schwäche den Arbeitgeber-Organisationen gegenüber. In dieser Beziehung ist von höchstem Interesse das geheime Protokoll einer Vorstandssitzung der sozialdemokratischen Partei in Gemeinsamkeit mit dem Vorstande der Gewerkschaften, das von den Anarchisten veröffentlicht worden ist. Wenn Sie dieses Protokoll lesen — es ist in einer kleinen Broschüre erschienen, die den Herren Mitgliedern des Direktoriums zugegangen ist —, so werden Sie Aeußerungen darin finden, die wirklich konstatieren, daß die Sozialdemokratie überzeugt ist, gegen die Organisation der Arbeitgeber nicht aufkommen zu können. Aber, meine Herren, auf der anderen Seite finden Sie da auch den festen Vorsatz ausgesprochen, einen großen gemeinsamen Kampffonds zu bilden, um zukünftige Kämpfe siegreich gegen die Organisation der Arbeitgeber durchführen zu können.

Meine Herren, außerdem ist in Mannheim viel gesprochen worden von der ungenügenden Beitragszahlung seitens der Mitglieder. Es stellt sich heraus, daß eigentlich nur Berlin und die Mark Brandenburg die Parteikasse füllen.

Ferner wurde gesprochen von der außerordentlichen Fluktuation in dem Mitgliederbestande der sozialdemokratischen Gewerkschaften. — Ich bemerke, meine Herren, daß sehr lesenswerte und interessante Artikel über diese Fragen im Laufe dieses Sommers in unserer Deutschen Industrie-Zeitung von Herrn Steinmann-Bucher veröffentlicht worden sind. — — Meine Herren, die Sorge um den Bestand ihrer Mitglieder ist auch die Ursache zu der neuesten Arbeiterbewegung in unseren Bergwerksbezirken. Interessant ist es in dieser Beziehung, daß die Arbeitgeber ihren Standpunkt aus dem Streik vom vorigen Jahre vollständig beibehalten haben. Sie haben sich geweigert, mit der Siebenerkommission zu unterhandeln, haben aber, in voller Konsequenz und Anerkennung dessen, was nun einmal die Novelle zu dem Berggesetz gebracht hat, sich bereit erklärt, mit ihren Arbeiterausschüssen die Lohnfrage zu besprechen. Vielleicht wird dieser Umstand den Sozialdemokraten zeigen, wie fehlerhaft sie gehandelt haben, als sie bei der Wahl der Arbeiterausschüsse Wahlenthaltung proklamiert haben.

Nicht minder interessant aber ist es, daß allem Anschein nach die Regierung nicht mehr auf dem Standpunkt vom vorigen Jahre steht, sondern eine andere Haltung für angemessen erachtet. Meine Herren, auch sie hat die Siebenerkommission nicht als berechtigte Vertretungskörperschaft der Arbeiter anerkannt. Ein Versuch in der Norddeutschen Allgemeinen Zeitung — ein merkwürdiger Versuch —, die Regierung auf den vorjährigen Standpunkt festzunageln, ist sofort von dem Herrn Handelsminister zurückgewiesen worden. Es ist gesagt worden, daß der betreffende Artikel lediglich eine Arbeit der Redaktion gewesen ist. In weiten Kreisen findet diese Versicherung keinen Glauben, man hat aber bisher vergebens nach dem Hintermanne gesucht, der diesen Artikel gleichsam als ein Kuckucksei in die Norddeutsche Allgemeine Zeitung gebracht hat. (Generalsekretär Stumpf-Osnabrück: Hört, hört!)

Meine Herren! Die Besorgnis der Sozialdemokratie vor unseren Arbeitgeber-Organisationen kann uns ja mit einiger Befriedigung erfüllen. Ich, von meinem Standpunkt aus, muß doch aber hier sagen, daß in dieser Bewegung noch manches zu wünschen übrig bleibt. Meine Herren, es fehlt nicht zu geringem Teile noch in der Industrie an dem nötigen Verständnis für die Sache, und in höherem Maße fehlt es noch an der erforderlichen Opferwilligkeit. (Sehr richtig!) Meine Herren, das ist hervorgetreten in für mich recht betrübender Weise bei dem von der Hauptstelle Deutscher Arbeitgeberverbände gebildeten Schutzverband zur Entschädigung von Verlusten, die den einzelnen Arbeitgebern durch Streiks verursacht werden. Meine Herren, die Hauptstelle war durch ihre Satzungen verpflichtet, eine solche Organisation ins Leben zu rufen. Nach jahrelanger Arbeit ist es endlich am 23. Juli dieses Jahres gelungen. Eine solche Organisation ist mit Annahme der Statuten und mit der provisorischen Wahl des Vorstandes geschaffen, und es sind dieser Organisation bisher bereits 53 Vereine, wesentlich Arbeitgebervereine der Textilindustrie, beigetreten — der Textilindustrie, die sich zum großen Teil aus mittleren Industriellen zusammensetzt.

Meine Herren! Ich habe in einem Rundschreiben an die anderen Arbeitgeberverbände besonders hervorgehoben, daß es eine Pflicht der großen Arbeitgeber und der großen Arbeitgeberverbände, die die Großindustrie umfassen, ist, diesem Schutzverbande beizutreten. Ich gebe von vornherein zu, daß die Entschädigungen, die im gegebenen Falle von diesem Schutzverbande gezahlt werden, für die Großindustrie vollständig gleichgültig sind. Ob sie diese verhältnismäßig kleinen Summen hat oder nicht, kann für sie in keiner Weise in die Wagschale fallen. Aber, meine Herren, der kleine Industrielle, der mittlere Industrielle ist bei einem Streik sehr häufig vor die Frage gestellt, ob er, wenn er den Kampf durchfechten, wenn er aushalten soll, nicht seine Existenz gefährdet. Wenn dies der Fall ist, wird er nur aushalten, wenn er zum mindesten den teilweisen Ersatz seines Verlustes erwarten darf. Daß der kleine und der mittlere Industrielle — sie sind den Angriffen der Arbeiter am meisten ausgesetzt — aber aushalten, liegt im eigensten Interesse der Großindustrie. Denn, haben die Kleinen und Mittleren keine Aussicht auf Entschädigung, werden sie selbst bei ganz unberechtigten Forderungen der Arbeiter in vielen Fällen nachgeben müssen, so wird den Führern und Hetzern Gelegenheit gegeben, leichte Siege zu erringen. Dadurch werden alle anderen angespornt, den Kampf mit noch größerer Heftigkeit auch gegen die Großindustrie zu führen. (Sehr richtig!) Daher habe ich es als eine Ehrenpflicht der Großindustrie bezeichnet, sich auch diesem Schutzverbande anzuschließen, ihn damit zu kräftigen und durch ihre Beiträge es dem Verbande zu ermöglichen, den Kleinen eine höhere Entschädigung im eintretenden Falle in Aussicht zu stellen.

Meine Herren, diese Mahnung ist vergeblich gewesen. Zwei große Verbände, der Verband der Süddeutschen Baumwollindustriellen und der Arbeitgeberverband der Nordwestlichen Gruppe des Vereins der Deutschen Eisen- und Stahlindustriellen haben es abgelehnt, dem Schutzverbande beizutreten. Meine Herren, mir ist eine solche runde Ablehnung immerhin noch lieber als das Verhalten zahlreicher anderer großer Vereine, die diese Angelegenheit überhaupt noch nicht beachtet und überhaupt noch gar nicht geantwortet haben. Aber in diesen Ablehnungen und in dieser Gleichgültigkeit dieser Frage gegenüber sehe ich zu meinem Bedauern einen höchst schmerzlichen Mangel des Solidaritätsgefühls, das alle Arbeitgeber verbinden müßte, wenn sie den Kampf gegen die Sozialdemokratie auf die Dauer in erfolgreicher Weise führen wollen. (Sehr richtig!)

Meine Herren, ich will weiter auf diese Angelegenheit nicht eingehen. Es sind manche Erscheinungen hervorgetreten, die die Mangelhaftigkeit in den Arbeitgeberverbänden noch mehr ins Licht stellen. Ich erinnere Sie an den großen Streik auf der Roten Erde. Meine Herren, das Werk hat sich unsterbliche Verdienste erworben, daß es große Verluste nicht gescheut und lange den Streik ausgehalten und die Arbeiter vollständig zurückgeschlagen hat. Meine Herren, ich glaube, daß diese großen Opfer des einen Werkes nicht nötig gewesen wären, wenn auch in dem Arbeitgeberverbande, dem das Werk angehört, das Solidaritätsgefühl ein größeres gewesen wäre. Ich will mich darüber nicht weiter aussprechen, muß aber auf der anderen Seite anerkennen, daß die Verhältnisse gerade in diesem Arbeitgeberverbande äußerst schwierig sind, und daß ich ihm daher infolge seines Verhaltens keinen Vorwurf machen kann.

Nun, meine Herren, möchte ich nur noch darauf aufmerksam machen, daß der heutige Tag ein Gedenktag in hervorragendster Weise ist: Heute vor 25 Jahren, am 17. November 1881, hat der große Kaiser Wilhelm die ewig denkwürdige Botschaft erlassen, in der er die Grundzüge für die von ihm und seinem unvergeßlichen Kanzler geplanten sozialen Reformen darlegte, die Botschaft, in der der Kaiser seinen Willen, dem er schon in der Thronrede am 15. Februar desselben Jahres Ausdruck gegeben hatte, aufs neue bekräftigte, daß die Heilung der sozialen Schäden nicht ausschließlich im Wege der Repression sozialdemokratischer Ausschreitungen, sondern gleichmäßig auch der Arbeiterfürsorge zu suchen sein werde. Meine Herren, auf diesen Grundsätzen ist im Deutschen Reich ein Gebäude errichtet worden, so großartig und gewaltig, so zwingend zur Nachbildung, daß die anderen Staaten wenn auch langsam und zögernd, einer nach dem andern, nicht umhin können, wenn auch in weit geringerem Umfange, dem Beispiele Deutschlands zu folgen.

Meine Herren, die Leistungen, die unsere Arbeiterversicherung gewährt, sind denn auch ganz gewaltige. Lassen Sie mich nur ein paar ganz kurze runde Zahlen nennen. Meine Herren, die drei Versicherungsarten: Kranken-, Unfall- und Invalidenversicherung zahlen jährlich mehr als 500 Millionen, fast $1\frac{1}{2}$ Millionen Mark an jedem Tage aus. 2 Millionen Menschen bekommen Unterstützungen und Renten aus der Unfall- und Invalidenversicherung.

Meine Herren, wenn das große Ziel und die großen Hoffnungen unseres vielgeliebten und verehrten, verewigten Kaisers auch nicht erfüllt worden sind, wenn durch diese Arbeiterversicherung auch eine Versöhnung der sozialen Gegensätze nicht herbeigeführt ist, wenn fort und fort die Sozialdemokratie in schmählichster Weise gegen diese Gesetze vorgeht und hetzt, so müssen wir doch anerkennen, daß durch diese kaiserliche Fürsorge, die das Reich übernommen hat, unendliches Elend verhütet, viele Sorgen gestillt und viele Tränen getrocknet worden sind.

Meine Herren, daß aber nicht bloß die Sozialdemokratie sich abwehrend gegen dieses unvergleichlich große Werk verhält, dafür möchte ich Ihnen hier noch zum Schluß ein kleines Beispiel geben.

Das Aeltestenkollegium der Kaufmannschaft von Berlin hat eine Handelshochschule errichtet, die vor kurzem eingeweiht worden ist. Es ist das ein außerordentlich großes, bedeutendes und jedenfalls dankenswertes Unternehmen. Denn wenn Deutschland so vorgeschritten ist in seinem ganzen wirtschaftlichen Leben, in seiner Ausfuhr, in seinem Außenhandel, so ist das in der Hauptsache zurückzuführen auf den hohen Bildungsgrad unserer Techniker und unserer Kaufleute. Für die Techniker ist in weit höherem Maße gesorgt als für die Kaufleute. Wir haben große technische Hochschulen, aber nur wenige Hochschulen für den Handelsstand. Daher ist das Unternehmen der Aeltesten der Kaufmannschaft sehr dankens- und anerkennenswert.

Meine Herren, an dieser Handelshochschule befinden sich auch zwei Lehrstühle der Nationalökonomie. Sie sind besetzt worden, der eine mit dem Professor Jastrow, der wohl als Sozialdemokrat bezeichnet werden kann (sehr richtig!), ohne ihm zu nahe zu treten. Der zweite Lehrstuhl ist besetzt worden mit dem Professor Werner Sombart, der lange Jahre als Lehrer unserer Jugend und der angehenden Verwaltungsbeamten in Breslau gewirkt hat. Nun, meine Herren, gestatten Sie mir, Ihnen vorzulesen, wie dieser Mann über das große Werk unseres Kaisers urteilt. Er hat eine Reihe von Vorträgen an der Humboldt-Akademie für Volksbildung in Breslau gehalten und diese Vorträge in etwas erweiterter Gestalt herausgegeben. Diese Vorträge sind betitelt: „Dennoch! Aus Theorie und Geschichte der gewerkschaftlichen Arbeiterbewegung". Sombart erblickt in den Arbeiterorganisationen, insbesondere in den Gewerkschaften, wie so viele unserer kathedersozialistischen Professoren, das Heil unserer ganzen wirtschaftlichen Zukunft, und klagt außerordentlich darüber, daß diese Arbeiterorganisationen noch nicht weiter vorgeschritten sind. Er untersucht auch die Ursachen davon, und da kommt er zu folgendem Ausspruch:

„Will man in dem Verhalten der staatlichen Gewalten eine Ursache der Rückständigkeit der deutschen Gewerkschaftsbewegung erblicken, so wäre mit mehr Grund fast als die Unterdrückungspolitik die Eigenart der amtlichen Sozialpolitik anzuführen. Ich meine die Ablenkung der Arbeiterschaft von der selbstherrlichen Vertretung ihrer Interessen durch die staatliche Zwangsversicherung. Erschien ja doch den geistigen Vätern dieser Gesetze — den Bismarck, Stumm — als das eigentlich durch sie zu erreichende Ziel die Mundtotmachung der Arbeiterschaft, die Ertötung jeder selbständigen Regung und die künstliche Züchtung einer staatserhaltenden Zufriedenheit in den Kreisen der Arbeiter, getreu dem Motto:

„Vertrauet Eurem Magistrat,
Der fromm und liebend schützt den Staat
Durch huldreich hochwohlweises Walten;
Euch ziemt es, stets das Maul zu halten.“ (Heiterkeit.)

Meine Herren, so urteilt ein deutscher Professor der Nationalökonomie über das Werk, über das jeder Deutsche, sofern er nicht der verbissenste Sozialdemokrat ist, alle Ursache hat, den höchsten Stolz zu empfinden. Meine Herren, ich glaube, daß die deutsche Industrie es sich dreimal überlegen wird, ehe sie einen Zögling aus der Handelshochschule Berlin, der mit diesem Geiste getränkt ist, in ihre Offizinen aufnimmt. (Lebhafter, langanhaltender Beifall.)

Vorsitzender: Meine Herren! Wir haben die Gepflogenheit, den Rechenschaftsbericht des Herrn Generalsekretärs hier zur Diskussion zu stellen. Ich möchte mir dann vorzuschlagen erlauben, um das Bild nicht zu verwischen, die Diskussion in folgender Reihenfolge vorzunehmen:

1. Die Steuergesetze im Reichstage. — Allerdings können es ja jetzt nur noch akademische Erörterungen sein; aber ich halte mich doch für verpflichtet, diese Gesetze zur Diskussion zu stellen. —
2. Eingabe betreffend Herabsetzung der Abfertigungsgebühren und betreffend Anschlußgeleise.
3. Die Eisenbahnverkehrsordnung.
4. Abänderung des § 23 Abs. 3 des Einkommensteuergesetzes betreffend die Deklarierung der Einkommen unter 3000 M.
5. Vereinfachung des Protestes von Wechseln.
6. Tätigkeit der Interessengemeinschaft.
7. Entwurf der Maß- und Gewichtsordnung.
8. Wirtschaftliche Lage.
9. Sozialpolitik.
10. Andere Fragen, welche die Herren vielleicht noch zu besprechen wünschen.

Darf ich Ihr Einverständnis zu dieser Reihenfolge konstatieren? (Zustimmung.) Ich tue das.

Demnach kommen wir zunächst zur Steuergesetzgebung im Reich, und ich bitte die Herren, welche hierzu sprechen wollen, sich gütigst zum Worte melden zu wollen.

Generalsekretär **Steller-Köln:** Meine Herren! Bei dem Frachturkundenstempel, den Herr Kollege Bueck behandelt hat, ist meiner

Ansicht nach ein Gesichtspunkt nicht zum Ausdruck gelangt, das ist der, daß gewisse Güter mehr oder größere Wagen brauchen, als nach dem Eigengewicht erforderlich wäre. Es handelt sich da um die Verladung schwerer großer Längseisenteile und gewisser Maschinen mit unregelmäßiger Ausdehnung, ferner um Textilerzeugnisse mit umfangreichen Umschließungen. Diese Erzeugnisse müssen nach dem Frachturkundenstempel einen höheren Stempelbetrag entrichten, als sie nach ihrem Eigengewicht zu bezahlen haben würden. Es hat daher der Stahlwerksverband in Düsseldorf an das Reichsschatzamt eine Eingabe gerichtet, worin er bittet, daß eine Aenderung des Tarifes, d. h. eine Gesetzesänderung eintrete. Es haben sich dieser Eingabe die Vereine, deren Geschäfte ich führe, angeschlossen. Das sind der Verein Deutscher Werkzeugmaschinenfabrikanten und der Verein der Industriellen des Regierungsbezirks Köln. Ich möchte anheimgeben, ob der Centralverband vielleicht auch nach der Richtung hin eine Tätigkeit entwickeln wollte.

Vorsitzender: Wir werden diese Frage in der nächsten Sitzung des Direktoriums besprechen.

Punkt 2: Eingabe betreffend die Herabsetzung der Abfertigungsgebühren und die Anschlußgeleise. Ich bitte, sich melden zu wollen. — Es nimmt niemand das Wort.

Wir kommen zu Nr. 3: Eisenbahnverkehrsordnung. — Auch hier wird das Wort nicht gewünscht.

Nr. 4: Abänderung des § 23 Abs. 3 des Einkommensteuergesetzes.

Generalsekretär **Stumpf**-Osnabrück: Meine Herren, die Ausführungen des Herrn Geschäftsführers über diesen Punkt geben mir die willkommene Veranlassung, eine Bitte an Sie zu richten. Darüber ist sich wohl jeder von uns, der Betriebe in verschiedenen Gemeinden liegen hat, klar, daß die Anforderungen, die jetzt die Kommunalbehörden an uns stellen, eine ganz außerordentliche Belästigung in sich schließen. Diese Belästigung würde nun jedenfalls vermindert oder gemildert werden, wenn der Herr Finanzminister zu bestimmen wäre, den Gemeinden ein einheitliches Verfahren und ein einheitliches Formular vorzuschreiben, und zwar in der Weise, daß von jedem industriellen Betriebe nur eine Liste über die sämtlichen im Betriebe beschäftigten Arbeiter aufgestellt würde, die dann durch einen Vervielfältigungsapparat in so vielen Exemplaren hergestellt werden könnte, daß jede Gemeinde, die die Anforderung an uns richtet, über das Einkommen der Arbeiter und Angestellten Auskunft zu geben, ein Exemplar dieser vervielfältigten Liste bekäme, woraus sie dann selbst die Arbeiter, die in ihrem Bezirke wohnen, herausfinden könnte.

Soweit die Betriebe in der Lage sind, in die Liste den Wohnort der Arbeiter mit aufzunehmen, wird man das ja selbstverständlich gern tun; denn nachdem man einmal diese große Last der Anfertigung eines Gesamtverzeichnisses auf sich genommen hat, bezw. bereit ist, sie auf sich zu nehmen, wird man sich auch dieser kleinen Vervollständigung nicht entziehen. Aber es ist doch nicht wohl möglich, noch erst große Ermittelungen und Untersuchungen darüber anzustellen, wo jeder einzelne Mann wohnt, während die betreffende Gemeinde, die eine solche Liste bekommt, sehr wohl in der Lage ist, nachdem sie im Besitze der Liste ist, nunmehr auszusuchen, wer von den Leuten, die in diesen Betrieben beschäftigt sind, in der Gemeinde wohnt.

Ich glaube, wenn der Centralverband Deutscher Industrieller, der mir in diesem Augenblick dafür das zunächst berufene oder wenigstens mit das berufenste Organ zu sein scheint, eine solche Bitte an den Finanzminister richten würde, dieser schon im Interesse der Sache bereit wäre, ihr Folge zu geben.

Ich möchte daher bitten, daß der Ausschuß beschließt, unsere Geschäftsführung zu beauftragen, in diesem Sinne vorzugehen.

Kommerzienrat Dr. **Kauffmann**-Wüstegiersdorf: Die Mitteilung, die ich mir zu machen erlauben wollte, bewegt sich auf dem Gebiet, das der Herr Vorredner hier angeregt hat. In meiner Heimat, im Industriegebiet des schlesischen Gebirges, sind die Gemeinden schon jetzt so vorgegangen, daß sie nicht von uns die Aufstellung einer eigenen Liste verlangt haben, sondern daß der Gemeindevorstand uns, den Fabrikanten, eine Liste eingesandt hat, in welcher bereits jeder einzelne in dem Etablissement beschäftigte Arbeiter aufgeführt war, derart, daß der Arbeitgeber nur diese Liste auszufüllen, nicht aber sie selbst aufzustellen hat. Ich glaube, daß hiergegen kaum etwas zu machen sein wird; denn diese Liste stellt sich als nichts weiter dar, als eine Summe von einzelnen Anfragen, welche wir gesetzlich zu beantworten verpflichtet sind. Ich meine also, selbst wenn die Herren, die gegen den bisherigen Modus Widerspruch erhoben haben, mit diesem Widerspruch durchdringen sollten, so würde wahrscheinlich die Folge davon nur die sein, daß die Gemeinden sich dann veranlaßt sehen würden, wie sie es bei uns bereits getan haben, nicht die Aufstellung der Liste von dem Fabrikanten zu verlangen, sondern die Liste selbst einzusenden und lediglich die Ausfüllung von dem Fabrikanten zu verlangen.

Nun wird ja dieser Modus in größeren Industrieorten gewisse Schwierigkeiten verursachen. Bei uns ist er leicht möglich, weil es sich bei uns in der Hauptsache um kleine ländliche Gemeinden handelt in welchen die Industrie dezentralisiert ist. Ich gebe zu, daß in großen Industriezentren es vielleicht für die Gemeinden gewisse Schwierigkeiten mit sich bringen wird, festzustellen, bei welchem Arbeitgeber jeder einzelne Arbeiter beschäftigt ist. Aber wenn die Gemeinden sich schließlich darauf verlegen, in dieser Weise vorzugehen, so werden sie doch in der Lage sein, auch in größeren Städten diese Ermittelungen anzustellen. Dagegen wird also nichts zu machen sein.

Wohl aber glaube ich, daß in einem Punkte das Gesetz auch wiederum sehr zu bemängeln ist. Der Herr Generalsekretär Bueck erwähnte vorher schon die Art der jetzigen Gesetzmacherei, die vielfach ganz unklare Bestimmungen schafft. Die Bestimmungen, die hier in Frage kommen, sind unklar, aber sie sind auch in einer Hinsicht meiner Ansicht nach ganz besonders zu bemängeln, nämlich insofern, als das Gesetz nur eine 14 tägige Frist für die Beantwortung vorschreibt. Die Zwecke des Gesetzes würden ebensogut erreicht werden, wenn an Stelle der 14 tägigen Frist dem Arbeitgeber wenigstens eine sechswöchige Frist gewährt würde. Nun sind allerdings die Behörden durch den Minister angewiesen, trotz der gesetzlichen Bestimmung auf diesem Gebiet Entgegenkommen zu beweisen. Aber besser würde es jedenfalls sein, wenn auch das Gesetz nicht eine 14 tägige Frist vorschriebe, sondern etwa eine sechswöchige Frist, wenn also nach dieser Richtung hin eine Abänderung des Gesetzes einträte.

Generalsekretär **Steller**-Köln: Meine Herren! Ich wollte auch diese Frage zur Sprache bringen, weil sie uns am Rhein viel beschäftigt hat. Wir haben uns mit den Behörden ins Einvernehmen gesetzt und unsere Mitglieder ersucht, die Listen aufzustellen, aber es ist dabei vielfach der Wunsch zum Ausdruck gelangt, daß man doch für die Zukunft ein anderes, einfacheres Schema als Grundlage haben müsse, und der zweite Punkt, der Zweifel über die Verpflichtung zur Aufstellung der Listen, ist nicht behoben. Die Industriellen vom Niederrhein und Westfalen haben auch bei der bekannten Verhandlung in Düsseldorf, an der die Regierungspräsidenten von Düsseldorf und Arnsberg teilnahmen, nur erklärt, sie wollten die Listen zwar für diesmal, doch ohne Präjudiz für die Zukunft, aufstellen.

Die unklare Gesetzesfassung muß also beseitigt werden. Es muß entweder gesagt werden: Ihr habt die Verpflichtung, die Liste aufzustellen, oder es muß von der Aufforderung an die Industriellen abgesehen werden, und zwar ist das erstere deshalb notwendig, damit das Odium, daß sie das Einkommen ihrer Arbeiter ohne Not angibt, das heute auf die Industrie fällt, von ihr genommen wird. Wenn es gesetzliche Pflicht ist, muß sie es tun, und das muß jedermann einsehen.

Im übrigen, meine Herren, ist ja der Zweck des Gesetzes ein solcher, daß man ihn nur befürworten kann. Darüber hat man sich ja auch in unseren Kreisen allgemein beruhigt. Ich möchte darauf hinweisen, daß dasselbe in anderen Staaten längst geschieht. In Sachsen, soviel ich weiß, und in Bayern besteht die Verpflichtung zur Angabe der Löhne und Gehälter schon seit Jahren für die Industriellen, und sie sind ja auch darauf eingerichtet. Es sind ja auch Herren aus Sachsen hier, die sich vielleicht darüber äußern könnten, daß es dort geht. Aber es muß dafür eine einwandsfreie gesetzliche Grundlage gegeben sein. Die fehlt in Preußen jetzt.

Kommerzienrat **Semlinger**-Bamberg: Meine Herren! Wie schon der Herr Vorredner mitgeteilt hat, sind in Bayern diese Listen längst üblich, und wir haben nicht gefunden, daß das besondere Beschwerden macht. Die Arbeit ist nicht so groß. Wir bekommen alle zwei Jahre die Listen, wir füllen sie eben aus, und wenn wir bei einem Arbeiter nicht wissen, woher er ist, dann fragen wir den Arbeiter selbst oder, wenn wir Zweifel haben, die Gemeinden. Die Herren erachten dieses Gesetz für viel zu beschwerlich. Ich kann Ihnen nur empfehlen, den Widerstand dagegen aufzugeben. Sie werden doch nicht erreichen, daß es aufgehoben wird. Denn was man in Bayern, in Württemberg, in Sachsen kann, kann man sicherlich in Preußen auch, und die Herren Minister wissen schon, was in anderen Gegenden geschieht.

Regierungsrat Professor Dr. **Leidig**-Berlin: Meine Herren! Ich wollte nur sagen, daß nach den Informationen, die wir haben, im nächsten Jahre, ich glaube wohl sagen zu können: zweifellos, in der Richtung, wie sie von dem ersten Herrn Vorredner, von Herrn Generalsekretär Stumpf, angeregt worden ist, auch vorgegangen werden wird; denn man hat zwar, wie die Herren aus unserem Rundschreiben schon erfahren haben, im Finanzministerium geglaubt, gerade mit Rücksicht auf die Industrie jetzt von allgemeinen Anordnungen absehen zu wollen, weil man meinte, die Verhältnisse würden sich durch lokale Anordnungen und Abmachungen leichter regeln, ich glaube aber, daß im Laufe des Jahres 1907 zweifellos allgemeine Anordnungen, und zwar nach der Richtung hin, wie Herr Generalsekretär Stumpf sagte, ergehen werden.

Ich möchte noch bemerken, meine Herren, daß auch die Fristbestimmung im Gesetze wohl etwas anders gedacht ist. Es ist eigentlich ein wenig Bureaukratismus der einzelnen Veranlagungsbehörden, der Voreinschätzungskommissionen, daß sie diese Mindestfrist, die ein Schutz für den Industriellen sein soll, zur Normalfrist gemacht haben. Es sollte nach der Absicht des Gesetzes eben niemand von dem einzelnen Industriellen verlangen, daß er in kürzerer Frist als 14 Tage die Angaben macht. Selbstverständlich steht es allen Behörden frei, eine viel längere Frist zu stellen, bedauerlicherweise hat da eine gewisse bureaukratische Gleichmacherei stattgefunden, die zu vielen unangenehmen Verhältnissen Anlaß gegeben hat.

Justizrat **Wandel**-Essen (Ruhr): Meine Herren! Es war meine Absicht, mich gegen die Anregung auszusprechen, die von Herrn Generalsekretär Stumpf gegeben ist, die Sache durch einheitliche Formularvorschriften zu regeln. Meiner Ansicht nach wäre das wohl in einem früheren Stadium angängig gewesen. Nachdem aber nun in den einzelnen Gemeinden und Orten zwischen den Arbeitgebern und Behörden Vereinbarungen getroffen sind, Grundlagen geschaffen sind, Kosten aufgewendet, Formulare gedruckt sind und dergleichen, würde ich es für ganz verfehlt halten, wenn man dies alles wieder umwerfen und eine schematische Einheitlichkeit herbeizuführen suchen wollte.

Im übrigen bin ich durch die Ausführungen des Herrn Kommerzienrats Semlinger in meiner Auffassung bestärkt worden, daß die Angelegenheit entschieden von vielen Seiten etwas aufgebauscht worden ist. Wenn mit gutem Willen von beiden Seiten vorgegangen wird, sowohl von den Behörden wie von den Werken, muß die Sache sich ohne Schwierigkeiten machen lassen. Das ist meine Ueberzeugung.

Kommerzienrat **Schott**-Heidelberg: Meine Herren! Bei uns in Baden besteht ebenfalls die Verpflichtung zur Aufstellung derartiger Listen. Wir haben nach dem Stande vom 1. April jedes Jahres einfach eine Abschrift unserer Lohnlisten anzufertigen mit dem Namen der Arbeiter, dem Wohnort und den Löhnen. Die Arbeiter unseres Werkes wohnen in Landgemeinden um Heidelberg herum. Es kommt da sogar ein Steuerkommissär von Heidelberg, dem überweisen wir ein Zimmer in der Fabrik, und der läßt sich nun die einzelnen Arbeiter heranholen und fragt sie aus. Aber selbst darin haben wir keine so große Belästigung gefunden; wir haben uns daran gewöhnt.

Handelskammersyndikus Dr. **Dietrich**-Plauen: Meine Herren! Für Sachsen möchte ich bemerken, daß sich die Sache dort auch ziemlich glatt regelt. Soviel mir bekannt und in Erinnerung ist, werden von den Arbeitgebern die Listen für ihre Arbeiter aufgestellt. Die Listen werden aber nicht an die Wohnorte der Arbeiter abgegeben, sondern an die Wohngemeinde des Betriebes; diese gibt dann die Sache weiter. Mir scheint für Preußen die Hauptschwierigkeit darin zu liegen, daß die Listen an die Wohnorte der Arbeiter abgegeben werden sollen. Um diese Schwierigkeit zu vermeiden, möchte ich Ihnen empfehlen, Individual-Zählkarten auszufertigen; die brauchen Sie nur zu sortieren und an die Betriebsgemeinde resp., wenn man den Wohnort aufrecht erhält, an die Wohngemeinde abzugeben. Dann haben Sie die ganze Sache mit einem Schlage und mit großer Leichtigkeit erledigt.

Generalsekretär **Stumpf**-Osnabrück: Meine Herren! Gerade auf diese letzte Bemerkung möchte ich doch noch einiges erwidern. Mein Vorschlag geht nämlich von der praktischen Erwägung aus, die Arbeit für uns so viel wie möglich zu vereinfachen. Will man die Sache aber so anfassen, sich erst von den betreffenden Wohngemeinden der Arbeiter die Listen mit den Namen der Arbeiter geben zu lassen und dann, beispielsweise bei Betrieben, in denen Tausende von Arbeitern beschäftigt werden, nach den Lohnlisten den Lohn auszufüllen, so hat man zweifellos zehnmal so viel Arbeit, als wenn man eine Gesamtliste aller Arbeiter, mit den eingetragenen Lohnsummen, an jede einzelne Wohngemeinde der Arbeiter gibt und diese Wohngemeinde alsdann feststellen läßt, wer zu ihren Leuten gehört. Es ist lediglich eine Vereinfachung der Sache, gewiß keine Erschwerung, und ich bitte sehr dringend, daß der Finanzminister vom Centralverbande auf diesen Punkt aufmerksam gemacht werde. Es ist eine ganz andere Sache, ob ich schematisch die ganzen Listen zu schreiben habe, oder ob ich in meinen Listen blättern soll, an welcher Stelle der betreffende einzelne Mann steht, welchen Lohn er erhält u. s. w. Das macht die Sache sehr viel schwieriger.

Geheimer Kommerzienrat **Dietel**-Coßmannsdorf: Ganz so, wie Herr Dr. Dietrich erklärt hat, verhält es sich in Sachsen nicht. Vielleicht sind die Verhältnisse in verschiedenen Landesteilen verschieden. In der Dresdner Gegend liegt die Angelegenheit so, daß das Gemeindeamt an jeden Betrieb, von dem es weiß, daß er Arbeiter aus der betreffenden Gemeinde beschäftigt, einheitliche Formulare schickt. Diese Formulare werden einheitlich genau ausgefüllt mit den bezahlten Lohnbeträgen und werden dann durch denselben Boten, der sie gebracht hat, an die betreffende Wohnortsgemeinde des Arbeiters zurückgegeben. Die ganze Angelegenheit erledigt sich außerordentlich schlank und kurz. Für meinen Betrieb speziell kommen vielleicht 15 bis 18 verschiedene Ortschaften in Frage. Die Angelegenheit wird sehr rasch erledigt und nimmt verhältnismäßig kurze Zeit in Anspruch. Wenn das ein-, zweimal gemacht worden ist, so macht es der Beamte die übrigen Male ganz außerordentlich schnell. Das eine Unangenehme bei der Sache bleibt immer, daß, wie auch heute schon angedeutet, ein gewisses Odium auf den Arbeitgeber fällt, indem ihm der Vorwurf gemacht werden kann, daß er die zu versteuernden Einkommen der Arbeiter zur Kenntnis der Steuerbehörde bringt. Da nun aber diese Angaben auf Grund gesetzlicher Vorschriften beruhen, so müssen solche Bedenken hinfallen.

Geheimer Kommerzienrat **Kirdorf**-Rheinelbe-Gelsenkirchen: Meine Herren! Was Herr Generalsekretär Stumpf will, meine ich, deckt sich im ganzen mit dem, was, wie Herr Generalsekretär Bueck vorgetragen hat. in Rheinland und Westfalen schon vereinbart worden ist. Da ist vereinbart, daß die Werke ihre Belegschaftslisten einreichen, und zwar nicht einmal an sämtliche Gemeinden, die in Frage kommen, sondern nur an die Gemeinde, in der das Werk domiziliert ist. Diese Gemeinde soll dann die Listen an die anderen beteiligten Gemeinden weitergeben. Der erste Teil deckt sich ja mit dem Vorschlage des Herrn Stumpf, und das ist das einfachste und das zweckmäßigste Verfahren. Ich warne entschieden davor, daß der Centralverband allgemein auf einen Modus eingehen sollte, wie ihn Herr Kommerzienrat Kauffmann als in Schlesien bestehend angibt. Das wäre für uns undurchführbar; denn in dem Augenblick, wo wir Listen von den Gemeinden bekommen, wird die Arbeit der Ausfüllung der Listen unmöglich in dem Zeitraum erfolgen können, der für die Veranlagungsbehörde erwünscht ist. Die Aufstellung neuer Belegschaftslisten nach Jahresschluß ist eine mühselige Arbeit, die in unseren einzelnen Zweigen nicht Wochen, sondern mehr als einen Monat in Anspruch nehmen würde. (Sehr richtig!) Also das Verfahren, das in Rheinland und Westfalen gewählt worden ist, wird, glaube ich, für die großen Betriebe in erster Linie als wünschenswert hinzustellen sein, und darauf wird der Ton gelegt werden müssen, nicht daß wir von unserer Seite etwa Vorschläge machen, die tatsächlich bei uns in größeren Betrieben unmöglich durchzuführen wären.

Fabrikbesitzer **Langen**-München-Gladbach: Ich verzichte. Ich wollte das ausführen, was der Herr Vorredner gesagt hat.

Geheimer Kommerzienrat **Vogel**-Chemnitz: Zur Richtigstellung in Bezug auf die Art und Weise, wie die Sache in Sachsen gehandhabt wird, will ich mitteilen, daß die Listen gewöhnlich im Monat Oktober aufgestellt werden, nachdem die Fabriken dieselben von der Gemeindebehörde bekommen haben, daß wir für jeden Ort eine besondere Liste aufstellen müssen und daß diese Listen wieder an unsere Gemeindebehörden zurückgeliefert werden, die sie dann an die betreffenden Ortschaften abgibt.

Vorsitzender: Das Wort wird nicht mehr gewünscht. Ich kann die Diskussion schließen.

Meine Herren, Herr Stumpf beantragt, daß der Ausschuß beschließen möge, diese Frage dem Direktorium zu überweisen, mit dem Wunsche, daß dasselbe eine Eingabe an den Herrn Finanzminister machen möchte. Es hat sich aus der Diskussion ergeben, daß verschiedene Partikularstaaten diese Gesetzgebung schon haben, und daß dort durchaus keine große Unzufriedenheit besteht. Es hat sich ferner ergeben, daß in Preußen selbst sehr verschiedene Anschauungen darüber vorhanden sind, ob die Auffassung des Herrn Stumpf die richtige ist. Deshalb möchte ich Ihnen den Vorschlag machen, daß wir die Sache auf ein Jahr vertagen und erst einmal das erste Jahr verfließen lassen, um zu sehen, wie der Hase läuft. Ich glaube, daß es verfehlt wäre, im ersten Moment eine Eingabe zu machen, die vielleicht nachher doch nicht den Wünschen der Industrie entspricht. Ich frage Herrn Stumpf, ob er mit diesem Vorschlage einverstanden ist.

Generalsekretär **Stumpf**-Osnabrück: Ich werde ja wohl müssen. Im übrigen würde ich meinen Antrag dahin modifizieren, zu empfehlen, daß der Finanzminister den Gemeinden das Verfahren vorschriebe, das Herr Geheimrat Kirdorf uns als in Rheinland und Westfalen bestehend bezw. vereinbart geschildert hat. Ich würde es für sehr praktisch erachten, wenn wir den Finanzminister bitten, im Sinne dieser Vereinbarung auf die Gemeinden einzuwirken.

Vorsitzender: Unter allen Umständen wird sich ja das Direktorium nicht der Aufgabe entziehen können, nach Maßgabe der heutigen Verhandlungen sich darüber schlüssig zu machen, ob es in diesem Stadium eine Eingabe an den Herrn Finanzminister machen soll.

Damit ist dieser Punkt erledigt.

Wir kommen zu Punkt 5: Vereinfachung des Protestes von Wechseln. — Eine Diskussion wird nicht gewünscht.

Wir kommen zu Punkt 6: Tätigkeit der Interessengemeinschaft. — Auch hier wird eine Diskussion nicht gewünscht.

7: Entwurf der Maß- und Gewichtsordnung.

Geheimer Kommerzienrat **Vogel**-Chemnitz: Ich hätte den Wunsch, daß, da der Herr Kommerzienrat Dierig durch Krankheit verhindert ist, hier zu erscheinen, der Syndikus des Schlesischen Verbandes, Herr Dr. Neißer, mit wenigen Worten sich an Sie wendet, da er im Verein mit uns in Sachsen die Angelegenheit bereits bisher bearbeitet hat.

Vorsitzender: Ich glaube, Herr Kommerzienrat Kauffmann, der sich zum Wort gemeldet hatte, hat die Absicht, dies zu tun.

Kommerzienrat Dr. **Kauffmann**-Wüstegiersdorf: Ich würde mich voraussichtlich ganz ebenso aussprechen wie Herr Dr. Neißer, da ich mit ihm zusammen die Sache bearbeitet habe, und bitte, daß Herr Dr. Reißer das Wort nimmt, wie von Herrn Geheimrat Vogel vorgeschlagen ist.

Rechtsanwalt und Syndikus Dr. **Reißer**-Breslau: Meine Herren! Mit Rücksicht auf die starke Belastung der Tagesordnung glaube ich mich kurz fassen zu sollen. Ich will nur einen einzigen Punkt hervorheben, der allerdings, soweit die Interessen der Textilindustrie in Frage kommen, der wesentlichste ist. Ich bin durchaus der Meinung des Herrn Generalsekretärs Bueck, daß man sich bei Versprechungen von Reichsbehörden nicht beruhigen und auf den guten Willen des Bundesrats nicht verlassen darf. Allein für die vorliegende Frage liegt es so, daß der Gesetzentwurf selbst in der von der Kommission beschlossenen Fassung, die ja wohl auch die Zustimmung des Reichstags finden dürfte, keinen Anlaß zu besonderer Beunruhigung der Textilindustrie bietet.

Die Textilindustrie ist im wesentlichen durch die Befürchtung, daß die von ihr zur Längenmessung angewandten Geräte und Maschinen dem Eichzwang unterworfen werden könnten, in Unruhe versetzt worden. Dabei wird namentlich an die Klingelapparate bei den Karden und Strecken, an die sogenannten Uhren bei den Spinnmaschinen, an die mit Zählwerken verbundenen Weifen, an die Meß- und Legemaschinen der verschiedenen Systeme und an ähnliche Apparate gedacht, durch welche die Länge des Vorgespinstes, des Garnes oder der gewebten Ware automatisch festgestellt wird. Wenn in der Tat alle diese Apparate dem Eichzwang unterworfen werden sollten, so würde damit allerdings eine ernsthafte Belästigung und Schädigung der Industrie verknüpft sein, vielleicht sogar eine vollständige Umgestaltung der Betriebe notwendig werden; denn diese Apparate sind größtenteils — von der Frage des englischen Maßes ganz abgesehen — aus technischen Gründen gar nicht eichungsfähig.

Nun beruht aber glücklicherweise die Annahme, daß die erwähnten Meßmaschinen und Meßgeräte dem Eichzwange unterworfen werden sollen, auf einer irrtümlichen Interpretation der Gesetzesvorlage. § 6 daselbst unterscheidet nämlich ausdrücklich „Maße" auf der einen Seite und „Meßwerkzeuge" auf der andern Seite. Unter „Meßwerkzeugen" werden, wie in der Begründung zu § 6 ausdrücklich hervorgehoben wird, im allgemeinen solche zum Messen bestimmter Arten von Gegenständen dienende Geräte verstanden, die nach Gestalt, Einrichtung oder Anwendungsweise dem Begriff eines Maßes im strengen Sinne des Wortes nicht entsprechen. Während nun die Maße im engeren Sinne allgemein der Eichpflicht unterworfen werden, gilt dies für die Meßwerkzeuge nur insoweit, als sie zur Raummessung dienen, nicht aber in soweit, als sie zur Längenmessung verwendet werden. Die Fassung des § 6 läßt über die Richtigkeit dieser Interpretation nicht den geringsten Zweifel und auch die Begründung zu § 6 spricht sich hierüber mit unzweideutiger Klarheit aus. Ich darf hinzufügen, daß gelegentlich einer Rücksprache, die ich gemeinsam mit Herrn Regierungsrat Professor Dr. Leidig im Reichsamt des Innern hielt, sowohl Herr Ministerialdirektor von Jonquières als auch Herr Geheimrat Robolski, der Spezialdezernent, die Richtigkeit der von mir soeben vorgetragenen Auffassung der Vorlage ausdrücklich bestätigten.*) Danach werden also auch künftighin die in der Textilindustrie zum Längenmessen verwendeten Maschinen und automatischen Apparate von der Eichpflicht frei sein.

Dagegen werden allerdings nach Inkrafttreten des neuen Gesetzes Waagen und Gewichte, sofern sie zur Ermittelung des Arbeitslohnes angewendet werden, dem Eichzwang insoweit unterliegen, als nicht der Bundesrat gemäß § 6 Absatz 5 oder gemäß § 10 dieses Entwurfs Ausnahmevorschriften trifft. Ich möchte aber meinen, daß aus der Eichung solcher Waagen und Gewichte für die Textilindustrie keine besonderen Belästigungen erwachsen werden. Die sogen. Schnell- oder Patentwaagen, soweit sie auf Federwirkung beruhen, sind allerdings aus technischen Gründen nicht eichungsfähig, aber soweit ich mich in der Textilindustrie umgesehen habe, werden solche Federwaagen auch gar nicht zur Feststellung des der Arbeitslohnermittelung zu Grunde zu legenden Gewichtes an Arbeitsprodukt benutzt. Sie dienen vielmehr anderen Zwecken, namentlich zur Kontrolle der Garnnummer, und zu diesem Zwecke können sie natürlich auch fernerhin anstandslos benutzt werden, weil ja die Maß- und Gewichtsordnung nur diejenigen Maße, Gewichte und Waagen betrifft, durch welche der Umfang von Leistungen bestimmt werden soll. Nun könnte ja allerdings vielleicht ein überschlauer Eichungsbeamter auf den Gedanken kommen, folgendermaßen zu deduzieren: „Die Gewichtsmenge des Garnes, nach welcher sich der Arbeitslohn bestimmt, wird allerdings nicht auf der Federwaage, sondern auf einer geeichten Waage festgestellt, aber die Höhe des Akkordlohnes richtet sich nicht allein nach diesem Gewichtsquantum, sondern auch nach der Stärke des Garnes, denn die Akkordsätze sind nicht die gleichen für 1 kg 30er und für 1 kg 40er Garn. Da nun aber die Garnnummer durch die

*) Nach dem soeben erschienenen Kommissionsbericht (Nr. 553 der Drucksachen des Reichstags) haben die Regierungsvertreter auch in der Kommission, ohne Widerspruch zu erfahren, ausdrücklich hervorgehoben, daß Meßmaschinen und Meßgeräte, welche nicht zur Raummessung dienen, nicht eichungspflichtig sind.

Federwaage festgestellt oder wenigstens kontrolliert wird, so steht diese Federwaage dennoch in einem, wenn auch mittelbaren Zusammenhange mit der Lohnfeststellung und muß geeicht sein." — Ich habe die Herren im Reichsamte gefragt, wie sie sich zu einer solchen Deduktion eintretendenfalls stellen würden und habe, wie mir Herr Professor Dr. Leidig bestätigen wird, die bündigsten Zusicherungen erhalten, daß eine solche überkünstliche und wohl auch durch das Gesetz nicht gerechtfertigte Auffassung von höherer Stelle unzweifelhaft verworfen werden würde.

Wenn nun danach, meine Herren, im ganzen und großen gegen die Fassung der Vorlage vom Standpunkte der Textilindustrie aus keine ernsten Bedenken erhoben werden können, so wird es sich nichtsdestoweniger dringend empfehlen, sofort nach Verabschiedung des Gesetzes die geeigneten Schritte beim Bundesrat, beim Reichsamt des Innern und bei der Normaleichungskommission dahin zu tun, daß die Ausführungsbestimmungen eine unsern Wünschen entsprechende Fassung erhalten und jeden Zweifel hinsichtlich der Gesetzesauslegung beseitigen.

Baurat Dr.-Ing. **von Rieppel**-Nürnberg: Ich möchte doch mitteilen, daß eine Gewähr deshalb nicht gegeben ist, weil es sich um Meßapparate handelt. Ich erinnere daran, daß die Elektrizitätszähler dem Eichungszwange unterworfen werden. (Dr. Leidig: Besonderes Gesetz!)

Rechtsanwalt Dr. **Neißer**-Breslau: Dem Herrn Vorredner gegenüber erlaube ich mir zu bemerken, daß die amtliche Prüfung der Elektrizitätszähler nicht auf der Maß- und Gewichtsordnung, sondern auf dem Spezialgesetz vom 1. Juni 1898 beruht. Die Tatsache also, daß Meßwerkzeuge für Elektrizität amtlich zu beglaubigen und zu überwachen sind, kann nicht gegen die von mir vertretene Auffassung ins Feld geführt werden.

Kommerzienrat Dr. **Kauffmann**-Wüstegiersdorf: Meine Herren! Meine Handelskammer hat zur Darlegung dieser Verhältnisse sich an das Handelsministerium gewandt und hat von dort einen Bescheid nach der Richtung hin bekommen, daß sie auf die Bestimmung des Gesetzentwurfs hingewiesen wurde, durch welche der Bundesrat befugt ist, Ausnahmebestimmungen zu erlassen, und es wurde uns mitgeteilt, daß für die Textilindustrie derartige Ausnahmebestimmungen in Aussicht genommen wären. Ich würde trotz der Ausführungen des Herrn Dr. Neißer doch großen Wert darauf legen, daß in der Tat solche Ausnahmebestimmungen auf Grund des § 6 des Gesetzentwurfs oder doch wenigstens besondere Ausführungsbestimmungen für die Textilindustrie erlassen werden; denn was Herr

Dr. Reißer mitgeteilt hat, der Schutz, den das Gesetz selbst uns gewähren soll, erstreckt sich nach meinem Dafürhalten nicht auf alle Fälle, die hier in Betracht kommen. Ich will Sie nur an eins vielleicht erinnern, das Spulen in den Webereien. Der Lohn für das Spulen wird, soweit mir bekannt, bei dem gebündelten Garn, das gespult wird, nach Strähnen bezahlt; die Leute bekommen pro 100 Strähnen so und so viel. Die Strähne ist kein Gewichtsmaß, wohl aber ein Längenmaß, und zwar ein Längenmaß, dessen Kontrolle durch Meßapparate, sei es durch geeichte, sei es durch ungeeichte, in der Fabrikation unmöglich durchgeführt werden kann. Allerhöchstens könnten Stichproben mit einzelnen Strähnen angestellt werden. Sie alle wissen ja, was eine Strähne bedeutet. Sie soll eine bestimmte Länge haben, 840 Yards. Aber es ist doch unmöglich, bei jeder einzelnen Strähne das festzustellen, das kann weder mit geeichten, noch mit ungeeichten Meßapparaten erfolgen, und aus diesen Schwierigkeiten würden wir selbst dann nicht herauskommen, wenn die seit Jahrzehnten im Gange befindlichen Bestrebungen eines Teils der deutschen Spinnereiindustrie, die englischen Strähnenlängen zu verbieten und nur deutsche Strähnenlängen zuzulassen, einmal sich verwirklichen sollten. Auch die deutschen, d. h. metrischen Strähnen, die es dann geben würde, würden sich in ihrer Gesamtheit durch keinerlei Meßapparate hinsichtlich ihrer Länge kontrollieren lassen, und doch wird der Lohn nach der Zahl der Strähnen, die hier gespult und verarbeitet werden, gezahlt und muß danach gezahlt werden.

Also, meine Herren, das sind alles Fälle, gegen die mir doch das Gesetz nicht die genügende Sicherheit zu geben scheint, und ich würde daher doch in erster Linie gewünscht haben, daß schon im Gesetze selbst für die Textilindustrie eine Ausnahme konstruiert würde. Wünsche der gleichen Art sind meines Wissens auch von der Bergbauindustrie bezüglich der sogenannten Hunde, der Fördergefäße, geltend gemacht worden. Eventuell, wenn das nicht möglich ist, dann würde ich zum mindesten unter allen Umständen Wert darauf legen, daß, wie der Herr Handelsminister in Aussicht gestellt hat, zu Gunsten der Textilindustrie auf Grund des § 6 durch den Bundesrat besondere Bestimmungen erlassen werden.

Rechtsanwalt Dr. **Reißer**-Breslau: Das von Herrn Kommerzienrat Dr. Kauffmann angeführte Beispiel dürfte doch den Kern der Frage nicht treffen. Herr Kommerzienrat Dr. Kauffmann scheint anzunehmen, daß überall dort, wo der Lohn auf Grund einer gewissen Länge des Arbeitsproduktes festgestellt wird, diese Länge durch geeichte Meßgeräte ermittelt werden müsse. Das ist aber nicht der Fall. Nur wo zu dieser Ermittelung tatsächlich Maße im strengen Sinne, also Körper aus starrem oder biegsamem Material, welche zum Zwecke des Messens an den zu messenden Gegenstand angelegt werden, verwendet werden, greift der Eichzwang Platz. Wo aber nicht solche Maße im strengen Sinne benutzt werden, sondern Apparate anderer Art, also z. B. wo die Länge des gesponnenen oder des gehaspelten Garnes durch den Umfang der Weife in Verbindung mit der Zahl ihrer Umdrehungen festgestellt wird, wird Eichung durch das Gesetz nicht verlangt.

Vorsitzender: Meine Herren, die Diskussion ist geschlossen. Ich konstatiere, daß von keiner Seite eine Aenderung des Gesetzes selbst beantragt worden ist. Dagegen wünscht Herr Kommerzienrat Kauffmann — so meine ich, daß der modus procedendi sein wird —, daß die Geschäftsführung sich mit dem Reichsamt des Innern in Verbindung setzt, um, wenn das Gesetz herausgekommen ist, dahin zu wirken, daß die Ausführungsbestimmungen entsprechend dem Wunsche des Herrn Kommerzienrats Kauffmann gestaltet werden. Das ist ja wohl der Sinn.

Kommerzienrat Dr. **Kauffmann**-Wüstegiersdorf: Im Einvernehmen mit der Industrie.

Vorsitzender: Selbstverständlich!

Meine Herren! Dann kommen wir zu Punkt 8: Wirtschaftliche Lage.

Baurat Dr.-Ing. **von Rieppel**-Nürnberg: Herr Bueck hat ausgeführt, daß nach seiner Meinung ein Fehler gemacht worden ist durch Verlängerung der Meistbegünstigung in Spanien. Meine Herren! Dieser Anschauung kann ich mich nicht anschließen. Mir wäre es wertvoll, von Herrn Bueck Gründe dafür zu hören. Bekanntlich besteht die Ausfuhr von Spanien nach Deutschland zu zwei Dritteln aus Erzen. Unsere Einfuhr nach Spanien besteht zu mehr als ein Fünftel in Maschinen. Der deutsche Maschinenbau ist unbedingt auf Ausfuhr angewiesen. Er ist auch heute bei der hohen Konjunktur nicht in der Lage, ohne Ausfuhr zu existieren. Meine Herren, durch einen Zollkrieg mit Spanien würde uns auch dieser Teil der Ausfuhr, der tatsächlich im Aufschwung begriffen ist, und der uns einen guten Teil des Absatzes bringt, ebenfalls verschlossen sein. Es wäre mir von hohem Interesse, von Herrn Bueck zu hören, wie er sich die Verhältnisse denkt, wenn es wirklich — es ist ja jetzt noch die Möglichkeit gegeben — zu einem Zollkriege mit Spanien kommen würde.

Generalsekretär **Bueck**-Berlin: Ich habe nur gesagt, daß ich befürchte, daß durch die Verlängerung und durch die in der Verlängerung gewissermaßen liegende Anerkennung des exorbitant hohen spanischen Zolltarifes die Position unserer Unterhändler eine schwierigere geworden ist. Ich weiß — und mir sind auch private Mitteilungen darüber zugegangen —, daß die Herren Spanier auf einem außerordentlich hohen Pferde sitzen, und daß es unseren Unterhändlern überhaupt bei der teilweise sehr geringen Qualität und Kapazität der spanischen Unterhändler schwer werden wird, die Sache zu Ende zu führen.

Aber, wie gesagt, ich habe nur eine Befürchtung ausgesprochen; einen Wunsch, daß es zu einem Zollkrieg kommen möchte, habe ich in keiner Weise verlautbart; im Gegenteil. Das würde mit meiner ganzen übrigen Stellungnahme anderen Ländern gegenüber, zumal den Vereinigten Staaten gegenüber, nicht übereinstimmen. Ich hoffe nach wie vor, daß es auch mit Spanien zu einem Vertrage kommen wird; aber ich wünsche, daß dieser Handelsvertrag nicht bloß zu Gunsten Spaniens, sondern auch zu Gunsten Deutschlands ausfallen möge und ich glaube, in diesem Wunsch begegne ich mich auch vollständig mit dem Herrn Vorredner.

Vorsitzender: Das Wort wird nicht mehr gewünscht. Ich kann die Besprechung über die Frage schließen.

Punkt 9: Sozialpolitik. Das ist ein weites Gebiet. Da könnte man ja sehr viel sagen, aber ich möchte bitten, diese Frage nicht anzuschneiden.

Dann kommen wir zu Nr. 10: Andere Fragen, die Herr Bueck berührt hat.

Kommerzienrat **Ugé**-Kaiserslautern: Meine Herren! Ich wollte mir gestatten, ihre Aufmerksamkeit auf die Gewerbebesteuerung zu lenken, mit der die einzelnen Betriebe auch an den Orten, wo nur die Montage ausgeführt wird, resp. in den Bezirken, in denen die Montage stattfindet, belegt werden. Sie haben vielleicht letzter Tage in der Frankfurter Zeitung gelesen, daß die Firma Pintsch im Hessischen ein Gaswerk montiert und da zur Gewerbesteuer herangezogen ist. Ich befinde mich mit meinem Betriebe in ähnlicher Lage. Wir haben etwa 60 Monteure für Heizungen draußen, die nach allen Richtungen der Windrose die Arbeiten ausführen. Wir haben die Vertreter draußen, welche lediglich auf Provision angewiesen sind und denen eine minimale Provision garantiert ist. Diese haben kein technisches Bureau; sie nehmen die Anfragen entgegen, worauf auf unserem Werke Projekte und Kostenanschläge ausgearbeitet und den Vertretern zur weiteren Veranlassung übersandt werden. Auch keine einzige Werkstätte haben wir außerhalb. Wir fertigen die Sachen an schicken sie an den Ort ihrer Verwendung und lassen sie dort montieren. Nun sind wir zur Gewerbesteuer herangezogen worden, z. B. in Saarbrücken und in Frankfurt a. M., wo wir Vertreter haben, während in anderen Ländern, wie in den Reichslanden und in Baden, wo man es auch versucht hat, die Besteuerung auf erhobene Einsprache hin zurückgezogen worden ist.

Diese Steuerordnung sucht man mit der Aufstellung zu begründen, daß wir an den genannten Plätzen Filialen (Zweigniederlassungen) besäßen, was durchaus nicht zutrifft, da die betreffenden Vertreter selbständige Gewerbetreibende (Agenten) im Sinne des § 84 H. G. B. sind. Wir mußten in Saarbrücken den durch die Tätigkeit des Vertreters erzielten Umschlag und den darauf entfallenden Gewinn angeben.

Ich will Sie heute damit nicht lange aufhalten. Ich glaube aber, es dürfte Aufgabe des Centralverbandes sein, dieser Frage näher zu treten und sie zu prüfen. Denn wenn wir die Konsequenzen daraus ziehen, dann muß hernach jede Fabrik, die außerhalb Vertreter hat und Montagearbeiten ausführt, an jedem Ort, wo dies geschieht, zur Gewerbesteuer und schließlich zur Kommunalsteuer herangezogen werden.

Meine Herren! Das wäre eine Belästigung, die weder im Interesse der Gesetzgebung noch im Interesse unserer Industrie liegt. Ich werde mir erlauben, sofern die Herren sich dafür entschließen, daß der Centralverband der Sache näher treten soll, das mir zu Händen befindliche Material der Geschäftsführung zu übergeben. (Beifall.)

Regierungsrat Professor Dr. **Leidig**-Berlin: Meine Herren, die Sache ist dadurch etwas schwierig, daß, wie den Herren ja wohl bekannt ist, die Prinzipien der preußischen Gewerbesteuer-Gesetzgebung eben durchaus abweichend sind von denen der elsaß-lothringischen und von denen der bayrischen Gesetzgebung; infolgedessen liegt die Situation hier in Preußen, wo ja Anlage- und Betriebskapital, eventuell gewerblicher Ertrag, und zwar als Einheit aufgefaßt, besteuert wird, anders.

Die Frage der gewerblichen Besteuerung der Montagearbeit ist nun ja bereits mehrfach zur Erörterung gekommen und sie ist auch im Verwaltungs-Streitverfahren von den höchsten Gerichten in einer für die Industrie ungünstigen Weise entschieden worden. Immerhin, meine Herren, glaube ich, würde es der Geschäftsführung des Centralverbandes sehr erwünscht sein, das Material des Herrn Kommerzienrat Ugé zu bekommen, weil die Möglichkeit ja gegeben ist, auch gegenüber der Entscheidung der Verwaltungsgerichte, durch eine Erörterung mit dem Herrn Finanzminister und eine Anweisung an die Veranlagungskommissionen wenigstens in gewissem Umfange den Wünschen entgegen zu kommen. Ich mache aber darauf aufmerksam, daß die endgültige Entscheidung bei uns in Preußen immer den selbständigen Beschlußbehörden, dem Bezirksausschuß bei der Verteilung der Kommunalabgaben und eventuell dem Oberverwaltungsgericht zusteht, und daß wir dagegen nicht angehen können.

Vorsitzender: Ich darf wohl annehmen, Herr Kommerzienrat Ugé, daß Sie damit einverstanden sind, daß die Sache so behandelt wird. Sie haben die Güte, das Material dem Bureau zu überlassen, und es wird dann so verfahren werden, wie Herr Professor Leidig eben erwähnt hat.

Kommerzienrat **Ugé**-Kaiserslautern: Ich möchte nur noch bemerken, daß die Angelegenheit sehr wichtig ist, (die Herren, die viele Montagen ausführen lassen, wie Herr Weismüller und Herr Rieppel, werden dies bestätigen) und ich bin daher der Meinung, daß, wenn unsere Einsprachen bei den Behörden gegen die Heranziehung zur Steuer fruchtlos sein sollten, wir dann versuchen müssen, auf gesetzlichem Wege zum Ziele zu gelangen.

Vorsitzender: Da wäre ja der Weg einzuschlagen, daß Sie eine Petition an das Preußische Abgeordnetenhaus einreichen. Es ist auch Nicht-Preußen gestattet, Petitionen an das Abgeordnetenhaus zu richten. Ob das Abgeordnetenhaus sich damit befaßt, ist freilich eine andere Frage.

Generalleutnant z. D. **Krüger**, Exzellenz, Berlin: Ich möchte mir gestatten, zu dem Vortrage des Herrn Geschäftsführers über Verbilligung der Gütertarife in Verbindung mit der Einsetzung der Kommission für Export eine Anregung zu geben.

Dieser erste Versuch, gegen die Besteuerung durch die Gütertarife anzukämpfen, ist hoch anerkennenswert, aber da er sich lediglich auf Rohstoffe und hohe Ladungen beschränkt und für die ganze übrige Industrie ohne Belang ist, so entsteht von vornherein die Frage, ob nicht schon bei dem ersten Versuch die Bemühungen des Centralverbandes etwas weiter gehen konnten. Diese Frage ist ja vorläufig mit der Eingabe erledigt. Für die Folge aber möchte ich darauf aufmerksam machen, daß, wenn wir auch nicht hoffen können, gegenüber der finanziellen Verwendung der Eisenbahnüberschüsse jetzt eine allgemeine Verbilligung unserer Frachttarife durchzusetzen, doch in der außerordentlich unsystematischen Anordnung dieser Tarife schon für das Inland und noch viel mehr für das Ausland mehrere sehr günstige Angriffspunkte gegeben sind, gegen die ein konzentrischer Angriff der Industrie wohl Erfolg versprechen dürfte. Dafür kann ich mich auf zwei Beispiele berufen: Ich habe es soeben nach sechsjährigen Bemühungen durchgesetzt, daß der Tarif des deutsch-russischen Eisenbahnverbandes auch für die Ausfuhr landwirtschaftlicher Maschinen nach Polen Geltung erlangt hat. Es war ja eine unbegreifliche Sache, und ist es für die ganze andere Industrie noch, daß Polen von den Ermäßigungen des deutsch-russischen Eisenbahntarifes ausgeschlossen sein sollte. Warum? Ich will Sie damit nicht lange aufhalten, aber zur Nutzanwendung doch den Vorgang erläutern. Man hat wohl geglaubt, Polen werde mit landwirtschaftlichen Maschinen nur von den nächsten Provinzen versorgt, und da die ganzen Ermäßigungen des Verbandstarifes nur auf den deutschen Sätzen beruhen — denn in dem direkten Verkehr sind von russischer Seite nur die Normalsätze eingerechnet —, so lohne es sich nicht, für Polen deutsche Ausnahmesätze zu bewilligen. Erst nach sechs Jahren ist es, wie gesagt, gelungen, für landwirtschaftliche Maschinen bei der Lieferung nach Polen dieselben Sätze zu bekommen wie nach Südwestrußland, nachdem wir hatten nachweisen können, daß die österreichische Konkurrenz, der im österreichisch-russischen Verbande von jeher gleiche Tarifsätze nach Polen zur Verfügung standen, wie nach dem übrigen Rußland, Fortschritte in Polen gemacht hat, während unsere Ausfuhr landwirtschaftlicher Maschinen in Polen stehen geblieben oder sogar zurückgegangen ist.

Ferner möchte ich darauf aufmerksam machen, daß schon in unseren Inlandstarifen eine ganz ungenügende Berücksichtigung den kleinen Wagenladungen von 5 t zu teil geworden ist, eine nennenswerte Ermäßigung erst für Ladungen von 10 t eintritt. Noch schlimmer steht es mit den allermeisten Exporttarifen. In dem vollständig verworrenen System unserer Exporttarife, die alle von Fall zu Fall ohne gegenseitige Berücksichtigung entstanden sind, in diesem Chaos, kann man sagen, ist einer der schwächsten Punkte der, daß die allermeisten die Ladungen von 5 t ausschließen, teilweise nur für Stückgut und größtenteils für Ladungen von 10 t Vergünstigungen enthalten.

In dieser Beziehung habe ich auch einen Präzedenzfall zu berichten. Als die hohen Zölle Oesterreich-Ungarns uns immer mehr in der Ausfuhr landwirtschaftlicher Maschinen nach Oesterreich beschränkten, habe ich zur Sprache gebracht, daß wenigstens nach Oesterreich die 5 t-Ladungen eine ähnliche Berücksichtigung erfahren müßten wie die 10 t-Ladungen. Das ist allerdings für diese Maschinen wichtiger als für andere, weil es selten möglich ist, einen Wagen von 10 t mit landwirtschaftlichen Maschinen voll auszunützen, namentlich, wenn es sich um vorgeschriebene Bestellungen handelt. Mithin geht in diesem

Falle der Nutzen der Exporttarife ganz verloren. Da ein allgemeiner Antrag erfolglos ist, so haben wir den unsrigen auf die Ausfuhr nach Oesterreich-Ungarn beschränkt, und nach mehrjährigen Verhandlungen mit der Eisenbahndirektion Breslau und nach Ablehnung weitergehender Anträge ist dem Verein der Fabrikanten landwirtschaftlicher Maschinen auch die Ausdehnung des wichtigsten Tarifs auf 5 t-Ladungen in Aussicht gestellt worden.

Danach, meine Herren, möchte ich mir erlauben, die Anregung dazu zu geben, daß man sich nicht mit so kleinen Anfängen beruhigen, sondern der Frage näher treten soll, die für den Export der deutschen Industrie von steigender Wichtigkeit ist, nachdem die meisten unserer Nachbar-Ausfuhrländer ihre Zölle erhöht haben. Alsdann begrüße ich mit Freude den Gedanken, daß eine Kommission für den Export begründet werden soll. Dieser Kommission empfehle ich vor allem die Eisenbahnfrage, da für den Export die Eisenbahnfracht ja eine außerordentlich wichtige Rolle spielt. Wenn die beiden Beispiele, die ich mir erlaubt habe, Ihnen mitzuteilen, zeigen, was schon einem einzelnen Verein gelungen ist, der, wenn er auch besondere Gründe vorbringen kann, doch schwach dasteht, so ist zu erwarten, daß der Centralverband mit seinem Einfluß in der Lage wäre, durch kritische Beurteilung der Exporttarife der ganzen Industrie bedeutende Vorteile zu verschaffen.

Vorsitzender: Ja, Exzellenz, es hat ja Herr Generalsekretär Bueck in seinem Vortrage angeführt, daß die Eingabe des Direktoriums an den Herrn Minister betreffend Aenderung der Abfertigungsgebühren und betreffend Anschlußgeleise nur als eine vorläufige zu betrachten sei, daß das Direktorium beabsichtigt, schrittweise weiterzugehen. Jedenfalls werden wir erst einmal abwarten müssen, welchen Erfolg diese Eingabe hat. Dann wird hernach das Direktorium wohl auch zu dem Schlusse kommen, weitere Frachtermäßigungen zu erbitten.

Darf ich vielleicht Exzellenz Krüger bitten, das Material, das ihm zur Verfügung steht, an das Bureau abgeben zu wollen. (Wird bejaht.)

Damit ist diese Frage, Punkt 10, erledigt — es ist niemand mehr zum Wort gemeldet — und Punkt II überhaupt.

Wir kommen zu Punkt III der Tagesordnung:

Der Eigentumsvorbehalt an Maschinen.

Ich erteile Herrn Professor Leidig das Wort.

Berichterstatter Regierungsrat Professor Dr. **Leidig**-Berlin: Meine geehrten Herren! Ich glaube, es wird Ihrem Wunsche entsprechen, wenn ich die Einleitung möglichst kurz mache.

§ 455 des Bürgerlichen Gesetzbuches sagt:

„Hat sich der Verkäufer einer beweglichen Sache das Eigentum bis zur Zahlung des Kaufpreises vorbehalten, so ist im Zweifel anzunehmen, daß die Uebertragung des Eigentums unter der aufschiebenden Bedingung vollständiger Zahlung des Kaufpreises erfolgt und daß der Verkäufer zum Rücktritte von dem Vertrage berechtigt ist, wenn der Käufer mit der Zahlung in Verzug kommt."

Diese Möglichkeit, meine Herren, zu verkaufen unter Vorbehalt des Eigentumsrechtes, wird, wie Ihnen ja allen bekannt ist, in zahlreichen Industrien tatsächlich angewandt, und sie muß angewandt werden, weil es nach unserem deutschen Recht nicht möglich ist, sich beim Verkauf einer beweglichen Sache, die einem andern übertragen worden ist, in anderer Weise eine dingliche Sicherung vorzubehalten. Das Pfandrecht, wie es unser deutsches Recht aufbaut, ist nur demjenigen gegeben, welcher die Sache selbst im Gewahrsam hat oder bei einem dritten in Gewahrsam gibt. Hier handelt es sich aber immer darum, daß die Gegenpartei, gegen die man gesichert sein soll und gesichert sein will, ihrerseits die bewegliche Sache in ihrem Gewahrsam hat. Es gibt also hier nur die eine dingliche Sicherung, sich das Eigentum an dieser Sache vorzubehalten, und unser Bürgerliches Gesetzbuch erkennt, wie ich mir bereits zu sagen erlaubte, die Möglichkeit dieses Sicherungsmittels auch durchaus an.

Nun, meine geehrten Herren, ist in diese Frage eine Schwierigkeit hineingekommen, eine Schwierigkeit, die im Gebiete des Allgemeinen Landrechts allerdings bereits seit über hundert Jahren besteht. Das Allgemeine Landrecht hat den Grundsatz aufgestellt, daß Gegenständen, die Bestandteile einer Substanz werden, die aufzufassen seien als Substanzbestandteile, keine gesonderte Rechtsexistenz zukomme.

Lassen Sie mich, meine Herren, diese Frage ganz kurz an einem Beispiele klar machen. Wir haben ein Haus. Zu diesem Hause wird ein Ziegel, der dem Nachbar gehört, der dort vor dem Nachbarhause liegt, zu dessen Bau benutzt werden soll, von einem Maurer aus Versehen genommen und in das Haus A hineingebaut. Dieser Ziegel ist nunmehr ein Bestandteil des Hauses A geworden. Der Eigentümer des Ziegels kann diesen Ziegel nicht mehr für sich in Anspruch nehmen, an ihm kein Eigentum geltend machen, und dasselbe, was ich hier an diesem Beispiele dargelegt habe, gilt für Fenster und für Türen und für alles mögliche bei einem Hausbau.

Nun, meine Herren, wie ist es denn mit dem Schlüssel, der zu dem Hause gehört, der doch auch dem Hause dienen soll in derselben

Weise wie Fenster und Türen? Da sagt das Bürgerliche Gesetzbuch — und das stimmt mit unserer früheren Auffassung im Gebiete des Allgemeinen Landrechts wieder durchaus überein — im § 97, daß derartige bewegliche Sachen, die, ohne Bestandteile der Hauptsache zu sein, dem wirtschaftlichen Zwecke der Hauptsache zu dienen bestimmt sind und die zu dieser Sache in einem dieser Bestimmung entsprechenden räumlichen Verhältnisse stehen, daß solche Gegenstände als Zubehör bezeichnet werden. An einem derartigen Zubehör kann ein Eigentum bestehen, das verschieden ist von dem Eigentum der Hauptsache. Meine Herren, jeder von Ihnen weiß es: es kann Eigentümer eines Hausschlüssels jemand sein, der nicht der Eigentümer des betreffenden Hauses ist.

Diese Grundsätze, wie ich sie kurz angedeutet habe, haben nun zu Schwierigkeiten geführt in denjenigen Fällen, in denen es fraglich war und fraglich ist: sind Gegenstände, die in Verbindung gebracht worden sind mit einem Grundstück, mit einem Hause, Bestandteile oder sind sie nur Zubehör? Diese Frage ist, um Beispiele anzuführen, aufgeworfen worden bei einer Sache, wie es eine Dampfheizung ist; bei einem Falle, bei dem Maschinen hineingemauert worden sind in ein Haus und nunmehr für die Dampfheizung dieses Hauses dienen sollten, dann bei Maschinen, die hineingestellt worden sind in das Haus selbst und die in dem Hause für irgend welche Fabrikationszwecke dienen sollen.

Das Reichsgericht hat sich bereits, kurz nachdem es gegründet worden ist, am 24. Juni 1880 für das Gebiet des Allgemeinen Landrechts mit dieser Frage zu beschäftigen gehabt, und es hat sich auf den Standpunkt gestellt: an Maschinen, die als Substanz des Hauses zu betrachten sind, kann ein selbständiges Eigentumsrecht nicht mehr bestehen — ich komme auf die Folgen gleich zurück, meine Herren —, und das Reichsgericht hat für das Gebiet des Allgemeinen Landrechts diese Auffassung auch in einem weiteren Erkenntnis aus dem Jahre 1890 aufrechterhalten und stimmt bei seiner Auffassung überein mit der Auffassung, wie sie in der Literatur auch von unseren bedeutendsten Juristen vertreten worden ist. Es stimmt überein für das Gebiet des Allgemeinen Landrechts auch mit einer Reihe von Entscheidungen, die von anderen höheren Gerichtshöfen gefällt worden sind.

Ganz anders, meine Herren, lag aber die Rechtslage bis zum 1. Januar 1900 für das Gebiet des rheinischen Rechts, für das Gebiet des gemeinen Rechts, und ebenso auch für das Gebiet des sächsischen Rechts. In allen diesen Gebieten bestand diese weite Ausdehnung des Substanzbegriffes nicht.

Nun, meine Herren, das Bürgerliche Gesetzbuch hat im § 93 den Standpunkt aufgestellt, daß wesentliche Bestandteile einer Sache — und das ist im allgemeinen dasselbe wie Substanzbestandteile — nicht Gegenstand besonderer Rechte sein können. Lassen Sie mich auch hier wieder das erste Beispiel wiederholen. Wenn der Tischler oder der Zimmermann eine Tür, ein Fensterkreuz gemacht hat, und die betreffende Tür, das betreffende Fensterkreuz wird in das Haus eingesetzt, dann hat mit diesem Augenblick der Tischler, der Zimmermann sein Eigentum verloren, mag er es sich vorbehalten haben oder nicht. Diese Gegenstände sind wesentliche Bestandteile des Hauses geworden. Meine Herren, weil dem so ist, besteht ja die große Schwierigkeit, den Forderungen der Bauhandwerker die von ihnen gewünschte und wohl auch berechtigte Sicherung zu gewähren, und es ist deshalb jetzt versucht worden, durch einen besonderen Gesetzentwurf diese Schwierigkeiten aus dem Wege zu räumen.

Nun, meine Herren, diese Frage des wesentlichen Bestandteils und des Verlustes des Eigentums dadurch, daß ein beweglicher Gegenstand mit einem anderen in der Weise verbunden worden ist, daß beide nunmehr einen einheitlichen Gegenstand bilden, ist von besonderer Bedeutung geworden durch die neuere Rechtsprechung des Reichsgerichts für das Gebiet der Maschinenindustrie, auch einen größeren Teil der Elektrizitätsindustrie und ähnlicher Industrien. Nun, meine Herren, und darin liegt meines Erachtens eigentlich das Wesentliche, ist das Reichsgericht nicht bei der Auffassung stehen geblieben, daß eine rechtlich einheitliche Sache nur diejenige ist, die sich als eine natürliche Einheit darstellt in der Weise, daß die früheren einzelnen Bestandteile nunmehr in diesem Ergebnis auch nach der äußeren Erscheinung untergegangen sind, sondern das Reichsgericht ist weiter gegangen und folgert aus den Motiven des Bürgerlichen Gesetzbuchs, daß als rechtlich einheitliche Sachen auch lediglich wirtschaftliche Einheiten zu betrachten seien. Also, meine Herren, während zunächst die Auffassung sein würde, wie wir wenigstens glauben, daß man als eine einheitliche Sache, in der die verschiedenen Teile aufgegangen sind, aus denen also beispielsweise ein Haus gebaut ist, die betreffenden Gegenstände betrachtet, die das Haus zusammensetzen, geht das Reichsgericht weiter und sagt: nicht bloß das Haus als solches, sondern auch die wirtschaftliche Zweckbestimmung, zu der das Haus gehört, der es gewidmet ist, bildet schließlich eine Einheit, und alles, was wesentlich ist, dieser wirtschaftlichen Zweckbestimmung zu dienen, gehört auch zu den wesentlichen Bestandteilen dieser (wirtschaftlichen) Einheit. Das heißt, wenn ein Haus gebaut ist, und dieses Haus soll dann dazu dienen, beispielsweise eine Holzschneidefabrik zu sein, so ist nach der Auffassung des Reichsgerichts nicht der Gedankengang dann zu Ende geführt, wenn man sagt: hier ist ein Haus gebaut, in das nachher eine Holzschneidefabrik hineinkommen soll, sondern das Reichsgericht sagt: diese Holzschneidefabrik als solche ist das Einheitliche, und was der Holzschneidefabrik dienen kann und was alles dazu bestimmt ist, die Holzschneidefabrik als eine Holzschneidefabrik dauernd erscheinen zu lassen, kann keine selbständigen Rechte für sich in Anspruch nehmen. Das heißt wieder: Derjenige, welcher in dieses Haus unter Eigentumsvorbehalt diejenigen Maschinen hineingibt und an den Eigentümer dieses Hauses verkauft, die dazu dienen sollen, aus diesem Hause die wirtschaftliche Einheit einer Holzschneidefabrik zu machen, derjenige hat in demselben Augenblick, in dem die Maschinen in das Haus hineinmontiert worden sind, auch das Eigentum an diesen Maschinen verloren, mag er es sich auch zehnmal vorbehalten haben, denn ohne diese Maschinen kann das Haus eine Holzschneidefabrik eben nicht sein.

Meine Herren, diese ungemein weite Auffassung des Reichsgerichts von dem Begriff einer Sache, die aus mehreren wesentlichen Bestandteilen entstanden ist, hat nun dazu geführt, daß die deutsche Maschinenindustrie in ganz erhebliche Schwierigkeiten hineingekommen ist und daß, während sie nach allen Mitteilungen in sehr umfangreicher Weise ihre Verkäufe unter Vorbehalt des Eigentumsrecht abschließt, sie tatsächlich in verhältnismäßig seltenen Fällen, oder, ich will nicht sagen, in seltenen Fällen, aber doch nur in einer Reihe von Fällen von diesem Eigentumsvorbehalt irgend welchen Gebrauch machen kann.

Das Reichsgericht unterscheidet, meine Herren, zwei Arten von Fabriken, die ich einmal scharf einander gegenüberstellen möchte. Wir haben hier in Berlin und so in vielen großen Städten ja eine Anzahl von Gebäuden, die gebaut worden sind als Fabrikbetriebe in abstracto. Der betreffende Eigentümer hat heute eine Holzschneidefabrik, morgen eine Dampftischlerei und übermorgen irgend eine Fabrik der Textilindustrie in seinem Hause. Er hat auch in den verschiedenen Stockwerken verschiedene Fabriken. Für alle diese Fälle würde an sich der Eigentumsvorbehalt zutreffen und auch weiter dauernd gültig bleiben. Aber in all denjenigen Fällen, in denen ein Fabrikant ein Fabrikgebäude errichtet mit der bestimmten wirtschaftlichen Absicht, dieses Fabrikgebäude zunächst für einen bestimmten Zweck zu benutzen, in allen diesen zahlreichen Fällen geht der Vorbehalt des Eigentumsrechts für die Maschinenindustrie verloren.

Aus Ermittelungen, die auf Veranlassung der Maschinenfabrik „Erfordia" vor einiger Zeit angestellt worden sind, hat sich ergeben, daß 248 Maschinenfabriken, welche auf die Umfrage geantwortet haben, Verträge unter Vorbehalt des Eigentumsrechts laufen hatten in Höhe von 59 Millionen Mark. Meine Herren, Herr Professor Krückmann, der diese Angaben macht, berechnet, daß dementsprechend die 7000 Maschinenfabriken, die tatsächlich in Deutschland bestehen, etwa Maschinenlieferungsverträge in Höhe von 1³/₄ Milliarden laufen hätten, die unter Eigentumsvorbehalt abgeschlossen seien. Das ist nun natürlich eine falsche Rechnung. Man wird aber wohl mit gewisser Richtigkeit annehmen können, daß die Verträge, welche in der deutschen Maschinenindustrie unter Vorbehalt des Eigentumsrechts abgeschlossen worden sind, heutzutage weit über 100 Millionen Mark hinausgehen. Ich glaube, daß das eine billige und mäßige Rechnung ist auf Grund dieses Ergebnisses der Umfrage. Wenn das aber der Fall ist, meine Herren, dann handelt es sich allerdings um ganz ungemein große wirtschaftliche Werte, die Anspruch darauf haben, in irgend einer Weise von der Rechtsordnung gesichert zu werden.

Darüber besteht in ganz Deutschland ja gewiß Einstimmigkeit, daß die Verkäufe unter Eigentumsvorbehalt ein außerordentlich loyales und legales und ein sozial wichtiges Mittel des wirtschaftlichen Verkehrs sind. Meine Herren, es gibt sehr zahlreiche Fälle, in denen es dem kleineren Fabrikanten eigentlich nur ermöglicht ist, zu einer Selbständigkeit zu kommen, wenn er seine Käufe unter Eigentumsvorbehalt vornimmt, und es handelt sich hier, falls man diesen Ausdruck hier hineinziehen will, um ein durchaus berechtigtes Mittel der Förderung des Mittelstandes, wenn man die Verkäufe unter Eigentumsvorbehalt zu schützen und rechtlich zu sichern sucht.

Die Beunruhigung, die in die Maschinenindustrie, und, wie gesagt, nicht bloß in die Maschinenindustrie, sondern auch in die Elektrizitätsindustrie, in die Industrie der Gasmesser und Dieselmotoren, der Gaskraftmotoren u. s. w. hineingetragen worden ist, hat nun zu einer Reihe von Vorschlägen geführt, wie aus diesen unsicheren Verhältnissen herauszukommen ist.

Der erste Vorschlag, der gemacht worden ist, ging dahin, daß, ich möchte sagen, durch einen Sturm der Entrüstung in der öffentlichen Meinung von den beteiligten Kreisen auf das Reichsgericht dahin eingewirkt werden solle, daß das Reichsgericht von seiner bisherigen Rechtsprechung ablasse. Meine Herren, es ist immer ein gefährliches Experiment, durch einen Sturm der öffentlichen Meinung auf die Rechtsprechung einwirken zu wollen, daß sie nach der einen oder anderen

Richtung hin den Anschauungen der öffentlichen Meinung entsprechen soll. Wir können auch — ich möchte doch meinen: glücklicherweise — sagen, daß unser Reichsgericht sich bemüht, sich allen solchen Entrüstungserscheinungen von der einen oder anderen Seite gegenüber objektiv zu verhalten, und ich möchte deshalb diesen Weg einmal wegen seiner prinzipiellen Gefährlichkeit, zum andern aber auch, wie ich glaube, deswegen, weil er zwecklos und unpraktisch ist, nach keiner Richtung hin empfehlen. Die Handelskammer in Frankfurt a. M., die namentlich die Trägerin dieser Idee gewesen ist, hat denn auch ihre Auffassung und ihre Ansicht in den letzten Monaten völlig geändert, und der Verein Deutscher Werkzeugmaschinenfabrikanten, der sich bereits seit Jahren eifrig mit dieser Frage beschäftigt, hat es immer abgelehnt, diesen Weg zu gehen.

Will man nun nicht in dieser Weise auf die Rechtsprechung einwirken, oder hält man dies für unmöglich, dann, meine Herren, bleiben ja nur noch zwei Wege: einmal durch wissenschaftliche Arbeiten und Aufklärung über die sozialen und wirtschaftlichen Folgen der jetzigen Rechtsprechung das Reichsgericht zu andern Ergebnissen hinzuführen. — Das ist in ausgiebigem Maße versucht worden; es sind eine große Reihe von Arbeiten in den verschiedensten wirtschaftlichen und in den verschiedensten juristischen Zeitschriften erschienen, die versucht haben nachzuweisen, daß die Rechtsprechung des Reichsgerichts dem wahren Willen des Gesetzgebers nicht Genüge tue. Das Reichsgericht hat aber auch in seinen neueren Erkenntnissen nach wie vor und grade unter Bezugnahme auf die in der Industrie gegen seine Rechtsprechung erhobenen Einwendungen erklärt, nach dem Inhalt des Gesetzes und nach der Auffassung, die es genötigt sei, dem Bürgerlichen Gesetzbuch und diesen betreffenden Bestimmungen des Bürgerlichen Gesetzbuchs zu geben, könne es nicht anders, als so zu entscheiden, wie es entschieden habe.

Meine Herren, wie gesagt, die Frage ist zweifelhaft. Es haben nunmehr aber bereits zwei Senate des Reichsgerichts in der Richtung entschieden, der fünfte und der siebente Senat, die beide erklärt haben, sie hielten an ihrem Standpunkt fest. Es sind weiter, wie gesagt, bereits früher unter der Herrschaft des Allgemeinen Landrechts der erste und fünfte Senat derselben Ansicht gewesen. Ich halte es daher für höchst unwahrscheinlich, daß das Reichsgericht in absehbarer Zeit von seiner Rechtsprechung abgehen wird, um so mehr für unwahrscheinlich, als das Reichsgericht bisher niemals ein Prinzip aufgestellt hat, sondern immer erklärt, es prüfe von Fall zu Fall, ob in einem vorliegenden Rechtsstreite die Maschinen, die in das Haus hineingebracht worden sind, einen wesentlichen Bestandteil des wirtschaftlichen Begriffs für den speziellen Fall bilden, oder aber, ob es sich um eine mehr lose oder, wie in neuester Zeit gesagt worden ist, leicht lösbare Verbindung handelt, in die die Maschine zu dem einzelnen Hause gesetzt worden ist.

Meine Herren, wenn dem so ist und wenn andererseits zugegeben werden muß, daß es sich hier um ganz erhebliche wirtschaftliche Werte handelt, die das Recht darauf haben, eine Sicherung innerhalb der Gesetzgebung zu erhalten, wenn zugegeben werden muß, daß in dem Verhältnis der beiden Parteien zueinander durchaus legale Beziehungen bestehen, dann fragt es sich doch lediglich: sind denn von anderer Seite so erhebliche Einwendungen erhoben worden, daß an diesem Rechtszustande festgehalten werden muß?

Die wesentlichen Einwendungen werden nun lediglich erhoben von seiten der Gläubiger des Hauseigentümers, der Realgläubiger im weitesten Sinne des Wortes genommen. Meine Herren, ich glaube, daß die deutsche Industrie es dankbar anerkennen muß, daß das deutsche Realrecht, insbesondere unser Hypothekenrecht in einer Weise geordnet ist, wie sie den Bedürfnissen, glaube ich, des modernen Wirtschaftslebens in hohem Maße entspricht, und es gehören zweifellos die Prinzipien der Spezialität, der Oeffentlichkeit und des öffentlichen Glaubens des Grundbuches dazu, um eine Sicherheit des Realkredits in weitestem Umfange zu schaffen, woran auch die deutsche Industrie ein sehr erhebliches Interesse hat. Es wird deshalb kaum möglich sein, in diese Ordnung in prinzipieller Weise irgendwie einzugreifen. Aber, meine Herren, gerade in diesem Falle, um den es sich hier handelt, liegen keinerlei wirtschaftliche Momente vor, die dem Realgläubiger ein Recht auf diese in die betreffende Fabrik eingebrachten Maschinen geben. Es kann sich nur um zweierlei handeln. Entweder der Hypothekengläubiger oder der Grundschuldgläubiger ist in das Grundbuch eingetragen worden, ehe irgend welche Maschinen in das Haus hineingebracht worden sind. Dann, meine Herren, hat er sein Darlehn dem betreffenden Eigentümer des Hauses gegeben unter Kenntnis der Sachlage, daß in dem Hause keinerlei Maschinen vorhanden sind, oder, meine Herren, er wird später eingetragen, nachdem die Maschinen in dem Hause vorhanden sind; dann würde ihm ein Anspruch und ein Recht auf Sicherstellung auch durch den Wert der Maschinen nur dann zu geben sein, wenn er des guten Glaubens gewesen ist, daß diese Maschinen tatsächlich zu dem Werte derjenigen Realien gehört haben, auf die er seine Grundschuld, sein Hypothekendarlehn hergegeben hat. Wie ihm dieser gute Glaube genommen werden könnte, darauf, meine Herren, komme ich nachher zurück.

Wenn die Herren so freundlich gewesen sind, mir bis dahin zu folgen, dann, glaube ich, darf ich die Schlüsse daraus ziehen: ein berechtigtes Interesse dagegen, daß Maßnahmen getroffen werden, um den Eigentumsvorbehalt an der Lieferung von Maschinen und ähnlichen Instrumenten, um mich einmal allgemein auszudrücken, zu Gunsten des Lieferanten zu erhalten, besteht nicht, insofern als in dem von mir zuletzt erwähnten Fall dem später eingetragenen Hypotheken- oder Grundbuchgläubiger Kenntnis von dem Rechtsverhältnis der Maschinen zu dem betreffenden Hause gegeben wird.

Nun, meine geehrten Herren, nach dem, was ich dargelegt habe, bleibt meines Erachtens nur übrig, eine Rechtsveränderung zu Gunsten der Lieferanten von Maschinen und ähnlichen Apparaten herbeizuführen im Wege der Gesetzgebung. Wie diese Gesetzgebung in Bewegung gesetzt werden soll, das, meine Herren, herauszufinden, ist meines Erachtens eigentlich nicht in erster Linie Sache eines wirtschaftlichen Verbandes, einer wirtschaftlichen Vereinigung, wie wir es hier sind. Ich glaube, unsere Aufgabe beschränkt sich darauf, den gesetzgebenden Faktoren darzulegen, daß aus der augenblicklichen Rechtslage und der Entwickelung dieser Rechtslage, wie sie durch die dauernde Rechtsprechung unseres höchsten Gerichtes erfolgt ist, sich für weite und für sehr bedeutende Kreise unserer deutschen Industrie eine Rechtsunsicherheit ergeben hat, die eine Aenderung der bestehenden Grundlagen erfordert, und es entspricht der Aufgabe und der steten Stellung des Centralverbandes, bei dieser Forderung kräftig zuzufassen, und ich habe nachzuweisen versucht — bei der kurzen Zeit natürlich nur andeutungsweise —, daß irgend welche Interessen der Gesamtheit, insbesondere der Realgläubiger, berechtigter Weise dieser Forderung nicht widersprechen.

Wenn ich mir nun erlauben darf, noch einige wenige Minuten Ihre Aufmerksamkeit in Anspruch zu nehmen und darauf hinzuweisen, wie meines Erachtens vielleicht die Möglichkeit gegeben ist, auf dem einen oder anderen Wege zu diesem erwünschten Ergebnis zu gelangen, so bitte ich, meine Herren, das lediglich als eine rein persönliche Auffassung zu betrachten, wenn ich jetzt sage: ja, es gibt für mich zwei Möglichkeiten, meine geehrten Herren, zu dem gewünschten Ergebnis zu kommen. Die eine Möglichkeit ist die, in dem Bürgerlichen Gesetzbuch selbst eine Aenderung eintreten zu lassen, die dahin geht, daß der Begriff des wesentlichen Bestandteiles beschränkt wird; ich glaube aber, meine Herren, daß dieser Weg ungemein schwer gangbar ist, weil die Bestimmungen, gegen die sich die Beschwerden der Maschinenindustrie wenden, im allgemeinen Teil des Bürgerlichen Gesetzbuchs stehen und der allgemeine Teil ja die Grundlage der gesamten Entwickelung und des gesamten Aufbaues des Bürgerlichen Gesetzbuchs bildet, dann auch, weil eine Bestimmung und eine Beschränkung des Begriffs „wesentlicher Bestandteil", um den es sich hier handeln müßte, zu Konsequenzen führen würde, die wir, wenigstens im Augenblick und ohne genaue Durchprüfung des gesamten wirtschaftlichen und sozialen Rechtszustandes, kaum übersehen können. Eine Aenderung im Bürgerlichen Gesetzbuch würde deshalb nur dadurch möglich sein, daß gewissermaßen in einem Anhangsparagraphen speziell für die Maschinen bestimmt wird: Maschinen sind unter bestimmten Umständen, die nun im einzelnen zu fixieren wären, nicht als wesentlicher Bestandteil zu betrachten, auch wenn an sich die sonstigen allgemeinen Voraussetzungen, wie sie das Reichsgericht aufgestellt hat, zutreffen, sondern sie gelten auch in diesem Fall nur als Zubehör. Das wäre möglich, das wäre gewissermaßen ein Spezialgesetz für die Maschinenindustrie.

Es gibt auch noch, meine Herren, eine zweite Möglichkeit. Wenn wir den wirtschaftlichen Inhalt des Eigentumsvorbehalts betrachten, dann werden wir, glaube ich, mit Recht sagen dürfen, daß der Fabrikant, der die Maschine unter Eigentumsvorbehalt abliefert, gar nicht für sich in Anspruch nehmen will, jemals die Maschine wieder zu haben; er ist durchaus damit einverstanden, daß er sie verkauft hat, er will lediglich eine Sicherheit dafür haben, daß er den Verkaufswert dieser Maschine wieder bekommt, und da, meine Herren, ist die zweite Maßnahme, die sich durchführen läßt, daß einfach die Möglichkeit gegeben wird, diesen Verkaufswert durch eine Sicherungshypothek oder in ähnlicher Weise eintragen zu lassen.

Nun, meine Herren, würde ja auch das in allen denjenigen Fällen nichts nützen, in denen bereits eine Reihe von Grundschuld- und Hypothekengläubigern eingetragen ist, und das wird die Regel sein. Hier, meine Herren, möchte ich nun — es kann nicht meine Aufgabe sein, diese Gedankenreihe irgendwie weiter zu verfolgen — darauf hinweisen, daß wir auf dem Gebiete der Landwirtschaft in unserem preußischen Recht eine Institution haben, die ganz ähnlichen Voraussetzungen durchaus Genüge tut. Meine Herren, der Landwirtschaft ist die Möglichkeit gegeben, ein Grundstück zu meliorieren, und auch hier wird, wenn ich den Ausdruck gebrauchen darf, das Fabrikgebäude durch die Hineinbringung der Maschinen melioriert. Nun, meine Herren, wir haben bei uns in Preußen, übrigens ja auch in anderen Staaten, die Einrichtung der sogenannten Landeskulturrentenbanken. Wenn eine derartige Melioration eines Grundstückes stattfindet, so kann diese Melioration stattfinden unter Hilfe eines Darlehns, welches von diesen Landeskulturrentenbanken gegeben wird. Dieses Darlehn oder richtiger die Rente, die darn zu zahlen ist, wird in das Grundbuch eingetragen, sie bildet eine privatrechtliche Rente, aber wenn in diesem Falle die Auseinandersetzungsbehörde erklärt: durch diese Melioration sind neue wirtschaftliche Werte geschaffen, auf die die bisherigen Realgläubiger loyalerweise keinen Anspruch haben, sondern sie sind geschaffen durch die Hergabe dieses Meliorationsdarlehns, wenn diese Erklärung abgegeben ist, dann rückt dies Meliorationsdarlehn über sämtliche privatrechtlichen Ansprüche der Realgläubiger hinweg und wird an die erste Stelle gesetzt.

Ich möchte glauben, meine Herren, dieser Gedanke, der hier für die Landwirtschaft durchgeführt ist — ich möchte übrigens bemerken, daß das Bürgerliche Gesetzbuch diese Möglichkeit vollkommen anerkennt — ließe sich auch wohl nutzbar machen für diejenigen Fälle, um die es sich hier handelt, und er gibt die Möglichkeit, dem Maschinenfabrikanten die vollkommene Sicherung zu gewähren, ohne daß in das System des Bürgerlichen Gesetzbuches eingegriffen wird.

Nun, meine Herren, bleibt allerdings eine Lücke noch immer übrig, und das sind diejenigen kleineren Maschinen, bei denen die Eintragung ins Grundbuch und die damit zusammenhängenden Umständlichkeiten nicht entsprechend sind dem Werte der einzelnen Maschinen, und hier, meine Herren, muß ich allerdings bekennen, daß die Hilfsmittel, die ich bis jetzt in letzter Linie Ihnen gezeigt habe, aufhören, daß sie hier ihre Wirksamkeit verlieren. Um auch für die kleineren Maschinen eine Rechtswirksamkeit des Eigentumsvorbehalts zu schaffen, bleibt nichts anderes übrig, als eben dann im Bürgerlichen Gesetzbuche eine Spezialbestimmung zu treffen. Wie gesagt, meine Herren, das Schwierige ist dabei, daß diese Bestimmung ja nur als eine Sonderbestimmung des Bürgerlichen Gesetzbuches zu treffen sein würde, und daß wir nicht übersehen können, ob nicht durch eine neue Wendung der Rechtsprechung in wenigen Jahren vielleicht für einen anderen Zweig der Industrie, bei dem augenblicklich die Voraussetzungen noch nicht geschaffen sind, ähnliche Schwierigkeiten sich ergeben würden. Aber, wie gesagt, für diese kleineren Maschinen nützen die Vormerkungen im Grundbuch u. s. w., wie ich vollkommen anerkennen muß und anerkennen will, nichts.

Meine geehrten Herren, es liegt Ihnen eine Resolution vor, die ich mir erlaube, namens des Direktoriums Ihnen zur Annahme zu empfehlen. Ich möchte bemerken, daß diese Resolution entsprechend dem, was ich mir erlaubte, in meiner Berichterstattung zu sagen, nicht darauf ausgeht, bestimmte Vorschläge zu machen, sondern nur die

Voraussetzung für ein gesetzgeberisches Eingreifen konstatiert. (Lebhafter Beifall.)

Die Resolution lautet:

„Der Centralverband Deutscher Industrieller erkennt an, daß für verschiedene Industriezweige, insbesondere die Maschinenindustrie, der Verkauf gegen Eigentumsvorbehalt ein zweckmäßiges und in vielen Fällen für den Geschäftsabschluß notwendiges Sicherungsmittel des Verkäufers ist, das auch sozial insofern von nicht geringer Bedeutung ist, als es dem kapitalschwachen tüchtigen Industriellen die Begründung einer selbstständigen Existenz erleichtert.

Die Rechtsprechung des Reichsgerichts hat den Eigentumsvorbehalt in den meisten Fällen wirkungslos gemacht, eine Aenderung des jetzigen Rechtszustandes, der zu einer unbilligen Bevorzugung der Realgläubiger insbesondere gegenüber den Lieferern von Maschinen geführt hat, erscheint daher im berechtigten Interesse der Industrie ungemein wünschenswert."

Erster stellvertretender Vorsitzender Geheimer Kommerzienrat **Kirdorf**-Rheinelbe bei Gelsenkirchen: Ich eröffne die Besprechung.

Dr. **Guggenheimer**-Augsburg: Meine Herren, die Ausführungen des Herrn Dr. Leidig haben erschöpfend die Gefahren geschildert, die der Maschinenindustrie aus der gegenwärtigen Rechtsprechung des Reichsgerichts erwachsen. Ich möchte mir nur erlauben, noch darauf hinzuweisen, daß die gleichen Gefahren auch für diejenigen erwachsen, die der Maschinenindustrie als Käufer gegenübertreten, insbesondere dann, wenn ihr Kredit ein fragwürdiger ist. Eine ganze Anzahl von Geschäften wird um deswillen nicht mehr zu stande kommen können, gerade für minder Bemittelte, weil der Eigentumsvorbehalt nach der jetzigen Rechtsprechung der Wirkung entbehrt, und es werden viele nicht mehr die Möglichkeit haben, sich Maschinen anzuschaffen, eine Möglichkeit, die ihnen sonst gewährt worden wäre.

Ich erlaube mir, zu der vorliegenden Resolution mit Rücksicht darauf, daß tatsächlich das Bedürfnis ein durchaus dringendes ist, und ein Rechtszustand beseitigt werden muß, der auf die Dauer nicht haltbar ist, zunächst die Anregung zu geben, ob nicht statt der letzten beiden Worte „ungemein wünschenswert" die Worte gewählt werden sollen: „dringend erforderlich".

Ich möchte mir aber noch etwas Weiteres anzuregen erlauben. In Zeile 4 von unten heißt es: „eine Aenderung des jetzigen Rechtszustandes". Es ist bereits ausdrücklich ausgeführt worden, daß ein anderes Mittel als die Aenderung der Gesetzgebung überhaupt nicht existiert. Es ist aber doch, um den jetzigen Rechtszustand zu ändern, von anderer Seite eine ganze Reihe anderer Mittel beantragt worden, und es wurde eine Anzahl von Aeußerungen und Anträgen hierfür gebracht. Ich würde glauben, daß es nicht unzweckmäßig wäre, an dieser Stelle darauf hinzuweisen, daß eine Aenderung des jetzigen Rechtszustandes durch die Gesetzgebung erfolgen sollte, um von vornherein klar zu legen, daß etwaige Anweisungen an die Grundbuchrichter, Eintragungen vorzunehmen und dergleichen mehr, nicht als Hilfsmittel erachtet werden können, welche zum Ziele führen.

Endlich, meine Herren, ist hier gesagt in Zeile 3 von unten: „zu einer unbilligen Bevorzugung der Realgläubiger insbesondere gegenüber den Lieferern von Maschinen geführt hat". Meine Herren, ich glaube nicht, daß damit die Fälle alle erschöpft sind, die tatsächlich der Maschinenindustrie Nachteile bringen. Nicht nur die Realgläubiger kommen hierfür in Frage, sondern in erster Linie der Käufer selbst. Die Fälle sind nicht selten, in denen jemand unter Eigentumsvorbehalt kauft, die Maschine in sein Grundstück einbaut und sich hinterher darauf beruft, daß er sie nicht mehr herauszugeben brauche, weil er sie mit seinem Grund und Boden verbunden habe, daß er sich also weigert, das Eigentum anzuerkennen. (Zuruf: Dolos!) Das hilft nichts gegenüber dem jetzigen Recht. Es ist bereits rechtlich erkannt, daß man auch in solchen Fällen mit der Eigentumsklage nicht durchbringen kann. Wir haben eine Reihe von solchen Erkenntnissen vorliegen. Es wird nichts helfen, wenn man an Stelle des Anspruchs auf die Maschine einen Anspruch auf Geldentschädigung für die Maschine bekommt, denn der ist eben nichts wert. Ich bin deshalb der Ansicht, daß hier vor „Realgläubiger" noch eingesetzt werden muß: „Grundeigentümer", und da diese sich in der gleichen Lage befinden, „dessen Rechtsnachfolger" und vor allen Dingen „Konkursgläubiger". Die Konkursgläubiger nehmen das Grundstück mit samt der Maschine in Beschlag, auch von dem Konkursverwalter ist die Maschine in keiner Weise herauszubekommen. Wenn Sie deshalb erschöpfend die Nachteile beseitigen wollen, so geht meine Auffassung dahin, daß Sie vor dem Wort „Realgläubiger" einfügen „des Grundeigentümers, dessen Rechtsnachfolgers und des Konkursgläubigers, sowie" und fortfahren „der Realgläubiger".

Erster stellvertretender **Vorsitzender:** Ich darf Herrn Dr. Guggenheimer bitten, diesen Antrag schriftlich einzureichen.

Geheimer Regierungsrat **Koenig**-Berlin: Meine Herren! Nur bezüglich eines einzigen Punktes möchte ich wenige Worte dem so klaren und lichtvollen Vortrage des Herrn Referenten hinzuzufügen mir erlauben.

Es ist angeregt worden, den jetzigen außerordentlichen Mißständen gegenüber dadurch Wandel zu schaffen, daß die Grundbuchordnung geändert werde und die Eintragung eines Vermerks in das Grundbuch dahin möglich gemacht werden soll, daß es sich bei Maschinen nur um Zubehör handele, die nicht unter die Zwangsvollstreckung des Gebäudes fallen. Bereits bei der Beratung im Direktorium wurde bezweifelt, ob durch eine Eintragung in das Grundbuch die erstrebte Abwehr der jetzigen Mißstände erreicht werden würde; es wurde darauf hingewiesen, daß die Maschinen in sehr vielen Fällen erst dann in das Gebäude eingestellt werden, wenn das letztere vollständig fertiggestellt ist und wenn das Gebäude bereits bis an die Grenze, ja darüber hinaus belastet ist; in diesen Fällen würde der Fabrikant der Maschinen doch kaum zu seinem Gelde kommen, jedenfalls dann nicht, wenn das Grundstück bereits überlastet ist.

Abgesehen von diesen tatsächlichen Bedenken habe ich auch das rechtliche Bedenken, ob die angeregte Aenderung der Grundbuchordnung angängig sein wird, ohne daß gleichzeitig auch eine authentische Interpretation des § 93 B. G. B. gegeben wird. Ja, meine Herren, ich halte es für ausgeschlossen, daß ein besonderes Recht durch Eintragung geschaffen werden kann, welches nach der Auffassung des Reichsgerichts nach § 93 B. G. B. nicht bestehen kann. Und so bleibt dann allerdings meines Erachtens nur übrig, anzustreben, daß § 93 B. G. B. eine entsprechende Deklaration erfahre. Noch weiter gehen würde es, wenn man im § 95 B. G. B. hinter Satz 1 einen Satz 2 einschiebt. Absatz 1 beginnt:

„Zu den Bestandteilen eines Grundstücks gehören solche Sachen nicht, die nur zu einem vorübergehenden Zwecke mit dem Grund und Boden verbunden sind." Hier könnte folgender Satz 2 eingeschoben werden: „Das gleiche gilt von solchen Sachen, an denen ein dritter, der dieselben zum Zweck der Verbindung für den Grund und Boden lieferte, sich das Eigentum vorbehalten hat, sofern solche Sachen körperlich ohne wesentliche Zerstörung von Grund und Boden lösbar sind. Ein solcher Eigentumsvorbehalt bedarf zu seiner Wirksamkeit gegen dritte der Eintragung im Grundbuch." Diese letztere Formulierung hätte auch noch den Vorzug, daß die immerhin außerordentlich schwierige Unterscheidung zwischen Zubehör und Bestandteile der Wissenschaft überlassen, aber gleichzeitig praktisch unschädlich gemacht würde. Ich würde es daher für zweckdienlich halten, in erster Linie eine Aenderung des § 95 B. G. B. zu erstreben.

Im übrigen habe ich dem erschöpfenden Referate nichts beizugeben. Nur möchte ich mich auch dem Antrag des geehrten Herrn Vorredners anschließen, am Schluß statt „ungemein wünschenswert", was mir grade nach dem Vortrage des Herrn Referenten zu schwach erscheinen will, zu sagen: „dringend geboten", oder „unaufschiebbar".

Generalsekretär **Steller**-Köln: Ich glaube, der Zweig des Maschinenbaues, der durch den Verein Deutscher Werkzeugmaschinenfabrikanten hier vertreten ist, wird dem Centralverband sehr dankbar sein, daß er endlich diese Frage zur Sprache gebracht hat, die wir vor vielen Jahren schon angeregt haben, und die leider von dem Centralverbande nicht verfolgt worden ist. Wir haben in verschiedenen Jahren in unseren Jahresberichten uns darüber zu verbreiten gehabt. Wir haben uns auch an das Reichsjustizamt mit einer Eingabe um Abhilfe gewandt und haben darauf unterm 7. März 1905 die Antwort erhalten, daß die obersten Organe des Reichs nicht in der Lage seien, auf die Rechtsprechung der Gerichte einen Einfluß auszuüben, daß andererseits aber die geltenden, reichsgesetzlichen Vorschriften über die Wirkung des Eigentumsvorbehalts, nach Ansicht des Staatssekretärs im Reichsjustizamt, keinen Anlaß zu begründeten Ausstellungen gäben. Die Frage, ob eine Maschine als bloßes Zubehör oder als wesentlicher Bestandteil eines Gebäudes anzusehen sei, werde an der Hand der in den §§ 93, 94 B. G. B. aufgestellten Grundsätze immer nur unter Berücksichtigung der Umstände des einzelnen Falles entschieden werden können.

Inzwischen haben sich die Handelskammern der Sache bemächtigt. Auf Veranlassung der Frankfurter Handelskammer, die zunächst darauf hinausging, die Rechtsprechung zu ändern, aber später einsehen mußte, daß sie das nicht machen konnte, und die also schließlich auch auf die Aenderung der Gesetzgebung hinausging, haben sich die großen Handelskammern in Leipzig, Köln und die Kaufmannschaft von Berlin, soweit mir bekannt ist — wahrscheinlich auch viele andere —, damit befaßt. Endlich ist ja auch der Centralverband an die Sache herangetreten. Ich gebe, wie gesagt, meiner Freude darüber Ausdruck, auch über den Vortrag des Herrn Dr. Leidig, denn die Anregung ist ja durchaus notwendig; das ist ja von ihm und von anderen Herren auch ausgeführt worden.

Ich wollte nur hervorheben, daß es ja allerdings Zweige gibt, auch im Werkzeugmaschinenbau, die keine Verkäufe mit Eigentumsvorbehalt machen; z. B. bei Maschinen für Metallbearbeitung kommen solche sehr selten vor. Unsere Lieferungsbedingungen verlangen auch ausdrücklich bare Anzahlung bei der Bestellung und weitere Zahlungen je nach Fertigstellung und Ablieferung. Aehnliche Zahlungsbedingungen hat der Verein Deutscher Maschinenbauanstalten. Aber wir müssen anerkennen, daß auch im Werkzeugmaschinenzweig es solche Maschinen gibt, die den Eigentumsvorbehalt notwendig machen, und zwar für beide Teile, wie schon ganz richtig hervorgehoben worden ist. Die Käufer sind in manchen Verhältnissen darauf angewiesen; namentlich die Holzbearbeitungsmaschinen werden oft von Leuten gekauft, die nicht kapitalkräftig genug sind. Weiter aber gibt es andere Zweige des Maschinenbaues, wie die Gasmotorenfabriken, die ebenfalls viele Verkäufe mit Eigentumsvorbehalt machen müssen. In dem Geschäftsbericht der Gasmotorenfabrik Deutz, der größten in Deutschland, soviel ich weiß, wenigstens der ersten und ältesten, stand in diesem Jahre eine Notiz über den Mangel eines Rechtsschutzes für den Eigentumsvorbehalt, worin es hieß: „So erklärt sich z. B. der geringe Gewinn der Berliner Zweigniederlassungen durch die Ausfälle und erforderlich gewordenen Zurückstellungen infolge Wegfalles des Schutzes des Eigentumsvorbehalts". Die Gasmotorenfabrik hat mir auf meinen Wunsch eine nähere Mitteilung gemacht, woraus hervorgeht, daß sie ganz erhebliche Summen verloren hat, infolge von Prozessen, die alle nach der neuen Rechtsprechung nicht durchzuführen waren, und daß ihr Absatz, insbesondere in Posen, durch die jetzige Rechtslage erheblich beeinträchtigt worden ist.

Ich kann nur dringend empfehlen, nach meiner Kenntnis der Dinge und nach den Verhandlungen und Beschlüssen des Vereins Deutscher Werkzeugmaschinenfabrikanten, wie auch nach den eben gemachten Mitteilungen, daß heute eine ganz entschiedene Kundgebung nach der Richtung hin erfolgt, daß der Eigentumsvorbehalt wieder wirksam gemacht werde, da er eine wirtschaftliche Notwendigkeit ist, und ich kann mich auch nur dem anschließen, daß mindestens die Schlußsätze des vorliegenden Beschlußantrags „ungemein wünschenswert" in: „dringend erforderlich" oder „dringend geboten" oder in irgend einer zwingenden Form geändert werden. Die anderen Zusätze würde ich auch für richtig erachten.

Handelskammersyndikus Dr. **Dietrich**-Plauen: Meine Herren, ich möchte mir erlauben, Ihnen vorzuführen, daß die Erörterungen, die auch in unserem Handelskammerbezirk Plauen angestellt worden sind, nicht zu dem Ergebnis geführt haben, daß es so sehr notwendig wäre, diesen Eigentumsvorbehalt zu sichern. Er wird zwar von einigen Maschinenfabrikanten für wünschenswert gehalten. Andere Maschinenfabrikanten sagen aber, sie könnten sich helfen durch Mietverträge. Meine Herren, das wird nicht in allen Fällen möglich sein, sondern nur in denjenigen Fällen, wo die Maschine nicht wesentlicher Bestandteil des Gebäudes ist. Damit würde im großen und ganzen aber nicht dem gedient sein, was hier gewollt wird.

Nun wird aber noch weiter von den Maschinenfabrikanten des Plauener Bezirks hinzugefügt, daß man es nicht für gesund ansehe, mit dem Eigentumsvorbehalt in dem weiten Umfange zu operieren. Daß damit Mittelstandspolitik in großem Maße betrieben wird, ist doch nicht in der Weise als sicher hinzustellen, wie es von dem Herrn Referenten anscheinend geschehen ist.

Ich möchte aber noch auf einen anderen Gesichtspunkt aufmerksam machen. Der Herr Referent hat die Sache beurteilt vom Standpunkt der Hypothekengläubiger. Meine Herren, dieser Standpunkt ist nicht aufrecht zu erhalten. Die Hypothekengläubiger kommen hierbei weniger in Frage als der Hypothekennehmer, und vom Standpunkt der hypothekarischen Belastung einer Fabrik aus ist es ja bekannt, daß nach dem Reichshypothekenbankgesetz die Hypothekenbanken Gelder hierfür gar nicht geben können; sie dürfen nur Gelder geben bei Sachen, die einen gemeinen Ertragswert liefern, was hier nicht der Fall ist. Der Industrielle ist also im wesentlichen auf den Privathypothekarkredit angewiesen. Nun hat der Herr Referent die Vermutung ausgesprochen, daß dieser Kredit gegeben werden würde — ich will mich einmal so ausdrücken — auf das absolute Gebäude. Ich bin im Gegensatz dazu der Meinung, daß der Hypothekarkredit, den der Industrielle in Anspruch nimmt, gegeben wird im Hinblick auf den Zweck des Gebäudes, darauf hin, daß es für einen bestimmten Zweck, für eine bestimmte fabrikationsmäßige Einrichtung dienen soll.

Meine Herren, wenn Sie nun auf der einen Seite die Maschinenfabrikanten gewissermaßen sicherstellen wollen durch den Eigentumsvorbehalt und durch die Möglichkeit einer grundbuchlichen Eintragung desselben oder in ähnlicher Weise, dann beschränken Sie aber doch den Industriellen auf der anderen Seite in sehr starkem Maße in der Erlangung eines Hypothekarkredits. Es kommt nach meinem Dafürhalten hier nicht auf den Gläubiger an, sondern auf den Kreditnehmer. Wie da im einzelnen für den Maschinenlieferanten die Sicherstellung dann etwa noch zu erhöhen wäre durch grundbuchliche Eintragung, das erscheint mir höchst zweifelhaft, und die Heranziehung der Landeskulturrentenbanken, die der Herr Referent erwähnt hat, dürfte in diesem Falle wohl ziemlich gegenstandslos werden, denn bei den Landeskulturrentenbanken — ein ähnliches Institut haben wir ja auch in Sachsen — gehen die Landeskulturrenten eo ipso den Hypotheken vor. (Widerspruch.) Das ist in Sachsen wenigstens der Fall. Soll von einem Privaten ein Eigentumsvorbehalt an Maschinen eingetragen werden, so werden Verhandlungen mit den Hypothekengläubigern notwendig sein, und das würde wieder den Hypothekarkredit des Industriellen einigermaßen schmälern.

Wir können uns von unserem Standpunkt aus deshalb nicht so ohne weiteres mit dieser Aenderung der gesetzlichen Vorschriften einverstanden erklären.

Baurat Dr.-Ing. **von Rieppel**-Nürnberg: Das Reichsgericht hat in bedeutenden Fragen schon öfter die Auffassung geändert, wenn hervorragende Sachverständige mit wichtigen Gründen gekommen sind. Ich möchte die drei juristischen Sachverständigen, die gesprochen haben, fragen, ob es nicht möglich wäre, einen Prozeß in der Richtung durchzuführen, daß wir sagen, eine Maschine ist überhaupt kein dauernder Bestandteil eines Gebäudes. Wir wissen doch, daß die Maschinen innerhalb einer verhältnismäßig kurzen Zeit nicht mehr brauchbar sind. Es fragt sich also, ob nicht etwa durch Heranziehung tüchtiger Sachverständiger eine Grundlage gegeben werden könnte für einen neuen Prozeß und ob nicht dadurch vielleicht das Reichsgericht umgestimmt werden könnte. Dauernd in dem Sinne, wie wir das Gebäude ansehen, ist die Maschine sicher nicht, insbesondere sind es Arbeitsmaschinen nicht.

Dr. **Guggenheimer**-Augsburg: Darf ich mir vielleicht sofort erlauben, die Antwort darauf zu geben. Daß das Reichsgericht von der Annahme ausgeht, die Maschine könne Bestandteil sein, stützt sich auf das Gesetz, denn in § 98 ist ausdrücklich gesagt, daß Maschinen Zubehör sind, wenn sie nicht Bestandteile des Gebäudes sind. Also die Möglichkeit ist durch das Gesetz selbst gegeben. Bestandteil ist nur das, was dauernd verbunden ist. Das Gesetz geht also davon aus, daß eine Maschine dauernd mit dem Gebäude verbunden sein kann. Wir müssen also auch darin eine Aenderung des Gesetzes wohl zu erzielen versuchen.

Ich erlaube mir, noch etwas hinzuzufügen. Ob auf die Aenderung des Grundbuches eingegangen werden soll oder nicht, diese Frage zu lösen — darin stimme ich dem Herrn Referenten vollkommen bei — ist nicht unsere Aufgabe. Eine Bemerkung nur. Der § 98, den ich eben zitierte, weist die Maschinen an sich als Zubehör den Gebäuden zu. Ein Zusatz zu dieser Bestimmung würde dem genüge tun, was wir verlangen, wenn gesagt wird: dieselben werden dann nicht Bestandteil, wenn der Eigentumsvorbehalt für dieselben zum Ausdruck gebracht worden ist.

Kommerzienrat **Weismüller**-Frankfurt a. M.: Der Herr Referent hat erwähnt, daß die Frankfurter Handelskammer, deren Mitglied ich bin, wie ich mitteilen darf, veranlaßt durch den Fachbeirat für Metallindustrie, allerdings erst einen gewissen Entrüstungssturm herbeizuführen versucht hat. Meine Herren, der Entschluß ging daraus hervor — das möchte ich doch zur Aufklärung sagen —, daß eine Fabrik in unserem Bezirke ihr Geschäft fast nur mit Eigentumsvorbehalt macht und Sie können sich denken, daß dieses Werk alle Hebel ansetzte, um einen günstigen Beschluß herbeizuführen.

Im übrigen ist aber noch eine Entscheidung des Reichsgerichts gefallen — das ist heute nicht erwähnt worden —, die ich für eine ganz unbegreifliche halte. Es handelt sich um eine Schotteranlage. Das Reichsgericht hat hier die Lokomobile zum „wesentlichen Bestandteil", also den Eigentumsvorbehalt für unwirksam erklärt, obwohl die Lokomobile mit dem Grund und Boden nur verschraubt war, überdies auf einem fremden, nicht zu der Anlage gehörigen Grundstücke stand und mit der Anlage nur durch einen Treibriemen in Verbindung stand. Also eine Lokomobile, die gar nicht angeschlossen, nur mit einem Riemen mit der Anlage verbunden war! Meine Herren, das ist eine Entscheidung, die wirklich auf Grund des Gesetzbuches nicht zu verstehen ist. Das war also der Grund, weshalb wir zunächst etwas scharf nach dieser Richtung hin vorgingen. Unter diesen Umständen, bei einer Entscheidung wie in dem konkreten Fall mit der Schotteranlage, würden wir auch mit dem Mietsrecht nicht auskommen.

Ich stehe nun allerdings auf dem Standpunkt, daß nur durch eine gesetzliche Aenderung etwas zu erreichen ist. Diese, meine Herren, ist doch in der bisherigen Besprechung des Antrages als so notwendig nachgewiesen, daß ich bei der vorgerückten Zeit nicht noch einmal darauf zurückkommen möchte, obgleich Sie mir glauben werden, daß ich, nachdem ich ein halbes Jahr in der Sache arbeite, ein ganz reiches Material habe. Aber ich beziehe mich auf das, was darüber gesagt worden ist.

Um zu der Resolution selbst nur noch ein Wort zu sagen, so bin ich mit der zunächst vorgeschlagenen Abänderung, daß die eigentlich wirkungslosen zwei letzten Worte durch die Worte „dringend erforderlich" ersetzt werden und dann auch noch mit dem Zusatze des Herrn Dr. Guggenheimer einverstanden. Ich würde dringend bitten, daß die heutige Versammlung diesen Antrag zu Punkt III der Tagesordnung mit diesen beiden Abänderungen annähme.

Generalleutnant z. D. **Krüger**, Exzellenz, Berlin: Meine Herren, ich habe auch als Interessenten an dieser Frage zwei Industriezweige zu nennen, die ich zu vertreten die Ehre habe, das sind die Mühlenbauanstalten und die Maschinenfabriken für Brauerei- und Mälzereianlagen. Beide machten bisher fast kein Geschäft ohne den Eigentumsvorbehalt, und ihre Geschäfte belaufen sich im Jahre vielleicht allein auf die Hälfte des Betrages, den der Herr Referent für die ganze Maschinenindustrie nannte. Jetzt sind sie schon soweit, den Vorbehalt fallen zu lassen, weil sie sehen, daß in jedem Falle seitens des Reichsgerichts zu Ungunsten der Maschinenlieferanten entschieden wird, und weil das Zustandekommen eines Geschäftes durch den Eigentumsvorbehalt immerhin erschwert wird.

Ich möchte noch darauf aufmerksam machen, daß eine Reichsgerichtsentscheidung von diesem Frühjahr vorliegt, nach welcher der Eigentumsvorbehalt sogar an einer Lokomobile für nichtig erklärt worden ist, die in einer Ziegelei aufgestellt war auf Tragfüßen und ohne jede Befestigung mit dem Gebäude. Sie sehen aus dieser Anwendung des Bürgerlichen Gesetzbuchs, daß der Eigentumsvorbehalt für Maschinenlieferungen wertlos geworden ist, und daß auf eine Aenderung der Rechtsprechung nicht zu hoffen ist.

Wenn ein Antrag auf gesetzliche Abhilfe in so allgemeiner Form gestellt wird, so möchte ich nur bitten, daß er mindestens mit all den Gründen versehen wird, die ja außerordentlich umfassend bearbeitet bereits vorliegen, weil ohne eine gründliche Motivierung von der Reichsregierung kaum eine weitere Veranlassung zu erwarten ist.

Erster stellvertretender **Vorsitzender:** Meine Herren, es hat sich niemand mehr zum Worte gemeldet. Ich schließe die Besprechung und gebe dem Berichterstatter Herrn Dr. Leidig das Schlußwort.

Berichterstatter Regierungsrat Professor Dr. **Leidig**-Berlin: Meine Herren, um zunächst auf das letzte zu kommen, so ist ja, möchte ich meinen, das selbstverständlich, daß dieser Beschluß, den Sie fassen, gewissermaßen nur die Grundlage bildet, auf der nunmehr die Geschäftsführung des Centralverbandes weitere Ausführungen vorzunehmen hat. Wir haben selbstverständlich dann die Verpflichtung, Eingaben und Vorstellungen in der von Ihnen uns gewiesenen Richtung hin zu machen, in denen das Material in umfangreicher Weise verarbeitet werden wird. (Sehr richtig!)

Ich habe im übrigen in meinem Referat mit Absicht davon abgesehen, irgendwie auf die juristische Kasuistik einzugehen. Ich habe geglaubt, daß denjenigen Herren, die nicht unmittelbare Interessenten an dieser Frage sind, es wohl zweckmäßig erscheinen würde, wenn ich nur einen mehr schematischen Aufriß der gesamten Streitfrage gebe.

Ich möchte jetzt nur noch auf zwei Fragen aus der Diskussion eingehen, einmal auf den Einwurf, den Herr Baurat von Rieppel machte, ob es nicht zweckmäßig sei, zunächst noch einmal einen Prozeß in der Weise durchzuführen, daß man behauptet, die Maschine sei überhaupt kein dauernder Bestandteil des Gebäudes. Meine Herren, das „dauernd" ist nur relativ gemeint. Ich erinnere daran, das z. B. Tapeten zweifellos ein wesentlicher Bestandteil des Gebäudes sind. Nun, trotzdem werden die Tapeten alle paar Jahre erneuert, ebenso der Anstrich an einzelnen Türen und alles mögliche. Das sind alles wesentliche Bestandteile des Gebäudes, trotzdem sie in verhältnismäßig kurzer Zeit zu erneuern sind.

Dann aber möchte ich doch noch einige Worte gegenüber den Ausführungen des Herrn Dr. Dietrich mir erlauben. Meine Herren, Herr Dr. Dietrich hat darauf hingewiesen, daß die Maschinenfabrikanten des Handelskammerbezirks Plauen mit Mietsverträgen auszukommen glauben. Ich möchte den Maschinenfabrikanten des Handelskammerbezirks Plauen raten, auf diesen Ausweg nicht zu sehr zu vertrauen. (Sehr richtig!) Das Reichsgericht und in Uebereinstimmung mit ihm die Literatur, hat gesagt: Ist der Gegenstand einmal wesentlicher Bestandteil, dann fallen natürlich ebenso wie die Rechte des Verkäufers auch die Rechte des Vermieters hinweg. (Sehr richtig!) Also damit läßt sich in diesem Falle nichts machen, insoweit nur die dauernde Zweckbestimmung für das Gebäude nachgewiesen ist, und, meine Herren, das ist ja gerade bei dem Eigentumsvorbehalt der Fall. Denn, sagt das Reichsgericht — und allerdings nach der Richtung hin meines Erachtens ganz mit Recht —, hier handelt es sich ja nicht darum, den Mietsvertrag in der Weise durchzuführen, daß zu einem bestimmten Zeitpunkt die Miete zu Ende sein wird und der Gegenstand zurückgegeben werden soll, sondern der Zweck ist, schließlich die Maschinen in das Eigentum des anderen Teiles überzuführen und sie im Hause zu belassen.

Also, meine Herren, dieser Ausweg ist nicht gegeben, und zu dem weiteren Einwand, den Herr Dr. Dietrich dann erhoben hat, da, meine Herren, muß ich offen sagen, daß es doch ganz ungemein bedenklich ist, wenn Herr Dr. Dietrich für den Industriellen, der die Maschine kauft, in Anspruch nimmt, daß er um deswillen, ich möchte sagen, das gute Recht hat, einen höheren Hypothekarkredit zu bekommen, weil er Maschinen hineinnimmt, die dem Hypothekengläubiger gegenüber so erscheinen, als wenn sie zu den Vermögensstücken des Käufers gehören, die sich aber tatsächlich gar nicht im Eigentum des Käufers befinden. Ja, meine Herren, das ist doch ein gewisses doloses

Verfahren, das von dem Käufer vorgenommen wird. Will man das aber nicht billigen, dann sehe ich nicht ein, nach welcher Richtung hin der Käufer irgendwie dadurch geschädigt wird, daß auch dem Realgläubiger und ebenso allen übrigen kreditgebenden Personen die Verhältnisse so dargelegt werden, wie sie tatsächlich sind, nämlich: die Maschinen, auf die du Geld leihen willst, gehören gar nicht demjenigen, dem du das Geld leihen willst, sondern sie gehören einem dritten. Ich möchte glauben, daß die Einwendungen des Herrn Dr. Dietrich nach der Richtung hin uns kaum abhalten können, hier eine gesetzliche Regelung zu beantragen.

Was die Resolution selbst anlangt, so erkläre ich mich mit der Fassung, wie sie Herr Dr. Guggenheimer vorgeschlagen hat — wir haben gemeinsam noch eine kleine Abänderung herbeigeführt —, durchaus einverstanden. Ich möchte nur vorschlagen, daß wir zum Schluß vielleicht sagen anstatt „dringend erforderlich": „dringend geboten". Meine Herren, wir stehen auf dem Standpunkt, bei aller Wichtigkeit dieser Frage: es gibt noch wichtigere Fragen, und man soll diese Tatsache, daß es noch wichtigere Fragen gibt, auch in dem Wortlaut der einzelnen Resolutionen zum Ausdruck bringen. Ich glaube, Herr Dr. Guggenheimer ist auch damit einverstanden. (Wird bejaht.)

Handelskammersyndikus Dr. **Dietrich**-Plauen: Darf ich vielleicht noch eine kurze Bemerkung machen?

Erster stellvertretender **Vorsitzender**: Die Besprechung ist geschlossen.

Handelskammersyndikus Dr. **Dietrich**-Plauen: Nur um ein Mißverständnis zu beseitigen.

Erster stellvertretender **Vorsitzender**: Wollen die Herren eine persönliche Bemerkung entgegennehmen? Ich frage, ob Einwendungen dagegen erhoben werden? (Eine Einwendung erfolgt nicht.)

Handelskammersyndikus Dr. **Dietrich**-Plauen: Meine Herren, ich möchte das Mißverständnis beseitigen, als ob ich von der Voraussetzung ausgegangen wäre, der Hypothekennehmer wolle sich gewissermaßen einen dolosen Vorbehalt gegenüber dem Hypothekengläubiger machen. Ich habe nur gesagt, die Tatsache, daß das Werk einem industriellen Zwecke dienen soll, ist für den Gläubiger der Anlaß, die Hypotheken zu geben. Wie sich der Betreffende dann hinterher mit dem Gläubiger an den Maschinen abfindet, ist eine Frage für sich.

Erster stellvertretender **Vorsitzender**: Meine Herren, wir haben also nun einen einheitlichen Beschlußantrag vorliegen, den ich Ihnen nach den vorgenommenen Aenderungen vorlesen werde. Der Herr Berichterstatter hat sich ja damit einverstanden erklärt.

Der erste Absatz, wie er gedruckt in Ihren Händen ist, bleibt unverändert bestehen. Der zweite Absatz würde dagegen lauten:

„Die Rechtsprechung des Reichsgerichts hat den Eigentumsvorbehalt in den meisten Fällen wirkungslos gemacht, eine gesetzliche Aenderung des jetzigen Rechtszustandes, der zu einer unbilligen Bevorzugung insbesondere des Grundeigentümers, dessen Rechtsnachfolgers, der Konkursgläubiger, sowie der Realgläubiger gegenüber den Lieferern von Maschinen geführt hat, erscheint daher im berechtigten Interesse der Industrie dringend geboten.“

Meine Herren, ich stelle diesen Beschlußantrag zur Abstimmung.

Ich bringe dann den Beschlußantrag zur Abstimmung und bitte diejenigen, die dagegen sind, aufzustehen. (Es erhebt sich niemand.) Der Antrag ist also angenommen.

Meine Herren, wir kommen zu Punkt IV der Tagesordnung:

Der von den Abgeordneten Bassermann und Genossen gestellte Antrag zu § 63 H. G. B., betreffend die Angestellten in Handel und Industrie.

Ich gebe dem Berichterstatter Herrn Wrage das Wort.

Berichterstatter Kaufmann **Wrage**=Altona: Meine Herren, der Antrag Bassermann, der jetzt zur Verhandlung steht, besagt, daß dem ersten Absatz des § 63 H. G. B. zwingende Rechtskraft zuerkannt werden soll. Wenn dieser Antrag zum Gesetz erhoben wird, werden sich Nachteile herausstellen, die ganz unübersehbar sind.

Meine Ausführungen werden sich im allgemeinen auf die Verhältnisse im Kleinhandel beziehen, weil ich ja Kleinhändler bin, darüber am besten urteilen kann und Ihnen auch kein anderes Material vorzuführen vermag. Im weiteren werden sie sich auf die minderwertigen Elemente, auf die charakterlosen und charakterschwachen Angestellten beziehen.

Meine Herren, außer dem Antrag Bassermann liegt der Oeffentlichkeit noch ein Antrag vor, der von der Handelskammer Magdeburg formuliert worden ist. Der Antrag Magdeburg unterscheidet sich von dem Antrag Bassermann dadurch, daß er das Gehalt bis zu sechs Wochen bewilligen, aber dafür die Beiträge aus Kranken-, Unfallkassen u.s.w. abziehen will. Ja, meine Herren, in der praktischen Wirkung hat der Antrag Magdeburg für uns genau dieselbe Bedeutung wie der Antrag Bassermann. Wenn ein Handlungsgehilfe erkrankt und das volle Gehalt beziehen kann, dann ist er genau so gut gestellt, als wenn er gesund ist, und das wird die Minderwertigen veranlassen, sich möglichst auf diesem Wege ihren gesetzlichen Verpflichtungen zu entziehen. Wenn einer erkrankt, dann haben die Kollegen im Betrieb seine Arbeit mit zu übernehmen. Wenn er nun ein Minderwertiger ist, ein sogenannter Simulant, dann werden die Kollegen zunächst das machen, aber wenn sich das wiederholt, dann werden sie sagen: ja, wenn das so gehen kann, können wir das ja auch bei Gelegenheit einmal ebenso machen; und so wird es ganz von selbst kommen, daß wenn dieses täglich sich ereignet und bei jeder Gelegenheit durchgeführt werden kann, und wenn die Gewissenhaften, die Zuverlässigen, Treuen sehen, daß das alles so gehen kann, meine Herren, dann liegt es sehr nahe, daß sie auch bei Gelegenheit sich ihrer Verpflichtung entziehen werden. Das ist Betrug, aber, meine Herren, dieser Betrug verliert schließlich durch die tägliche Vollführung seinen Makel. Meine Herren, von der treuen, gewissenhaften Ausführung der Pflicht zur Pflichtverletzung ist nur ein Schritt, und deshalb behaupte ich, der Antrag Bassermann sowohl wie der Antrag Magdeburg wird unsere Angestellten demoralisieren. (Generalsekretär Stumpf-Osnabrück: Sehr richtig!)

Meine Herren, es hat sich bei unseren Angestellten in den letzten zehn Jahren, möchte ich wohl sagen, eine gewisse Degenerierung eingestellt gegen früher. Das ist ein hartes Wort, aber es liegt so, und ich will Ihnen Beweise dafür erbringen. Durch das Eindringen des Großkapitals in den Kleinhandel wendet sich derjenige Nachwuchs, der mit guten Schulkenntnissen versehen ist — und dazu gehören namentlich unsere guten Mittelschüler, die Schüler aus den preußischen Mittelschulen und auch aus den Volksschulen — gar nicht mehr dem Kleinhandel, den offenen Verkaufsstellen zu, weil die Leute durch das Eindringen des Großkapitals keine Aussicht mehr haben, im Kleinhandel später eine Zukunft zu finden. Meine Herren, aus diesem Grunde geht dieser mit guten Schulkenntnissen ausgerüstete Nachwuchs zunächst in die großen Kontore, in den Großhandel, er geht auch in Ihre Großindustrie, und zwar besonders in die moderne technische Industrie, er wird Handwerker u. s. w. Was dann nachbleibt, das sind die Minderwertigen, insofern die Minderwertigen, weil sie mit weniger guten Schulkenntnissen ausgerüstet sind. Das bleibt für uns. Das bezieht sich sowohl auf die männlichen, als auch aufdie weiblichen Kräfte. Der weibliche Nachwuchs wendet sich zunächst dem Lehrerinnenstande zu, dann gehen sie in die großen kaufmännischen Geschäfte, in die Kontore, sie gehen zur Telephonie, und es gibt nach andere

Beschäftigungen, denen sie sich zuwenden. Für den Kleinhandel bleibt der minderwertige Nachwuchs, der mit geringen Schulkenntnissen ausgerüstet ist. Ich muß da ganz besonders auf den weiblichen Nachwuchs hinweisen. Das ist derjenige, der uns am meisten Sorge macht. Es kann so kommen, daß ein Mädchen unter der Gesindeordnung steht, sie ist heute noch Dienstmädchen, sie ist äußerlich vielleicht ganz gewandt und flott, sie meldet sich in einem kaufmännischen Betriebe, wird dort als Lehrling angenommen, lernt ein halbes Jahr, auch vielleicht ein ganzes Jahr, je nachdem das Usus ist. Nun ist sie aber mit so geringen Vorkenntnissen ausgerüstet, daß sie den berechtigten Anforderungen des kaufmännischen Betriebes nicht genügt, sie wird vielleicht nach anderthalb oder zwei Jahren wieder ausgeschaltet, oder sie tritt freiwillig zurück, und dann tritt sie in die Industrie oder das Gewerbe ein. Während sie bis dahin unter dem Handelsgesetzbuch stand, tritt sie nun unter die Gewerbeordnung. So schichtet das hin und her, das wechselt hüben und drüben. Ein fester Bestand wird namentlich in dieser Klasse der Angestellten sehr schwer zu erzielen sein. Meine Herren, zu welchen Mißverhältnissen es führen kann, werde ich Ihnen gleich erklären.

Da ist dieser Tage eine Notiz durch die Zeitungen gegangen von einer Firma **Karl Peters** in Köln. Diese Firma hatte im Jahre 1904 175 weibliche, 25 männliche Angestellte. Diese Angestellten hatten im Laufe des Jahres 1904 3738 Krankentage. Da dem Betriebsinhaber diese großen Opfer, welche er für Krankheitstage bringen mußte, zu viel wurden und er die Ursache dieser Krankheitstage darin erkannte, daß eine große Zahl der „Kranken" sich ihren vertragsmäßigen Pflichten auf ungerechte Art und Weise entzogen, so schloß Herr **Peters** am 1. Januar 1905 mit ihnen den Vertrag, wonach der erste Absatz des § 63 ausgeschlossen wurde. Da ergab sich denn ein ganz außerordentlich überraschendes Resultat. Im Laufe des Jahres 1905, wo die Firma 250 Angestellte gegen 200 in 1904 hatte, ergaben sich im ganzen 1164 Krankentage gegen 3738 im Jahre 1904. Wenn man nun die Differenz von 250 Angestellten im Jahre 1905 gegen das Jahr 1904, wo nur 200 Angestellte waren, in Berechnung zieht, dann wäre im Jahre 1904 bei 250 Angestellten statt 3738 Krankheitstagen der vierte Teil dazu gekommen, das wären 934, also zusammen 4672. Es ist also im Jahre 1905 die Zahl der Krankheitstage auf ein Viertel zurückgegangen, um **drei Viertel zurückgegangen**. Meine Herren, das ist doch ein guter Beweis für meine Ansicht. Es wird doch kein Mensch annehmen, daß das ein Zufall war, daß im Jahre 1904 3738 oder wollen wir sagen 4672 Krankheitstage waren und im Jahre 1905 nur 1164. Das ist der beste Beweis dafür, wie die Sache im Kleinhandels-Betrieb ausgebeutet wird. Meine Herren, das ist nicht ein sporadisches Auftreten von Simulantentum, nein, das ist Zügellosigkeit, das ist ein Beschreiten der schiefen Ebene auf dem Wege zur moralischen Verkommenheit — ich kann es nicht anders kennzeichnen.

Mit dieser Gefahr der Zügellosigkeit geht eine weitere Hand in Hand, das ist die betriebstechnische Gefahr. Ich habe mich persönlich an Herrn Peters gewandt. Die Angaben, die er gemacht hat, sind einwandsfrei. Ich habe mich an anderer Stelle über ihn erkundigt, und die Auskünfte, die ich über ihn erhalten habe, sind durchaus gut. Herr Peters schreibt mir noch, daß an einzelnen Tagen des Jahres die Abteilungen nur mit der Hälfte der Verkäuferinnen besetzt gewesen seien. Meine Herren, wenn die Leute in unsere offenen Verkaufsstellen hineinkommen, haben sie das Geld in der Tasche und wollen kaufen. Wenn nun eine mangelhafte oder überhaupt keine Bedienung vorhanden ist, gehen die Leute wieder fort, sie gehen unbefriedigt von dannen und wo anders hin, der Prinzipal hat den Ausfall, und wie groß diese Schädigung ist neben der Schädigung, die er durch die Löhne hat, die er zahlen muß, das ist nicht zu übersehen. Das ist einer der dunkelsten Punkte, die wir haben, und wenn wir den Antrag Bassermann oder den Antrag Magdeburg bekommen, dann wird das wiederkommen, was hier die Erfahrung uns lehrt; der Antrag Bassermann namentlich wird das Simulantentum geradezu züchten.

Ich komme jetzt noch auf einen dunklen Punkt in unserem ganzen Handelsgewerbe, das ist die sogenannte Kündigungskrankheit. Wir haben die Erfahrung gemacht bei unseren Erhebungen in Hamburg-Altona-Wandsbek, daß der Angestellte in der Regel am nächsten Tage nach der Kündigung und bis zum Ablauf seines Vertragsverhältnisses einfach fehlt. Er geht zum Arzt, läßt sich einen Krankenschein ausschreiben und entzieht sich so den eingegangenen Verpflichtungen. Meine Herren, demgegenüber sind wir, wenn der Vertrag uns nicht mehr zur Seite steht, vollständig machtlos.

Ich komme nun zum Antrag Magdeburg. Der Antrag Magdeburg hat an und für sich, wenn man betrachtet, daß die Bezüge aus den Krankenkassen abgezogen werden können, etwas sehr bestechendes. Aber es ist dies nur scheinbar. Nach den Erhebungen, die wir bei uns gemacht haben, und nach dem, was uns von allen Seiten mitgeteilt worden ist, beziehen sich die Erkrankungen im Handelsgewerbe zu circa 75, 80, ja 85 pCt. auf die sogenannten Gelegenheitskrankheiten, das sind Krankheiten von 1 bis 3 Tagen. Nun haben die Krankenkassen aber im allgemeinen drei Karenztage, wo sie nichts bezahlen. Wir haben also in diesen 80pCt. der Fälle nicht das Recht, den Erkrankten etwas abzuziehen, wenn die Krankenkasse ihnen nichts bezahlt. Wo nichts ist, können wir nichts holen. Also wir müssen volles Gehalt zahlen. darin schafft uns der Antrag Magdeburg gar keine Aenderung. Dadurch sinkt die Bedeutung des letzteren sehr herab.

Meine Herren, es liegt in der Tat weder für den Antrag Bassermann noch für den Antrag Magdeburg eine Veranlassung vor. Die Verhandlungen im Reichstag haben ergeben, daß kein einziger Fall vorgebracht ist, wodurch die Notlage der Handlungsgehilfen gekennzeichnet worden wäre. Bei der Beratung des Antrags Bassermann liegt es ganz anders als wie z. B. bei der Beratung des Antrags Potthoff, der sich speziell mit den technischen Angestellten beschäftigt. Da ist ein ungemein großes Material vorgebracht, das einen, wenn man Laie ist, doch eigentlich zu der Ansicht bringt, daß der Antrag Potthoff ein ganz gerechtfertigter ist.

Für uns aber ist nicht ein einziger Grund vorgebracht worden, es hat nur der Abg. Singer bei der Gelegenheit gesagt, wie die Sozialdemokraten es ja immer verstehen, durch Schlagwörter sich bemerkbar zu machen: Wir müssen dafür sorgen, daß die Angestellten im Falle einer Erkrankung nicht ohne weiteres aufs Pflaster geworfen werden. Etwas anderes ist nicht dafür vorgebracht worden. Nun besteht aber in Wirklichkeit der Antrag Bassermann ja schon nahezu im vollen Umfange. Die Erhebungen der Handelskammern haben ergeben, daß in den meisten Bezirken oder doch in sehr vielen Bezirken der Handelskammern ein Vertrag im Sinne des § 63 überhaupt nicht existiert. Da haben die Herren ja den Antrag Bassermann. Nur aus wenigen Handelskammerbezirken wird mitgeteilt, daß in vereinzelten Betrieben ein Vertrag geschlossen worden ist, daß die Sache aber keine Bedeutung hat. In größerem Umfange wird es gemeldet aus Breslau, Berlin und Hamburg. Meine Herren, wir haben nun bei unseren Erhebungen in Hamburg die Erfahrung gemacht, daß, wo der Absatz 1 des § 63 durch Vertrag ausgeschlossen worden ist, doch in dem Falle, wo eine wirkliche Erkrankung nachgewiesen und festgestellt worden ist, die Angestellten ihr volles Gehalt bekommen haben. Es ist nicht immer aus Mitgefühl geschehen. Wir können gar nicht anders. Wir müssen unseren zuverlässigen, ordentlichen, treuen Gehilfen das volle Gehalt zahlen, weil wir sonst einfach gar keine mehr bekommen. Die Nachfrage nach ordentlichen, zuverlässigen Gehilfen und auch Gehilfinnen ist so groß, daß wir uns freuen, wenn die Stellen immer genügend besetzt sind, und schon aus dem Grunde zahlt jeder gern in wirklichen Krankheitsfällen das volle Gehalt. Das ist auch in einigen besonderen Fällen nachgewiesen. Ich will Ihnen einige Zahlen mitteilen. Eine Firma, Gebrüder Robinson, ein Betrieb, der 170 Angestellte hat, zahlte im Jahre 1905, trotzdem der Absatz 1 des § 63 durch Vertrag ausgeschlossen war, 3458,54 M. Dasselbe meldet auch die Handelskammer in Berlin, daß, obwohl der Ausschluß durch Vertrag festgelegt war, doch in den meisten Fällen das Gehalt voll und ganz gezahlt wird. Meine Herren, dann fällt doch der Antrag Bassermann in sich zusammen, wenn die ersten Metropolen unseres Handels, Berlin, Hamburg, übereinstimmend melden, daß, obwohl ein solcher Vertrag abgeschlossen worden ist, doch im Falle ernsthafter Krankheit zuverlässigen Angestellten das Gehalt ausgezahlt wird. Was will man denn noch mehr?

Meine Herren, die Sache liegt anders. Es ist das Bemühen und die Neigung im Reichstag, Sozialpolitik zu treiben, und da wird jede geeignete Gelegenheit wahrgenommen, um das zu machen. Nun, meine Herren, soll die Sozialpolitik doch nicht gemacht und betrieben werden immer auf Kosten des Arbeitgebers. Wenn man den Arbeitnehmer besser stellen will, so ist das ja ganz richtig, insoweit sich das mit den Interessen der Arbeitgeber vereinbaren läßt. Die Triebfeder zu dem Antrag Bassermann liegt aber wo anders. Der Antrag müßte nicht heißen „Antrag Bassermann", sondern „Antrag des Deutsch-nationalen Handlungsgehilfen-Verbandes Hamburg". Aus den ganzen Verhandlungen im Reichstag geht hervor, daß das Material nur aus diesem einen Verbande geschöpft wurde, und dem haben sich die anderen Handlungsgehilfen-Verbände angeschlossen. Meine Herren, Sie als Arbeitgeber sind ja groß organisiert, aber wir Kleinhändler sind in unendlich viele kleine Vereine zersplittert. Wir haben wohl einige Verbände, diese stehen aber nur im losen Zusammenhange. Die Handlungsgehilfen dagegen sind groß organisiert über das ganze Reich, und zwar ich glaube im ganzen durch vier große Verbände. Die Führer der Handlungsgehilfen haben die ganze Sache in die Hand genommen. Das sind bezahlte Kräfte, die nur immerfort ihre Schutzbefohlenen, die Handlungsgehilfen, herauszureißen, ihnen bei jeder Gelegenheit Vorteile zuzuwenden suchen. Das ist ihre Aufgabe, denn darin liegt ja ihre Lebensexistenz. Nun ist es schon so weit gekommen, daß sie nicht nur bis vor die Tore des Reichstages gelangt sind, nein, sie sind schon mitten im Reichstage. Der Vorsitzende des Deutsch-nationalen Handlungsgehilfen-Verbandes, ein Herr Schack, ist Mitglied des Reichstages, und wie dieser Antrag Bassermann im Reichstage zur Verhandlung kam, ließ sich Herr Schack, was ihm wohl sehr leicht geworden ist, weil er ein ganz besonderes Interesse daran hatte und weil er auch sachverständig war, in die Kommission wählen; seine Redefertigkeit und seine Kenntnis der ganzen Verhältnisse, so wie er sie natürlich im Interesse der Handlungsgehilfen zusammengebracht hatte, haben dazu beigetragen, daß der Antrag in der Kommission einstimmig angenommen wurde, trotz des Einspruchs der Regierungsvertreter.

Ja, meine Herren, so liegt es. Die Führer dieser Handlungsgehilfen sind für die Handlungsgehilfen und für das Handelsgewerbe genau dasselbe, was die Führer der Sozialdemokratie für die Arbeiter, für die Industrie und für das Gewerbe sind.

Nun habe ich noch einen Punkt zu erwähnen, der auch in unserer Druckschrift mit vorgebracht ist. Wenn ein Angestellter erkrankt und ihm das volle Gehalt ausbezahlt wird — ich beziehe das natürlich immer nur auf die durchaus zuverlässigen Angestellten, und, wie ich soeben ausgeführt habe, geschieht das ganz allgemein —, dann geben wir diesem Angestellten im Falle seiner Erkrankung durch die Fortzahlung des Gehalts ein bares Geschenk oder eine Anerkennung oder nennen Sie es, wie Sie wollen. Meine Herren, dafür wird ein anständiger Gehilfe erkenntlich sein, er wird seine ganze Kraft vielleicht noch mehr als bisher, jedenfalls in demselben Maße zur Verfügung seines Prinzipals und auch zur Verfügung des Betriebes stellen. In dem Augenblick, wo der Antrag Bassermann oder der Antrag Magdeburg ausgeführt wird, wird das, was heute ein Geschenk für die Angestellten ist, zu einer gesetzlichen Forderung in der Hand des Angestellten, und er wird mit Fug und Recht diese Forderung seinem Prinzipal gegenüber zur Geltung bringen. Wir haben es in der Hand, das zu verhindern. Liegt es nun nicht nahe — darin liegt ja eine ungeheure erzieherische Wirkung —, daß wir dieses Recht, das wir in der Hand haben, auch behalten.

Meine Herren, nun ein Wort zu der Veranlassung, weshalb der Antrag Bassermann eingebracht ist, — in Wirklichkeit war es, wie ich Ihnen schon ausgeführt habe, eine Machtfrage der Handlungsgehilfen Verbände. — Die äußerliche Veranlassung waren die verschiedenen Auslegungen der Kaufmannsgerichte. Meine Herren, der § 63 ist ganz klar, und der Staatssekretär Dr. Nieberding hat es in der bekannten Rede im März gelegentlich der Beratung des Antrags Bassermann vollständig zum Ausdruck gebracht, wie er zu handhaben ist. Wenn nun aber von den Kaufmannsgerichten in vollständiger Verkennung der gegebenen Verhältnisse und der Absicht des Gesetzgebers der Paragraph anders ausgelegt wird, dann liegt es ganz klar, daß eine Aenderung infolge dieser Verwirrung, die da entstanden ist, eintreten muß. Wir legen aber dagegen Verwahrung ein, daß das auf Kosten der Arbeitgeber im Handelsgewerbe geschehen muß. Wenn eine Aenderung eintreten muß — und das ist ja nicht zu leugnen —, dann mag der Reichstag, dann mögen die gesetzgebenden Körperschaften dafür Sorge tragen, daß es auch in der allein richtigen Weise geschieht, daß nicht der eine Teil zu Gunsten des anderen gedrückt und geschädigt wird.

Nun komme ich zu dem persönlichen Verhältnis zu Ihnen. Wir unterstehen alle dem Handelsgesetzbuch, wir sind Arbeitgeber, Sie im großen und wir im kleinen. Wir haben zu Ihnen auch sehr naheliegende Beziehungen, denn Ihre Produkte, die Sie für den Inlandsmarkt herstellen, vertreiben wir. Ich will das ja nicht erwähnen, um auf Sie einen Einfluß auszuüben, daß Sie für meinen Antrag stimmen sollen; sondern ich will damit zum Ausdruck bringen, daß wir sehr nahe Beziehungen haben. Wenn aber ein Kollege, wenn ich den Kleinhandel so nennen darf Ihnen gegenüber, durch eine Abänderung des Gesetzes in eine Lage hineinkommt wie die, in der Sie sich täglich beim Kampfe mit Ihren Arbeitern befinden, liegt es da nicht sehr nahe, meine Herren, daß der Stärkere dem Schwächeren beispringt und ihm in seiner Not hilft, die heranschreitende Gefahr abzuwenden? Und, meine Herren, darum bitte ich Sie. Ihr Einfluß reicht weit. Halten Sie Ihren starken Arm über uns, schützen Sie uns vor dieser Gefahr, die für uns nahe liegt; wenn Sie für uns eintreten, dann bin ich fest davon überzeugt, haben wir eine Chance zu siegen, wie uns keine größere geboten werden kann, und darum bitte ich Sie, meine Herren, machen Sie volle Arbeit. Ob wir den Antrag Bassermann oder den Antrag Magdeburg bekommen, das ist ganz egal. Wir leiden in jedem Falle genau ebenso, und, meine Herren, ich weiß nun nicht — Sie kennen Ihre Verhältnisse ja selbst am besten —, wie weit Sie davon betroffen sind. Ich glaube, zu einem bestimmten Teile, bis zu einem bestimmten Prozentsatz kann man das, was ich hier kurz geschildert habe, auch auf Sie anwenden. Sie werden das aber selbst am besten wissen.

Wenn Sie den Antrag Bassermann und den Antrag Magdeburg ablehnen, meine Herren, dann gewähren Sie uns einen außerordentlichen Schutz, und Sie machen sich verdient nicht allein um den Kleinhandel, sondern um das ganze Handelsgewerbe, und darum bitte ich Sie.

Vorsitzender: Das Wort hat der Korreferent Herr Generalsekretär Stumpf.

Mitberichterstatter Generalsekretär **Stumpf**-Osnabrück: Meine Herren, wenn ich auch den Ausführungen des Herrn Berichterstatters in sehr vielen Punkten beipflichten muß und meinerseits auch glaube feststellen zu sollen, daß dieselben Interessen, welche der Kleinhandel in dieser Angelegenheit vertritt, von dem Großhandel und der Industrie durchaus geteilt werden, so bin ich doch, als mir das Amt des Mitberichterstatters übertragen wurde, bei Prüfung der Vorlage zu einem etwas anderen Standpunkte gekommen. Aus dem Ihnen meinerseits vorgeschlagenen Leitsatze sehen Sie denn auch, daß ich mich von den Auffassungen des Herrn Berichterstatters etwas entferne.

Ich gebe ja zu, bei aller Klugheit, die mir zu Gebote steht (Heiterkeit), habe ich es nicht fertig bringen können, eine eigentliche Berechtigung für den Antrag Bassermann herauszubringen; das ist mir nicht möglich gewesen. Aber bei der Abfassung meiner Resolution habe ich mich auf den Standpunkt des praktischen Politikers gestellt, und von diesem Standpunkte aus hatte ich mich damit abzufinden, daß es bei unseren parlamentarischen Verhältnissen nun leider Gepflogenheit und Sitte geworden ist, auf Kosten von Handel und Gewerbe, speziell also auch auf Kosten der Industrie, für möglichst vielköpfige Gruppen irgend welche Vorteile zu erwirken, die dafür so und soviel mehr Stimmen bei der politischen Wahl einbringen.

Das, meine Herren, ist meines Erachtens auch der Ausgangspunkt des hier vorliegenden Antrages, und es ist interessant, zu beobachten, wenn man die Verhandlungen von März 1906 liest, wie sehr alle Parteien bestrebt gewesen sind, zu dokumentieren, daß eigentlich von jeher von ihnen die Sache schon längst so gewollt war, und das überhaupt von vornherein der ganze § 63 ganz anders hätte sein müssen. Dabei mag es nicht ohne Interesse und in gewisser Hinsicht belehrend sein, festzustellen, womit die Herren im Parlament denn eigentlich begründet haben, daß dieser Antrag Bassermann nun zum Beschluß erhoben werden müsse.

Meine Herren, da lesen Sie Aeußerungen wie die folgenden, die ich Ihnen einmal kurz vorführen möchte. Da sagt z. B. der Antragsteller selbst, wenn der § 63 des H. G. B. so angenommen worden sei, wie er jetzt im Gesetzbuch steht, so sei das zweifellos ein Fehler; aber es habe sich nicht ändern lassen, da es bedenklich gewesen wäre, in der letzten Beratung noch auf irgend welche Abänderungsanträge zurückzukommen. Er führt aus:

„In der zweiten Lesung im Plenum war das Haus, wie es gewöhnlich der Fall ist, so schwach besetzt, daß es riskiert war, Abänderungsanträge zu stellen und dadurch Auszählungen hervorzurufen. Die Herren, die damals in jenen Frühlingstagen an der Beratung des Handelsgesetzbuches mitgewirkt haben, werden sich daran erinnern: man mußte im großen und ganzen das Resultat der Kommissionsberatung acceptieren."

Ein paar andere Herren liefern dazu noch viel beachtenswertere Beiträge. Da sagt z. B. der Abg. Traeger: „Die Juristen sind in dieser Beziehung nicht schuld, höchstens der Gesetzgeber, und dessen Sinn und Absichten sind so dunkel, daß es heute mit Sicherheit nicht mehr erforscht werden kann. Ich habe selbst die Ehre gehabt, dieser Kommission anzugehören, und würde gar nicht im stande sein, anzugeben, was wir uns eigentlich dabei gedacht haben. Meine Herren, so gut wie Homer schläft, schlafen auch die Gesetzgeber zuweilen, wovon Sie sich ja jeden Tag überzeugen können", und mit diesem Hinweise erklärt er, wie damals das Gesetz zu stande gekommen ist. Darauf nimmt an einer anderen Stelle auch der Abg. Schack Bezug mit der Bemerkung: „Wir haben heute gehört, daß der eine Redner erklärt hat, seine Freunde hätten abgestimmt in der Annahme, daß der erste Teil des § 63 durch die Schlußbestimmung im Absatz 2 zwingendes Recht werde" — mit anderen Worten, die Herren wußten gar nicht, was sie taten — „und der Herr Abg. Traeger hat sachverständig erklärt, daß hier unter Umständen auch abgestimmt werde, nachdem man sich eben vom Schlafe erhoben habe, und daher nicht immer genau wissen könne, mit welcher Begründung man abstimme."

Ich muß offen gestehen, wenn ich als Abgeordneter im Reichstag säße, würde ich mich doch etwas sehr bedacht haben, ehe ich derartige Aeußerungen in die Oeffentlichkeit brächte (lebhafte Zustimmung), denn sie werfen doch ein eigentümliches Licht auf die Gewissenhaftigkeit und die Leistungen unserer Gesetzgeber. Ich will es indessen nicht unausgesprochen lassen, daß ich sogar glaube, den Reichstag in seiner großen Mehrheit doch vor einer derartigen aus seiner eigenen Mitte ergangenen Würdigung seiner Tätigkeit in Schutz nehmen zu müssen. (Sehr richtig! und Na, na!) Wir wären mit dem Vaterlande sonst sehr übel bestellt.

Nun sind freilich noch andere Erwägungen vorgeführt worden für den Antrag Bassermann, die ungeheuerliche Behauptung, daß Krankheiten — wohlverstanden im Kreise der Handelsangestellten — vielfach zufolge zu großer Anstrengungen, Ueberstunden im Interesse des Prinzipals u. s. w. eintreten, lasse ich auf sich beruhen. Der Antragsteller war aber auch um schlagendere Gründe nicht verlegen, indem er z. B. sagte, es müßte doch die Notwendigkeit der vorgeschlagenen Aenderung ganz außer Zweifel stehen, denn die sämtlichen Verbände der Handlungsgehilfen seien einig darüber, daß ein derartiger Antrag Gesetz werden müsse. Das ist außerordentlich überzeugend.

Als einen nicht minder logischen Grund hat man auch angeführt: es sei doch klar erkennbar, daß in Krankheitsfällen vermehrte Einnahmen sehr wesentlich seien, denn es kämen Unkosten hinzu, die man sonst nicht hätte. Wie man aus einer solchen Auffassung die Bevorzugung der Handlungsgehilfen gegenüber anderen bürgerlichen Kreisen, die in § 616 des B. G. B. bedacht sind, herleiten will, ist mir unverständlich gewesen. Aber ich muß darin dem Herrn Berichterstatter vollständig beipflichten: der Erlaß solcher Gesetze, meine Herren, muß unbedingt zur Demoralisierung des Handlungsgehilfenstandes führen (sehr richtig!), und darin stören mich auch nicht die Aeußerungen der Herren Abgeordneten Dr. Potthoff und Nacken, die mit großer Entrüstung die Handlungsgehilfen vor der Verdächtigung glaubten verwahren zu sollen, daß sie aus einer derartigen Gesetzesbestimmung, aus einem solchen Privilegium, das man ihnen zu teil werden ließe, die Neigung herleiten könnten, nunmehr zu simulieren.

Ja, meine Herren, das ist ja eine bekannte Geschichte, es ist leider namentlich bei unseren Sozialpolitikern Mode geworden, wenn man keine richtigen Gründe mehr hat, dann straft man etwas mit Entrüstung und Verachtung. Durch Tatsachen braucht das ja nicht weiter begründet zu werden.

Meine Herren, ich will ja nicht den Handlungsgehilfenstand etwa schon als sittlich verseucht hinstellen, ich erkläre vielmehr unumwunden, daß nach meiner Ueberzeugung der größte Teil unserer deutschen Handlungsgehilfen auch selbst aus gesetzlichen Privilegien nicht die Folgerung ziehen wird, es sei doch zu bequem, sich dadurch ungerechtfertigte Vorteile zuzuführen. Aber wenn die Herren sich im Reichstag hinstellen und sagen, so etwas kommt nicht vor, dann muß ich das doch mit aller Entschiedenheit bestreiten. (Sehr richtig!) Mir liegt eine ganze Reihe von tatsächlichen Fällen vor, in denen der Mißbrauch dieser Bestimmung in zum Teil recht bedauerlicher Weise hervorgetreten ist.

Das, meine Herren, mögen die leider in jedem Berufe vorkommenden minderwertigen Elemente des Kaufmannsstandes sein. Sie existieren aber, und wir müssen uns davor schützen, denn, meine Herren, wofür erläßt man denn überhaupt Gesetze? Man könnte ja auch sagen, wir haben die Strafgesetze nicht nötig. Ich meine doch, wir erlassen die Gesetze in erster Linie nicht, um zu strafen, sondern wir erlassen sie, um Unrechtes zu verhüten, um abschreckend zu wirken. Deshalb ist auch nach meiner Ansicht ein solches Privilegium, wie der

Antrag Bassermann es einführen will, verwerflich, und es ist dazu ungerecht gegen die Arbeitgeber.

Wenn Herr Wrage nun ausgeführt hat, der Kleinhandelsstand habe im wesentlichen unter dieser Bestimmung zu leiden, dann, glaube ich, geht er damit gleichwohl zu weit. Die Sache ist in ihrer materiellen Wirkung gar nicht so schlimm, wie sie aussieht. Er hat ja auch selbst zugegeben, daß von der Befugnis des § 63, durch Vertrag die volle Gehaltszahlung auf die Dauer von sechs Wochen auszuschließen, nur in seltenen Fällen Gebrauch gemacht wird, wobei ich zugeben will, meine Herren, daß gerade deshalb von dieser Befugnis vielfach nicht Gebrauch gemacht wird, weil der Kleinhandelsstand im allgemeinen gar nicht weiß, daß diese Gesetzesbestimmung keine zwingende Kraft hat. (Sehr richtig!) Aber auf der anderen Seite müssen wir uns angesichts der bestehenden Ueblichkeit auch sagen: auf dem Gebiete der Sozialpolitik an dieser Stelle rückwärts zu revidieren, das brächten wir bei der Strömung, die zur Zeit in unseren gesetzgebenden Körperschaften und an höherer Stelle herrscht, nicht fertig, selbst wenn wir es wollten. Dahingegen haben wir die Pflicht und das Recht, es nicht zu geradezu die ganze Moralität untergrabenden Uebertreibungen kommen zu lassen, und deshalb habe ich mich auf den Standpunkt gestellt, man soll dem Absatz 1 des § 63 zwingende Rechtskraft geben, aber dafür den Zwang, der dem Absatz 2 jetzt beigelegt worden ist, ausschließen durch die Bestimmung, daß der Handlungsgehilfe sich im Falle einer Erkrankung oder eines Unfalles die ihm aus einer Versicherungskasse zufallenden Bezüge abziehen lassen muß, sofern der Prinzipal auch zu diesen Versicherungsleistungen mit beigetragen hat. Meine Herren, das ist nicht mehr als billig.

Herr Wrage sagt zwar, der Antrag Magdeburg, der sich ungefähr mit meiner Auffassung deckt, sei genau dasselbe wie der Antrag Bassermann. Das kann ich nicht zugeben, meine Herren, denn von dem letzteren unterscheidet er sich doch in dem wesentlichen Punkte, daß die Bezüge, die aus den Kranken- und Unfallrenten hervorgehen, den Handlungsgehilfen abgezogen werden sollen.

Etwas wunderbar ist es mir gewesen, daß bei der Beratung im Reichstag im März dieses Jahres gar nicht auf den einzigen Umstand aufmerksam gemacht worden ist, der es eigentlich erklärt, weshalb der Absatz 2 überhaupt in das Gesetz gekommen ist. Das ist doch sehr einfach, meine Herren: als die neue Redaktion des Handelsgesetzbuches damals vorgenommen wurde, und der § 63 die ihm jetzt gegebene Fassung erhielt, gab es die Versicherungspflicht für Handlungsgehilfen bis zum Gehaltsbetrage von 2000 M. noch gar nicht, und wer da wirklich gegen Krankheit und Unfall versichert war, hatte das aus eigenen Mitteln besorgt. Ich weiß nicht, ob es nötig war, daß das Gesetz in dieser Hinsicht überhaupt eine Bestimmung traf. Aber es war jedenfalls nicht mehr als angemessen, daß, wenn der Handlungsgehilfe lediglich aus eigenen Mitteln eine Versicherung gegen Krankheit oder Unfall aufnimmt, ihm die Ergebnisse dieser Versicherung nicht abgezogen werden dürfen, und das wollen wir jetzt auch nicht. Deshalb habe ich ausdrücklich in meinem Antrage gesagt, daß es sich nur um den Abzug derjenigen Beträge handeln soll, die aus einer Versicherung herstammen, zu welcher auch der Arbeitgeber seinen Beitrag geleistet hat.

Meine Herren, ich möchte aber noch auf einen sehr bedenklichen Punkt hinweisen, der mir am allerernstesten gegen den Antrag Bassermann zu sprechen scheint, und deshalb auch in der Formulierung meines Antrages besondere Berücksichtigung gefunden hat, das ist nämlich die Folgerung, die im Reichstage die verschiedensten Parteien aus dem Bassermann'schen Antrage gezogen haben. Wenn Sie nämlich die Verhandlungen nachlesen, so werden Sie finden, wie z. B. die Abgeordneten Potthoff und Nacken erklärt haben, wenn man ein gewisses Ziel erreichen wolle, dann müsse man einfach den Willen des Gesetzgebers dementspechend auslegen, und im vorliegenden Falle lasse sich dieser Wille logisch gar nicht anders denken, als daß auch der Absatz 1 des § 63 vollständig zwingende Rechtskraft hätte. Als dann nachher von anderer Seite die Frage aufgeworfen wurde, was dann aber in Rücksicht auf die Bestimmung des Bürgerlichen Gesetzbuches werden solle dem Arbeiter gegenüber, der bei unverschuldeter Verhinderung seiner Tätigkeit je nachdem Ersatz des ihm entgehenden Lohnes beanspruchen dürfe, wenn nicht das Gegenteil vertraglich ausgeschlossen ist, da haben sich die Sozialpolitiker der verschiedensten Schattierungen sehr bald erhoben und es sehr deutlich verlauten lassen, daß man selbstverständlich auch nach dieser Richtung weiter gehen müsse. Wir werden durch Bestimmungen, wie sie der Antrag Bassermann verlangt, ganz unabwendbar dahin gedrängt, auch dem gewöhnlichen Arbeiter für die Dauer seines unverschuldeten Fernbleibens von der Arbeit, neben den Bezügen, die er aus der Krankenkasse hat, seinen vollen regelmäßigen Tagelohn auszuzahlen, denn was dem einen recht ist, ist dem anderen billig, und in der ganzen Reichstagsdebatte ist nicht ein einziges Moment, eine einzige Erwägung angeführt worden, die es überhaupt rechtfertigen könnte, daß man zu Gunsten der Handlungsgehilfen gegenüber jedem anderen arbeitenden Berufsstande solche Ausnahmebestimmungen macht. Ob Handel und Industrie bei solchen Belastungen würden bestehen können, das ist eine Frage, die ich hier nicht zu beantworten brauche. Dazu gehört sehr wenig gesunder Menschenverstand. Das kann jeder sich selbst beantworten.

Ich bin der Meinung, wenn wir den ganzen Fall übersehen, so, wie er jetzt liegt, bleibt uns tatsächlich kein anderer Ausweg, als meinen Antrag zum Beschluß zu erheben. Wenn der Herr Berichterstatter erwähnte, wir hätten es in der Hand, Gesetze à la Bassermann zu verhindern, dann muß ich allerdings meine Ohnmacht in dieser Beziehung vollständig eingestehen. Ich habe nichts in der Hand. Wir werden die Jagdrennenstimmung, die nicht erst seit gestern aus klar erkennbaren Gründen im Reichstag auf sozialpolitischem Gebiete herrscht, nicht bändigen können. Wir können höchstens das eine tun, daß wir, mitfortschreitend in vernünftiger sozialpolitischer Fürsorge für die wirtschaftlich Schwachen, wenigstens den allergrößten Ausschreitungen entgegentreten. Und eine entschiedene, die allerschwersten Bedenken hervorrufende Ungehörigkeit erblicke ich darin, daß den Handlungsgehilfen im Falle der Erkrankung neben dem vollen Gehalt nach dem Antrag Bassermann jetzt auch noch die Bezüge der Kranken- und Unfallrenten gewährt werden sollen, zu denen der Arbeitgeber selbst beigetragen hat.

Ich bitte Sie deshalb um die Annahme meines Antrages.

Geheimer Regierungsrat **Koenig**-Berlin: Meine Herren, gestatten Sie mir einige Worte, nicht namens des Direktoriums, sondern um die Ansichten der, meiner Verwaltung anvertrauten Industrie zum Ausdruck zu bringen. Auch der Verein der deutschen Zuckerindustrie und dessen Organe sind der Ansicht, daß, wenn überhaupt eine Aenderung des § 63 H. G. B. eintreten soll, der Antrag Bassermann dafür nicht in Betracht kommen kann. Zweifellos würde durch die Annahme dieses Antrages das Simulantentum stark gefördert. Im übrigen meinen wir, daß es bei dem Absatz 1 des § 63 H. G. B. verbleiben kann und muß, wie er heute lautet, daß dagegen dem Absatz 2 folgende Fassung zu geben sein möchte:

„Der Handlungsgehilfe ist nicht verpflichtet, sich den Betrag anrechnen zu lassen, der ihm für die Zeit der Verhinderung aus einer Kranken- oder Unfallversicherung zukommt, zu der er die Beiträge allein geleistet hat."

Meine Herren, Sie sehen, daß ein wesentlicher Teil der Ausführungen sowohl des Herrn Referenten, wie auch des Herrn Korreferenten, mit dieser in der deutschen Zuckerindustrie vorwaltenden Ansicht konform geht. Dagegen entspricht dieser Ansicht weder die eine noch auch die andere der vorgeschlagenen Resolutionen vollständig.

Der Herr Referent will den § 63 belassen, wie er ist. Wir meinen, daß zu Absatz 2 zuzusetzen ist: „zu der er die Beiträge allein geleistet hat" —, weil u. a. dem Handlungsgehilfen das Recht nicht genommen werden darf, diejenigen Versicherungserträge, für die er die Prämien selbst bezahlt hat, auch für sich in Anspruch zu nehmen. Auf der anderen Seite darf dem Gehilfen nicht das Recht zustehen, bei seiner Arbeitsbehinderung neben dem Gehalt auch diejenigen Beträge zu reklamieren, für die der Arbeitgeber die Prämie bezahlt hat. Diese Beträge müssen abgezogen werden können.

Meine Herren! Die Motive für eine derartige Forderung sind klar, und ich möchte Sie daher mit einer weiteren Begründung nicht aufhalten.

Der Resolution des Herrn Stumpf könnten wir beistimmen, wenn der Wortlaut derselben durch die Ausführungen des Herrn Stumpf voll gedeckt würde. Das scheint mir aber nicht der Fall zu sein. Herr Kollege Stumpf hat gegen den Antrag Bassermann warm und überzeugend gesprochen, und doch handelt seine Resolution von dem Fall, daß der Antrag Bassermann angenommen werden sollte — nämlich daß dann der Absatz 2 geändert werden müßte. Nach unserem Dafürhalten darf von einer Annahme des Antrags Bassermann überhaupt keine Rede sein; der Antrag Bassermann soll für eine Gesetzesänderung gar nicht in Betracht kommen können.

Also, meine Herren, sollten Sie in der Lage sein, dieser Ansicht der Organe des Vereins der Deutschen Zuckerindustrie sich anschließen zu können, so würde das unsere Sache außerordentlich unterstützen, und wir würden Ihnen für diese Unterstützung dankbar sein.

Geheimer Kommerzienrat **Vogel-Chemnitz**: Meine Herren, meine Kammer, die Mitglied des Centralverbandes Deutscher Industrieller ist, hat sich auf Anregung genannten Verbandes auch mit dieser Frage beschäftigt, und in einer Sitzung, die kürzlich abgehalten worden ist, haben sich zahlreiche Industrielle ausgesprochen. Wir stehen im wesentlichen auf dem Standpunkt, den Herr Generalsekretär Stumpf zum Ausdruck gebracht hat; ich möchte bloß noch erwähnen, daß die Simulation, die bei weitergehenden Zugeständnissen den Handlungsgehilfen gegenüber zu befürchten ist, tatsächlich schon bei dem jetzt üblichen Brauch, das Gehalt zu bezahlen, stellenweise stattfindet. Ich selbst habe in meinem Geschäft bereits Fälle gehabt, wo die Leute positiv gelegenheitskrank gewesen sind, wo sie, nachdem die sechs Wochen noch nicht ganz abgelaufen waren, wieder ins Geschäft kamen und sobald die sechs Wochen voll verstrichen waren, aufs neue auf Grund der sechswöchigen Berechtigung mehrere Wochen flanierten.

Meine Herren, diese Simulation wird gefördert durch die Bestrebungen einzelner Handlungsgehilfenvereine, die die Handlungsgehilfen ins sozialdemokratische Lager führen und die systematische Unzufriedenheit groß züchten. Ich möchte, damit bei einer Simulation eine wiederholte unbegründete Bezahlung des Gehaltes im Jahre nicht stattfindet, Ihnen zur Erwägung anheimgeben, ob man nicht die Zeit, während welcher es ein Prinzipal nötig hat, seinen Gehilfen das Gehalt zu bezahlen, auf sechs Wochen im Jahre oder zweimal sechs Wochen im Jahre beschränkt wird. Wenn Verträge mit den Handlungsgehilfen nicht bestehen und wenn die Simulation im Anfang nicht erkannt wird u. s. w., so kann sehr leicht der Fall eintreten, daß für lange Zeit und für verschiedene Perioden im Jahre nutzlos und unangebrachter Weise ihr Gehalt bezahlt wird.

Aber der Punkt, den der Herr Generalsekretär besonders anführte, nämlich, daß der Appetit beim Essen kommt, das heißt, daß dieses jetzt den Handlungsgehilfen gewährte Recht sich auf sämtliche Angestellte und auf sämtliche Arbeiter ausdehnen werde, das ist für mich der Hauptpunkt, weshalb ich das Wort ergriffen habe.

Meine Herren, schon jetzt sagt der Antrag, den wir unter Punkt V unserer Tagesordnung behandeln werden, es soll diese Vergünstigung gewährt werden an technische Beamte, Lehrlinge und Arbeiter. Also hier fängt man schon an, das nicht nur auf die Angestellten, sondern auch auf die Arbeiter zu beziehen, und Sie können ganz sicher sein, daß, wenn dieser erste Schritt hier mit Erfolg vom Reichstag durchgeführt ist, alle die beteiligten Kreise im Reichstag, die durch ihr Verhalten und ihre Reden sich das Mandat für die nächste Wahl sichern wollen (lebhafte Zustimmung), mit Energie darauf bestehen werden, daß allen, die gegen Gehalt und Lohn arbeiten, diese Vergünstigung zugebilligt wird.

Ich bin sehr dafür, daß man an dem bestehenden Recht, das nun einmal existiert, schon aus den angeführten taktischen Gründen nichts ändert; aber weitere Konzessionen zu machen, würde ich aus den von mir angeführten Gründen durchaus ablehnen.

Dr. **Guggenheimer**-Augsburg: Meine Herren, gestatten Sie mir nur wenige Bemerkungen. Zur Sache selbst, glaube ich, sollte man möglichst das gemeine Recht anstreben, dasjenige Recht, das für jeden gilt, der einen Arbeitsvertrag abschließt, sei er technischer oder kaufmännischer Angestellter oder sonst in irgend einer Dienstleistung beschäftigt. Personen mit viel höherer Bildung als die Maschinenschreiber, z. B. Erzieher und Erzieherinnen, werden unter diese Bestimmungen des § 616 gestellt, für sie ist keine Ausnahme geschaffen, sie haben ein besonderes Recht nicht. Ich möchte also doch betonen, daß, wenn es irgend geht, dasjenige gelten soll, was nach § 616 gilt, daß nicht durch zwingende Bestimmungen kaufmännischen und technischen Angestellten ein Recht gegeben wird, das andere Angestellte nicht haben. Ich gebe mich der Hoffnung nicht hin, daß wir damit durchdringen werden. Ich bin fest überzeugt, daß wir bei der gegenwärtig herrschenden Stimmung das nicht erreichen werden. Ich glaube aber, wenn wir das beantragen, was Herr Geheimrat Koenig vorgeschlagen hat, daß dies der Weg sein wird, auf den wir uns von Rechts wegen begeben dürfen und wo wir vielleicht auch etwas erreichen können.

Eins möchte ich noch anführen. Wenn gegen diesen Antrag Bassermann — und ich glaube auch den Antrag Potthoff —, wenn gegen diese Anträge vom Centralverband Stellung genommen werden soll, so ist das sehr berechtigt. Es handelt sich um einen ersten gewaltigen Vorstoß derjenigen Organisationen in unseren Betrieben, die uns viel gefährlicher werden als die Organisationen der Arbeiter. Es ist der Weg, den sie jetzt betreten mit Hilfe ihrer Freunde und der ihre Stimmen fangenden Herren, direkt gegen den Unternehmer gerichtet. Ich möchte nur eines wünschen: daß sich nicht der Fehler wiederholt, der den Arbeiterorganisationen gegenüber im Anfange gemacht worden ist und der sie groß gezogen hat, daß man nämlich die Bedeutung und den Wert der Organisationen verkennt. (Sehr richtig!)

Meine Herren, ich möchte noch eins beifügen. Es ist tief bedauerlich, daß im Reichstag bei der Verhandlung im März nicht eine Stimme sich erhoben hat, die die Gründe geltend gemacht hat, welche doch offenbar gegen die Anträge Bassermann und Potthoff sprechen. Ich will nicht auf das zurückkommen, was alles über die Industrie und den Kaufmannsstand, das heißt über die Unternehmer selbstverständlich, gesagt worden ist, auf die Vorwürfe von Wucher und Unmoralität und Ausbeutung und dergleichen mehr, die da gefallen sind. Die Industrie ist ja gewohnt, in vielen Fällen so behandelt zu werden, weil sie ja nicht Tausende und Abertausende von Stimmen bei der nächsten Wahlkampagne ins Feld führen kann. Aber gerade bei dieser Stimmung wird es dringend notwendig sein, zu betonen, daß wir uns nach Möglichkeit auf das Gebiet des gemeinen Rechts auch für diejenigen, die bei uns angestellt sind, begeben.

Geheimer Regierungsrat **Koenig**-Berlin: Meine Herren, ich bin ersucht worden, meinen Ausführungen entsprechend einen Antrag zu formulieren. Ich entspreche diesem Wunsche, indem ich folgenden kurzen Antrag Ihrer Annahme empfehle:

Der Centralverband hält den Antrag **Bassermann** 2c. für unannehmbar, erachtet es dagegen für geboten, daß im Absatz 2 des § 63 des H. G. B. hinter „zukommt“ eingeschaltet wird: „zu der er die Beiträge allein geleistet hat“.

Dr.-Ing. **Schrödter**-Düsseldorf: Die Angelegenheit hat auch schon den Verein Deutscher Maschinenbauanstalten eingehend beschäftigt, aber bei der vorgerückten Zeit will ich auf die Materie nicht mehr eingehen, sondern nur sagen, daß dort die Ansichten sich ganz in der Richtung der Ausführungen des Herrn Geheimrat **Koenig** bewegt haben. Ich glaube daher, gerade im Namen der Maschinenfabrikanten dem Antrag **Koenig** hier zustimmen und Sie auch um dessen Annahme bitten zu sollen.

Handelskammersyndikus Dr. **Dietrich**-Plauen: Meine Herren, ich möchte besonders darauf aufmerksam machen, daß wir bei der Annahme des Antrags **König** dieselbe Rechtslage haben wie bisher, daß nämlich die beiden Absätze des § 63 nicht ineinander gearbeitet sind. Der Antrag **König** würde den Absatz 2 wieder gegenstandslos machen, wenn der Absatz 1 durch Vertrag ausgeschlossen ist. Nun ist ja schon vom Herrn Berichterstatter **Stumpf** gesagt worden, daß man soweit wohl entgegenkommen könnte — wie er meinte, aus taktischen, nicht aus sachlichen Gründen —, daß man den Absatz 1 zum zwingenden Recht macht.

Ich möchte aber noch auf etwas anderes aufmerksam machen. Es ist von einem der Herren Vorredner mit besonderem Nachdruck hervorgehoben worden, daß man sich auf den Standpunkt des Bürgerlichen Rechts stellen möchte. Der Standpunkt des § 616 B. G. B. ist ja der, daß die Leistung durch Vertrag ausgeschlossen werden kann; immerhin ist aber doch als Norm im Bürgerlichen Gesetzbuch hingestellt worden, daß der Arbeiter einen Anspruch auf eine derartige Vergütung hat, wenn die Behinderung in der Dienstleistung durch unverschuldetes Unglück hervorgetreten ist. Wir in unserem Kammerbezirk haben schon seit Jahren diese Norm nach einer gewissen Richtung hin ausgebaut, wir haben uns gesagt, es würde nicht im Interesse der Industrie liegen, durch vertragsmäßige Abmachungen einen gesetzgeberischen Gedanken, der einmal als Norm im Bürgerlichen Gesetzbuch festgelegt ist, soweit in sein Gegenteil zu verkehren, daß man diese Leistung des Arbeitgebers vollständig ausschließt. Wir haben deshalb unseren Arbeitgebern empfohlen, daß in gewissen Fällen bei genügender Glaubhaftmachung von unverschuldeter Arbeitsverhinderung den Arbeitern Entschädigung zustehen soll. Das ist bei Krankheit, Tod von Familienangehörigen, bei behördlichen Ladungen und bei Löschhilfe der Fall. Wir haben uns auch gesagt, daß es besser ist, dies im voraus zuzugestehen, als abzuwarten, bis § 616 zwingendes Recht ist.

Generalsekretär Steller-Köln: Meine Herren, nur wenige Worte. Ich bin auch der Ansicht des Kollegen Stumpf, daß wir in der sozialpolitischen Strömung nicht rückwärts gehen können, und die Strömung geht doch dahin, daß man den immerhin höheren Angestellten, wie es die Handelsangestellten sind — weshalb der Hinweis auf die der Gewerbeordnung unterstellten Leute nicht zutrifft —, das zugesteht, was ihnen im allgemeinen durch die Uebung schon zugestanden wird. Man will ihnen die sechs Wochen bezahlen in Krankheitsfällen, aber ihnen nicht daneben noch Anspruch auf Krankengeld geben, und deshalb bin ich der Meinung, daß man den Absatz 1 zum zwingenden Recht macht und den Absatz 2 streicht oder fakultativ macht. Also ich möchte befürworten, daß der Antrag Stumpf angenommen wird, der meines Wissens auch den Ansichten entspricht, die in Handelskammerkreisen zum Ausdruck gekommen sind. Die Handelskammern haben sich ja schon längst vor uns, nämlich im Frühjahr dieses Jahres mit der Frage beschäftigt. Da ist auch allgemein gesagt worden: sechs Wochen soll der Mann im Krankheitsfalle Gehalt haben, er soll aber keine Prämie auf Erkrankung dadurch haben, daß er noch die Versicherungsbeiträge bekommt.

Vorsitzender: Das Wort ist nicht mehr erbeten. Die Diskussion ist geschlossen.

Ich erteile in erster Linie dem Korreferenten Herrn Generalsekretär Stumpf das Wort.

Mitberichterstatter Generalsekretär **Stumpf**-Osnabrück: Meine Herren, ich möchte auf die Ausführungen des Herrn Geheimrats Koenig doch etwas erwidern. Es mag ja richtig sein und entspricht sachlich unzweifelhaft auch der Gerechtigkeit, wenn man die Auffassung vertritt, welcher die Herren Geheimrat Koenig, Dr. Guggenheimer und Dr. Schrödter Ausdruck gegeben haben. Ich schließe demgegenüber aber unmittelbar nochmals an dasjenige an, was auch Herr Kollege Steller eben gesagt hat. Wir sind gar nicht in der Lage, unsere sozialpolitische Gesetzgebung nach der Richtung hin zu berichtigen, daß wir den sogenannten wirtschaftlichen Schwachen Bezüge abnehmen, die ihnen schon jetzt durch das Gesetz zuerkannt werden. Das wollen wir ja auch gar nicht. Ich stelle mich mit meinem Antrag also, wie ich im Eingange meiner Ausführungen sagte, lediglich auf den Standpunkt des praktischen Politikers.

Wenn aber Herr Geheimrat Koenig aus meinem Antrage herausliest, daß ich nur einen Teil des Antrages Bassermann annehmen wollte, so ist er entschieden im Irrtum. Ich bin dem Antrag Bassermann als solchem ausdrücklich und mit aller Entschiedenheit entgegengetreten. Ich habe mich darauf beschränkt, zwingende Rechtskraft der Bestimmung zu befürworten, die in der Praxis bereits mit verhältnismäßig wenigen Ausnahmen allgemeine Geltung hat. Ergeben sich da Mißbräuche und ich finde als Prinzipal, daß ich wirklich minderwertige Kräfte unter dem Personal meiner Angestellten habe, dann werde ich die nach und nach schon ausmerzen — das ist ja ganz selbstverständlich. Wenn also Simulationen vorkommen — die, wie ich ebenfalls nach meinen Erhebungen bestätigen kann, allerdings in keineswegs unerheblicher Zahl vorgekommen sind —, dann wird der Prinzipal, dem so etwas begegnet, naturgemäß darauf bedacht sein, sich von solchen Elementen zu befreien.

Aber, meine Herren, ich bitte Sie dringend: Fassen wir hier keine Beschlüsse, die möglicherweise dann erst recht dahin führen könnten, daß der Antrag Bassermann in seiner Totalität vom Reichstage angenommen wird, der uns ohnehin nicht sehr grün ist, während, wenn Sie meinen Antrag annehmen, man doch wenigstens an maßgebender Stelle darauf wird verweisen können: das ist der Standpunkt der großen deutschen Industrie. Dabei möchte ich nicht unerwähnt lassen, daß zu der Auffassung, die ich hier vor Ihnen vertreten habe, auch bereits eine große Anzahl deutscher Handelskammern gekommen ist, ich nenne beispielsweise: Verband mitteldeutscher Handelskammern, Verband südwestpreußischer Handelskammern, die Handelskammern Bromberg, Coblenz, Darmstadt, Friedberg, Gießen, Heilbronn, Hirschberg, Lennep, Ludwigshafen, Oppeln, Solingen, Barmen, Bonn, Cassel, Danzig, Elberfeld, Erfurt, Görlitz, Hildesheim, Kiel, Köln, Liegnitz, Limburg, Münster, Sagan, Schweidnitz, Dessau, Mülheim a. Rh., Nordhausen, Koburg, Gera, Graudenz, Offenbach, M.-Gladbach, Augsburg, Würzburg, Frankfurt a. O., Bielefeld, Bochum, Brandenburg, Breslau, Krefeld, Aachen, Berlin, Bingen, Düsseldorf, Halberstadt, Königsberg, Leer, Trier und vielleicht noch manche andere, die wir nicht kennen. Ich bitte Sie, meine Herren, das nicht zu unterschätzen. Man wird auf derartige Kundgebungen selbst im Reichstag Wert legen müssen; und vor allen Dingen stärken wir die Stellung der Reichsregierung. Wir wissen, daß der Herr Staatssekretär des Reichsjustizamts klar erkannt hat, daß der Antrag Bassermann zu weit geht; wenn wir daher nach der Richtung entgegenkommen, daß wir selbst befürworten, den Absatz 1 des § 63 zum zwingenden Recht zu machen, so wird man um so mehr die Berechtigung anerkennen, mit der wir zu beanspruchen haben, daß die Bezüge von Kranken- und

Unfallrenten, soweit der Arbeitgeber zu den Beiträgen beigesteuert hat, abgezogen werden sollen. (Generalsekretär Bueck-Berlin: Sehr richtig!)

Geheimer Regierungsrat **Koenig**-Berlin (als Antragsteller): Meine Herren, da ich als Vertreter der deutschen Zuckerindustrie immer noch in der Lage bin, die Ansichten dieser Industrie eventl. in einer Sondereingabe zur Geltung zu bringen, und da andererseits diejenigen Herren Redner, die glaubten, sich meinen Ausführungen anschließen zu können, mit mir der Ansicht sind, daß in dieser so wichtigen Frage der Centralverband einen möglichst einheitlichen Beschluß fassen sollte, so ziehe ich hiermit meinen Antrag zurück. (Beifall.)

Vorsitzender: Meine Herren, der Herr Referent verzichtet aufs Wort; wir kommen zur Abstimmung.

Es liegt vor als Grundgedanke der Antrag des Abg. Bassermann. Der Antrag Wrage will die absolute Ablehnung des Antrages Bassermann, ist also deshalb meiner Auffassung nach der weitestgehendste und würde demgemäß zuerst zur Abstimmung kommen.

Ich darf fragen, ob Sie mit dieser Art der Abstimmung einverstanden sind? — Es ist dies der Fall, und so bitte ich diejenigen Herren, welche diesem Antrag des Herrn Wrage zustimmen, die Hand erheben zu wollen. (Geschieht.)

Das ist die Minorität. Ich darf nun bitten, daß diejenigen Herren, welche dem Antrag Stumpf ihre Zustimmung geben wollen, die Hand erheben. (Geschieht.) Ich bitte um die Gegenprobe. — Ich konstatiere Einstimmigkeit. Damit ist dieser Punkt der Tagesordnung erledigt.

Wir kommen zu Punkt V:

Die im Reichstag eingebrachten Anträge betr. die rechtliche Stellung der technischen Angestellten der Industrie.

Berichterstatter ist Herr Kommerzienrat Dr. Kauffmann. Ich erteile ihm das Wort.

Kommerzienrat Dr. **Kauffmann**-Wüstegiersdorf: Meine Herren! In einer Zeit, in welcher fast alle Berufsstände sich mehr und mehr in Verbände zur Wahrung gemeinsamer Berufsinteressen zusammenschließen, müssen wir es wohl als etwas natürliches betrachten, wenn auch bei den technischen Angestellten der Industrie die Neigung im Wachsen begriffen ist, sich Vereinigungen dieser Art anzuschließen und durch deren Vermittelung gemeinsame Standesforderungen zur Verbesserung ihrer Lage in der Oeffentlichkeit geltend zu machen. — Handelt es sich doch hier um einen Berufsstand, der, wenn die mitgeteilten Zahlen richtig sind, im Deutschen Reiche schon im Jahre 1895 120 000 Köpfe umfaßte, eine Ziffer, die im Laufe der letzten 10 Jahre noch sehr wesentlich gestiegen sein dürfte, um einen Berufsstand, dessen hohe Bedeutung für unsere Industrie und für unser ganzes wirtschaftliches Leben über jeden Zweifel erhaben ist und der ohne Frage berechtigt ist, einen gewissen Teil des Verdienstes an der achtunggebietenden Stellung, welche die deutsche Industrie sich in der Welt errungen hat, für sich in Anspruch zu nehmen.

Während nun die kaufmännischen Angestellten durch zahlreiche Bestimmungen des Handelsgesetzbuches gegen eventuelle, allzu harte oder unbillige Zumutungen seitens der Prinzipale in weitgehendem Umfange geschützt sind, während wirksame Schutzbestimmungen dieser Art durch die Gewerbeordnung, insbesondere durch die neueren Novellen derselben, auch den gewerblichen Arbeitern zustehen, so genießen unstreitig die technischen Angestellten und Betriebsbeamten derartige Schutzbestimmungen gegenwärtig in geringerem Umfange; zwar ist auch diesen Beamtenkategorien durch die Novellen zur Gewerbeordnung der Jahre 1891 und 1897 besondere Aufmerksamkeit gewidmet worden, der ihnen gewährte Schutz geht aber in mancher Hinsicht nicht so weit wie der Schutz, den die kaufmännischen Angestellten in ihren Beziehungen zu den Prinzipalen genießen.

Die Bestrebungen der Organisationen der technischen Beamten sind nun seit längerer Zeit darauf gerichtet, eine Besserung der rechtlichen Stellung der technischen Beamten auf den soeben erwähnten Gebieten zu erreichen und in den wesentlichsten Punkten eine Gleichstellung der technischen Beamten mit den kaufmännischen Angestellten des Handelsgewerbes zu erlangen. Das erste geschlossene Vorgehen nach dieser Richtung hin erfolgte durch die Einberufung einer Konferenz deutscher Technikerverbände, die am 7. Mai 1905 stattfand und auf welcher folgende Verbände vertreten waren:

Der deutsche Technikerverband in Berlin,
der deutsche Werkmeisterverband in Düsseldorf,
der deutsche Gruben- und Fabrikbeamtenverband in Bochum,
der Maschinenbau-Werkmeisterverband in Berlin,
der Bund der technischen industriellen Beamten in Berlin,
der technische Hilfsverein Berlin,
der deutsche Faktorenbund in Berlin,
der Werkführerverband der Textilindustrie in Berlin,
der deutsche Braumeister- und Malzmeisterbund Leipzig,
der deutsche Brennmeisterbund Berlin,
der Bayerische technische Verband München,

der Verein deutscher Zuckertechniker in Dormagen,
der Architektenverein in Berlin,
der Verein deutscher Elektrotechniker in Berlin und
der Verein deutscher Ingenieure in Berlin.

Als das Resultat des auf dieser Versammlung gepflogenen Meinungsaustausches dürfte die Eingabe zu betrachten sein, welche in Sachen der Ergänzung und Abänderung der Bestimmungen der Gewerbeordnung über den Dienstvertrag der technischen Angestellten seitens des deutschen Technikerverbandes vom 8. Oktober 1905 an den deutschen Reichstag gerichtet worden ist, und die in dieser Eingabe aufgestellten Forderungen finden wir in einer teilweise etwas abgeänderten Form, aber doch ihrem Hauptinhalte nach und sogar noch mit einigen Erweiterungen wieder in dem dem Reichstage vorgelegten Initiativantrage Bassermann vom 30. November 1905, Nr. 59 der Drucksachen des Reichstages, und in der dem Reichstage vorgelegten Resolution Bassermann-Potthoff vom 20. Februar 1906, Nr. 241 der Drucksachen des Reichstags. Ersterer greift nur einige wenige Punkte heraus und formt diese in einen vom Reichstage auf Grund der ihm verfassungsmäßig zustehenden gesetzgeberischen Initiative zu beratenden und dem Bundesrate vorzulegenden Gesetzentwurf, die Resolution Nr. 241 hingegen deckt sich nur zum Teil mit diesem Gesetzentwurf, zum Teil will sie auch andere Punkte in die gesetzliche Regelung einbeziehen, die Initiative zu derselben jedoch der Reichsregierung überlassen, indem sie den Reichskanzler zur Vorlegung einer die Materie behandelnden Gesetzesvorlage auffordert. Beide Anträge, sowohl der Initiativantrag Nr. 59 als auch die Resolution Nr. 241, sind vom Reichstage in seiner Sitzung vom 7. März 1906 in erster Lesung beraten und nach einer längeren Debatte über die geschäftsordnungsmäßige Zulässigkeit oder Zweckmäßigkeit der Art der weiteren parlamentarischen Behandlung gemeinsam an eine besondere Kommission von 14 Mitgliedern verwiesen worden. Seitens dieser Kommission sind beide Anträge in der Hauptsache angenommen worden, darunter insbesondere eine Bestimmung, derzufolge die Fortzahlung des Gehalts an erkrankte technische Angestellte sechs Wochen lang und ebenso auch die Nichtanrechnungsfähigkeit der Kranken- und Unfallversicherungsgelder in genauer Uebereinstimmung mit dem vorhin schon eingehend behandelten, neu zu gestaltende § 63 H. G. B. zwingendes Recht werden soll, ferner die wichtige Bestimmung zu § 133 f. G. O., wonach für technische Angestellte, wie bei den Handlungsgehilfen, die Gültigkeit der Konkurrenzklausel auf höchstens drei Jahre beschränkt werden soll. Meine Herren! Es ist charakteristisch für das überaus geringe Maß von Einfluß, das die deutsche Industrie in den gesetzgeberischen Körperschaften, insbesondere im Deutschen Reichstag, besitzt, daß alle diese wichtigen und in die industriellen Verhältnisse tief eingreifenden Bestimmungen in der Reichstagskommission angenommen worden sind, ohne daß bei der ersten Lesung im Plenum, und man kann wohl mit Bestimmtheit annehmen, auch ohne daß bei den Beratungen der Kommission die Industrie auch nur einen einzigen ernsthaften und sachkundigen Anwalt ihrer Interessen gefunden hätte. Um so notwendiger dürfte es nun sein, daß die deutsche Industrie an dieser Stelle hier ihre Stimme erhebt und bei allem Wohlwollen für die technischen Angestellten, an denen es den industriellen Arbeitgebern sicherlich nicht fehlt, und bei aller Würdigung berechtigter Forderungen von dieser Seite, eine sachliche Kritik an die betreffenden Anträge mit Bezug auf ihre Notwendigkeit, ihre Durchführbarkeit und ihren voraussichtlichen Einfluß auf die Arbeitsverhältnisse der deutschen Industrie anlegt. — Ich will zu diesem Zwecke mir erlauben, die Anträge und die einzelnen Punkte derselben in derselben Reihenfolge einer kurzen Erörterung zu unterziehen, in welcher dies in der ersten Lesung im Plenum des Reichstages geschehen ist. Zuerst also der Initiativantrag Bassermann, Drucksache Nr. 59. Derselbe lautet hinsichtlich seines ersten Punktes wie folgt:

„Der Reichstag wolle beschließen, dem nachstehenden Gesetzentwurfe die verfassungsmäßige Zustimmung zu erteilen:

Gesetz,

betreffend Abänderung der Gewerbeordnung.

Wir, Wilhelm, von Gottes Gnaden, Deutscher Kaiser, König von Preußen ꝛc.

verordnen im Namen des Reichs, nach erfolgter Zustimmung des Bundesrats und des Reichstags, was folgt:

Die Gewerbeordnung für das Deutsche Reich erhält folgende Abänderungen:

I. Folgender § 133 ad (neu) wird eingeschaltet:

„Die Zahlung des dem Angestellten zukommenden Gehalts hat am Schlusse jeden Monats zu erfolgen.

Eine Vereinbarung, nach der die Zahlung des Gehalts später erfolgen soll, ist nichtig."

Meine Herren! Genau die gleiche Bestimmung besteht bereits für die Angestellten im Handelsgewerbe auf Grund des § 64 H. G. B., der Antrag Bassermann will diesen Paragraphen unverändert in die Gewerbeordnung übertragen. Gegenwärtig kommt für die Gehaltszahlung an technische Angestellte, da die Gewerbeordnung hierüber nichts bestimmt, lediglich der § 614 B. G. B. in Frage, der lautet: „Die Vergütung ist nach der Leistung der Dienste zu entrichten. Ist die Vergütung nach Zeitabschnitten bemessen, so ist sie nach dem Ablauf der einzelnen Zeitabschnitte zu entrichten." Es ist also ein Arbeitgeber, der, wie dies oft geschieht, mit dem technischen Angestellten die Höhe des Jahresgehalts vereinbart hat, ohne über die ratenweise Zahlung der Summe etwas zu bestimmen, nur verpflichtet, das Gehalt jährlich zu zahlen. — Man wird ohne weiteres zugeben müssen, daß dies für den Techniker, der in den allermeisten Fällen auf den Verdienst aus seiner Arbeit angewiesen ist, Härten im Gefolge haben kann. Der deutsche Technikerverband hat demnach in seiner vorhin erwähnten Petition an den Reichstag vom 8. Oktober 1905 die Aufnahme der monatlichen Gehaltszahlung in die Gewerbeordnung beantragt, aber er beantragte einen neuen § 133 ad nur in folgender Form:

„Die Zahlung des jedem Angestellten zukommenden Gehaltes hat am Schlusse jedes Monats zu erfolgen, falls nicht etwas anderes vereinbart worden ist", das heißt, er wünschte der monatlichen Gehaltszahlung nur die Form einer dispositiven Gesetzesbestimmung zu geben. In der in seiner Eingabe enthaltenen Begründung seiner Anträge sagt der Technikerverband:

„Der Möglichkeit, in vereinzelten Fällen längere Zahlungstermine vorzusehen, wie es heute bisweilen bei höheren Betriebsbeamten vorkommt, ist durch den Zusatz „falls nicht etwas anderes vereinbart worden ist" in unserem Antrage genügend Rechnung getragen." Der deutsche Technikerverband war also bereit, dem Umstande Rechnung zu tragen, daß es, namentlich bei Verträgen mit hochbezahlten technischen Beamten, oft dem beiderseitigen Wunsche entspricht, daß die Zahlung des Gehaltes in längeren als monatlichen Zwischenräumen erfolgt; vielfach z. B. ist es ja gerade bei hochbezahlten technischen Angestellten üblich, daß ein Teil des Gehaltes erst am Jahresschluß in einer Gesamtsumme zur Auszahlung kommt. — Der Reichstag ist also hier technikerfreundlicher als die Techniker, er will über die Forderungen des Technikerverbandes hinausgehen, indem er die monatliche Gehaltszahlung zum zwingenden Recht machen will. — Trotzdem hat sich bei der Umfrage, die der Centralverband Deutscher Industrieller unter seinen Mitgliedern mit Bezug auf die Bassermann'schen Anträge veranstaltet hat, Widerspruch gegen diesen ersten Punkt des Initiativantrages **Bassermann** nur ganz vereinzelt erhoben, und auch ich habe vom Arbeitgeberstandpunkte aus keine Bedenken gegen denselben. Es ist vielleicht die Befürchtung nicht unberechtigt, daß, wenn die betreffende Gesetzesbestimmung nur eine dispositive würde, sie bei der Leichtigkeit, mit der dann in jedem Anstellungsvertrage das Gegenteil festgesetzt werden könnte, ihren Wert einbüßen würde, auch ist ja gegenüber den Handlungsgehilfen die gleiche Bestimmung als zwingendes Recht in Geltung, ohne daß dies seitens der kaufmännischen Prinzipale als eine Belästigung empfunden worden wäre. — Die nicht ganz seltenen Fälle, in welchen die spätere Auszahlung des Gehalts auf dem **eignen** Wunsche des **Angestellten** beruht, würden nach meiner Auffassung selbst durch die zwingende Gesetzesvorschrift der monatlichen Gehaltszahlung nicht berührt werden, wenigstens sagen die mir zugänglich gewesenen Kommentare der gleichartigen Bestimmung des § 64 H. G. B., daß nur eine **vor** der Fälligkeit getroffene Vereinbarung nichtig sei, der Handlungsgehilfe aber nicht gehindert sei, das **fällig gewordene** Gehalt beim Prinzipal stehen zu lassen; nur meint der angesehenste aller Kommentatoren, **Staub**, daß in diesem Falle vom Fälligkeitstage ab unter allen Umständen Zinsen zu zahlen seien und daß, was bedenklicher ist, der Prinzipal durch die Zurückbehaltung des Gehaltes über den Fälligkeitstag hinaus den § 71 Nr. 2 H. G. B. verletze, d. h., daß in diesem Falle unter Umständen der Angestellte als berechtigt angesehen werden kann, ohne Einhaltung einer Kündigungsfrist zu kündigen. Es wird sich also, wenn die betreffende Bestimmung als zwingendes Recht in die Gewerbeordnung hineinkommt, für die Arbeitgeber bisweilen empfehlen, selbst auf den ausdrücklichen Wunsch der Angestellten auf ein Stehenlassen der am Monatsschluß fällig gewordenen Gehaltsbeträge nicht einzugehen.

Meine Herren! Der zweite Punkt des Initiativantrages **Bassermann** ist der folgende:

> **Der § 133c Absatz 2 G. O. soll folgende Fassung erhalten:**
>
> **„In dem Falle zu 4 bleibt der Anspruch auf die vertragsmäßigen Leistungen des Arbeitgebers für die Dauer von 6 Wochen in Kraft, wenn die Verrichtung der Dienste durch unverschuldetes Unglück verhindert worden ist. Der Angestellte ist nicht verpflichtet, sich den Betrag anrechnen zu lassen, der ihm für die Zeit der Verhinderung aus einer Kranken- oder Unfallversicherung zukommt."**

Ferner soll folgender Absatz 3 neu hinzugefügt werden: „Eine Vereinbarung, welche den Vorschriften des Absatz 2 zuwiderläuft, ist nichtig."

Das heißt also, der § 133c soll für die technischen Angestellten genau ebenso gestaltet werden, wie der § 63 H. G. B. auf Grund eines anderen, schon vorhin ausführlich erörterten Antrages Bassermann gestaltet werden soll, es soll zu Gunsten der technischen Angestellten ebenso wie zu Gunsten der Handlungsgehilfen die 6wöchentliche Gehalts-Weiterzahlung und die Nichtanrechnungsfähigkeit der Versicherungsentschädigungsgelder als zwingendes Recht eingeführt werden.

Ich stehe demgegenüber, in Uebereinstimmung mit der großen Mehrheit der vom Centralverbande Deutscher Industrieller befragten Industriellen, auf dem Standpunkte, welcher in Betreff der Handlungsgehilfen von dem Herrn Korreferenten zu Punkt 4 unserer heutigen Tagesordnung und von der Mehrzahl der deutschen Handelskammern eingenommen wird, das heißt, ich vermag einer Abänderung des jetzigen Absatz 2 des § 133c G. O. nur insoweit zuzustimmen, daß der erste Satz dieses Absatzes, lautend:

> „In dem Falle zu 4 bleibt der Anspruch auf die vertragsmäßigen Leistungen des Arbeitgebers für die Dauer von sechs Wochen in Kraft, wenn die Verrichtung der Dienste durch unverschuldetes Unglück verhindert worden ist",

die jetzt ihm fehlende Kraft zwingenden Rechtes erhalten soll.

Es ist übereinstimmend festgestellt worden, daß eine vertragsmäßige Abänderung dieser Bestimmung, obgleich eine solche Abänderung bisher nach der vorherrschenden Rechtsauffassung den Handlungsgehilfen gegenüber zulässig war, selbst in den kleinsten und leistungsschwächsten kaufmännischen Detailbetrieben im allgemeinen nicht üblich war, sondern daß eine solche Abänderung dieser Gesetzesbestimmung durch Vertrag höchstens in gewissen großen Warenhäusern vorgekommen ist, wo sie am allerwenigsten gerechtfertigt sein dürfte. Auch der Herr Referent aus Altona hat ja dies im allgemeinen vorhin bestätigt, indem er sagte, daß unter anderen Bedingungen als unter voller Gehaltszahlung im Krankheitsfalle Angestellte gar nicht zu bekommen seien. In der Industrie vollends und gegenüber einem technischen Angestellten dürfte bei unverschuldetem Unglück, in erster Linie also im Falle von Krankheit, die sechswöchentliche Weiterzahlung des Gehaltes ganz allgemein üblich sein, und ein Bedürfnis, dieselbe durch den Anstellungsvertrag auszuschließen, nicht vorliegen. Ich kann mich auch, in Uebereinstimmung mit der Mehrzahl der Redner im Reichstag bei der ersten Beratung der Anträge Bassermann, den Bedenken nicht anschließen, welche der Herr Staatssekretär des Reichsjustizamts bei derselben Beratung gegen die zwingende Rechtskraft der sechswöchentlichen Gehaltsweiterzahlung an Handlungsgehilfen und technische Angestellte aus dem bekannten § 616 B. G. B., den er als das Fundament des ganzen hier in Betracht kommenden Rechtsgedankens bezeichnete, hergeleitet hat. Im Gegensatz zum Abgeordneten Singer, der es als durchaus erstrebenswert bezeichnete, auch dem § 616 B. G. B. die Kraft zwingenden Rechtes zu verleihen, halte ich die Ausdehnung einer solchen Bestimmung auf ein loses Dienstverhältnis irgend welcher Art, oder auch auf gewerbliche Arbeiter im allgemeinen, für zu weit gehend; aber es erscheint mir nicht präjudizierlich, wenn gegenüber den kaufmännischen und technischen Angestellten diese Verpflichtung zu einer zwingenden gemacht wird, denn das Verhältnis des Unternehmers zu seinen technischen Beamten ist nun einmal ein engeres und muß ein engeres sein, wie das zu der viel mehr fluktuierenden Arbeiterschaft. — Diese Verschiedenheit kommt auch in der jetzigen Gesetzgebung zum Ausdruck, indem als dispositives Recht der sechswöchentliche Gehaltsanspruch für technische Beamte und Handlungsgehilfen gilt, nicht aber für gewöhnliche Arbeiter. Hieraus ist bisher niemals die Konsequenz gezogen worden, daß der § 616 B G. B. entsprechend abgeändert werden müsse. Warum also müßte diese Konsequenz gerade dann gezogen werden, wenn die betreffende Bestimmung für die Handlungsgehilfen und technischen Beamten ihren dispositiven Charakter verliert und zwingend wird? Für gewöhnliche Arbeiter würde nach meiner Ansicht die sechswöchentliche Weiterzahlung des Gehaltes schon deshalb gar nicht in Betracht kommen können, weil das Arbeitsverhältnis des gewöhnlichen Arbeiters vierzehntägig, unter Umständen auf Grund der Arbeitsordnung sogar von einem Tage zum andern gekündigt werden kann. Hiermit würde die sechswöchentliche Weiterzahlung des Lohnes im Krankheitsfalle doch ganz unvereinbar sein, während beim technischen Beamten und Angestellten die sechswöchentliche Weiterzahlung des Gehaltes im Krankheitsfalle das Korrelat zur gesetzlichen sechswöchentlichen Kündigungsfrist ist.

Dahingegen muß ich mich mit Entschiedenheit dagegen wenden, daß auch die Nichtanrechnung der Versicherungsentschädigungen zwingend gemacht werde. — In Uebereinstimmung mit der großen Mehrheit der vom Centralverbande Deutscher Industrieller befragten Industriellen halte ich es für ganz ungerechtfertigt und prinzipiell für höchst bedenklich, die Anrechnung der Versicherungsentschädigung mit zwingender

Kraft auch insoweit auszuschließen, als kraft zwingenden Rechtes das Gehalt unverkürzt weiter gezahlt wird. Ich muß nachdrücklich gegen die Auffassung unserer sozialen Versicherungsgesetze protestieren, welcher der Abgeordnete Bassermann bei der ersten Plenarberatung seiner Anträge Ausdruck gegeben hat, indem er sagte: „Man muß ferner davon ausgehen, daß das Gehalt bestimmt ist für den Unterhalt des Handlungsgehilfen und seiner Familie, und daß das Krankengeld im wesentlichen dem Zwecke dienen soll, die Gesundheit wieder herzustellen."

Meine Herren! Diese Auffassung des Wesens unserer sozialen Versicherungsgesetze ist bisher nicht die herrschende gewesen und sie würde, übertragen auf alle Klassen von Versicherten, zu einer ganz bedenklichen Ueberspannung der sozialen Kranken- und Unfallfürsorge führen. Der leitende Gedanke unseres Krankenkassengesetzes ist der, daß das Krankengeld in Höhe der Hälfte des Tagelohnes, welches nach § 6 des Krankenkassengesetzes im Falle der Erwerbsunfähigkeit gewährt wird, die Entschädigung für diese Erwerbsunfähigkeit darstellt, während das, was speziell für die Wiederherstellung der Gesundheit erforderlich ist, nämlich ärztliche Behandlung, Arznei, Heilmittel aller Art, in dringenden Fällen auch Badekuren, außerdem kostenlos gewährt wird. Die Aufrechnung des Geldwertes dieser eigentlichen Krankenbehandlung kommt natürlich gar nicht in Betracht, wohl aber erscheint es ohne weiteres zulässig, daß, wenn für den Lebensunterhalt des Kranken und seiner Familie durch die volle Weitergewährung des Gehaltes Fürsorge getroffen ist, und Kur und Behandlung ihm durch die gesetzliche Krankenkasse umsonst gewährt ist, daß dann demjenigen, der das volle Gehalt weiter gewährt, diejenigen Beträge zufließen, welche die Kasse für den gewöhnlichen Lebensunterhalt des Kranken gewährt. — Im anderen Falle würde, da auch der Arbeitgeber $^1/_3$ der Krankenversicherungsbeiträge bezahlt, tatsächlich eine doppelte Versorgung des Angestellten zu Lasten des Unternehmers bestehen, und es würde der Kranke materiell besser gestellt sein als der Gesunde, was prinzipiell unzulässig erscheint und zweifellos in vielen Fällen dazu führen würde, daß mancher Angestellte, dem es vielleicht schwer fällt, sich und seine Familie durch redliche Arbeit zu ernähren, zu dem Aushilfsmittel der Verbesserung seiner Lage durch eine vorgeschützte Krankheit schreiten würde. Wenn auch Fälle dieser Art bei dem hohen moralischen und ethischen Niveau, auf dem unsere technischen Angestellten in ihrer großen Mehrheit stehen, sicherlich nicht die Regel bilden würden, so würden Ausnahmefälle dieser Art, insbesondere da, wo mißliche pekuniäre Lage dazu drängt, sicherlich vorkommen, ebenso wie bei den Handlungsgehilfen die Entscheidungen der Kaufmannsgerichte, die im Gegensatz zu den Auffassungen des Herrn Staatssekretärs des Reichsjustizamtes den § 63 H. G. B. schon jetzt hinsichtlich seiner beiden Absätze für zwingendes Recht erklärt haben, zweifellos Simulationen hervorgerufen haben. Krasse Beispiele dieser Art sind vom Verein der Industriellen des Regierungsbezirks Köln mitgeteilt worden, sowie auch vorhin von dem Herrn Referenten aus Altona und vom Herrn Geheimrat Vogel. Betrachten wir doch überhaupt einmal die Entstehungsgeschichte dieses zweiten Absatzes des § 63 H. G. B., der jetzt so vortrefflich erscheint, daß er auch in die Gewerbeordnung übernommen werden soll. — Ich möchte Sie in dieser Beziehung auf den Gesichtspunkt hinweisen, auf den mit vollem Recht schon Herr Generalsekretär Stumpf vorhin hingewiesen hat und auf den auch der Abgeordnete Dove in seinen Ausführungen in der ersten Lesung im Reichstagsplenum aufmerksam gemacht hat: Als im Jahre 1897 diese Nichtanrechnungsfähigkeit der Kranken- und Unfallversicherungsbeiträge als zwingende Rechtsbestimmung in den § 63 H. G. B. aufgenommen wurde, waren die Handlungsgehilfen, auf welche die Bestimmung sich bezog, abgesehen von der ortsstatutarischen Krankenversicherungspflicht, die an einigen wenigen Orten bestand, noch nicht krankenversicherungspflichtig; erst durch die Novelle zum Krankenkassengesetze vom Jahre 1903 sind sie allgemein versicherungspflichtig geworden; unfallversicherungspflichtig sind die Handlungsgehilfen zum großen Teile, nämlich insoweit sie nicht etwa mit einem Lagereibetriebe oder Fabrikbetriebe in Verbindung stehen, noch heute nicht. Demnach sollte sich diese ganze Bestimmung in § 63 H. G. B. offenbar auf etwaige private, auf alleinige Kosten des Handlungsgehilfen abgeschlossene Kranken- und Unfallversicherungen beziehen, während bei den technischen Angestellten, die bei einem Einkommen bis zu 2000 M. krankenversicherungspflichtig, bei einem Einkommen bis zu 3000 M. unfallversicherungspflichtig sind, die Bestimmung von vornherein eine ganz andere Bedeutung hat, da zu der gesetzlichen Reichsversicherung die Unternehmer eigene Beiträge leisten, zu privaten Versicherungen, die das Handelsgesetzbuch im Auge hatte, jedoch nicht.

Meine Herren! Aus allen diesen Gründen kann ich mich also nur dafür aussprechen, daß der jetzige erste Satz des Absatzes 2 des § 133c der Reichsgewerbeordnung durch einen unmittelbar auf den ersten Satz folgenden Zusatz, lautend „Eine Vereinbarung, welche dieser Vorschrift zuwiderläuft, ist nichtig“, zwingend gemacht wird, und daß dann der zweite Satz des gleichen Absatzes folgt, welcher unverändert wie bisher lauten soll: „Jedoch mindern sich die Ansprüche in diesem Falle um denjenigen Betrag, welcher dem Berechtigten aus einer auf Grund gesetzlicher Verpflichtung bestehenden Krankenversicherung oder Unfallversicherung zukommt."

Meine Herren! Der letzte Punkt des Initiativantrages Bassermann lautet folgendermaßen: Folgender § 133g (neu) wird hinzugefügt:

„Bei der Beendigung oder Kündigung des Dienstverhältnisses kann der Angestellte ein schriftliches Zeugnis über die Art und Dauer der Beschäftigung fordern. Das Zeugnis ist auf Verlangen des Angestellten auch auf die Führung und die Leistungen auszudehnen.

Auf Antrag des Angestellten hat die Ortspolizeibehörde das Zeugnis kosten- und stempelfrei zu beglaubigen."

Hinsichtlich der Ausstellung des Zeugnisses ist nämlich bisher auch für die technischen Angestellten lediglich der für sämtliche gewerblichen Hilfkräfte geltende § 133 R.G.O. maßgebend, der lautet: „Beim Abgange können die Arbeiter ein Zeugnis über die Art und Dauer ihrer Beschäftigung fordern."

Neu ist also bei diesem Antrage, daß der technische Angestellte das Zeugnis schon bei der Kündigung soll fordern können, anstatt, wie bisher, nur beim Abgange.

Das Handelsgesetzbuch, dessen § 73 die Zeugnisfrage für die Handlungsgehilfen regelt, gewährt nach dem Wortlaut des § 73 das Recht des Verlangens eines Zeugnisses den Handlungsgehilfen in Uebereinstimmung mit dem § 630 B.G.B. nur für die Zeit der „Beendigung des Dienstverhältnisses", also dem Wortlaute nach nicht schon bei der Kündigung. Trotzdem bezieht sich der Verband deutscher Techniker, in dessen an den Reichstag gerichteter Eingabe vom 8. Oktober 1905 die gewünschte neue Formulierung der gesetzlichen Bestimmungen zuerst angeregt worden ist, in der Begründung seiner Eingabe auf das den Handlungsgehilfen bereits zustehende Recht, schon am Tage der Kündigung ein Zeugnis zu verlangen, und zwar wird dieses Recht aus dem Kommissionsberichte der Reichstagskommission, welche im Jahre 1897 das neue Handelsgesetzbuch beraten hat, hergeleitet. In diesem Kommissionsberichte befindet sich allerdings die Bemerkung: „Das Zeugnis kann schon vom Tage der Kündigung an verlangt werden", und namhafte Kommentatoren des Handelsgesetzbuches, z. B. Litthauer und insbesondere Staub, bekennen sich teils auf Grund des etwas unbestimmten Wortlautes „bei Beendigung des Dienstverhältnisses", teils auf Grund des Kommissionsberichts zu der Ansicht, daß in der Tat der Handlungsgehilfe nach § 73 H. G. B. das Zeugnis schon bei der Kündigung fordern könne.

Die Industriellen, die vom Centralverbande befragt worden sind, bestreiten zum Teil die Richtigkeit dieser Auslegung des § 73 H. G. B. trotz der Ansicht der Kommentatoren, und in jedem Falle hegt die große Mehrzahl der befragten Industriellen schwere Bedenken gegen die Gewährung des Rechts an die technischen Angestellten, schon bei der Kündigung ein Zeugnis zu verlangen, indem sie darauf hinweisen, daß es sich bei den technischen Angestellten großenteils um vertragsmäßig bedungene, sehr lange Kündigungsfristen handelt, und daß für die technischen Angestellten während der unter Umständen noch recht langen Zeit, welche der Angestellte nach der Kündigung noch in seiner alten Stellung verbleibt, jeder Anreiz zu treuer Pflichterfüllung fehle, wenn er schon bei der frühen Kündigung sein Zeugnis bekommt. Auf der anderen Seite ist es aber zweifellos, daß gerade bei diesem Punkte ein sehr erhebliches und nicht zu verkennendes Interesse des technischen Angestellten vorliegt, der gerade die Zeit zwischen Kündigung und Abgang dazu benützen muß, um sich nach einer neuen Stelle umzusehen, und daß hierfür das Zeugnis für ihn von größtem Werte ist. Der Verband technischer Angestellter weist in seiner Eingabe darauf hin, daß der jetzt für die technischen Angestellten mit gültige § 113 R. G. O. offenbar nur auf die Verhältnisse der gewerblichen Lohnarbeiter Rücksicht nähme, bei denen Kündigung und Austritt ganz oder fast ganz zusammenfallen und bei denen Zeugnisse auch keine große Rolle spielen, während für die technischen Angestellten die kürzeste Kündigungsfrist einen Monat beträgt, und das Zeugnis meistens von ausschlaggebender Bedeutung für ein neues Engagement ist.

Ich muß gestehen, daß ich in diesem Punkte trotz der zahlreichen Bedenken, die dagegen aus industriellen Kreisen geäußert worden sind, geneigt bin, den Wunsch der technischen Angestellten zu erfüllen. Mir würde es als eine außerordentlich große Härte erscheinen, einem Beamten, dem ich kündige oder auch einem Beamten, der mir kündigt, die sofortige Ausstellung eines Zeugnisses zu versagen. Ich habe, wenn ich mich von einem Beamten aus irgend welchen Gründen trenne, meist selbst nur den lebhaften Wunsch, daß derselbe möglichst rasch eine möglichst gute Stellung anderswo finden möchte, und ich bin stets geneigt, ihm dies lieber zu erleichtern als zu erschweren. — Daß es viele Beamte gibt, die, wenn sie das Zeugnis schon bei der Kündigung erhalten haben, dann für den Rest der Zeit weniger pflichtgetreu sein werden, als wenn sie das Zeugnis noch nicht erhalten haben, erscheint mir kaum glaublich; eher würde mir das Gegenteil psychologisch erklärlich erscheinen, daß nämlich das Versagen des Zeugnisses, die hieraus sich ergebende wesentliche Schwierigkeit, eine neue Stellung zu finden, der vergrößerte Aufwand von Zeit und Mühe, der den Versuchen zur Erlangung einer neuen Stellung gewidmet werden muß, das größere Maß von Sorge, das hieraus erwächst, bei dem Angestellten nachteilig auf die Erfüllung der Aufgaben der alten Stellung wirken könnte. — Bei der Verschiedenheit der Ansichten hierüber und im Hinblick auf die mitunter vorkommenden sehr langen Kündigungsfristen könnte vielleicht ein gerechter Ausgleich darin gefunden werden, daß der Antrag Bassermann angenommen würde, nachdem hinter die Worte „des Dienstverhältnisses" die Worte „frühestens jedoch 3 Monate vor der Beendigung desselben" eingeschaltet worden wären, so daß der § 133g (neu) lauten würde:

> „Bei der Beendigung oder Kündigung des Dienstverhältnisses, frühestens jedoch 3 Monate vor der Beendigung desselben, kann der Angestellte ein schriftliches Zeugnis über die Art und Dauer der Beschäftigung fordern. (u. s. w.). —"

Meine Herren, ich bin nun fertig mit dem Initiativantrag Bassermann und gehe jetzt über zu der Resolution Bassermann-Potthoff, welche in ihrem ersten Punkte folgendermaßen lautet:

> Der Reichstag wolle beschließen, den Herrn Reichskanzler zu ersuchen, dem Reichstage baldigst Gesetzentwürfe vorzulegen, durch welche
>
> 1. die Vorschriften der Gewerbeordnung über das Dienstverhältnis der technischen Angestellten (§§ 133a ff.) den Bestimmungen des Handelsgesetzbuches über das Dienstverhältnis der Handlungsgehilfen angepaßt werden.

Hierunter fallen erstens die in dem Initiativantrage Bassermann als Gesetzentwürfe formulierten und von mir schon erörterten Vorschläge. Zweitens würde hierunter fallen die zeitliche Beschränkung der sogenannten Konkurrenzklausel auf längstens drei Jahre nach Analogie des § 74 H. G. B. Die Konkurrenzklausel wird bekanntlich seitens der Techniker als eine sehr lästige Fessel empfunden. Es kann aber keinem Zweifel unterliegen, daß gegen die beantragte Gesetzesänderung auf seiten der Industrie schwere Bedenken bestehen. Bedeutet doch die Konkurrenzklausel im Handelsgewerbe etwas völlig anderes, wie die Konkurrenzklausel in der Industrie.

Bei der Konkurrenzklausel im Handelsgewerbe handelt es sich um nichts weiter als um die eventuelle Niederlassung der Handlungsgehilfen an demselben Ort oder in einem gewissen Umkreise desselben und um die Benutzung der in dem früheren Anstellungsverhältnis kennen gelernten Bezugsquellen, Absatzgebiete, Kundenlisten, Kalkulationsprinzipien oder sonstigen Bestandteile der allgemeinen Geschäftsführung, die bei aller Bedeutung, welche ihre Kenntnis für den Angestellten zweifellos besitzt, doch wohl nicht auf den gleichen Schutz Anspruch erheben können, wie die schöpferische Geistestätigkeit des Erfinders neuer Herstellungsmethoden oder Apparate auf dem Gebiete der Industrie, und die übrigens meist ganz von selbst nach einer gewissen Zeit ihren Wert und ihre Bedeutung verlieren, da sie einem raschen Wechsel unterworfen sind. Wie anders in der Industrie, wo es sich oft um mit ungeheuren Kosten errungene Erfindungen handelt, wo der Fortbestand von Unternehmungen in Frage steht, die ganz und gar auf der Verwertung geheim gehaltener, mühsam errungener Kenntnisse beruhen. Der Abgeordnete Potthoff meinte zwar bei der ersten Lesung des Antrages, „daß die wichtigen Erfindungen und Erfahrungen patentrechtlich geschützt seien" und weiterhin, „daß es Geschäftsgeheimnisse, wie sie früher ängstlich gehütet wurden, beim heutigen Stand der technischen Wissenschaften kaum mehr gibt." — Nun, meine Herren, die Mehrzahl von uns Industriellen wird jedenfalls anderer Meinung hierüber sein. — Wir wissen, wie zahlreiche kleine technische Kunstgriffe oder Methoden in fast jeder Industrie eine große Rolle spielen, die in den verschiedenen einzelnen Etablissements durch langjährige und mühselige Erfahrungen gefunden und erprobt sind und die patentrechtlich schützen zu lassen oft ganz unmöglich ist.

Wir wissen auch, welche wichtige subsidiäre Rolle gewisse kleine Geheimnisse selbst bei Patenten für deren richtige Anwendung spielen, wir wissen, daß Patente oft umgangen werden und daß vielfach deutsche Patente im Auslande nicht patentrechtlich geschützt sind. — Ich will Sie nur daran erinnern, daß in der Schweiz z. B. chemische Herstellungsmethoden überhaupt nicht patentfähig sind, ein Gegenstand alter Klagen der deutschen Teerfarbstoffindustrie; und wenn auch der Schweizerische Bundesrat in seinem Notenwechsel mit dem deutschen Gesandten in Bern vom 4. November 1904 beim Abschluß des neuen deutsch-schweizerischen Handelsvertrages eine Aenderung der schweizerischen Patentgesetzgebung in diesem Punkte bis zum 31. Dezember 1907 in Aussicht gestellt hat, so geschah dies doch nicht in bindender Form, und nachdem jetzt der neue Entwurf des schweizerischen Patentgesetzes vorliegt, hat vor kurzem die Vereinigung Deutscher Patentanwälte sich genötigt gesehen, in einer Eingabe an den Reichskanzler zum Ausdruck zu bringen, daß auch der neue schweizerische Patentgesetzentwurf den berechtigten Wünschen der deutschen Teerfarbenindustrie nicht genügt.

Nun ist ja sicherlich nicht in Abrede zu stellen, daß bisweilen Konkurrenzklauseln vorkommen, deren allzu drakonische Bestimmungen nicht gebilligt werden können. Der Abg. Potthoff hat Konkurrenzklauseln, insbesondere aus dem Gebiete der chemischen Industrie, bei der ersten Beratung seiner Anträge im Reichstage verlesen, die er als „einen Wucher der schlimmsten Art“ bezeichnete und die auch mir das Maß des Gerechtfertigten zu überschreiten scheinen. Aber er fügte dann gleich selbst hinzu, „daß diese Abmachungen nicht gültig sind, weil sie gegen die guten Sitten verstoßen, unterliegt für mich keinem Zweifel.“ Auch übermäßige Konventionalstrafen, wie sie bisweilen in derartigen Konkurrenzklauseln vorkommen mögen, können jederzeit nach den Bestimmungen des gemeinen Rechtes abgemindert werden. Also einen gewissen Schutz gegen Mißbräuche der Konkurrenzklausel gewährt die Gesetzgebung auch jetzt schon, und hierauf dürfte es wohl zurückzuführen sein, daß der Schwerpunkt gerade derjenigen Konkurrenzklauseln, die dem Abg. Potthoff am meisten Grund zur Kritik gaben, nicht in rechtsgültigen Vereinbarungen, sondern in ehrenwörtlichen Verpflichtungen und eidlichen Gelöbnissen liegt, zu denen der Angestellte veranlaßt wird. Hiergegen aber kann auch die gewünschte Abänderung der Gesetzgebung nichts helfen, hiergegen gibt es wirklich kein anderes Mittel, als daß der Techniker sich weigert, sich in so weitgehender Weise ehrenwörtlich zu binden. Auch hinsichtlich der zeitlichen Beschränkung ist der Techniker durchaus nicht so schutzlos, wie es vielfach dargestellt worden ist. Die Bestimmungen, die ihn jetzt in dieser Beziehung in erster Linie schützen, sind keineswegs veraltete, durch die Entwickelung der Verhältnisse längst überholte, vielmehr ist der hier in Betracht kommende § 133 f R. G. O. erst im Jahre 1897, bei Gelegenheit der damaligen Beratungen über das Handelsgesetzbuch, in die Gewerbeordnung hineingekommen, und er stimmt inhaltlich in der Hauptsache mit dem § 74 H. G. B. überein; genau wie dieser macht er Konkurrenzklauseln nur insoweit rechtsverbindlich, „als die Beschränkung nach Zeit, Ort und Gegenstand nicht die Grenzen überschreitet, durch welche eine unbillige Erschwerung seines Fortkommens ausgeschlossen wird,“ aber der auch damals schon gestellte Antrag, den zweiten Absatz des § 74 H. G. B., d. h. die zeitliche Beschränkung der Konkurrenzklausel auf drei Jahre, in den § 133 f G. O. mit aufzunehmen, wurde damals abgelehnt, und zwar auf Grund reiflicher Erwägung der von mir soeben dargelegten Verhältnisse. Es heißt hierüber in dem Kommissionsberichte über den Entwurf des neuen Handelsgesetzbuches auf Seite 3936 der stenographischen Berichte über die Verhandlungen des Reichstages, 9. Legislaturperiode, IV. Session 1895/97, Aktenstück Nr. 735, folgendermaßen:

„Endlich wurden von anderer Seite Bedenken gegen die vollständige Uebernahme der für das Handelsgesetzbuch angenommenen Bestimmung in die Gewerbeordnung geltend gemacht. Bei der Konkurrenzklausel gegenüber den Handlungsgehilfen handele es sich meistens nur um die Verhinderung der Gründung oder Eröffnung eines Konkurrenzgeschäftes derselben Branche, in welcher der Prinzipal tätig ist. Aber bei der Industrie sei das weniger der Fall; hier handele es sich hauptsächlich um den Verrat von Industrie- und Fabrikgeheimnissen. Das sei ein weitgehender tiefgreifender Unterschied und lasse vor allem deutlich erkennen, daß die zeitliche Begrenzung der Beschränkung bei den gewerblichen Verhältnissen gänzlich unangebracht sei. Man werde mit einer solchen zeitlichen Begrenzung, zumal auf die kurze Zeit von drei Jahren, unendliche Schädigungen hervorrufen und mit einem Schlage eine große Reihe von Unternehmungen ruinieren,"

und hierauf erfolgte dann die Ablehnung der Uebertragung dieses Absatzes 2 des § 74 H.G.B. auf den § 133 f der Gewerbeordnung, während der Absatz 1 und der Absatz 3 des § 74 auf die Gewerbeordnung übertragen wurden.

Meine Herren! Also gesetzlichen Schutz hinsichtlich der Dauer der Konkurrenzklausel genießt der Techniker auch jetzt, aber er ist nicht mechanisch und schablonenmäßig auf drei Jahre bemessen, sondern der Richter hat darüber zu entscheiden, ob oder ob nicht die Beschränkung nach Zeit, Ort und Gegenstand die Grenzen überschreitet, durch welche eine unbillige Erschwerung des Fortkommens des Angestellten ausgeschlossen erscheint, und ich glaube, es kann durchaus dem sozialen Empfinden und dem Gerechtigkeitsgefühl des deutschen Richters überlassen bleiben, hier ein billiges Maß zu treffen, zumal ja eventuell, wie ich bei einem späteren Punkte zu erörtern haben werde, die Konkurrenzklausel-Streitigkeiten künftig nicht mehr vor das Forum des ordentlichen Richters, sondern vor aus Männern der Praxis gebildete Laiengerichte kommen würden.

Meine Herren! Nun hat sich die Kommission des Reichstags, der die Beratung der Bassermann'schen Anträge überwiesen ist, ja grade im Punkte der Konkurrenzklausel in dankenswerter Weise bereit gezeigt, den berechtigten Interessen der Industrie einige Konzessionen zu machen; leider aber hat sie sich nicht auf den ablehnenden Standpunkt der Reichstagskommission des Jahres 1897 gestellt, sondern sie schlägt bloß vor, daß eine Ausdehnung der Konkurrenzklausel für die technischen Angestellten über die Zeit von drei Jahren hinaus nur dann zulässig sein soll, wenn dem Angestellten das zuletzt bezogene Gehalt weiterbezahlt wird; und ferner, daß die neu vorgeschlagene Beschränkung der Konkurrenzklausel keine Anwendung finden soll auf die Angestellten mit mindestens 8000 M. Gehalt. Der Gedanke nun, daß ein Unterschied gemacht werden soll zwischen technischen Angestellten mit geringerem und solchen mit höherem Einkommen, daß für erstere die Konkurrenzklausel gesetzlich beschränkt werden soll, für letztere nicht, dieser Gedanke erscheint mir für die Praxis doch ganz außerordentlich bedenklich. Denn ganz abgesehen davon, daß die Industrie durch den Verrat von Fabrikgeheimnissen seitens der niedriger bezahlten Angestellten ganz ebenso geschädigt werden kann wie seitens der höher bezahlten, ist doch die Scheidung der technischen Angestellten in zwei Klassen, für die je nach der Höhe des Gehalts verschiedenes Recht gelten soll, eine völlig willkürliche. Denken Sie doch nur, in welche Lage der Angestellte käme, der bisher 7500 M. bezogen hat und dem nun als Anerkennung für tüchtige Leistungen von seinem Prinzipal eine Gehaltszulage von 500 M. angeboten wird; er wird sich vor die Frage gestellt sehen, ob es sich nicht für ihn empfiehlt, die Gehaltszulage abzulehnen, um sich nicht für die Zukunft seine Position zu verschlechtern für den Fall, daß die mit ihm vereinbarte Konkurrenzklausel in Wirksamkeit träte.

Nun ist von einer Seite auch der Gedanke angeregt worden, das Recht der technischen Angestellten nicht, entsprechend den Vorschlägen der Reichstagskommission, nach der Gehaltsgrenze, sondern nach dem Maße der wissenschaftlichen Vorbildung zu differenzieren; es werden von dieser Seite die gesamten Vorschläge des deutschen Technikerverbandes mit der Maßgabe befürwortet, daß sie nur für solche Techniker gelten sollten, die das Einjährig-Freiwilligenzeugnis besitzen oder die höhere Maschinenbauschule oder eine gleichwertige Anstalt besucht haben. — Ich kann mich auch hierfür nicht erwärmen, die Grenze würde eine ebenso willkürliche sein wie die Gehaltsgrenze, und den wichtigen Interessen der Industrie wäre auch hiermit nicht gedient.

Eher scheint mir der zuerst erwähnte Vorschlag der Reichstagskommission, daß nämlich die Ausdehnung der Konkurrenzklausel über drei Jahre hinaus künftig nur dann zulässig sein soll, wenn das Gehalt weitergezahlt wird, der vielleicht möglichen Grundlage eines auch für die Industrie annehmbaren Kompromisses nahe zu kommen. Allerdings erscheint mir auch dieser Vorschlag nicht in unveränderter Form annehmbar, denn es dürfte gar keine Veranlassung vorliegen, dem Angestellten dann einen Anspruch auf Weiterbezug des Gehaltes zu gewähren, wenn er seinerseits seine Stellung kündigt. Es würde dies ja geradezu dazu führen, daß derjenige technische Angestellte, der weiß, daß der Fabrikinhaber auf die möglichst lange dauernde Rechtsgültigkeit der Konkurrenzklausel Wert zu legen gezwungen ist, seine Stellung kündigt, sich einer anderen Tätigkeit widmet oder Rentner wird und dabei sein früheres Gehalt weiter in Anspruch nimmt. Wohl aber scheint mir der Gedanke, daß der Prinzipal die unbeschränkte Konkurrenzklausel nur durch die Weiterzahlung des Gehaltes oder eines Teiles desselben sich zu sichern in der Lage sein soll, für den Fall der Erörterung wert, wenn der Prinzipal seinerseits gekündigt hat, ohne daß für die Kündigung ein von ihm nicht verschuldeter erheblicher Anlaß (im Sinne des § 75 H.G.B.) vorliegt.

Ein sehr bedeutendes Werk der chemischen Industrie macht bei Beantwortung der Umfrage des Centralverbandes den Vorschlag, daß für den erwähnten Fall, daß der Prinzipal ohne einen von ihm nicht verschuldeten erheblichen Anlaß kündigt, zwar grundsätzlich die zeitliche Beschränkung der Konkurrenzklausel auf drei Jahre Platz greifen, daß jedoch in diesem Falle die Beschränkung auf die dreijährige Gültigkeitsdauer in Fortfall kommen soll, wenn beziehungsweise so lange der Prinzipal seinem früheren Angestellten zwei Drittel seines früheren Gehalts weiterzahlt. Kündigt dagegen der Angestellte seinerseits oder liegt für den Prinzipal ein von ihm nicht verschuldeter erheblicher Grund zur Kündigung (im Sinne von § 75 H.G.B.) vor, so solle die Beschränkung der Konkurrenzklausel auf drei Jahre nicht eintreten, und zwar auch dann nicht, wenn keinerlei weitere Gehaltszahlung stattfindet.

Meine Herren, ich persönlich würde in Uebereinstimmung mit dem betreffenden chemischen Werke meinen, daß die Industrie auf den Boden dieses Kompromißvorschlages allenfalls treten, mit weitergehenden Maßregeln sich aber nicht einverstanden erklären könnte. Auch nicht mit der weiteren Konsequenz, die sich aus dem ersten Punkte der Resolution Bassermann-Potthoff ergeben würde, nämlich, daß der ganze § 75 H.G.B Absatz 1 auf die technischen Angestellten Anwendung fände, welcher lautet:

„Gibt der Prinzipal durch vertragswidriges Verhalten dem Handlungsgehilfen Grund, das Dienstverhältnis gemäß den Vorschriften der §§ 70, 71 aufzulösen, so kann er aus einer Vereinbarung der im § 74 bezeichneten Art (d. h. aus der Konkurrenzklausel) Ansprüche nicht geltend machen. Das Gleiche gilt, wenn der Prinzipal das Dienstverhältnis kündigt, es sei denn, daß für die Kündigung ein erheblicher Anlaß vorliegt, den er nicht verschuldet hat, oder daß während der Dauer der Beschränkung dem Handlungsgehilfen das zuletzt von ihm bezogene Gehalt fortgezahlt wird."

Man wird hier nur den ersten Satz für die technischen Angestellten schlechthin acceptieren können. Macht sich der Prinzipal dem Angestellten gegenüber eines vertragswidrigen oder unqualifizierbaren Verhaltens im Sinne von § 71 Ziffer 2, 3 und 4 H. G. B. schuldig, so wird in diesem Falle nichts dagegen einzuwenden sein, daß die Konkurrenzklausel gänzlich hinfällig wird. Nicht dagegen wird man den zweiten Satz ohne weiteres für die technischen Angestellten acceptieren können. Es gibt Fälle, wo der Prinzipal auch ohne einen erheblichen Anlaß im Sinne des § 75 H. G. B. zur Kündigung durch das Verhalten des Angestellten gezwungen wird. In diesen Fällen wird man dann höchstens so weit gehen können, wie es der vorhin erwähnten Anregung des chemischen Werkes entsprechen würde, d. h. man wird für diesen Fall eventuell die zeitliche Begrenzung der Konkurrenzklausel eintreten lassen können, jedoch mit der Möglichkeit für den Prinzipal, durch eine partielle Weiterzahlung des Gehalts diese zeitliche Begrenzung zu vermeiden. Keineswegs aber wird man den zweiten Satz des Absatz 1 § 75 H. G. B. in seiner vollen Tragweite, also mit bedingungsloser Geltung hinsichtlich der ganzen Konkurrenzklausel an und für sich, auf die technischen Angestellten übertragen können.

Wohl aber kann ich für meine Person mich damit einverstanden erklären, daß der zweite und der dritte Absatz des § 75 H. G. B. auf das Verhältnis zwischen den industriellen Unternehmern und den technischen Angestellten ausgedehnt wird, d. h., die mit zwingender Rechtskraft ausgestattete Bestimmung, daß, wenn für die Uebertretung der Konkurrenzklausel eine Konventionalstrafe vorgesehen ist, nur die verwirkte Konventionalstrafe verlangt werden kann und durch die Bezahlung derselben der Anspruch auf Erfüllung der Konkurrenzklausel oder auf Ersatz eines weiteren Schadens hinfällig wird.

Die Festsetzung einer Konventionalstrafe ist nach meiner Ansicht nichts anderes als die vorherige pauschale Festsetzung des in Geld ausgedrückten Wertes, den die Innehaltung der Konkurrenzklausel für den Unternehmer hat, und wenn dieser Wert erstattet ist, so erscheint es mir unbillig, wenn nun noch darüber hinaus auf Erfüllung oder

Schadenersatz bestanden wird. — Es bleibt ja jedem industriellen Unternehmer unbenommen, wenn er sich die Möglichkeit der Geltendmachung weiterer, von vornherein nicht zu übersehender Schadenersatzansprüche offen halten will, eine Konventionalstrafe bei Abschluß der Konkurrenzklausel nicht festzusetzen und späterhin dann nicht eine Konventionalstrafe, sondern Erfüllung der Klausel oder eventuell Schadenersatz wegen Nichterfüllung zu fordern. Die hier hinsichtlich der Konventionalstrafe für die technischen Angestellten geforderte und für die Handlungsgehilfen schon jetzt gültige Bestimmung entspricht übrigens auch der allgemein gültigen Bestimmung des § 340 B. G. B., nur daß die Bestimmung im § 340 B. G. B. dispositiv ist, während sie für die Handlungsgehilfen nach § 75 Absatz 3 H. G. B. zwingendes Recht darstellt.

Meine Herren! Die Resolution Bassermann-Potthoff würde ferner in ihrem ersten Punkte dazu führen, daß, entsprechend dem jetzt schon für die Handlungsgehilfen gültigen § 72 H. G. B., künftig auch für die technischen Angestellten eine militärische Uebung bis zur Dauer von acht Wochen kein Recht des Prinzipals, ohne Einhaltung einer Kündigungsfrist zu kündigen, begründen würde, während bis jetzt eine solche besondere Vorschrift für die militärischen Dienstleistungen technischer Angestellter nicht besteht, diese vielmehr unter den allgemeinen Begriff „Abwesenheit" fallen, welche nach § 133c Absatz 4 R. G. O. die Aufhebung des Dienstverhältnisses begründet.

Ich glaube, dieses Fehlen eines Schutzes der militärischen Dienstleistungen für die technischen Angestellten ist ein entschiedener Mangel, dessen Beseitigung die deutsche Industrie sehr gern und ohne jedes Bedenken gutheißen wird.

Der zweite Punkt der Resolution Bassermann-Potthoff wünscht, daß „die so verbesserten Vorschriften der §§ 133a ff. der Gewerbeordnung auf alle technischen Angestellten (insbesondere diejenigen in landwirtschaftlichen Nebenbetrieben) ausgedehnt werden".

Bekanntlich unterliegen die landwirtschaftlichen Nebenbetriebe an sich nicht den Vorschriften der Gewerbeordnung. Nur wo es sich um Großbetriebe im Bereiche der Landwirtschaft handelt, bei denen die Handelstätigkeit überwiegt, wie z. B. Rübenzuckerfabrikation, Molkereien, Flachsschwingereien, Branntweinbrennereien großen Umfanges, findet die Gewerbeordnung Anwendung — allerdings nach einer Reichsgerichtsentscheidung vom 14. Januar 1889 auch nur dann, wenn es sich um einen genossenschaftlichen Betrieb und nicht um den Betrieb eines Einzelunternehmers handelt. Auf die Landwirtschaft sowie auf gewisse im § 6 R. G. O. bezeichnete Gewerbe (Versicherungsunternehmungen, Eisenbahnunternehmungen ꝛc.) findet die Gewerbeordnung keine Anwendung, demnach findet auch der ganze Titel VII der Gewerbeordnung, der die Verhältnisse der gewerblichen Arbeiter sowie die der Werkmeister und Techniker regelt, keine Anwendung auf die technischen Beamten der soeben erwähnten, von der Gewerbeordnung ausgeschlossenen Betriebe. Insoweit nun die Industrie nach meinen vorherigen Ausführungen überhaupt einer Abänderung der Vorschriften über die technischen Angestellten wird zustimmen können, kann ich vom industriellen Standpunkt aus kein Bedenken dagegen erblicken, diese betreffenden Vorschriften auf die technischen Angestellten der der Gewerbeordnung nicht unterstehenden Betriebe auszudehnen, wenn man nicht etwa hierin einen prinzipiell zu vermeidenden ersten Schritt für die Unterstellung der Arbeiter der betreffenden Betriebe unter die gesamte Gewerbeordnung erblicken will, der eine sehr große Tragweite insbesondere aus dem Grunde haben würde, weil hiermit die Verleihung des Koalitionsrechts an die Eisenbahnangestellten und an die landwirtschaftlichen Arbeiter verbunden sein würde. Ich hatte aus diesem Grunde eigentlich einen gewissen Widerspruch gegen diesen Teil der Resolution Bassermann-Potthoff auf agrarischer Seite vermutet. Ein solcher ist aber wenigstens bei der ersten Lesung im Plenum des Reichstages nicht erhoben worden, vielmehr hat der konservative Fraktionsredner, Abg. Malkewitz, erklärt, daß seine Partei prinzipielle Bedenken gegen die Ausdehnung der betreffenden Vorschriften auf die in landwirtschaftlichen Nebenbetrieben beschäftigten technischen Angestellten nicht erhebe. — Nun, die Industrie ihrerseits wird jedenfalls noch viel weniger als die Landwirtschaft Bedenken hiergegen erheben.

Der dritte Punkt der Resolution Bassermann-Potthoff bezweckt die gesetzliche Festlegung „angemessener Ruhezeiten" zu Gunsten der im § 133a R. G. O. bezeichneten Personen, das heißt zu Gunsten der technischen Angestellten.

Der Antrag ist, wie Sie sehen, in diesem Punkte ziemlich unbestimmt gefaßt, und man wird verschieden über ihn urteilen können, je nachdem, was man unter „angemessene Ruhezeiten" verstehen will. — Die vom Centralverbande befragten Industriellen haben in ihrer großen Mehrheit und übereinstimmend schwere Bedenken gegen diesen Teil der Anträge geltend gemacht, wobei, wie mir scheint, die Mehrzahl der Herren von der Annahme ausgeht, daß es sich um Ruhezeiten nach Analogie der durch den § 139c der Gewerbeordnung seit dem Jahre 1900 den Gehilfen, Lehrlingen und Arbeitern offener Läden gewährten Minimalruhezeiten (ununterbrochene Ruhezeit von mindestens

10 Stunden pro Tag u. s. w.) handeln soll. Meine Herren, sollte derartiges geplant sein, so würde die Industrie allerdings mit großer Entschiedenheit Protest einlegen müssen, und ich stehe in dieser Hinsicht vollständig auf dem Standpunkte des Leiters eines der bedeutendsten deutschen industriellen Betriebe, der bei Beantwortung der Umfrage des Centralverbandes schreibt:

„Die Einführung bestimmter Ruhezeiten für die technischen Angestellten erscheint bedenklich, weil sie den auf Festsetzung eines Maximalarbeitstages für erwachsene männliche Arbeiter ausgehenden Bestrebungen Vorschub leisten würde."

Ich gehe sogar noch weiter, ich halte es für ganz undenkbar, einen gesetzlichen Maximalarbeitstag für technische Angestellte einzuführen, ohne einen solchen gleichzeitig — was bisher doch selbst seitens fortgeschrittener Sozialreformer glücklicherweise immer abgelehnt worden ist — für erwachsene männliche industrielle Arbeiter einzuführen.

Ich möchte aber glauben, daß der Antrag diese Bedeutung selbst in den Augen der Antragsteller nicht hat, sondern daß dieselben nur bezwecken, die Bestimmungen, die hinsichtlich der Arbeitszeit für die Fabrikarbeiter bereits bestehen, auf die technischen Angestellten auszudehnen. Da nun die Bestimmungen über die Maximalarbeitszeiten jugendlicher und weiblicher Arbeiter für die technischen Angestellten nicht in Betracht kommen, so würde es sich demnach nur um Bestimmungen über die Sonntagsruhe handeln. Der Abgeordnete Träger gab sogar bei der ersten Lesung der Anträge im Reichstage der Auffassung Ausdruck, daß die gewünschten Ruhezeiten für die technischen Angestellten schon jetzt gesetzlich vorgeschrieben seien, da der erste Abschnitt des 7. Titels der Gewerbeordnung, der die Vorschriften über die Sonntagsruhe ꝛc. der gewerblichen Arbeiter enthält, für alle unter die Gewerbeordnung fallenden Personen, also auch für die technischen Angestellten, gelte. Mit dieser Auffassung dürfte allerdings der Abg. Träger, sonst ein so feiner Jurist, im Irrtum sein, worüber er schon durch den nächsten Redner, den Abg. Schack, belehrt wurde; denn wenn auch der ganze Titel VII seiner Ueberschrift nach für die gewerblichen Arbeiter und für die technischen Betriebsbeamten gilt, so finden doch diejenigen einzelnen Paragraphen des Titels, die ihrem Wortlaute nach sich nur auf Arbeiter beziehen, nur auf diese Anwendung, und diese Beschränkung auf die Arbeiter durch den Wortlaut des betreffenden Paragraphen liegt bei den die Sonntagsruhe behandelnden Paragraphen tatsächlich vor; die technischen Angestellten werden daher von diesen Bestimmungen bisher höchstens insofern berührt, als die Grenze zwischen gewerblichen Arbeitern und technischen Angestellten eine flüssige ist, und infolgedessen vielleicht bisweilen gewisse gering bezahlte technische Angestellte, indem sie als Arbeiter betrachtet werden, die Sonntagsruhe der letzteren mitgenießen. Aber jedenfalls geht aus dieser Bemerkung des Abg. Träger hervor, daß auch er nur an gewisse Sonntagsruhe-Bestimmungen für technische Angestellte denkt, nicht an Minimalruhezeiten oder Maximalarbeitszeiten für die Wochentage im Sinne der für die Handlungsgehilfen ꝛc. in offenen Verkaufsstellen bestehenden Vorschriften.

Also ich meine, der Gewährung einer gewissen gesetzlichen Sonntagsruhe, aber nur dieser, an die technischen Angestellten, die jetzt tatsächlich von allen Angestellten wohl am wenigsten Sonntagsruhe genießen, würde auch die Industrie vielleicht zuzustimmen in der Lage sein, aber auch dies jedenfalls nur in der Voraussetzung, daß die ganz besonderen Aufgaben, die den technischen Angestellten obliegen, durch die Formulierung der betreffenden Bestimmungen und durch die Festsetzung der durch die Verhältnisse bedingten Ausnahmen, insbesondere durch den Ausschluß aller der für die Aufrechterhaltung des Betriebes notwendigen Arbeiten von den Beschränkungen der Sonntagsruhe, in ausreichender und sachgemäßer Weise berücksichtigt werden. — Eine der vom Centralverbande befragten großen industriellen Firmen regt übrigens an, daß an Stelle der Sonntagsruhe den technischen Angestellten lieber ein gesetzlicher Anspruch auf einen gewissen Urlaub im Jahre eingeräumt werden möge. So beachtenswert diese Anregung zweifellos ist, so glaube ich doch, daß wegen der Verschiedenheit der Wünsche und Bedürfnisse der einzelnen Angestellten dieser Urlaub höchstens in fakultativer Form in das Gesetz würde Aufnahme finden können — etwa in der Weise, daß die als Norm festzusetzenden Sonntagsruhe-Bestimmungen in denjenigen Fällen nicht in Kraft treten sollen, in welchen den Angestellten der Anspruch auf eine gewisse Urlaubszeit in jedem Jahre vertragsmäßig eingeräumt ist.

Ich komme nun zu der Schlußbestimmung der Resolution Bassermann-Potthoff, welche darauf ausgeht,

> daß „die Zuständigkeit der Gewerbe- oder Kaufmannsgerichte auf die technischen Angestellten ausgedehnt wird unter Errichtung besonderer Abteilungen, in denen die Beisitzer zur Hälfte technische Angestellte sein müssen“.

Ich glaube nicht, daß hiergegen erhebliche Bedenken geltend zu machen sind. Der Abg. Malkewitz hat allerdings in der ersten Lesung der Bassermann'schen Anträge auf die künftige Aenderung der Civilprozeßordnung, die eine Verbilligung und Beschleunigung des amtsgerichtlichen Verfahrens unter Heranziehung gewerblicher Sachverständiger bringen soll, hingewiesen, und mit Rücksicht hierauf für die Zustimmung der konservativen Partei zu der geplanten Erweiterung der Gewerbe- oder Kaufmannsgerichte noch Vorbehalte gemacht. Aber es dürfte doch wohl zu berücksichtigen sein, daß es sich hier nicht um einen ersten bahnbrechenden Schritt handelt, sondern daß die Gewerbe- und Kaufmannsgerichte bereits bestehen, wogegen über die Reform der Civilprozeßordnung vorläufig noch viel weniger verlautet als über die nun schon seit so langer Zeit geplante und in Vorbereitung begriffene Reform der Strafprozeßordnung. Die Bedenken, die seitens mancher Industrieller gegen die Gewerbe- und Kaufmannsgerichte wegen deren oft allzu sozialen bezw. arbeitgeberfeindlichen Tendenzen hergeleitet worden sind, erscheinen mir hier nicht allzu gewichtig angesichts der Tatsache, daß gegen die Entscheidungen der Kaufmannsgerichte bei Streitobjekten im Werte von mehr als 300 M., gegen die Entscheidungen der Gewerbegerichte sogar schon bei Streitobjekten im Werte von mehr als 100 M., Berufung an die Landgerichte zulässig ist.

Sorgfältig wird die Frage erwogen werden müssen, ob der gewünschte Anschluß für die Techniker zweckmäßiger bei den Gewerbe- oder bei den Kaufmannsgerichten zu suchen sein wird.— Für die Gewerbegerichte dürfte aber der Umstand sprechen, daß das örtliche Bedürfnis für derartige Technikerkammern viel mehr mit dem örtlichen Bedürfnis der Gewerbegerichte sich decken wird als mit demjenigen der Kaufmannsgerichte, denn das Bedürfnis der Technikergerichte wird speziell in den Industriebezirken vorhanden sein; diese aber haben zwar Gewerbegerichte, aber durchaus nicht in allen Fällen Kaufmannsgerichte. — Dazu kommt, daß die technischen Angestellten mit weniger als 2000 M. Gehalt schon jetzt den Gewerbegerichten unterstehen.

Auch würde dafür Sorge zu tragen sein, daß die von den Antragstellern gewünschten „besonderen Abteilungen, in denen die Beisitzer zur Hälfte technische Angestellte sein müssen," in ihrer anderen Hälfte nicht etwa aus selbständigen Kleingewerbetreibenden, sondern aus Arbeitgebern der Industrie bestehen.

Die Frage, ob diese besonderen Abteilungen, falls sie an die Gewerbegerichte angeschlossen werden, auch für alle aus einer Konkurrenzklausel sich ergebenden Streitigkeiten zuständig gemacht werden sollen oder nicht, würde sehr reiflich zu erwägen sein; gegenwärtig sind für solche Streitigkeiten, die eine aus der Verletzung einer Konkurrenzklausel sich ergebenden Konventionalstrafe zum Gegenstande haben, zwar die Kaufmannsgerichte, nicht jedoch die Gewerbegerichte zuständig.

Hiermit, meine Herren, bin ich am Schlusse meiner Ausführungen angelangt und empfehle Ihnen im übrigen die Annahme der Ihnen gedruckt vorliegenden Resolution. (Beifall.)

Die Resolution lautet:

„Der Centralverband Deutscher Industrieller erkennt die bedeutsame Stellung, welche den technischen Angestellten in der deutschen Industrie zukommt, sowie die verdienstvolle Mitwirkung der Angehörigen dieses Berufsstandes an der erfolgreichen Entwicklung der deutschen Industrie in vollem Maße an. Er gibt auch zu, daß die für das gewerbliche Anstellungsverhältnis der technischen Angestellten bestehenden gesetzlichen Schutzbestimmungen die Rechtsstellung der technischen Angestellten in nicht so weitgehendem Umfange sichern wie es bei den Angestellten des Handelsgewerbes durch die entsprechenden Bestimmungen des Handelsgesetzbuches der Fall ist; er stellt jedoch das Vorhandensein erheblicher Mißstände auf diesem Gebiete entschieden in Abrede, hält die zwischen den einschlägigen gesetzlichen Bestimmungen der Gewerbeordnung einerseits und des Handelsgesetzbuches andererseits bestehenden Abweichungen zum größten Teile für begründet durch die Verschiedenheit der beruflichen Stellung beider Kategorien von Angestellten, und erachtet die durch die Bassermann'schen Anträge erstrebte schematische Gleichstellung der technischen mit den kaufmännischen Angestellten für überaus bedenklich, zum Teil auch geradezu für unvereinbar mit den Lebensinteressen der Industrie."

Vorsitzender: Meine Herren, ich eröffne die Diskussion und erteile das Wort Herrn Kommerzienrat Sartorius.

Kommerzienrat **Sartorius**-Bielefeld: Meine Herren, ich habe bei dem vorangegangenen Punkte der Tagesordnung, wo es sich um kaufmännische Angestellte handelte, nicht das Wort ergriffen, denn ich bin nicht Kaufmann, außer wenn ich Flachs einzukaufen habe, was ein besonderes Vergnügen für mich ist; sonst bin ich der technische Leiter der Spinnerei.

Wenn ich mich nicht irre, gehöre ich zu den drei ältesten Herren, die heute hier anwesend sind. Ich bin 35 Jahre lang jetzt in meiner Stelle als erster Direktor der Ravensberger Spinnerei in Bielefeld. Deswegen fällt es mir recht schwer, und ich schäme mich eigentlich, an die Versammlung die Frage zu stellen: Was ist denn eigentlich ein technischer Angestellter? (Sehr richtig!) Wo ist die Grenze zwischen dem technischen Angestellten und dem Arbeiter? (Zustimmung.) Ich weiß wirklich keine Grenze zu finden: ich habe allerdings darüber auch noch nicht nachgedacht.

Man könnte ja den technischen Angestellten dahin definieren, daß er eine gewisse technische Schulbildung genossen haben muß, und die wird man bei dem heutigen Stande der Technologie wahrscheinlich etwas hoch bemessen.

Nun, meine Herren, ich habe in meiner Spinnerei einen ganz vorzüglichen Maschinenmeister, der baut uns unsere Spinnstühle selbst, wir beziehen sie nicht mehr von England, und dieser Maschinenmeister hat eigentlich gar keine technische Schulbildung genossen. Er war ursprünglich Schlossergeselle, später ist er Monteur in einer Dampfmaschinenfabrik geworden, er hat sich also emporgearbeitet und in der Praxis die fehlende Schulbildung nachgeholt. Gehört der nun zu den technischen Angestellten oder zu den Arbeitern?

Ich habe so und so viel Aufseher; aber da weiß ich eigentlich auch nicht zu sagen, sind das technische Angestellte oder sind sie Arbeiter. Aber weiter: auch die Grenze zwischen technischen und kaufmännischen Angestellten zu ziehen, ist ziemlich schwer, sollte ich meinen. Ich will Ihnen hier auch ein Beispiel anführen. Ich habe einen Herrn, der das Flachsmagazin unter sich hat. Der ist nach seiner Vorbildung allerdings nur Kaufmann, aber es werden von ihm so viel technische Kenntnisse und praktische Uebungen verlangt, und er dringt in so viel technische Geheimnisse des Spinnereibetriebes ein, daß ich doch sehr im Zweifel bin, soll ich den zu den Technikern oder zu den Kaufleuten rechnen.

Aber, meine Herren, nun komme ich auf einen anderen Punkt. Ich glaube, Sie alle werden bei den lichtvollen Ausführungen des Herrn Referenten doch nicht über alle Punkte ganz klar geworden sein. Damit mache ich dem Herrn Referenten nicht den mindesten Vorwurf oder will ihn wenigstens nicht machen, sondern es liegt eben einfach in der Materie. Diese Unterschiede, die von dem Antragsteller im Reichstag selbst gemacht worden sind, und die vielen Bedenken, die hin und her erhoben worden sind, machen eben klar, wie schwer es ist, gerade für eine besondere Abteilung unserer mitwirkenden Angestellten in den Fabriken besondere gesetzliche Bestimmungen zu normieren.

Ich möchte mir die Frage erlauben, hat man denn etwa in England oder in Amerika oder in Belgien, in diesen Industrieländern, auch besondere gesetzliche Bestimmungen für technische Angestellte? Ich glaube kaum. Und man kommt dort auch zurecht, und wir sind bis jetzt auch zurecht gekommen, und wenn das so fortgeht, daß man für jede besondere Klasse von Angestellten in technischen Betrieben, in Fabriken oder in anderen wirtschaftlichen Betrieben besondere gesetzliche Bestimmungen feststellen will — ja um Gottes willen, wo kommen wir denn da hin! Dann wird man zuletzt auch für Kellner in den Gasthöfen und für die Schauspieler und für Lohnkutscher und für Gott weiß welche Klassen von Menschen immer wieder neue gesetzliche Bestimmungen treffen. (Generalsekretär Bueck-Berlin: Ja, ja!) Sollten da nicht die Bestimmungen unseres Bürgerlichen Gesetzbuches und des Handelsgesetzbuches wie bisher genügen? (Generalsekretär Bueck-Berlin: Und der Gewerbeordnung!) Sollten sie und die Gewerbeordnung für unsere hoch gebildeten und allgemein für seine Intelligenz, seine Unparteilichkeit und für seine Objektivität auch im Auslande anerkannten Richterstande nicht genügen, das richtige auch für die technischen Angestellten zu treffen? Ich will mich kurz fassen, meine Herren, die Zeit ist zu weit vorgerückt. Ich möchte vorschlagen, daß wir uns ganz auf dem Standpunkt des Antrages stellen, der uns hier vorliegt, nämlich, daß wir uns vollständig ablehnend verhalten gegen alle diese im Reichstage gestellten Anträge.

Zweiter stellvertretender Vorsitzender Geheimrat **Koenig**-Berlin: Meine Herren, der Herr Vorsitzende hat den Vorsitz auf mich übertragen. Zufälligerweise bin ich gerade auch zum Wort notiert, aber nur behufs ganz kurzer Ausführungen. Gestatten Sie mir, daß ich dieselben Ihnen vortrage. Zunächst halte ich es nicht für angängig, die Bestimmungen des Handelsgesetzbuches ohne weiteres auf die technischen Angestellten zu übertragen. Denn, wenn auch einem geringer besoldeten Angestellten Schutzvorschriften zugebilligt werden könnten, so ist dies nicht in demselben Maße bei hoch besoldeten Beamten notwendig; jedenfalls müssen in dieser Beziehung Unterschiede gemacht werden.

Sodann, meine Herren, bin ich verpflichtet, noch zu zwei Punkten mich zu äußern. Der erste Punkt betrifft die Forderung, daß die technischen Angestellten ein Zeugnis schon bei der Kündigung sollen verlangen können. Der Herr Referent hat vorgeschlagen, wir möchten uns mit dem bezüglichen Antrage einverstanden erklären, mit der Maßgabe, daß das Zeugnis nur innerhalb einer bestimmten Zeit vor der Beendigung des Anstellungsvertrages, wenn ich nicht irre, längstens innerhalb drei Monaten vorher soll gefordert werden dürfen bezw. ausgestellt werden müssen. Die Gründe, meine Herren, die der Herr Referent für diesen seinen Vorschlag vorgetragen hat, kann ich sehr wohl verstehen, ja, ich kann dieselben zum großen Teil auch billigen, und trotzdem habe ich gegen den Vorschlag selbst wesentliche Bedenken, und zwar Bedenken aus Gründen, die der Herr Referent ebenfalls vorgetragen hat und die ich kurz dahin zusammenfassen möchte, daß, wenn dem Angestellten das Zeugnis schon bei der Kündigung ausgestellt wird, dieser in der Zwischenzeit bis zur Beendigung der Dienstzeit dem Arbeitgeber soviel Unzuträglichkeiten und Unannehmlichkeiten machen kann, daß der Arbeitgeber dann mehr oder weniger auf des Angestellten Wollen und Nichtwollen angewiesen oder, wie man sich ausdrückt, ihm auf Gnade und Ungnade überliefert wird. Deshalb, meine Herren, scheint es mir überaus bedenklich, schon bei der Kündigung, wenn auch innerhalb einer gesetzten Frist, das Zeugnis fordern zu lassen oder ausstellen zu müssen.

Ich habe aber denselben Weg beschritten, den der Herr Referent gegangen ist, nämlich den Weg auf Suchen nach einem Ausgleich. Denn zutreffend hat der Herr Referent darauf hingewiesen, daß die Angestellten, wenn sie sich eine neue Stellung suchen, dazu ein Zeugnis brauchen, daß dieselben ohne Zeugnis eine Anstellung schwer finden möchten. Trotzdem, meine Herren, bin ich aus dem vorgetragenen Grunde dagegen, daß schon bei der Kündigung ein endgültiges Zeugnis soll ausgestellt werden müssen. Dagegen gebe ich zur Erwägung anheim, ob einerseits den Angestellten nicht auch dadurch gedient wäre, und ob andererseits nicht gleichzeitig auch den Mißständen, die dem Arbeitgeber aus der Ausstellung eines definitiven Zeugnisses bei der Kündigung drohen, dadurch vorgebeugt werden möchte, daß bei der Kündigung nur ein Zwischenzeugnis zugestanden wird. Auf Grund eines Zwischenzeugnisses kann sich der Angestellte sehr wohl eine andere Stellung suchen, und der Arbeitgeber behält es in seiner Hand, später in dem definitiven Zeugnis auch noch das zum Ausdruck zu bringen, was dem Angestellten, sei es im Benehmen, sei es in der Arbeit, nach der Kündigung bis zur Beendigung des Dienstes beliebt hat. Auch muß dem Arbeitgeber freistehen, eine etwa eingegangene Konkurrenzklausel in das Zeugnis aufzunehmen.

Meine Herren, ich bitte Sie, diese meine Vorschläge mit in Erwägung zu ziehen, und die Geschäftsführung bitte ich, auf dieselben freundlichst ebenfalls in dem Bericht hinweisen zu wollen. — Das ist der erste Punkt.

Der zweite Punkt betrifft die Gewährung von bestimmten Ruhezeiten, und hierin stimme ich mit dem Herrn Referenten völlig überein. Nur halte ich mich für verpflichtet, diesbezüglich noch ein Wort für die sogenannten Kampagne-Industrien hinzuzufügen; Rohzuckerfabriken z. B. sind nur etwa ein Vierteljahr im Betriebe; in diesem Vierteljahr muß aber mit Anspannung aller Kräfte gearbeitet werden, sonst wird das Material nicht bewältigt. Drei Vierteljahre haben die Angestellten und namentlich gerade auch die technischen Angestellten mehr oder weniger, jedenfalls reichliche Ruhe. Deshalb, meine Herren, würden, selbst wenn gesetzliche Ruhezeiten bewilligt werden könnten, für die Kampagne-Industrien, besonders für die Zuckerindustrie Sonderbestimmungen gegeben werden müssen. Das bitte ich in dem Berichte des Centralverbandes ebenfalls mit Nachdruck betonen zu wollen.

Generalsekretär **Stumpf**-Osnabrück: Meine Herren, ich habe gegen die uns vorgeschlagene Resolution Bedenken. Ich habe nämlich die Empfindung, meine Herren, daß die Erklärung, die wir hier beschließen wollen, sich mit den Ausführungen des Herrn Referenten großenteils eigentlich nicht deckt. Denn nach dem, was Herr Kommerzienrat Dr. Kauffmann ausgeführt hat, vertritt er doch die Anschauung, daß man mit verschiedenen Wünschen, die in dem Antrage Bassermann-Potthoff enthalten sind, sich in der Industrie recht wohl einverstanden erklären könne. Vor allen Dingen habe ich aus seinen Ausführungen herausgehört, daß er außer bei der Konkurrenzklausel und den gesetzlichen Erholungspausen sich eigentlich wohl damit befreunden könnte, wenn die Bestimmungen des Handelsgesetzbuches auch auf die technischen Angestellten angewendet würden. Davon steht aber hier in der Resolution gar nichts drin, vielmehr wird hier alles abgelehnt, indem wir darauf hinweisen, Mißstände hätten sich nicht herausgestellt.

Ja, meine Herren, damit kommen wir nach meiner Auffassung nicht weiter. Ich würde der Resolution zustimmen können, wenn der Satz, wo es heißt: „er stellt jedoch das Vorhandensein erheblicher Mißstände" bis zum Schluß gestrichen und durch den Satz ersetzt würde: „er erachtet es daher der Billigkeit entsprechend, daß die Bestimmungen des Handelsgesetzbuches auch auf das Dienstverhältnis der technischen Angestellten Anwendung finden". Will man dann eine Einschränkung bezüglich der Konkurrenzklausel machen, dann kann man das durch einen Zusatz, etwa derart: „Die Anwendung der Konkurrenzklausel soll bei den technischen Angestellten innerhalb der und jener Grenzen zulässig sein." Das wäre dann noch genauer zu fassen. Allerdings, meine Herren, ich erkläre gern, daß ich mir über die Bedürfnisse einzelner Industrien, insbesondere der chemischen Industrie, kein Urteil erlauben kann und will, weil ich ihre Verhältnisse zu wenig kenne. Ich will sogar zugeben, daß ich mir recht wohl vorzustellen vermag, daß grade bei dieser Industrie Interessen vorliegen, die in Bezug auf die Konkurrenzklausel besonders schwer ins Gewicht fallen können. Im allgemeinen, bei einer ganzen Reihe von mir bekannten Industrien

— und das geht auch aus Umfragen hervor, die ich vor längerer Zeit angestellt habe — würde man gar kein Bedenken tragen, die Bestimmungen des Handelsgesetzbuches, so wie sie in dem §68 formuliert sind, auch auf die technischen Angestellten zu übertragen. Selbstverständlich geht dies Zugeständnis lange nicht so weit, wie der Antrag Potthoff, wonach erst bei einem Gehalt von 8000 M. eine Vereinbarung schärferer Klauseln zulässig sein soll, denn das Handelsgesetzbuch bestimmt, daß bei einem Gehalt von 5000 M. die Konkurrenzklausel erweitert werden kann.

Ich weiß nicht, wie Sie bezüglich der Konkurrenzklausel urteilen; aber ich meine, wir sollten doch etwas Positives hier erklären, wir sollten nicht lediglich sagen, wir erkennen keine Mißstände an. Die Mißstände mögen doch irgendwo bestehen, und die technischen Angestellten haben meiner Ansicht nach ein berechtigtes Verlangen, wenigstens in ihrer allergrößten Mehrzahl — und wenn man hier zu subtil unterscheidet, erschwert man die Sache —, mit den Handelsangestellten gleichgestellt zu werden. Deshalb sollten wir erklären, wir erachten es als der Billigkeit entsprechend, daß die Bestimmungen des Handelsgesetzbuches auch auf das Dienstverhältnis der technischen Angestellten Anwendung finden.

Vorsitzender: Ich darf Herrn Stumpf wohl bitten, mir den Antrag schriftlich einzureichen.

Generalsekretär **Steller**-Köln: Meine Herren, ich muß in Bezug auf die Konkurrenzklausel dem geehrten Herrn Vorredner entgegentreten. In unseren Kreisen legt man entschiedenen Wert darauf, daß die Konkurrenzklausel des Handelsgesetzbuches nicht auf die Industrie angewendet werde, weil, wie schon in den vorhergehenden Reden erwähnt wurde, der Beamte es in der Hand hat, den Arbeitgeber durch pflichtwidriges Verhalten zur Kündigung zu nötigen; dann tritt bekanntlich die Konkurrenzklausel außer Kraft. Während ich also sonst vollständig dem Herrn Generalsekretär Stumpf zustimme, daß der zweite Teil der Resolution wegfällt und durch eine etwas zustimmendere Fassung ersetzt werden soll, müßten die Konkurrenzklausel und auch die Bestimmungen über die Ruhezeiten von dieser Zustimmung ausgeschaltet werden. Die Ruhezeiten sind in der Industrie nach den gesetzlichen Vorschriften geregelt, und man kann nicht behaupten, daß da Mißstände vorliegen. Wo die Ruhezeiten nicht mit den kaufmännischen übereinstimmen, ist das in den Betriebsverhältnissen begründet, und das wird ja grade die technischen Angestellten treffen.

Ich möchte also befürworten, daß man die Uebertragung der Konkurrenzklausel in jedem Falle entweder ganz ausschließt und darin der Industrie vollständige Freiheit läßt, oder daß man wenigstens dasjenige ausschließt, was heute den kaufmännischen Angestellten vorbehalten ist, nämlich, in ein Konkurrenzgeschäft einzutreten, wenn dem Angestellten gekündigt wird. Der Prinzipal kann durch den Angestellten gezwungen werden, ihm zu kündigen, und dann hat der Angestellte erreicht, was er wollte, und wenn der Prinzipal ihm dann noch weiter das Gehalt zahlen soll, werden der Industrie Lasten auferlegt, die doch ganz bedeutend sind.

Ich könnte also meinen Zusatzantrag dem anschließen, was Kollege Stumpf gesagt hat. In meiner Fassung würde es folgendermaßen lauten: Der erste Teil bis „durch die entsprechenden Bestimmungen des Handelsgesetzbuches der Fall ist", kann stehen bleiben, und ich würde dann sagen: „er ist daher mit der Uebertragung der geeigneten gesetzlichen Bestimmungen auf die technischen Angestellten einverstanden, erhebt aber entschiedenen Einspruch gegen die Anwendung derjenigen betreffend die Konkurrenzklausel und die tägliche Ruhezeit auf die technischen Angestellten und erachtet es für notwendig, daß das bei der Kündigung auf Verlangen des Angestellten zu erteilende vorläufige Zeugnis bei dessen Austritt gegen ein endgültiges umgetauscht wird." Ich stimme darin Herrn Geheimrat Koenig bei, daß dieses Zeugnis kein endgültiges sein darf, wenigstens dann nicht, wenn der Arbeitgeber später ein anderes erteilen will. Er wird ja ein richtiges Zeugnis erteilen und dem Angestellten nicht im Wege sein, aber es soll doch verhindert werden, daß der Angestellte in der Zeit nach der Kündigung etwa seine Pflicht vernachlässigt.

Reichstagsabgeordneter Dr. **Beumer**-Düsseldorf: Meine Herren, ich glaube, wir kommen bei der Abstimmung in eine sehr schwierige Lage, weil sich gegen den Antrag des Herrn Dr. Kauffmann hier zwei gewichtige Stimmen gemeldet haben und weil auf der anderen Seite eine große Anzahl der anwesenden Herren dem Antrag Dr. Kauffmann an sich wohl geneigt ist, diese aber sich nicht auf die rein negative Seite beschränken wollen. Auch glaube ich, daß aus dem Zugeständnis: „Er gibt auch zu, daß die für das gewerbliche Anstellungsverhältnis der technischen Angestellten" u. s. w. eine Waffe gegen den Centralverband deshalb geschmiedet werden könnte, weil er im Schlußsatz nach diesem Zugeständnis eigentlich nicht zu einem rein negativen Ergebnis kommen dürfte. (Zustimmung.) Ich würde daher vorschlagen, zu sagen: „Er widerstrebt auch keineswegs der Verbesserung ihrer rechtlichen Stellung im Einzelnen, stellt jedoch das Vorhandensein erheblicher Mißstände auf diesem Gebiete entschieden in Abrede" und würde dabei bitten, das Wort „schematische" vor „Gleichstellung" fett zu drucken.

Vorsitzender: Eine Wortmeldung liegt nicht mehr vor. Ich kann die Diskussion schließen. Ich darf wohl Herrn Steller bitten, seinen Antrag mir auch schriftlich übermitteln zu wollen.

Das Schlußwort hat Herr Kommerzienrat Dr. Kauffmann.

Berichterstatter Kommerzienrat Dr. **Kauffmann**-Wüstegiersdorf: Meine Herren, ich werde mir erlauben, auf die Ausführungen der einzelnen Herren Redner in der Reihenfolge einzugehen, in der sie geäußert worden sind. Was zunächst die Ausführungen des Herrn Kommerzienrat Sartorius betrifft, so ist es ganz zweifellos richtig, daß meine Ausführungen hier in manchen Punkten nicht eine ganz präzise Stellungnahme bedeuten konnten und sollten. (Kommerzienrat Sartorius-Bielefeld: Ich habe nur meine Anerkennung ausgesprochen.)

Es würde auch ganz unmöglich sein, einen Gesetzentwurf, der eine Reichstagskommission zahlreiche Sitzungen hindurch tagelang beschäftigt hat, hier in einer halben Stunde so eingehend zu behandeln, daß ich über jeden Punkt einen geeigneten Gesetzesvorschlag hätte machen können. Darum ist auch die Resolution von mir in ganz allgemeiner Form gefaßt worden; ich habe grade aus diesem Grunde — im Einverständnis mit Herrn Regierungsrat Professor Leidig, der mir bei der Abfassung der Resolution behilflich war — geglaubt, ein Eingehen auf irgend welche Einzelheiten in der Resolution vermeiden und dieselbe nur in ganz allgemeiner Form fassen zu sollen.

Wenn sodann Herr Kommerzienrat Sartorius gesagt hat, es sei nicht wünschenswert, für die technischen Angestellten besondere Bestimmungen zu treffen, und die Grenze sei gar nicht leicht zu ziehen zwischen technischen Angestellten und kaufmännischen Angestellten, so ist das ja ganz richtig. Ich kenne die englische Gesetzgebung nicht näher, glaube aber allerdings auch, daß dort nicht derartige Unterschiede zwischen den einzelnen Kategorien von Beamten gemacht werden, wie es bei uns geschieht. Ich habe auch in meinem Referat darauf hingewiesen, daß die Grenzen zwischen technischen Angestellten und gewöhnlichen Arbeitern flüssig sind; ebenso sind auch die Grenzen zwischen technischen und kaufmännischen Angestellten flüssig. Aber wir haben mit der bestehenden Gesetzgebung zu rechnen. In der bestehenden Gewerbeordnung sind diese verschiedenen Beamten als besondere Kategorien behandelt. Es bestehen bestimmte Titel der Gewerbeordnung, die ausdrücklich für die technischen Angestellten gelten, für die kaufmännischen Angestellten hingegen gilt das Handelsgesetzbuch. Also diese Grenzen sind bereits durch unsere Gesetzgebung gezogen und wir haben mit den gegebenen Verhältnissen zu rechnen.

Wenn dann Herr Geheimrat Koenig den Antrag betreffend das Zwischenzeugnis einbrachte, so bin ich hiermit sehr gern einverstanden. Nach meiner Auffassung aber bedeutet dies den technischen Angestellten gegenüber nicht ein kleineres, sondern ein größeres Entgegenkommen, als mein Vermittelungsantrag mit den drei Monaten bedeuten würde. Denn nach dem Antrage des Herrn Geheimrat Koenig würde der technische Angestellte — was er übrigens nach der Rechtsprechung der Gerichte eventuell auch jetzt schon berechtigt sein würde, zu tun — schon 6 oder 9 Monate vor seinem Abgange ein Zeugnis fordern können. Für dieses Zwischenzeugnis müßten doch auch immerhin bestimmte Forderungen aufgestellt werden hinsichtlich dessen, was in dem Zwischenzeugnis zu stehen hat. Es würde doch das Zwischenzeugnis eine Kritik der Leistungen des technischen Angestellten geben müssen, und der Angestellte würde auf Grund des Zwischenzeugnisses sich wahrscheinlich seine Stellung verschaffen müssen, und in das definitive Zeugnis, das dann beim Abgang noch ausgestellt werden soll, würden wahrscheinlich die meisten der Herren, die den betreffenden Beamten engagieren wollen, sich gar keinen Einblick mehr verschaffen. Also ich habe die Ueberzeugung, daß das definitive Zeugnis vom letzten Tage vollständig bedeutungslos werden würde und daß das Zwischenzeugnis zum Hauptzeugnis werden würde. Aber ein Bedenken gegen den Antrag des Herrn Geheimrat Koenig habe ich nicht.

Was sodann die Anregung des Herrn Geheimrat Koenig bezüglich der Saisonindustrien betrifft, so glaube ich, ähnliches auch schon in meinem Referat angedeutet zu haben, indem ich sagte, es müßte selbstverständlich der besonderen Gestaltung der industriellen Verhältnisse durch weitgehende Ausnahmevorschriften, genaue Präzisierung der Sonntagsruhe, wie und wann und wo sie stattfinden soll, entsprochen werden. Im übrigen würde vielleicht auch grade bei den Saisonindustrien der Sache in der Weise aus dem Wege zu gehen sein, daß die Sonntagsruhe-Bestimmungen für die technischen Angestellten in denjenigen Fällen in Fortfall kämen, in welchen die Angestellten einen alljährlichen Urlaub von bestimmter Dauer zu fordern haben oder, wie es in den Saisonindustrien der Fall ist, überhaupt nur während eines Teiles des Jahres beschäftigt sind.

Herrn Generalsekretär Stumpf habe ich so verstanden, als wenn er meinte, ich hätte mich dafür ausgesprochen, daß die Konkurrenzklausel des Handelsgesetzbuches auch auf die technischen Angestellten angewandt würde. Nein, ich habe mich eben dagegen ausgesprochen. (Generalsekretär Stumpf-Osnabrück: So habe ich es auch verstanden!) Es würde dies ja allerdings bei der großen Wichtigkeit, die dieser Frage innewohnt, ein Punkt sein, der wohl in der Resolution besonders hervorgehoben werden könnte. Wir könnten ja vielleicht in der Resolution sagen, daß wir unter allen Bestimmungen der Bassermann'schen Anträge dem Antrage betreffend die Konkurrenzklausel die größte Bedeutung beilegen und daß wir grade gegen die Uebertragung der Konkurrenzklausel-Bestimmung des Handelsgesetzbuches auf die Gewerbeordnung uns ganz im speziellen wenden.

Wenn aber Herr Generalsekretär Stumpf nun weiterhin gemeint hat, die Resolution stimme nicht überein mit meinem Vortrage, so möchte ich darauf hinweisen, daß das doch der Fall ist. Ich habe mich in der Tat gegen den wesentlichsten Teil der Resolution Bassermann ausgesprochen; die Punkte, von denen ich gesagt habe, sie könnten wohl acceptiert werden, sind verhältnismäßig untergeordnet. Die Hauptpunkte sind, wie überall hervorgehoben worden ist, die Konkurrenzklausel und der § 63 H. G. B., und gegen diese Hauptbestimmungen habe ich mich ausgesprochen. Die anderen Punkte sind untergeordnet, und ich glaube, daß dies genügend ausgedrückt worden ist durch die Bemerkungen, die in die Resolution eingefügt sind: „zum größten Teil", und weiterhin nochmals „zum Teil". Es ist in der Resolution nur gesagt: „er stellt jedoch das Vorhandensein erheblicher Mißstände auf diesem Gebiete entschieden in Abrede, hält die zwischen den einschlägigen gesetzlichen Bestimmungen der Gewerbeordnung einerseits und des Handelsgesetzbuches andererseits bestehenden Abweichungen zum größten Teile für begründet" — daraus geht doch hervor, daß wir sie nicht alle für begründet halten usw. —, und zum Schluß ist noch einmal gesagt: „und erachtet die durch die Bassermann'schen Anträge erstrebte schematische Gleichstellung der technischen mit den kaufmännischen Angestellten für überaus bedenklich, zum Teil auch geradezu für unvereinbar mit Lebensinteressen der Industrie."

Also, meine Herren, die Resolution stimmte schon. Aber es ist ja richtig, sie ist nur negativ und sie läßt das positive vermissen. Es ergab sich dies daraus, daß ich es im Einverständnis mit Herrn Regierungsrat Leidig für angezeigt hielt, auf besondere Punkte in der Resolution nicht einzugehen. Wenn aber Herr Generalsekretär Stumpf eine Resolution vorschlagen will, in der diese besonders bedenklichen Punkte im speziellen erwähnt und als unannehmbar bezeichnet werden, so habe ich auch dagegen nichts einzuwenden. Mir scheint es aber am zweckmäßigsten, um diesen Mangel der Resolution zu beseitigen, den Vorschlag des Herrn Dr. Beumer anzunehmen und ich bin ohne weiteres bereit, in meinen Antrag den des Herrn Dr. Beumer mit aufzunehmen.

Vorsitzender: Meine Herren, ich möchte Herrn Kauffmann fragen, ob er vielleicht geneigt wäre, um einzelnen Wünschen gerecht zu werden, in seinem Antrage die Worte „zum größten Teile“ abzuändern in „zum großen Teile“?

Kommerzienrat Dr. **Kauffmann**-Wüstegiersdorf: Auch das. Das würde aber den Wünschen des Herrn Stumpf wahrscheinlich noch weniger entsprechen.

Vorsitzender: Meine Herren, soweit ich die Anträge verstehe, will der Antrag Stumpf von vornherein gestrichen sehen in der 9. Zeile die Worte von „er stellt jedoch das Vorhandensein“ u. s. w. und dafür eingesetzt wissen: „er erachtet es daher der Billigkeit entsprechend, daß die Bestimmungen des Handelsgesetzbuches auch auf das Dienstverhältnis der technischen Angestellten Anwendung finden“.

Das ist der Antrag des Herrn Stumpf. Diesem Antrag will Herr Steller zufügen:

Generalsekretär **Steller**-Köln (liest): „Beanstandet aber entschieden die Anwendung der Bestimmungen betreffend die Konkurrenzklausel und der gesetzlichen Ruhezeit auf die technischen Angestellten, und hält es für notwendig, daß bei der Kündigung das auf Verlangen des Angestellten zu erteilende vorläufige Zeugnis bei dessen Austritt durch ein endgültiges ersetzt werde.“

Vorsitzender: Meine Herren, der Antrag des Herrn Dr. Beumer will streichen von der 4. Zeile: „Er gibt auch zu“ bis zu dem Semikolon in der 9. Zeile, und dann fortfahren: „Er widerspricht auch keinesfalls etwa notwendigen Verbesserungen ihrer rechtlichen Stellung im einzelnen, stellt jedoch das Vorhandensein“ u. s. w., also er will entgegen dem Antrage des Herrn Stumpf den zweiten Teil dieser Resolution vollständig beibehalten, nur mit einem anderen Eingange. Herr Kommerzienrat Kauffmann, der Herr Referent, würde sich mit diesem Antrage identifizieren. Es fällt demnach Ihr eigener Antrag (zu Kommerzienrat Dr. Kauffmann gewendet); Ihre Resolution werde ich demnach nicht zur Abstimmung bringen, wenn Sie sich mit dem Antrage des Herrn Dr. Beumer identifizieren.

Kommerzienrat Dr. **Kauffmann**-Wüstegiersdorf: Ja, damit identifiziere ich mich.

Vorsitzender: Meine Herren, zuerst schlage ich Ihnen vor, den Eventualantrag des Herrn Steller vorzunehmen. Ich werde also fragen, ob Sie für den Fall, daß der Antrag des Herrn Stumpf angenommen wird, den Antrag des Herrn Steller annehmen? Wird dieser Antrag angenommen oder abgelehnt, so würde ich zu dem Antrage Stumpf kommen. Wird dieser Antrag angenommen, so würde der Antrag des Herrn Dr. Beumer in Wegfall kommen. (Zustimmung.) Da diese beiden Anträge von Herren Steller und Stumpf weitergehend sind als der Antrag des Herrn Dr. Beumer, bin ich verpflichtet, diese weitergehenden Anträge zuerst zur Abstimmung kommen zu lassen. Wenn diese kombinierten Anträge Steller-Stumpf abgelehnt werden, so darf ich vielleicht ohne besondere Abstimmung konstatieren, daß dann der Antrag des Herrn Dr. Beumer Annahme gefunden hat.

Reichstagsabgeordneter Dr. **Beumer**-Düsseldorf: Ich werde mir gestatten, die Resolution so zu verlesen, wie sie nach Annahme meines Antrages lauten würde:

> „Der Centralverband Deutscher Industrieller erkennt die bedeutsame Stellung, welche den technischen Angestellten in der deutschen Industrie zukommt, sowie die verdienstvolle Mitwirkung der Angehörigen dieses Berufsstandes an der erfolgreichen Entwickelung der deutschen Industrie in vollem Maße an. Er widerstrebt auch keinesfalls der Verbesserung ihrer rechtlichen Stellung im Einzelnen, stellt jedoch das Vorhandensein erheblicher Mißstände auf diesem Gebiete entschieden in Abrede. Er hält aber die zwischen den einschlägigen gesetzlichen Bestimmungen der Gewerbeordnung einerseits und des Handelsgesetzbuches andererseits bestehenden Abweichungen zum großen Teil für begründet durch die Verschiedenheit der beruflichen Stellung beider Kategorien von Angestellten und erachtet die durch die Bassermann'schen Anträge erstrebte schematische Gleichstellung der technischen mit den kaufmännischen Angestellten für überaus bedenklich, zum Teil auch geradezu für unvereinbar mit den Lebensinteressen der Industrie."

Das Wort „schematische" müßte dann fett gedruckt werden.

Vorsitzender: Meine Herren, dann kommen wir zur Abstimmung. Also ich frage: sind die Herren bereit, für den Fall der Annahme des Antrages Stumpf den Antrag Steller anzunehmen? Ich bitte diejenigen, welche so verfahren wollen, die Hand zu erheben. (Geschieht.) — Der Antrag Steller ist abgelehnt.

Darf ich diejenigen, welche für den Antrag Stumpf stimmen wollen, bitten, die Hand zu erheben. (Geschieht.) — Der Antrag Stumpf ist abgelehnt. Ich darf demnach konstatieren, daß der Antrag des Herrn Dr. Beumer angenommen ist.

Damit ist dieser Punkt der Tagesordnung erledigt.

Wir kommen nun zu dem

Gesetzentwurf, betreffend die Rechtsfähigkeit der Berufsvereine.

Berichterstatter Generalsekretär **Bueck**-Berlin: Meine Herren! — Gedulden Sie sich einen kleinen Augenblick, meine Herren, — es ist mir vom Direktorium der Auftrag erteilt, hier über den hochwichtigen Gesetzentwurf betreffend die Rechtsfähigkeit der Berufsvereine zu referieren in der Weise, daß ich Ihnen nur von dem Inhalte des Gesetzes Kenntnis gebe, ohne irgend eine Polemik, ohne irgend ein Urteil daran anzuknüpfen, weil das Direktorium von der ganz richtigen Anschauung ausgeht, daß das verfrüht sein würde. Der Gesetzentwurf befindet sich erst seit ein paar Tagen in unseren Händen, es ist dem Direktorium noch nicht möglich gewesen, zu irgend einer Bestimmung desselben Stellung zu nehmen.

Wenn ich meine Aufgabe ausführen würde, so würde ich Ihnen ein Referat über die Begründung geben; denn durch ein Referat über die Begründung würden Sie besser den ganzen Sinn des Gesetzes und der einzelnen Paragraphen erfassen, als wenn ich Ihnen die Paragraphen vorlese.

Meine Herren, eine solche Ausarbeitung liegt hier vor. Ich könnte nicht im freien Vortrage Ihnen dieses Referat erstatten, weil bei einer so schwierigen Materie es meistens auf die genaue wörtliche Wiedergabe ankommt, aber in diesem Falle noch viel mehr, da ich erst vorgestern abend durch die Güte meines Freundes Beumer in den Besitz dieser Begründung gekommen bin, und da ich gestern den ganzen Tag von 10 Uhr ab bis ½9 Uhr abends an Sitzungen und Verhandlungen habe teilnehmen müssen. Also, ich würde mich auf die Verlesung der schriftlichen Ausarbeitung beschränken müssen.

Zu allem Unglück, nämlich, daß die Zeit so weit vorgeschritten ist, kommt noch weiter, daß ich ein sehr schlechter Vorleser bin, namentlich dessen, was ich selbst geschrieben habe. Ich habe eine sehr geringe Uebung darin.

Nun, meine Herren, würde freilich das Direktorium einen gewissen Wert darauf gelegt haben, namentlich der Herr Vorsitzende, wenn hier wenigstens ein Teil dieser Arbeit hätte verlesen werden können, denn man kann diese Sache teilen in die allgemeine Begründung, die einen Ueberblick schon gibt über den Inhalt des ganzen Gesetzentwurfs, und den freilich nicht weniger bedeutungsvollen Teil der speziellen Begründung der einzelnen Paragraphen. Das Direktorium, und speziell der Herr Vorsitzende, würden Wert darauf gelegt haben, dem Centralverband den Vorzug zu verschaffen, der erste Verein gewesen zu sein, der sich mit dieser Sache beschäftigt. Aber, meine Herren, es ist 5 Uhr vorbei, wir können gegen die fortschreitende Zeit nicht ankämpfen, die Zeit für unsere Verhandlungen ist vorüber. Diese Arbeit soll dann sowieso in dem nächsten Heft der Mitteilungen abgedruckt werden, anschließend an den vollständigen Gesetzentwurf, und wir werden auf den Vorzug heute, die ersten zu sein, die sich damit beschäftigen, verzichten müssen und werden uns darauf beschränken müssen, Ihnen diese Arbeit gedruckt nachher in dem nächsten Heft unserer Mitteilungen vorzulegen, denn ich darf nicht annehmen und der Herr Vorsitzende glaubt auch nicht, annehmen zu dürfen, daß Sie noch Neigung haben, jetzt, wo das Diner wahrscheinlich schon geraume Zeit auf uns wartet, hier eine große Vorlesung anzuhören.

Es liegt aber in Ihrer Hand, darüber zu entscheiden.

Vorsitzender: Meine Herren, ich bedauere es ungemein, daß die Verhältnisse es nicht möglich machen, das wir dieses Referat des Herrn Generalsekretärs Bueck noch anhören; in seinem eigenen Interesse möchte ich es nicht. Herr Generalsekretär Bueck hat bis heute morgen 4 Uhr an seinem Referat gearbeitet, und Sie werden mir zugeben, so dankbar wir ihm sind, so verpflichtet sind wir ihm auch, seine Gesundheit nicht zu sehr in Anspruch zu nehmen. (Lebhafte Zustimmung.)

Meine Herren, ich habe die Meinung, daß die Absicht dieses Referates ja die gewesen ist, allen unseren Mitgliedern Gelegenheit zu geben, von der Zusammenstellung der Gesetzesparagraphen und der Begründung genaue Kenntnis zu erhalten, um gelegentlich einer späteren Sitzung der Delegierten vollständig darüber orientiert zu sein. Nun, meine Herren, der Zweck dieser Uebung wird dadurch erreicht, wenn diese Ausarbeitung in das blaue Buch kommt, das nächster Tage erscheinen wird. Dann haben die einzelnen Vereine die Gelegenheit, sich dort genau über die ganze Materie zu orientieren. Ich glaube, der Zweck, den wir erreichen wollten, wird dadurch auch erreicht, aber wir ersparen unserem verehrten Freunde eine schwere Mühe und Arbeit. (Beifall.) Ich nehme an, daß Sie mit diesem modus procedendi einverstanden sind.

Meine Herren, dann liegt es in der Absicht des Direktoriums, diese Materie in einer demnächst abzuhaltenden Delegiertenversammlung zu beraten. Sonst ist es unsere Gepflogenheit, wenn eine Gesetzesvorlage kommt, abzuwarten, bis die betreffende Reichstags- bezw. Landtagskommission sich mit der Gesetzesvorlage beschäftigt hat und bis die Vorlage aus derselben an das Plenum gegangen ist. In dieser Frage jedoch, meine Herren, ist das Direktorium der Meinung, daß von dem sonstigen Verfahren Abstand genommen werden soll, und daß, schon bevor die Kommission zusammentritt, das Plenum des

Centralverbandes sich mit dieser Sache befaßt, damit die Reichstagskommission von der Stellung des Centralverbandes Kenntnis bekommt. (Zustimmung.) Wir werden ja zweifellos bei der Zusammensetzung der Kommission keinen allzu großen Erfolg dort haben, aber es ist meiner Meinung nach immer besser, wir suchen die Kommission vorher zu beeinflussen; nachher, wenn die Kommission gesprochen hat, ist es unendlich schwer, noch irgend eine Aenderung vorzunehmen. Selbstverständlich ist dabei noch in Aussicht genommen, daß, wenn die Kommission wesentliche Aenderungen vorgenommen hat, alsdann der Ausschuß bezw. auch die Delegiertenversammlung noch einmal zusammenberufen wird, um zu den Beschlüssen der Kommission Stellung zu nehmen.

Darf ich fragen, meine Herren, ob Sie mit diesem modus procedendi einverstanden sind.

Generalsekretär **Stumpf**-Osnabrück: Ich wollte nur zur Erwägung stellen, meine Herren, ob es nicht bei der Wichtigkeit des Gegenstandes sich doch empfehlen würde, dieses bereits fertig vorliegende Referat des Herrn Generalsekretärs Bueck als Sonderabdruck den Mitgliedern so rasch als möglich zugehen zu lassen, denn die stenographischen Berichte über die heutige Sitzung werden immerhin noch einige Wochen ausbleiben, und wir sind, wenn wir dieses Referat vorher erhalten, doch eher in der Lage, Stellung dazu zu nehmen, wenn die Vorlage im Reichstage schon früher zur Beratung kommt.

Vorsitzender: Ich glaube Herrn Stumpf vollständig beistimmen zu sollen. Es dauert doch ziemlich lange, bis die stenographischen Berichte zurückgekommen sind. Diese Materie hier ist fix und fertig, und ich glaube Herrn Stumpf zusagen zu dürfen, daß die Geschäftsführung innerhalb acht Tagen die Sache in die Hände der einzelnen Mitglieder gebracht haben wird. (Generalsekretär Stumpf-Osnabrück: Das wäre sehr wünschenswert!)

Meine Herren, damit ist dieser Gegenstand der Tagesordnung erledigt und unsere Tagesordnung selbst erschöpft.

Ich danke den Herren für ihr freundliches Aushalten, und ich darf denjenigen Herren, welche die Güte hatten, ein Referat zu erstatten, den Dank der ganzen Versammlung zum Ausdruck bringen. (Beifall.) Es ist namentlich außerordentlich liebenswürdig gewesen von den Herren, welche der Geschäftsführung nicht angehören, daß sie sich einer solchen Mühe unterzogen haben (Beifall); aber nicht minderen Dank den beiden Herren von der Geschäftsführung.

Ich schließe die Sitzung. (Bravo!)

(Schluß 5¼ Uhr.)

II.

Entwurf eines Gesetzes betreffend die gewerblichen Berufsvereine.*)

Auszug aus dem allgemeinen Teile der Begründung.

Das B. G. B. unterscheidet mit Bezug auf die „Rechtsfähigkeit", d. h. die Rechte einer juristischen Person, zwischen Vereinen mit „idealen Zwecken" und solchen mit dem Zweck eines wirtschaftlichen Geschäftsbetriebes. Für diese gilt das Konzessionssystem, demzufolge die Rechtsfähigkeit durch staatliche Verleihung erworben wird. Vereine, die „nicht auf einen wirtschaftlichen Geschäftsbetrieb gerichtet sind", also Vereine mit idealen Zwecken, erwerben die Rechtsfähigkeit durch Erfüllung gewisser, durch Gesetz allgemein festgestellter Erfordernisse, und in Verbindung damit durch Eintragung in das vom Amtsgericht geführte Vereinsregister. Es besteht jedoch eine Einschränkung dieser Regel für diejenigen Vereine, die nach dem öffentlichen Vereinsrecht unerlaubt sind oder verboten werden können oder die einen politischen, sozialpolitischen oder religiösen Zweck verfolgen. Damit ist diesen Vereinen gegenüber der Verwaltungsbehörde ein ausschlaggebender Einfluß auf den Erwerb der Rechtsfähigkeit gewahrt geblieben; sie kann durch Erhebung des Einspruchs gegen die Eintragung die Erlangung der juristischen Persönlichkeit verhindern (§ 61 ff.). Zur Begründung des Einspruches reicht die Tatsache hin, daß der Verein zu der oben bezeichneten Gruppe gehört.

*) Der Vorsitzende des Centralverbandes, Hüttenbesitzer Major Richard Vopelius, Mitglied des Herrenhauses, hatte den Geschäftsführer, H. A. Bueck, beauftragt, dem Ausschuß am 17. November 1906 über den am 15. desselben Monats den Mitgliedern des Reichstags zugegangenen Entwurf eines Gesetzes, betreffend die gewerblichen Berufsvereine zu berichten. Dabei sollten Urteile über den Inhalt, beziehungsweise jede Polemik vermieden werden, weil es verfrüht gewesen wäre, in der Sitzung des Ausschusses bereits Stellung zu dem Gesetzentwurf zu nehmen. Der Geschäftsführer hatte geglaubt, den Mitgliedern des Ausschusses am besten einen eingehenden Ueberblick über den Inhalt des Gesetzentwurfes durch einen Auszug aus der dem Entwurfe beigegebenen Begründung verschaffen zu können. Die Erstattung des Berichts in der Sitzung des Ausschusses wurde verhindert, weil die Erörterung der vorhergegangenen Gegenstände der Tagesordnung die zur Verfügung stehende Zeit völlig in Anspruch genommen hatte. Der Ausschuß beauftragte daher die Geschäftsführung, den Bericht den Mitgliedern des Centralverbandes in einem Sonderabdruck mit tunlichster Beschleunigung zugehen zu lassen.

In Anknüpfung an diese tatsächlichen Mitteilungen wird darauf hingewiesen, daß bei den Verhandlungen über den Entwurf eines B. G. B. und auch sonst, sowohl vorher wie nachher, wiederholt betont worden sei, daß die dargelegte Art der Regelung den berechtigten Bedürfnissen der Arbeiter-Berufsvereine, den Gewerkschaften, Gewerkvereinen und dergleichen nicht genügend Rechnung trage. Die Begründung verweist auf sämtliche in dieser Beziehung vom Jahre 1869 ab im Reichstage gestellten Anträge und zuletzt auf die in der 1. Session des Jahres 1903/4 von den Abgeordneten Trimborn und Genossen gestellte Interpellation. Auf diese wurde in der 22. Sitzung des Reichstages vom 30. Januar 1904 von der Regierung die Erklärung abgegeben,

> daß die verbündeten Regierungen grundsätzlich nicht abgeneigt seien, die Rechtsfähigkeit der unter die G. O. fallenden Berufsvereine der Arbeiter und Arbeiterinnen anzuerkennen und sie mit allen Rechten und Pflichten solcher Körperschaften auszustatten. Dabei werde aber von der Voraussetzung ausgegangen, daß bei einer derartigen gesetzlichen Regelung ausreichende Fürsorge zu treffen ist, daß auch die Minderheiten genügend geschützt sind und daß die anerkannten Berufsvereine, welche lediglich die wirtschaftlichen Interessen der Arbeiter vertreten sollen, sich von dieser gesetzlichen und eventuell statutarischen Grundlage nicht entfernen dürfen.

Diese Gesichtspunkte haben, wie die Begründung sagt, die Richtschnur für den Gesetzentwurf gebildet.

Es wird nun zunächst klargestellt, ob und welche Vorteile der Besitz der Rechtsfähigkeit den Vereinen bietet und was dafür spricht, einerseits den Berufsvereinen hinsichtlich der Erlangung der Rechtsfähigkeit Erleichterungen zu verschaffen, andererseits die beabsichtigte Regelung auf die gewerblichen Berufsvereine zu beschränken.

Bezüglich ihrer Rechtssicherheit und ihres Rechtsverkehrs tritt bei den nicht rechtsfähigen Vereinen eine Erschwerung ein bei den Rechten, zu deren Erwerb es der Eintragung in das Grundbuch bedarf, ferner in der Frage der aktiven Prozeßlegitimation und drittens in Hinsicht der persönlichen Haftung der Vorstandsmitglieder.

Im ersten Falle bietet einen Ausweg die Möglichkeit, die Eintragung auf den Namen eines Vertrauensmannes zu bewirken; daraus können sich Unzuträglichkeiten ergeben, denen die rechtsfähigen Vereine nicht ausgesetzt sind.

Die Begründung legt dann die Unzuträglichkeiten dar, denen die nicht rechtsfähigen Vereine durch die Versagung der aktiven Parteifähigkeit ausgesetzt sind.

Durch die Satzungen kann ferner nicht zu Gunsten der Vorstandsmitglieder die nur für die nicht rechtsfähigen Vereine geltende Bestimmung des § 54 des B. G. B. beseitigt werden, wonach aus einem Rechtsgeschäft, das im Namen des Vereins, einem dritten gegenüber, vorgenommen wird, der Handelnde persönlich und mehrere Handelnde als Gesamtschuldner haften.

In der Begründung wird dann das Bedürfnis nach erleichterter Erlangung der Rechtsfähigkeit für die Berufsvereine erörtert.

Die Berufsvereine unterliegen nicht von vornherein als solche dem Einspruchsrecht der Verwaltungsbehörde gegen die Eintragung. Ihre auf die Wahrung und Förderung der materiellen und geistigen Bedürfnisse ihrer Mitglieder gerichtete Tätigkeit liege wohl auf dem Gebiete der sozialen, aber nicht auf dem der sozialpolitischen oder politischen Zwecke. Bei einer tatkräftigen Verfolgung der beruflichen Interessen ihrer Mitglieder werden sie es aber unter den gegenwärtigen Verhältnissen nur sehr schwer vermeiden können, ab und zu das sozialpolitische Gebiet zu berühren. Infolgedessen werden zahlreiche Berufsvereine, vor allem die bestehenden Gewerkvereine und Gewerkschaften, wenn sie, ihren Bedürfnissen entsprechend, gewisse sozialpolitische Zwecke in die Vorschriften ihrer Satzungen einbeziehen, sich damit der Geltendmachung des Einspruches aussetzen müssen. Wenn aber wirklich einmal ein solcher Berufsverein sorgfältig jeden Schein einer Verfolgung sozialpolitischer Zwecke aus seinen Satzungen ferngehalten und dadurch bei seiner Eintragung die Möglichkeit der Einspruchserhebung vermieden hat, so wird er aus dem angegebenen Grunde späterhin in seiner Bewegungsfreiheit ungemein gehemmt und der Gefahr ausgesetzt sein, daß ihm die Rechtsfähigkeit nach § 43 Abs. 3 des B. G. B. entzogen wird.

Im Jahre 1903 angestellte Erhebungen haben ergeben, daß zwar von dem Einspruchsrecht sehr selten Gebrauch gemacht werde, daß aber andererseits nur eine verhältnismäßig sehr geringe Zahl von Berufsvereinen zur Eintragung angemeldet worden war. Die Anmeldung werde vermieden, weil die Berufsvereine von vornherein erkennen, daß bei ihren sozialpolitischen Zwecken die Verwaltungsbehörden auf die Geltendmachung ihres Einspruchsrechts gemäß § 61 Abs. 2 des B. G. B. nicht würden verzichten können. Auf beiden Seiten, sowohl auf der, die den Anspruch ausübt, als auf der, die ihm ausgesetzt ist, wird als ein Uebelstand der Mangel an Bestimmungen empfunden, die Art und Maß dieser Kautelen gleichmäßig regeln und damit jede Willkür oder den Vorwurf einer solchen ausschließen. Der an sich wünschenswerte Zustand wäre es freilich, wenn sich eine solche Regelung finden ließe, die ausnahmslos auf die Vereine jeder Art angewandt werden könnte. Dem steht aber die Vielgestaltigkeit des Vereinswesens hindernd entgegen. Dagegen ist die Regelung in gewissem Umfange durchführbar für die Berufsvereine, weil deren Mitgliederkreis der Natur der Sache nach eine gleich erkennbare Sonderung zuläßt und weil hier im großen und ganzen gleiche oder ähnliche Zwecke sich in ihren Berührungspunkten mit dem Gebiete der Politik und Sozialpolitik genauer abgrenzen lassen.

Es wird weiter der Nachweis geführt, daß die Neuregelung der Bedingungen für die Erlangung der Rechtsfähigkeit auf die Berufsvereine von Gewerbetreibenden und von gewerblichen Arbeitern zu beschränken sei. Diese haben im modernen Wirtschaftsleben ihre eigene Stellung eingenommen und dieser ihrer Eigenart entsprechend auch in der bisherigen Gewerbegesetzgebung eine eigene Regelung gefunden. Auf keinem anderen Boden insbesondere haben sich auch nur annähernd so scharfe Gegensätze zwischen den Arbeitnehmern und den Arbeitgebern herausgebildet, haben die Kämpfe um die Lohn- und Arbeitsbedingungen einen so nachhaltigen Charakter angenommen und hat demgemäß ein so umfassender und enger Zusammenschluß der Berufsgenossen zur gegenseitigen Unterstützung in Berufsvereinen stattgefunden. Nur eine naturgemäße Folge dieser Entwickelung ist es, daß das Bedürfnis zu einer näheren Regelung der Rechtsverhältnisse der Berufsvereine bei den gewerblichen Unternehmern und Arbeitern in ungleich stärkerem Maße zu Tage tritt, als bei den anderen Erwerbsständen, namentlich als bei der unter ganz anderen Verhältnissen und Bedingungen erwerbs- und arbeitstätigen landwirtschaftlichen Bevölkerung. In Wirklichkeit geht denn auch das Verlangen nach Gleichstellung mit den Gewerbetreibenden und ihren Arbeitern überwiegend von den Kreisen aus, denen man die Gleichstellung zukommen lassen will. Wenn man auf gewerblichem Gebiete mit der gekennzeichneten Entwickelung der Verhältnisse als mit einer gegebenen Tatsache rechnen muß, so ist diese Entwickelung doch keineswegs so beschaffen, daß es im allgemeinen Interesse angezeigt erscheinen könnte, irgendwie durch Akte der Gesetzgebung künstlich ihre Uebertragung auf Verhältnisse zu fördern, wo die Dinge bisher einen anderen, und zwar einen ruhigeren und friedlicheren Verlauf genommen haben. Liegt hiernach das tatsächliche Bedürfnis nicht vor, das Vereinsrecht für alle Berufsstände gleichmäßig auszugestalten, so fehlt es überdies dafür an dem notwendigen Vorhandensein einer entsprechenden Gleichartigkeit der übrigen rechtlichen Voraussetzungen. Dies gilt insbesondere von dem Koalitions- und Streikrechte. Die historischen, wie die inneren Gründe für die hier bestehenden Sonderbestimmungen können nicht ohne weiteres außer acht gelassen werden, vielmehr spricht hier auch die Rücksicht auf das Gemeinwohl mit. Im Gebiet der Landwirtschaft beispielsweise z. B. der Ernte, ferner im Betriebe der großen Lebensadern des Verkehrs, der Eisenbahn, würden umfassende Lohnkämpfe einen weitaus gefährlicheren Charakter annehmen als auf dem gewerblichen Gebiete; Massenausstände könnten da unter Umständen nicht nur für die unmittelbar Betroffenen, sondern für Staat und Reich geradezu vernichtend wirken. Das etwaige persönliche Interesse der Nächstbeteiligten muß sich dem zwingenden Interesse der Allgemeinheit, als dem höheren, unterordnen.

Die Erleichterung der Erlangung der Rechtsfähigkeit soll in der Hauptsache durch eine Einschränkung des behördlichen Einspruchrechtes herbeigeführt werden; die Begründung tritt hier zunächst in eine Prüfung der Frage ein, ob damit allein schon dasjenige erreicht werden kann, was die Beteiligten mit Recht anstreben.

In dieser Beziehung ist vielfach darauf hingewiesen, daß das geltende Recht auch mit der erlangten Rechtsfähigkeit gewisse Uebelstände verbindet, die von dem Antrag auf Eintragung abschreckten. Als solche werden bezeichnet erstens die den rechtsfähigen Vereinen mit der durch die Satzung nicht abänderlichen Vorschrift des § 31 des B. G. B. erwachsende zivilrechtliche Haftung, wonach der Verein für die Schäden verantwortlich ist, die der Vorstand, ein Mitglied des Vorstandes oder ein anderer verfassungsmäßiger Vertreter durch eine in Ausführung der ihm zustehenden Verrichtungen begangene, zum Schadensersatz verpflichtende Handlung einem dritten zugefügt. Dieses Rechtsverhältnis soll aufrecht erhalten werden. „Denn“, so heißt es in der Begründung, „es ist ganz ausgeschlossen, daß der Staat einer privatrechtlichen Personenmehrheit und ihrer Vertretung das Recht einräumen kann, dritten ohne Ersatzpflicht einen Schaden zuzufügen, dessen Zufügung einzelne Personen ersatzpflichtig machen würde.“

Den Berufsvereinen soll die Rechtsfähigkeit, nicht aber eine auf Kosten dritter privilegierte Rechtsfähigkeit gegeben werden. Wenn von ihnen erwartet wird, daß sie die gesetzlichen Schranken einhalten, die jedermann gezogen sind, so liegt darin gewiß nicht eine unbillige Einschränkung ihrer Bewegungsfreiheit. Hieran muß festgehalten werden. Die Billigkeit erfordere aber, daß der von der anderen Seite erhobenen Forderung auch nicht entsprochen werden darf, den Berufsvereinen, um Einblick auf einen möglichen Mißbrauch ihrer wirtschaftlichen Machtstellung, eine erweiterte Schadensersatzpflicht aufzuerlegen. Der rechtsfähige Berufsverein soll nicht weniger, aber auch nicht mehr haften als jede andere juristische oder physische Person.

Als zweite abschreckende Schwierigkeit werden bezeichnet die Vorschriften der §§ 72, 79 des B. G. B., denen zufolge dem Amtsgericht auf Verlangen jederzeit ein Verzeichnis der Vereinsmitglieder eingereicht werden muß, dessen Einsicht jedermann gestattet ist.

Diese Bestimmung ergibt sich nicht ohne weiteres als notwendige Folge aus dem inneren Wesen der juristischen Person, sondern sie stellt sich lediglich als eine Ordnungsvorschrift dar; es stand also nichts im Wege, sie insoweit zu beseitigen, als eine billige Rücksichtnahme auf die besonderen Verhältnisse der Berufsvereine es angängig erscheinen läßt.

Als unerläßliche Kautelen für die vorgesehenen Erleichterungen werden zunächst folgende allgemeine Gesichtspunkte hervorgehoben.

Es muß davon ausgegangen werden, daß die Berufsvereine Personenvereinigungen sind, die trotz ihrer unleugbaren Bedeutung für die Oeffentlichkeit, für das gesamte Wirtschaftsleben und damit auch für das Staatswesen, dennoch ihrer inneren Natur nach, so lange sie sich innerhalb ihres eigentlichen Wirkungskreises bewegen, einen privatrechtlichen Charakter tragen. Dementsprechend muß diesen Vereinen insoweit die Freiheit in der Gestaltung ihrer inneren, namentlich ihrer Vermögensangelegenheiten gewahrt bleiben. Nur muß dafür gesorgt werden, daß der Verein seine Freiheit und seine wirtschaftliche Uebermacht nicht gegen seine eigenen Mitglieder mißbraucht. Diese sind davor zu schützen, daß sie zu willenlosen Werkzeugen in der Hand des Vorstandes oder der jeweiligen Mehrheit herabgedrückt und daß sie irgendwie wider ihren Willen zum Verbleiben im Verein gezwungen werden können. Die Rechte der einzelnen Mitglieder gegenüber dem Verein regelt die Satzung, deren Bestimmungen die Mitglieder sich freiwillig unterstellen. Das Recht der Prüfung aber, ob diesen Bestimmungen gemäß verfahren wird, muß den Mitgliedern gesichert werden; jedes derselben ist in die Lage zu setzen, sich jederzeit Einblick in die Verwaltungsmaßnahmen der Vereinsorgane und in den Stand und die Verwendung des Vereinsvermögens zu verschaffen und sich gegen gesetz- und satzungswidrige Beschlüsse oder Maßnahmen der Vereinsorgane zu verwahren. Die Staatsgewalt hat im übrigen an den Verwaltungsmaßnahmen des Berufsvereins ein Interesse nur dahin, daß der Verein in seinem Verhalten und in seinen Beschlüssen die Grenze einhält, in denen seine Zulassung als rechtsfähiger Verein erfolgt ist und daß er auch nicht anderweit das Gemeinwohl gefährdet. Kontrolle und etwaiges Einschreiten ist daher auf ein entsprechendes Maß zu beschränken. Nur an die im Gesetz selbst aufgestellten Normativbestimmungen ist der Verein gebunden. Hält er diese ein, so ist er von allen sonstigen Maßnahmen staatlicher Behörden unabhängig. Er unterliegt deren Aufsicht insbesondere nicht hinsichtlich der Zweckmäßigkeit oder Unzweckmäßigkeit seiner Beschlüsse und Handlungen und ist für diese an keinerlei Genehmigungen gebunden. Bei der Beurteilung der erforderlichen Kautelen ist zu beachten, daß sie nebst allen anderen Bestimmungen des Entwurfs nur auf diejenigen Berufsvereine Anwendung finden sollen, die sich der Neuregelung freiwillig unterstellen.

Die allgemeine Begründung führt weiter aus, daß die bisher besprochenen Bestrebungen zur anderweiten Regelung der Rechtsstellung der Berufsvereine sich nur auf die privatrechtliche Seite erstreckt haben; darüber hinaus seien aber auch sehr weit auseinander gehende Forderungen nach der Seite des öffentlichen Vereinsrechtes und des Koalitionsrechtes gestellt worden. Von der einen Seite werde behauptet, daß die bestehenden Bestimmungen der berechtigten Entwicklung der Berufsvereine unbillige Hindernisse in den Weg legen, von der anderen wird geklagt, daß die friedliche und gedeihliche Ausgestaltung des gewerblichen Lebens in den geltenden Gesetzen nicht den nötigen Schutz gegen die Ausschreitungen des Vereins- und Koalitionswesens finde. Auf die Frage einer etwaigen Berechtigung dieser Beschwerden einzugehen, sei hier jedoch nicht der Platz, denn sie beziehen sich auf allgemeine Verhältnisse der Unternehmer und Arbeiter überhaupt, oder mindestens doch der gewerblichen Gruppen dieser Bevölkerungsklassen, ohne Rücksicht auf deren Zusammenschluß in Berufsvereine. Es handelt sich daher um Fragen, die eine allseitige Prüfung erfordern und jedenfalls nicht bei dieser, nur ein Sondergebiet betreffenden Gelegenheit nebenher aufgerollt werden können. Ueberdies greifen viele dieser Fragen so tief in bisher landesrechtlich geregelte Verhältnisse der einzelnen Bundesstaaten ein und fallen in ein politisch und wirtschaftlich so umstrittenes Gebiet, daß der Versuch ihrer Einbeziehung das Zustandekommen der mit dem vorliegenden Entwurf geplanten Regelung der Rechtsverhältnisse der Berufsvereine für absehbare Zeit verhindern würde.

In einigen Beziehungen muß aber doch über die Grenzen des privatrechtlichen Gebietes hinausgegangen werden. So zwinge die aus sozialpolitischen Gründen und aus Gründen des öffentlichen

Vereinsrechts bedingte Einschränkung des Einspruchrechtes der Verwaltungsbehörde zu einer Erweiterung der Rechte aus § 152 der G. O., dessen Vorschrift, nach der herrschenden Rechtsauffassung sich nur auf Vereinigungen zur Verbesserung der individuellen Lohn- und Arbeitsbedingungen bezieht. Auch die Begünstigungen hinsichtlich der Einreichung und Offenlegung der Mitgliederverzeichnisse würden ihren Zweck verfehlen, wenn die landesrechtlichen Vorschriften erhalten bleiben sollten.

Nicht in so engem Zusammenhange mit der Rechtsfähigkeit der Berufsvereine, wie die soeben erwähnten Punkte, steht zu diesen die Frage einer Beseitigung der Beschränkungen, denen Frauen und minderjährige Personen hinsichtlich ihrer Zulassung zu Berufsvereinen und deren Versammlungen in einigen Bundesstaaten zur Zeit noch unterliegen. Es erscheint angezeigt, diese Fragen durch den Entwurf anderweitig zu regeln. Die erwähnten einschränkenden Bestimmungen sollen daher beseitigt oder eingeschränkt werden.

Die Entwickelung der wirtschaftlichen Verhältnisse in der Neuzeit hat mehr und mehr dazu geführt, daß Frauen selbständig erwerbstätig auftreten. Namentlich auf dem gewerblichen Gebiete verschaffen sich zahlreiche weibliche Arbeitskräfte ihren Unterhalt selbst, oder tragen doch zum Unterhalt ihrer Familien wesentlich bei. Es ist deshalb zeitgemäß und billig, wenn diesen Frauen in der gleichen Weise wie den in der Hauptsache unter gleichen Lebens- und Arbeitsbedingungen tätigen männlichen Personen die Möglichkeit gegeben wird, ihre beruflichen Interessen und Wünsche zur Geltung zu bringen und sich zu diesem Zwecke mit ihren Berufsgenossen und -genossinnen zu vereinigen. Für die minderjährigen Berufsangehörigen beiderlei Geschlechts kann, wenigstens soweit sie eine gewisse Altersstufe überschritten haben, im allgemeinen dasselbe gelten, was hier hinsichtlich der volljährigen Frauen gesagt ist. Es werden daher diejenigen landesgesetzlichen Bestimmungen, welche einer Beteiligung von volljährigen Frauen und von minderjährigen an Berufsvereinen entgegenstehen, zu beseitigen bezw. einzuschränken sein.

Dagegen ist von jedem weiteren Eingriff in das Vereins- und Versammlungsrecht der einzelnen Bundesstaaten abgesehen worden. Zu der Begründung wird ganz besonders hervorgehoben, daß grundsätzlich davon ausgegangen sei, daß alle bestehenden Bestimmungen des öffentlichen und privaten Reichs- und Landesrechts auch für die gewerblichen Berufsvereine unverändert aufrecht erhalten bleiben, soweit nicht im gegenwärtigen Entwurf ausdrückliche Ausnahmen festgestellt werden.

Von den Berufsvereinen, welche die Rechtsfähigkeit nach Maßgabe des vorliegenden Entwurfes erlangen, sind auch diejenigen nicht ausgeschlossen, die ihren Mitgliedern Unterstützungen gewähren. Voraussetzung dabei ist, daß sie ihren Mitgliedern keinen Rechtsanspruch auf die Unterstützungen einräumen, da sie sonst unter das Gesetz über die privaten Versicherungsunternehmungen vom 12. Mai 1901 fallen würden. Eine Aenderung in dieser Beziehung herbeizuführen würde auf Bedenken stoßen.

Wer einem Verein beitritt, der zwar für gewiße Fälle Unterstützungen vorsieht, aber einen Rechtsanspruch auf sie versagt, der muß sich von vornherein darüber klar sein, daß seine Aussicht auf Erlangung der Unterstützung ins Ungewisse gestellt ist und daß er für ihre Verwirklichung nicht auf die Hilfe des Staates zu rechnen hat. Daher fehlt für den Staat der Anlaß, bestimmte Anforderungen an einen solchen Verein zur Sicherung der Unterstützungsansprüche zu stellen.

Schließlich wird in der allgemeinen Begründung dargelegt, wieso nicht die Form einer Novelle zur Gewerbeordnung oder zum B. G. B., sondern die Form eines selbständigen Gesetzes gewählt worden ist.

Der besondere Teil der Begründung beschäftigt sich in dem ersten Abschnitt zunächst mit den §§ 1--3 betreffend die Voraussetzungen eines Berufsvereins. Der die Rechtsfähigkeit beanspruchende Berufsverein muß bestimmte Voraussetzungen erfüllen:

a) hinsichtlich des Personenkreises, den er umfaßt, und
b) hinsichtlich der von ihm verfolgten Zwecke,
ferner bedarf es
c) seines Antrages auf Eintragung in das Vereinsregister als „Berufsverein".

Hinsichtlich a) des Personenkreises beschränkt sich der Gesetzentwurf auf Berufsvereine, deren Mitglieder aus Gewerbetreibenden und gewerblichen Arbeitern bestehen. Der Begriff der gewerblichen Arbeiter ist durch Titel VII der G. O. festgestellt. Der Begriff umfaßt zugleich die Gesellen, Gehilfen, Lehrlinge, Betriebsbeamte, Werkmeister, Techniker und Fabrikarbeiter. Die Einschränkungen nach Maßgabe des § 3 des Gewerbegerichtsgesetzes, des § 4 des Gesetzes betreffend die Kaufmannsgerichte wie die Sondervorschriften in den §§ 81, 82 und 84 des Gewerbegerichtsgesetzes sollen hier nicht Platz greifen.

Ferner sind unter den Arbeitern der Tit. VII der G. O., entsprechend der Auslegung, die der § 3 des Gewerbegerichtsgesetzes in der Praxis gefunden hat, auch diejenigen mitzuverstehen, für welche kraft besonderer gesetzlicher Bestimmung (vergl. §§ 154, 154a der Gewerbeordnung), nur ein Teil der Vorschriften jenes Tit. VII gilt. Hierin gehören insonderheit die Bergarbeiter. Dagegen müssen alle Gruppen der erwerbstätigen Bevölkerung, die vom Geltungsbereiche der G. O. ausgeschlossen sind, auch von demjenigen dieses Gesetzentwurfes ausgenommen bleiben. Denn der letztere will lediglich die Rechtsverhältnisse der gewerblichen Berufsvereine ordnen, eine Abänderung oder anderweite Umgrenzung feststehender Begriffe der Gewerbeordnung und des dieserhalb bestehenden Rechtszustandes fällt aus dem Bereiche seiner Absicht und Aufgabe. Nicht zu den „gewerblichen Arbeitern" im Sinne des Entwurfs gehören daher unter anderen namentlich die Schiffsmannschaften auf Seeschiffen und die im Gewerbe der Eisenbahnen tätigen Personen. Was die letzteren betrifft, so bestehen über den Umfang ihrer durch den § 6 der G. O. bewirkten Ausschließung von dem Geltungsbereiche der G. O. Meinungsverschiedenheiten. Nach der einen Auffassung muß unterschieden werden, ob die Beschäftigung dem eigentlichen „Betrieb" im engeren Sinne, oder sonstiger damit nicht im unmittelbaren Zusammenhange stehenden Anlagen der Eisenbahnverwaltungen dient. Die andere, besonders von den deutschen Eisenbahnverwaltungen vertretene Ansicht geht dahin, daß die Eisenbahnunternehmungen in ihrer Gesamtheit von der G. O. ausgenommen sind. (Entscheidungen in Zivilsachen Band VIII S. 150.)

Nach der Reichsgerichts-Entscheidung vom 30. 12. 1882 soll der Wortlaut des § 6 der G. O. deren Anwendung auf die Gewerbebetriebe der Eisenbahnen ausschließen, ohne zwischen Haupt- und Nebengewerben zu unterscheiden, und es läßt sich, wenn eine Eisenbahnverwaltung eine Maschinenbauwerkstatt lediglich für die Förderung ihrer Eisenbahnunternehmungen betreibt, kaum sagen, daß sie ein von ihrem Eisenbahnunternehmen getrenntes besonderes Gewerbe betreibt. Hiernach verliert jene Streitfrage für den Gesetzentwurf die praktische Bedeutung.

Im Anschluß an die Gewerbeordnung wird in dem Entwurf bezüglich des Koalitionsrechtes und der Zulassung zu den Berufsvereinen kein Unterschied zwischen den in Reichs-, Staats- und privaten Betrieben beschäftigten Arbeitern gemacht.

Dem Begriff und Wesen eines gewerblichen Berufsvereins ist es eigen, daß er sich intensiv mit den Berufsangelegenheiten einzelner Gewerbe befaßt. Dem entspricht die tatsächliche Entwickelung der Verhältnisse in den Berufsvereinen im Inland und im Ausland und dem muß in dem Entwurf Rechnung getragen werden. Für die eingetragenen Berufsvereine muß daher verlangt werden, daß ihre Mitglieder sich je aus Gewerbetreibenden oder aus gewerblichen Arbeitern, oder zugleich aus Gewerbetreibenden und gewerblichen Arbeitern desselben Gewerbes oder verwandter Gewerbe zusammensetzen.

Ein Bedürfnis, auch berufsfremde Personen in die Berufsvereine aufzunehmen, liegt nicht vor. Solche Personen, in größerer Zahl von dem Berufsvereine aufgenommen, könnten die Tätigkeit derselben von den beruflichen Aufgaben ablenken, sie namentlich in unberechtigter Weise auf das Gebiet der allgemeinen Politik hinführen.

Anders liegt die Frage, ob und inwieweit Personen, die als Berufsgenossen die Mitgliedschaft im Verein einmal erworben haben, auch nach Aufgabe des Berufs im Verein verbleiben können. Der Entwurf läßt das Verbleiben solcher Mitglieder zu, hält es aber für notwendig, zur Vermeidung von Mißbräuchen gewisse Grenzen zu ziehen. Die dauernde Mitgliedschaft darf nicht schon durch eine ganz vorübergehende, vielleicht nur zu diesem Zwecke scheinbar aufgenommene Tätigkeit im Beruf gesichert werden. Daher wird eine angemessene Mindestdauer der vorgängigen Mitgliedschaft festgesetzt. Ferner werde das Vereinsleben erfahrungsgemäß ungünstig beeinflußt, wenn ihm dauernd Personen angehören, die endgültig zu einem anderen Berufe übergegangen und damit in einen anderen Interessenkreis eingetreten sind. Dem wird Rechnung getragen durch die Bestimmung, daß solche Mitglieder für die Dauer eines Jahres zugelassen werden können. Dagegen sollen Mitglieder, die den Beruf aufgeben, um ihre Tätigkeit für den Verein gegen Bezahlung zu ihrem Hauptberuf zu machen, aus Zweckmäßigkeitsrücksichten denen gleich behandelt werden, die einen Wechsel des Berufs nicht vorgenommen haben (§ 3 Abs. 2).

Für die minderjährigen Personen ist die Altersgrenze nach unten auf das 16. Lebensjahr angenommen, weil es in der G. O. (§§ 135 und 136) die Grenzen für die jugendlichen Arbeiter bildet. Sie werden hinsichtlich der Arbeitsbedingungen, wie die erwachsenen Arbeiter, auf die freie Uebereinkunft mit dem Arbeitgeber verwiesen; es wird ihnen daher die Teilnahme an solchen Vereinen nicht versagt werden können, die eine ihrer Aufgaben darin erblicken, die wirtschaftliche Lage ihrer Mitglieder günstig zu gestalten. Ihnen bereits die volle Mitwirkung in Vereinsangelegenheiten einzuräumen, liegt weder in ihrem noch im Interesse der Vereine. Dabei würde es sich nicht nur um die Frage der Selbstbestimmung, sondern zugleich um die der Mitbestimmung über die Rechte und Pflichten anderer handeln. Dazu fehlt den Minderjährigen gewöhnlich die erforderliche urteilsreife Besonnenheit und Erfahrung. Daher sollen die Minderjährigen ein Stimmrecht im Verein nicht ausüben dürfen.

b) Mit Rücksicht auf die Zwecke des Vereins ist der Entwurf für reine Berufsvereine und nicht für Vereine bestimmt, die alle möglichen anderen Interessen dieser oder jener Art verfolgen. Für solche Vereine lassen sich einheitliche Regeln für die Voraussetzungen einer Ausnahmestellung in Bezug auf das Einspruchsrecht der Verwaltungsbehörden nicht aufstellen. Ganz besonders gelte dies hinsichtlich der Verfolgung politischer und sozialpolitischer Zwecke. Der Staat hat ein dringendes Interesse daran, daß der Verein nicht unter falscher Flagge Bestrebungen der letzteren Art verfolgt, die über die sich aus den unmittelbaren Berufsinteressen ergebenden Grenzen hinausgehen. Allgemeine politische Angelegenheiten fallen aus dem Interessengebiete der gewerblichen Berufsvereine heraus und können auch nicht wegen einer wirklichen oder angeblichen mittelbaren Einwirkung auf die Berufsinteressen in die Berufstätigkeit einbezogen werden. Dies trifft vor allem auch für die Wahlen zu politischen, kommunalen oder kirchlichen Vertretungen zu. Sobald der Berufsverein sich irgendwie mit solchen Wahlen befaßt oder dafür Mittel aufwendet, verfolgt er einen mit dem § 1 des Entwurfs nicht vereinbaren Zweck. Die zulässigen Vereinszwecke im Gesetz aufzuführen, würde im Hinblick auf den ständigen Wechsel in den Bedürfnissen des heutigen Berufslebens zu praktischen Unzuträglichkeiten führen und ist daher unzulässig.

Daher stellt der § 1 als den ausschließlichen Hauptzweck des eingetragenen Berufsvereins „die Wahrung und Förderung der mit dem Beruf seiner Mitglieder unmittelbar in Beziehung stehenden gemeinsamen gewerblichen Interessen" hin. Unter den hier bezeichneten Interessen sind auch die mit dem Berufe der Mitglieder im Zusammenhange stehenden geistigen und sittlichen Interessen mitzuverstehen, auch ist mit dem § 1 nicht die Ausschließung der üblichen geselligen Veranstaltungen beabsichtigt.

Dem einzelnen Berufsverein ist hiernach für die Zwecke, die er zu verfolgen gedenkt, ein weiter Spielraum gelassen. Gegenüber dem etwaigen Einwande, daß die im Entwurfe vorgesehene Abgrenzung nicht bestimmt genug gefaßt sei, und infolgedessen eine gewisse Unsicherheit darüber bestehen läßt, für welche Fälle der Verwaltungsbehörde das Einspruchsrecht zustehe, ist auf die Rechtsgewähr hinzuweisen, die das geordnete Verfahren für Anfechtung des Einspruchs gemäß § 62 Absatz 2 des B. G. B. bietet.

Die Satzungen müssen gemäß § 57 Abs. 1 a. a. O. die Zwecke des Vereins in genauer Angabe der einzelnen Aufgaben, die der betreffende Berufsverein sich gestellt hat und für die er Mittel verwenden will, enthalten. Die aus den vorangegebenen Gründen für das Gesetz absichtlich allgemein gehaltene Abgrenzung im § 1 des Entwurfes darf für die Satzung nicht verwendet werden, da sie weder den Behörden, noch den Vereinsorganen, noch dritten Beteiligten den erforderlichen Aufschluß über die jeweiligen wirklichen Vereinszwecke geben würde.

Reine Unterstützungsvereine fallen nicht unter den Entwurf. Sollten dessen Bestimmungen auf einen Unterstützungsverein Anwendung finden, so muß der Zweck eines solchen Vereins zugleich auf die Wahrung und Förderung der im § 1 Abs. 1 näher bezeichneten Mitgliederinteressen gerichtet sein.

Die Unterstützungen des Vereins sollen „seinen Mitgliedern" gewährt werden, mithin nicht dritten Personen zu gute kommen. Die Begründung führt jedoch ausdrücklich aus, daß es auch Fälle gibt, in denen die Unterstützung dritter Personen aus den Mitteln des Berufsvereins noch innerhalb des Rahmens der Wahrung und Förderung der eigenen Berufsinteressen der Mitglieder liegt. „Deshalb würde", so heißt es wörtlich in der Begründung, „beispielsweise unter Umständen eine Unterstützung der nicht dem Berufsvereine angehörigen Berufsgenossen in solchen Fällen nicht unzulässig sein, wo die Mitglieder des Vereins mit diesen zusammen in eine Bewegung zur Verbesserung der Arbeitsverhältnisse eintreten. Denn vielfach sind die Berufsvereine nur dann in der Lage, ihre Bestrebungen nach dieser Richtung mit Aussicht auf Erfolg durchzuführen, wenn auch die nicht oder anders organisierten Berufsgenossen sich an der Bewegung beteiligen und zu diesem Zwecke nach Bedürfnis unterstützt werden."

c) Nach dem Wortlaut des § 1 ist die Unterstellung unter die Vorschriften des Gesetzes durchaus fakultativ. Ein Zwang zur Eintragung soll in keiner Weise ausgeübt werden.

Die Entscheidung darüber, ob ein gewerblicher Berufsverein die Eintragung nach den Bestimmungen des Entwurfs beantragen soll, kann nicht lediglich dem Ermessen seines Vorstandes überlassen bleiben. Deshalb fordert der § 2 in Uebereinstimmung mit § 57 Abs. 1 des B. G. B., daß der Beschluß darüber auf demselben Wege herbeizuführen ist, auf dem die Satzungen des Vereins zu stande gekommen sind.

Zu §§ 4 und 5 (Einspruch und Eintragung). Der § 4 spricht die Einschränkung des Einspruchsrechtes aus. Der Umstand, daß der gewerbliche Berufsverein auch politische oder sozialpolitische Zwecke verfolgt, berechtigt die Verwaltungsbehörde insoweit nicht zum Einspruch, als diese Zwecke sich innerhalb des um § 1 gezogenen Rahmens halten. Ihre Ergänzung findet diese Vorschrift in derjenigen des § 17 Abs. 1 des Entwurfs. Gehen die politischen nnd die sozialpolitischen Zwecke aber über diesen Rahmen hinaus, so bleibt dieserhalb das Einspruchsrecht der Verwaltungsbehörde aus § 61 des B. G. B. ebenso unberührt, wie es bei der Verfolgung eines religiösen Zweckes seitens des Vereins keine Einschränkung erfährt. Die Vorschrift des § 1 Abs. 2 in Verbindung mit dem Worte „auch" im ersten Satze des § 4 bringt dies zum Ausdruck. Da die Einschränkung des Einspruchsrechts davon abhängig gemacht ist, daß der Verein gewissen gesetzlichen Voraussetzungen entspricht, so muß die Verwaltungsbehörde in der Lage sein, das Vorhandensein dieser Voraussetzungen zu prüfen und bei deren Nichtvorliegen Einspruch zu erheben. Hierin liegt nicht etwa eine Erweiterung des Einspruchsrechts gegenüber dem B. G. B., vielmehr nur eine Grenze für die Einschränkung des Einspruchsrechts. Die Einschränkung des Einspruchsrechts fällt fort, wenn ihre Vorbedingungen nicht gegeben sind. In der Begründung werden eine Reihe von Tätigkeiten beziehungsweise Zwecke des Vereins aufgeführt, bei deren Vorhandensein die Einschränkung des Einspruchsrechts nicht wirksam sein würde.

Da die Rechte und Pflichten der nach diesem Entwurf eingetragenen Vereine sich anders gestalten, wie diejenigen der nach dem B. G. B. eingetragenen Vereine, so wird die Abweichung nach außen hin kenntlich zu machen sein, und zwar durch die Eintragung in eine besondere Abteilung des Vereinsregisters durch eine unterschiedliche Bezeichnung. Während die gemäß § 21 ff. der B. G. B. eingetragenen Vereine die Bezeichnung „eingetragene Vereine" führen, sollen die auf Grund dieses Entwurfes eingetragenen Vereine „eingetragene Berufsvereine" heißen.

Zu § 6 bis 10 (Organisation, und zwar Vorstand, Mitgliederversammlung, Ausschuß, sonstige Organe).

Zu § 6. Der Vorstand ist die gesetzliche Vertretung des Vereins (§ 26 des B. G. B.). Aus den anläßlich des Stimmrechts dargelegten Gründen dürfen Minderjährige nicht Mitglieder des Vorstandes sein. Auch der Besitz der bürgerlichen Ehrenrechte und die unbeschränkte Fähigkeit, über das eigene Vermögen zu verfügen, müssen von dem Mitgliede des Vorstandes verlangt werden.

Zu § 7. Bei großen, räumlich ausgedehnten Vereinen wird die Berufung einer Mitgliederversammlung schwierig und kostspielig sein. Daher soll die Mitgliederversammlung durch einen Ausschuß der Mitglieder ersetzt werden können. Es ist jedoch Vorsorge getroffen, daß der Vorstand mit einer geringen Zahl zum Ausschuß vereinigter Mitglieder nicht die Alleinherrschaft im Verein ausübe. Das soll geschehen durch Festsetzung einer gesetzlichen Mindestzahl von Ausschußmitgliedern nebst Stellvertretern und durch Offenhaltung der Möglichkeit, an Stelle des Ausschusses die Mitgliederversammlung selbst zu berufen.

Zu § 8. An der Versammlung der Mitglieder können auch die Minderjährigen ohne Stimmrecht teilnehmen. Gleiche Erwägungen, die deren Ausschluß vom Vorstande bedingen, sprechen auch dafür, sie von jeder leitenden und mitbestimmenden Tätigkeit im Verein überhaupt fern zu halten.

Der § 9 schreibt die Führung eines Protokollbuchs vor. Das Recht der Einsichtnahme ist nur den Vereinsmitgliedern, nicht auch der Staatsbehörde vorbehalten.

Zu § 10. Das Anfechtungsrecht gegen Beschlüsse der Vereinsorgane ist jedem Mitgliede des Vereins oder des betreffenden Vereinsorgans gesichert.

Zu § 11 bis 13 (Verwaltung der Vereinsangelegenheiten).

Zu § 11. Die Arbeiterberufsvereine erblicken in den Vorschriften der §§ 72, 79 des B. G. B. (Einreichung des Verzeichnisses der Mitglieder und Einsicht in dasselbe) ein ernstes Bedenken gegen den Erwerb der Rechtsfähigkeit nach dem geltenden Recht. Die jetzigen Vorschriften über die Einrichtung und Offenlegung des Mitgliederverzeichnisses geben dem Arbeitgeber die Möglichkeit der vollständigen Kontrolle darüber, ob und welchem eingetragenen Vereine ihre einzelnen Mitglieder angehören. Das wird von den Arbeitern, infolge ihrer wirtschaftlichen Abhängigkeit von den Arbeitgebern, als lästig empfunden, da diese Bestimmung in der Wirkung vielfach auf eine Beschränkung des Koalitionsrechts hinausläuft. Dem Erlasse der fraglichen Bestimmungen des B. G. B. lag die Absicht einer solchen Wirkung nicht zu Grunde, daher bestehen keine Bedenken, den Wünschen der Berufsvereine in dieser Beziehung entgegen zu kommen und den Zwang zur Kundgebung des Mitgliederverzeichnisses zu beschränken. Ein berechtigtes Interesse an der Kenntnis der Namen aller Vereinsmitglieder haben einmal die Verwaltungsbehörden zur Ausübung der ihr im Gesetz zugewiesenen Befugnisse und sodann die Vereinsmitglieder selbst. Es soll daher der Verwaltungsbehörde zwar das Recht bleiben, das Mitgliederverzeichnis einzufordern, zur Einsicht sollen aber nur die Vereinsmitglieder berechtigt sein, die auf ihre Kosten auch Abschrift des Verzeichnisses verlangen können. Diese Bestimmungen werden von der Begründung für ausreichend erachtet. Notwendig sei es aber, daß das Mitgliederverzeichnis übersichtlich und vollständig geführt wird, daß aber auch andererseits der Verein gegen übertriebene Anforderungen in dieser Hinsicht sichergestellt wird. Daher bleibt der Erlaß einheitlicher Bestimmungen hierüber dem Bundesrat vorbehalten.

Zu § 12. Bei den Berufsvereinen dieses Entwurfs sind deren Leistungen ihren Mitgliedern gegenüber nicht mit der Gewährung von Unterstützungen erschöpft, den Mitgliedern kommt vielmehr unmittelbar oder mittelbar die ganze sonstige Tätigkeit des Vereins zu gute. Es entspricht daher nur der Billigkeit, wenn der Entwurf dem Vereine in gewissen Grenzen, nämlich in Bezug auf die laufenden Beiträge des Einzelnen, für die Dauer seiner Mitgliedschaft einen Rechtsanspruch zubilligt. In dieser Beschränkung liegt die Sicherheit, daß die Mitglieder nicht durch übergroße finanzielle Verpflichtungen belastet oder gar in Abhängigkeit gebracht werden können; denn die Höhe der ordentlichen Beiträge kann das Mitglied schon vor seinem Beitritt aus den Satzungen erfahren. Einer späteren Erhöhung, die nur auf dem Wege der Satzungsänderung soll vorgenommen werden können, kann das Mitglied durch rechtzeitigen Austritt entgehen. Daher wird ihm mit der Klagbarkeit der Beiträge nichts Unbilliges zugemutet. Außerordentliche Beiträge, Ordnungsstrafen, Bußen und Konventionalstrafen und dergl. mehr sollen nicht eingeklagt werden können.

Es bedarf hier noch einer kurzen Bemerkung über das Verhältnis des § 12 des Entwurfs zum § 152 Abs. 2 der Gewerbeordnung. Aus Artikel 32 des Einführungsgesetzes zum Bürgerlichen Gesetzbuch folgt, daß die Sondervorschriften des angezogenen § 152 für Vereine der dort bezeichneten Art durch die allgemeinen Vorschriften des Bürgerlichen Gesetzbuches nicht beseitigt sind. Auch wenn ein solcher Verein nach Maßgabe der letzteren die Rechtsfähigkeit erlangt, bleibt daher jener § 152 für seine inneren Verhältnisse anwendbar. Findet hier aber für eine Gruppe derjenigen Vereine, die durch § 152 a. a. O. betroffen werden, eine besondere reichsgesetzliche Regelung statt, so werden die Vorschriften des § 152 insoweit beseitigt, als sie mit dem Entwurf in Widerspruch stehen. Der etwaige Umstand, daß die Verwendung der Vereinsmittel ganz oder teilweisen Zwecken der im Absatz 2 des § 152 angegebenen Art dient, schließt also, was den Anspruch des Vereins auf die ordentlichen Mitgliederbeiträge betrifft, Klage und Einrede nicht aus.

Zu § 13. Die Berufsvereine sollen nicht öffentlich rechtliche Korporationen, wie beispielsweise die Handwerkerorganisationen oder die Krankenkassen sein, ihnen sollen nicht gesetzliche Aufgaben öffentlichen Charakters gestellt werden. Die Berufsvereine sollen vielmehr durchaus die Eigenschaft als private Vertretungen wirtschaftlicher Berufsinteressen und demgemäß die freie Verfügung über ihr Vermögen beibehalten. Es ist daher von Bestimmungen beispielsweise über die Anlegung und Verwahrung von Beständen, über den Ausschluß der Verwendung von Vereinsgeldern, die zu einem bestimmten Vereinszweck angesammelt sind, zu anderen Zwecken, über die Notwendigkeit von Rücklagen zu einem Reservefonds und dergleichen vollständig abgesehen. Bücher, Belege, Wertpapiere und Barbestände sind den Behörden nicht vorzulegen. Es wird nur die Klarstellung aller Einnahmen und Ausgaben, sowie des Vermögensbestandes in einer jährlichen Uebersicht verlangt, die gleichmäßig für die Mitglieder, für die Verwaltungsbehörden und für die Oeffentlichkeit bestimmt ist. Daher ist die Uebersicht im Reichsanzeiger beziehungsweise, wenn der Verein sich nur über einen Bundesstaat erstreckt, in einem anderen, von der Landeszentralbehörde zu bestimmenden Blatt zu veröffentlichen. Außerdem sind die Uebersichten mit den dazugehörigen Belegen am Sitze des Vereins im Vereinslokal zur Kenntnis der Mitglieder des Vereins zu bringen. Jedes Mitglied ist berechtigt, auf seine Kosten eine Abschrift der Uebersicht zu verlangen.

Zu §§ 14 und 15. Austritt der Mitglieder (Entziehung der Rechtsfähigkeit).

Zu § 14. Wie der Beitritt zu den Berufsvereinen, so soll auch das Verbleiben in denselben ein völlig freiwilliges sein. Dieses Recht soll durch die Satzungen nicht abgeändert werden können. In gleicher Weise, wie gegen das unfreiwillige Verbleiben im Verein, ist das Mitglied auch gegen willkürlichen Ausschluß gesichert.

Zu § 15. Einem eingetragenen Berufsverein kann die Rechtsfähigkeit entzogen werden, wenn er durch einen gesetzwidrigen Beschluß der Mitgliederversammlung oder durch gesetzwidriges Verhalten des Vorstandes das Gemeinwohl gefährdet, oder wenn er, entgegen seiner Satzung, einen, auf einen wirtschaftlichen Geschäftsbetrieb gerichteten Zweck verfolgt. Abs. 4 des § 43 bezieht sich nur auf Vereine, deren Rechtsfähigkeit auf Verleihung beruht, und bleibt daher hier außer Betracht. Abs. 3 daselbst bedarf hier einer Ergänzung insoweit, als die Gründe für die Entziehung der Rechtsfähigkeit in Uebereinstimmung mit denjenigen für die Geltendmachung des Einspruchsrechts (vergl. zu § 4) gebracht werden müssen, denn das letztere würde jede Bedeutung verlieren, wenn den Vereinen gestattet werden sollte, nach der Eintragung entgegen ihren Satzungen ein Verfahren zu beobachten, das, wenn es in den Satzungen vorgesehen wäre, den Einspruch gegen die Eintragung gerechtfertigt haben würde.

Kleine Verstöße, wie die gelegentliche Aufnahme einzelner berufsfremder Personen, oder wenn Minderjährige einmal das Stimmrecht ausüben, sollen die Entziehung der Rechtsfähigkeit nicht zur Folge haben. Dafür sieht der Entwurf die Möglichkeit von Ordnungsstrafen gegen den Vorstand vor. Wohl aber würde der Entziehungsfall gegeben sein, wenn nach Zahl und Art der Verstöße die systematische Absicht einer Umgehung der gesetzlichen Einschränkungsvorschriften erhellt.

Die Vereine dürfen ihre durch Verleihung der Rechtsfähigkeit gesicherte und gestärkte Stellung nicht zur Herbeiführung oder Förderung gewisser Aussperrungen oder Ausstände benutzen, deren gemeinschädliche Wirkung außer Verhältnis zu dem dabei für die beteiligten Arbeiter oder Arbeitgeber erstrebten Vorteil steht. Die Gesetzgebung kann nicht die Hand dazu bieten, daß die Rücksicht auf die Sicherheit des Reichs oder der Bundesstaaten und auf das Leben ihrer Bewohner der Rücksicht auf die Erlangung günstiger Lohn- und Arbeitsbedingungen für einen bestimmten Personenkreis nachgesetzt wird. Das gleiche gilt von der Versorgung der Bevölkerung mit Wasser und Licht. Auch das englische Recht hat dieserhalb Schutzbestimmungen für erforderlich gehalten. Die Sicherung des Eisenbahnbetriebes würde, wie es in der Begründung heißt, ebenfalls hierher gehören, jedoch bedarf es nach dieser Richtung hin im Hinblick auf § 6 der G. O. im Zusammenhange mit § 1 des Entwurfes nach den zu letzterem gegebenen Darlegungen hier keiner besonderen Bestimmung.

Den Berufsvereinen ihrerseits ist die erforderliche Gewähr für eine sachgemäße Handhabung dieser Bestimmungen durch die Anwendbarkeit der im § 44 Abs. 1 des B. G. B. bezeichneten Vorschriften über die Zuständigkeit und das Verfahren gegeben. Da dieser § 44 Abs. 1 nur auf die Fälle des § 43 a. a. O. Bezug nimmt, war hier eine eigene Vorschrift für seine Anwendung auch auf die Sonderfälle dieses Paragraphen zu treffen. Die Vorschrift im letzten Satze des Absatz 1 entspricht derjenigen des § 74 Abs. 3 des B. G. B.

Das Verfahren wegen Entziehung der Rechtsfähigkeit kann sich unter Umständen lange hinziehen. Der Verein würde in der Lage sein, während dieser Zeit sein gesetzwidriges Verfahren, wegen dessen das Entziehungsverfahren eingeleitet ist, ungestört fortzusetzen. Das kann zu schweren Schädigungen des Gemeinwesens führen. Daher soll die für die Entziehung der Rechtsfähigkeit zuständige Behörde, bei der das Verfahren anhängig ist, befugt sein, durch einstweilige Anordnungen diejenigen Maßnahmen gegenüber dem Vereine zu treffen, die zur Abwendung der Gefährdung im öffentlichen Interesse geboten erscheinen. Die Begründung bezeichnet als solche Maßnahmen beispielsweise die Beschlagnahme des Vermögens oder einzelner Teile desselben.

Zu § 16 ist nichts zu bemerken. Zu § 17 (öffentliches Vereinsrecht). Soweit durch den gegenwärtigen Entwurf entgegenstehende landesgesetzliche Vorschriften des Vereins- und Versammlungsrechts beseitigt werden sollen, muß dies geschehen sowohl mit Rücksicht auf die schon erfolgte als auch auf die noch zu bewirkende Eintragung. Dem trage die Fassung des § 17 Rechnung, in dem Absatz 1 darüber bestimmt, inwieweit die bezeichneten Vorschriften in Ansehung der Eintragung keine Anwendung finden, Absatz 2 die Verhältnisse nach der Eintragung ins Auge faßt. Voraussetzung der Nichtanwendbarkeit der bestehenden landesgesetzlichen Bestimmungen ist nach Absatz 1, daß der betreffende Verein ein Verein der im § 1 bezeichneten Art ist. Ergibt die Prüfung, daß der Verein die dortgezogenen Grenzen in irgend einer Beziehung nicht einhalten will, so finden auch die in § 1 bezeichneten öffentlich rechtlichen Vorschriften der Landesgesetze in vollem Umfange Anwendung.

Hinsichtlich der Frauen ist in mehreren Bundesstaaten, namentlich in Preußen, die Beteiligung an politischen Vereinen und Versammlungen untersagt. In anderen ist ihnen nur eine Beschränkung hinsichtlich der Teilnahme an öffentlichen Versammlungen zu politischen Zwecken auferlegt. In noch anderen ist ihnen sowohl die Aufnahme in politische Vereine als auch die Teilnahme an allen öffentlichen Versammlungen verwehrt, in denen öffentliche Angelegenheiten verhandelt werden sollen. In der Begründung sind die betreffenden Gesetze der einzelnen Bundesstaaten aufgeführt. In Bayern ist den großjährigen Frauen gestattet, an solchen politischen Vereinen und deren Versammlungen teilzunehmen, welche nur den besonderen Berufs- und Staatsinteressen bestimmter Personenklassen oder nur Zwecken der Erziehung, des Unterrichts und der Armen- oder Krankenpflege dienen. Auch bei denjenigen Bundesstaaten, in denen ausdrücklich Bestimmungen über eine unterschiedliche Behandlung der Frauen fallen, ist eine gleichmäßige Behandlung derselben mit den Männern deshalb nicht durchweg gewährleistet, weil das Vereins- oder Versammlungsrecht mehr oder minder in das Ermessen der Behörde gestellt ist. Ferner sind von den politischen Vereinen und ihren Versammlungen ausgeschlossen Minderjährige in Sachsen, Anhalt, Reuß j. L. und zum Teil, soweit sie 18 Jahre sind, in Lippe, Schüler und Lehrlinge in Preußen, Mecklenburg-Schwerin und -Strelitz, Sachsen, Weimar, Braunschweig u. s. w. Alle diese Beschränkungen beseitigt der Entwurf für den

Personenkreis, der nach ihm überhaupt die Mitgliedschaft in gewerblichen Berufsvereinen erwerben kann, sowohl hinsichtlich des Erwerbs der Mitgliedschaft als auch hinsichtlich der Teilnahme der Mitglieder an den Vereinsversammlungen. Erfaßt werden alle Berufsangehörigen beiderlei Geschlechts, die das 16. Lebensjahr vollendet haben. Auch aus sonstigen persönlichen Eigenschaften dieser Personen, z. B. ihrer Stellung als Schüler oder Lehrling, darf in dieser Beziehung kein Hindernis entnommen werden. Dagegen lag kein Grund vor, die Begünstigungen bezüglich der Teilnahme an den Vereinsversammlungen auch auf solche volljährigen Frauen und Minderjährige auszudehnen, die nicht Mitglieder des Berufsvereins sind, und damit einen Weg zu schaffen, auf dem unter Benutzung der Berufsvereine die betreffenden landesgesetzlichen Beschränkungen allgemein wirkungslos gemacht werden können. Nur soweit es sich um rein gesellschaftliche Veranstaltungen (nicht auch wissenschaftliche, literarische oder ähnliche Veranstaltungen wie Lese- und Diskutierabende) handelt, ist ohne Bedenken die Begünstigung mit einer für Tanzlustbarkeiten nötigen Einschränkung, allgemein auf Männer und Frauen über 16 Jahre zu erstrecken.

Die Erörterung politischer und sozialpolitischer Fragen fällt unter die Aufgabe der gewerblichen Berufsvereine nur innerhalb der durch § 1 gezogenen Grenzen. Es könnte daher naheliegen, landesherrliche Beschränkungen hinsichtlich der Erörterung politischer und sozialpolitischer Fragen in Versammlungen der bereits eingetragenen Berufsvereine auch nur unter Einhaltung jener Grenzen zu beseitigen. Damit würde also der Polizeibehörde das Recht verbleiben, eine Versammlung des Berufsvereins aufzulösen, sobald darin, entgegen der Satzung, weitergehende politische oder sozialpolitische Angelegenheiten zur Erörterung gelangen. Es würde aber überaus schwierig für den überwachenden Beamten sein, sofort die richtige Grenzlinie zu finden. Der Polizei würde eine kaum durchführbare Aufgabe zugemutet und das den Berufsvereinen hier zugestandene Recht auf eine recht unsichere Grundlage gestellt werden. Deshalb erschien es richtiger, von einer Einschränkung in der gedachten Richtung abzusehen. Daraus, daß eine Versammlung nicht lediglich aus dem bezeichneten Grund aufgelöst werden kann, folgt aber keineswegs ein Recht des Berufsvereins, solche durch § 1 nicht getroffenen politischen und sozialpolitischen Fragen in den Kreis seiner Erörterung mit einzubeziehen. Er trägt selbst die Verantwortlichkeit für die Einhaltung der ihm gesetzlich gezogenen Grenzen und kann im gegebenen Falle gewärtigen, daß solche Vorkommnisse in seinen Versammlungen den Schluß rechtfertigen, er verfolge einen der Satzung fremden Zweck (§ 15). Das Recht der

Polizeibehörde bleibt unberührt, die Versammlungen aus den sonst gesetzlichen festgelegten Gründen aufzulösen.

Die den Vereinen häufig lästige Pflicht der Einreichung von Mitgliederverzeichnissen und deren Aenderungen an die Polizeibehörde und die damit weiter verbundene Auflage zur Erteilung jeder über diese Verhältnisse oder den Mitgliederbestand erforderten Auskunft soll fortfallen. Die an diese Stelle tretende Vorschrift des § 11 Abs. 2 bietet wesentliche Erleichterungen. Letztere wird übrigens durch den etwaigen Umstand, daß eine danach zuständige Verwaltungsbehörde zugleich die Geschäfte der Polizeibehörde wahrnimmt, nicht berührt. Zu den §§ 18, 19—21, 22 und 23 ist nichts zu bemerken.

Der dem Reichstage vom Stellvertreter des Reichskanzlers, Grafen von Posadowsky, unter dem 12. November 1906 zugegangene

Entwurf eines Gesetzes, betreffend gewerbliche Berufsvereine (Verhandlungen des Reichstags, 11. Legislaturperiode, 2. Session 1905—1907, Anlage Nr. 533) hat folgenden Wortlaut:

Wir **Wilhelm**, von Gottes Gnaden Deutscher Kaiser, König von Preußen 2c.

verordnen im Namen des Reichs, nach erfolgter Zustimmung des Bundesrats und des Reichstags, was folgt:

I. Abschnitt.

Berufsvereine, deren Rechtsfähigkeit auf Eintragung beruht.

§ 1.

Ein Verein von Gewerbetreibenden oder gewerblichen Arbeitern (Titel VII der Gewerbeordnung) desselben Gewerbes oder verwandter Gewerbe oder von solchen Gewerbetreibenden und Arbeitern zugleich kann in das Vereinsregister als „Berufsverein" eingetragen werden, wenn sein Zweck nur auf die Wahrung und Förderung der mit dem Berufe seiner Mitglieder unmittelbar in Beziehung stehenden gemeinsamen gewerblichen Interessen oder daneben auf die Unterstützung seiner Mitglieder gerichtet ist, ohne daß ihnen ein Rechtsanspruch darauf eingeräumt wird.

Auf den Verein finden, soweit sich nicht aus diesem Gesetz ein anderes ergibt, die Vorschriften des Bürgerlichen Gesetzbuchs über eingetragene Vereine Anwendung.

§ 2.

Die Satzung des Vereins muß ergeben, daß der Verein als Berufsverein eingetragen werden soll.

§ 3.

Personen, die das sechzehnte Lebensjahr noch nicht vollendet haben, können nicht Mitglieder des Vereins sein. Minderjährige sind nicht stimmberechtigt.

Die Satzung kann bestimmen, daß für Personen, die dem Verein als Mitglieder mindestens ein Jahr lang angehört haben, die Mitgliedschaft auch nach dem Ausscheiden aus der für diese maßgebenden Beschäftigung für die Dauer eines Jahres und darüber hinaus so lange aufrecht erhalten werden darf, als sie nicht zu einem anderen Gewerbe oder anderen Beruf übergegangen sind. Als Uebergang zu einem anderen Gewerbe oder anderen Beruf im Sinne dieser Vorschrift gilt nicht die Uebernahme einer Beschäftigung für den Verein, sofern diese Beschäftigung die Erwerbstätigkeit vollständig oder hauptsächlich in Anspruch nimmt.

§ 4.

Gegen die Eintragung des Vereins kann die Verwaltungsbehörde auch dann Einspruch erheben, wenn die Voraussetzungen des § 1 Abs. 1 nicht vorliegen oder wenn die Satzung gegen die Vorschriften des § 3 verstößt. Dagegen kann der Einspruch nicht darauf gegründet werden, daß die im § 1 Abs. 1 bezeichneten Zwecke des Vereins als politische oder sozialpolitische anzusehen sind.

§ 5.

Die Eintragung erfolgt in eine besondere Abteilung des Vereinsregisters.

Mit der Eintragung erhält der Name des Vereins den Zusatz: „eingetragener Berufsverein“.

§ 6.

Minderjährige sowie solche Personen, die nicht im Besitze der bürgerlichen Ehrenrechte oder die infolge gerichtlicher Anordnung in der Verfügung über ihr Vermögen beschränkt sind, können nicht Mitglieder des Vorstandes sein.

§ 7.

Durch die Satzung kann bestimmt werden daß an die Stelle der Versammlung der Mitglieder ein Ausschuß tritt, der von diesen gewählt wird. Die Wahl kann nach Abteilungen der Mitglieder erfolgen.

Der Ausschuß muß aus mindestens fünfzig Vereinsmitgliedern bestehen. Hat der Verein mehr als tausend Mitglieder, so muß für je tausend weitere Mitglieder dem Ausschusse mindestens ein Mitglied hinzutreten. Die Vermehrung der Mitglieder während einer Wahlperiode kommt für diese nicht in Betracht. Für eine neue Wahl bestimmt sich die Mindestzahl der Ausschußmitglieder nach dem Bestande der Vereinsmitglieder am Schlusse des letzten Geschäftsjahrs.

Für die Ausschußmitglieder ist mindestens eine gleiche Zahl von Stellvertretern zu wählen, die bei deren Wegfall der Reihe nach an ihre Stelle treten. Die Reihenfolge bestimmt sich, soweit sich nicht aus der Satzung ein anderes ergibt, nach der bei der Wahl erhaltenen Stimmenzahl, bei gleicher Stimmenzahl nach dem Alter.

Der Vorstand hat Zeit und Ort der Ausschußsitzungen unter Angabe der Gegenstände der Tagesordnung in den für die Veröffentlichungen des Vereins bestimmten Blättern mindestens drei Tage vorher bekannt zu machen.

Der Vorstand eines Vereins, für den ein Ausschuß gebildet ist, ist verpflichtet, die Versammlung der Mitglieder ohne Verzug zu berufen, wenn mindestens der vierte Teil oder der durch die Satzung hierfür bestimmte geringere Teil der stimmberechtigten Mitglieder die Berufung schriftlich unter Angabe des Zweckes und der Gründe verlangt; die Vorschrift des § 37 Abs. 2 des Bürgerlichen Gesetzbuchs findet Anwendung. Die in der Satzung dem Ausschuß übertragenen Befugnisse gehen für diesen Fall auf die Versammlung der Mitglieder über.

§ 8.

Personen, die nach § 6 nicht Mitglieder des Vorstandes sein können, können auch nicht Mitglieder des Ausschusses oder, abgesehen von der Versammlung der Mitglieder, eines sonstigen Organs des Vereins oder eines Organs seiner Abteilungen (Zweigvereine, Ortsvereine, Ortsgruppen, Zahlstellen u. s. w.) sein.

§ 9.

Die Beschlüsse der Mitgliederversammlung und des Ausschusses sind in ein Protokollbuch einzutragen; die Einsicht in das Protokollbuch hat der Vorstand jedem Mitglied auf Verlangen zu gestatten.

§ 10.

Ein Beschluß der Mitgliederversammlung oder des Ausschusses kann wegen Verletzung des Gesetzes oder der Satzung im Wege der

Klage angefochten werden. Die Klage muß binnen einem Monat erhoben werden.

Zur Anfechtung befugt ist jedes in der Versammlung erschienene Mitglied des Organs, sofern es gegen den Beschluß Widerspruch zum Protokoll erklärt hat, und jedes nicht erschienene Mitglied, sofern es zu der Versammlung unberechtigter Weise nicht zugelassen worden ist oder sofern es die Anfechtung darauf gründet, daß die Berufung der Versammlung oder die Ankündigung des Gegenstandes der Beschlußfassung nicht gehörig erfolgt sei.

Außerdem sind befugt zur Anfechtung

1. eines Beschlusses der Versammlung der Mitglieder oder des Ausschusses der Vorstand und, wenn der Beschluß eine Maßregel zum Gegenstande hat, durch deren Ausführung sich die Mitglieder des Vorstandes strafbar oder den Gläubigern des Vereins haftbar machen würden, jedes Mitglied des Vorstandes;
2. eines Beschlusses des Ausschusses auch jedes dem Ausschusse nicht angehörende Mitglied des Vereins.

Die Klage ist gegen den Verein zu richten. Der Verein wird durch den Vorstand und, sofern dieser oder ein Mitglied des Vorstandes klagt, durch die in der Satzung hierfür zu bestimmenden Personen vertreten. Zuständig für die Klage ist ausschließlich das Landgericht, in dessen Bezirke der Verein seinen Sitz hat. Die mündliche Verhandlung erfolgt nicht vor Ablauf der im Abs. 1 bezeichneten Frist. Mehrere Anfechtungsprozesse sind zur gleichzeitigen Verhandlung und Entscheidung zu verbinden.

Der Vorstand hat die Erhebung der Klage sowie den ersten Termin zur mündlichen Verhandlung ohne Verzug in den für die Veröffentlichungen des Vereins bestimmten Blättern bekannt zu machen.

Soweit der Beschluß rechtskräftig für ungültig erklärt ist, wirkt das Urteil auch für und gegen die Mitglieder, welche nicht Partei sind. Die Ungültigkeitserklärung ist im Protokollbuche zu vermerken. War der Beschluß in das Vereinsregister eingetragen, so ist auch das Urteil einzutragen. Der Vorstand hat die Eintragung zu beantragen.

§ 11.

Die Vorschrift des § 72 des Bürgerlichen Gesetzbuchs, wonach der Vorstand eines eingetragenen Vereins dem Amtsgericht auf dessen Verlangen jederzeit ein Verzeichnis der Mitglieder einzureichen hat, findet keine Anwendung.

Der Vorstand ist jedoch verpflichtet, nach näherer Bestimmung des Bundesrats ein Verzeichnis der Mitglieder zu führen. Der Verwaltungsbehörde ist dieses Verzeichnis auf Verlangen jederzeit vorzulegen; den Mitgliedern des Vereins ist auf Verlangen jederzeit Einsicht in das Verzeichnis zu gewähren und auf ihre Kosten eine beglaubigte Abschrift des Verzeichnisses zu erteilen.

§ 12.

Ein Anspruch des Vereins gegen seine Mitglieder findet nur in Ansehung der von diesen zu leistenden ordentlichen Beiträge statt.

§ 13.

Der Vorstand ist verpflichtet, nach näherer Bestimmung des Bundesrates für jedes abgelaufene Geschäftsjahr eine Uebersicht über die Zahl und die Berufsstellung der Vereinsmitglieder, die Einnahmen und Ausgaben des Vereins getrennt nach ihren Zwecken, sowie über den Bestand des Vereinsvermögens aufzustellen, der Verwaltungsbehörde einzureichen und im Reichsanzeiger zu veröffentlichen. Einem Vereine, dessen Mitgliederkreis sich nicht über das Gebiet eines Bundesstaates hinaus erstreckt, kann von der Landes-Zentralbehörde gestattet werden, daß die Veröffentlichung statt im Reichsanzeiger in einem anderen von ihr zu bestimmenden Blatte erfolgt. Die Uebersichten sind nebst den dazu gehörigen Belegen im Vereinslokal am Sitze des Vereins oder in anderer durch die Satzung zu bestimmender Weise zur Kenntnis der Mitglieder des Vereins zu bringen. Jedes Mitglied ist berechtigt, auf seine Kosten eine Abschrift der Uebersicht zu verlangen.

§ 14.

Die Mitglieder sind jederzeit zum Austritt aus dem Vereine berechtigt.

Es kann jedoch durch die Satzung bestimmt werden, daß die von den Mitgliedern zu leistenden ordentlichen Beiträge noch für die Zeit bis zum Schlusse des Kalendermonats, in welchem der Austritt erfolgt, zu entrichten sind.

Der Ausschluß von Mitgliedern aus dem Vereine kann nur unter den durch die Satzung bestimmten Formen und aus den darin bezeichneten Gründen erfolgen.

§ 15.

Dem Vereine kann, unbeschadet der Vorschriften des § 43 Abs. 1 bis 3 des Bürgerlichen Gesetzbuchs, die Rechtsfähigkeit entzogen werden:

1. wenn er einen Zweck verfolgt oder Mittel des Vereins für einen Zweck verwendet, der der Satzung fremd ist und, falls

er in der Satzung enthalten wäre, die Verwaltungsbehörde zum Einspruche gegen die Eintragung des Vereins berechtigt haben würde;

2. wenn in seinen Verhältnissen eine Aenderung eintritt, die, falls sie vor der Eintragung bereits vorhanden gewesen wäre, die Verwaltungsbehörde zum Einspruche gegen die Eintragung des Vereins berechtigt haben würde;
3. wenn er eine Arbeiteraussperrung oder einen Arbeiterausstand herbeiführt oder fördert, die mit Rücksicht auf die Natur oder die Bestimmung des Betriebs geeignet sind, die Sicherheit des Reichs oder eines Bundesstaats zu gefährden, eine Störung in der Versorgung der Bevölkerung mit Wasser oder Beleuchtung herbeizuführen oder eine gemeine Gefahr für Menschenleben zu verursachen.

Die Zuständigkeit und das Verfahren bestimmen sich auch in diesen Fällen nach den Vorschriften des § 44 Abs. 1 des Bürgerlichen Gesetzbuchs. Die zuständige Behörde hat die Entziehung der Rechtsfähigkeit dem Amtsgerichte mitzuteilen.

In den Fällen des Abs. 1 sowie in den Fällen des § 43 Abs. 1 des Bürgerlichen Gesetzbuchs ist die für die Entziehung der Rechtsfähigkeit zuständige Behörde, bei der das Verfahren anhängig ist, befugt, durch einstweilige Anordnung diejenigen Maßnahmen gegenüber dem Vereine zu treffen, die zur Abwendung der Gefährdung im öffentlichen Interesse geboten erscheinen. Gegen die einstweilige Anordnung findet nur die Beschwerde an die im Instanzenzuge vorgeordnete Behörde statt. Die Beschwerde hat keine aufschiebende Wirkung.

§ 16.

Die Verwaltungsbehörde kann die Mitglieder des Vorstandes zur Befolgung der Vorschriften des § 9, des § 10 Abs. 7, 8 Satz 2, des § 11 Abs. 2 und des § 13 durch Ordnungsstrafen anhalten. Sie kann auch Ordnungsstrafen verhängen gegen Mitglieder des Vorstandes oder anderer Vereinsorgane, welche den Vorschriften des § 3, des § 7 Abs. 4, des § 10 Abs. 5 oder des § 14 Abs. 3 zuwidergehandelt haben oder welche die Mitwirkung einer Person, die nach den Vorschriften des § 6 oder des § 8 nicht Mitglied des Vorstandes oder eines sonstigen Vereinsorgans sein kann, in diesen Organen dulden. Die gleichen Befugnisse stehen der Verwaltungsbehörde den Liquidatoren gegenüber zu.

Die einzelne Strafe darf den Betrag von dreihundert Mark nicht übersteigen. Die festgesetzten Strafen fließen in die Kasse der

Versicherungsanstalt (§ 65 des Invalidenversicherungsgesetzes vom 13. Juli 1899, Reichs-Gesetzbl. S. 463), in deren Bezirke die Verwaltungsbehörde (Abs. 1) ihren Sitz hat.

Mitglieder des Vorstandes und anderer Vereinsorgane sowie Liquidatoren werden, sofern nicht nach anderen Vorschriften eine höhere Strafe verwirkt ist, mit Gefängnis bis zu drei Monaten und zugleich mit Geldstrafe bis zu eintausend Mark bestraft, wenn sie in den Anmeldungen, Uebersichten, Mitgliederverzeichnissen, Büchern und sonstigen Urkunden und Listen, deren Einreichung, Führung und abschriftliche Mitteilung ihnen nach dem Gesetz oder der Satzung obliegt, sowie bei den Eintragungen in das Protokollbuch und den ihnen obliegenden Veröffentlichungen wissentlich falsche oder auf Täuschung berechnete unvollständige Angaben machen oder machen lassen, oder wenn sie Mittel des Vereins zur Bezahlung einer Geld- oder Ordnungsstrafe verwenden, welche gegen ein Mitglied des Vereins oder seiner Organe festgesetzt worden ist. Sind mildernde Umstände vorhanden, so tritt ausschließlich die Geldstrafe ein.

§ 17.

Die öffentlichrechtlichen Vorschriften der Landesgesetze, nach welchen ein Verein unerlaubt ist oder verboten werden kann, weil er einen politischen oder sozialpolitischen Zweck verfolgt oder weil er ohne obrigkeitliche Genehmigung errichtet ist, finden auf einen Verein der im § 1 bezeichneten Art, sofern er als Berufsverein eingetragen wird, keine Anwendung.

Das Gleiche gilt für einen eingetragenen Berufsverein von den öffentlichrechtlichen Vorschriften der Landesgesetze, nach welchen

1. aus dem im Abs. 1 bezeichneten Grunde ein Verein aufgelöst werden kann oder seine Versammlungen geschlossen werden können;
2. die Mitgliedschaft von Männern und Frauen an einem Vereine, der einen politischen oder sozialpolitischen Zweck verfolgt, die Teilnahme solcher Mitglieder an den Versammlungen des Vereins und die Teilnahme von Männern und Frauen an seinen Lustbarkeiten verboten oder beschränkt ist, soweit sich das Verbot oder die Beschränkung auf Personen erstreckt, die das sechzehnte Lebensjahr vollendet haben;
3. der Polizeibehörde ein Verzeichnis der Mitglieder eines solchen Vereins einzureichen oder Auskunft über seinen Mitgliederstand zu erteilen ist.

Die Bestimmungen der Landesgesetze über die Abhaltung öffentlicher Tanzlustbarkeiten werden durch die Vorschrift des Abs. 2 Nr. 2 nicht berührt.

§ 18.

Die Vorschriften des § 17 finden auch auf Abteilungen (Zweigvereine, Ortsvereine, Ortsgruppen, Zahlstellen u. s. w.) eines eingetragenen Berufsvereins, die nach Maßgabe seiner Satzung für gewisse Bezirke gebildet werden, Anwendung, wenn ihre Vorsteher oder Geschäftsführer unter Angabe der Namen der Verwaltungsbehörde, in deren Bezirke die Abteilungen ihren Sitz haben, vom Vereinsvorstand als Organe des Vereins angemeldet werden.

Ist die Anmeldung erfolgt, so ist jede Aenderung in der Person der Vorsteher oder Geschäftsführer der Abteilung der Verwaltungsbehörde (Abs. 1) anzuzeigen. Auch ist ihr auf Verlangen jederzeit ein der Vorschrift des § 11 Abs. 2 entsprechendes besonderes Verzeichnis der Mitglieder der Abteilung vorzulegen.

Zur Befolgung der Vorschriften des Abs. 2 können die Mitglieder des Vorstandes, die Liquidatoren sowie die Vorsteher oder Geschäftsführer der Abteilung von der Verwaltungsbehörde nach Maßgabe des § 16 Abs. 2 durch Ordnungsstrafen angehalten werden.

II. Abschnitt.

Berufsvereine, deren Rechtsfähigkeit nicht auf Eintragung beruht.

§ 19.

Auf einen Verein, der seinen Mitgliedern einen Rechtsanspruch auf Unterstützung gewährt oder dessen Zweck sonst auf einen wirtschaftlichen Geschäftsbetrieb gerichtet ist, finden, wenn der Verein im übrigen den Voraussetzungen der §§ 1, 3 entspricht, für die Verleihung der Rechtsfähigkeit die öffentlichrechtlichen Vorschriften der Landesgesetze keine Anwendung, nach welchen

1. ein Verein unerlaubt ist oder verboten werden kann, weil er einen politischen oder sozialpolitischen Zweck verfolgt;
2. die Mitgliedschaft von Männern und Frauen an einem Vereine, der einen politischen oder sozialpolitischen Zweck verfolgt, verboten oder beschränkt ist, soweit sich das Verbot oder die Beschränkung auf Personen erstreckt, die das sechzehnte Lebensjahr vollendet haben.

Das Gleiche gilt für einen Verein solcher Art, wenn ihm die Rechtsfähigkeit verliehen ist, hinsichtlich der öffentlichrechtlichen Vorschriften der Landesgesetze, nach welchen

1. aus dem im § 17 Abs. 1 bezeichneten Grunde ein Verein aufgelöst werden kann oder seine Versammlungen geschlossen werden können,
2. die Teilnahme männlicher oder weiblicher Mitglieder an den Versammlungen eines Vereins, der einen politischen oder sozialpolitischen Zweck verfolgt, sowie die Teilnahme von Männern und Frauen an seinen Lustbarkeiten verboten oder beschränkt ist, soweit sich das Verbot oder die Beschränkung auf Personen erstreckt, die das sechzehnte Lebensjahr vollendet haben,
3. der Polizeibehörde ein Verzeichnis der Mitglieder des Vereins einzureichen oder Auskunft über seinen Mitgliederbestand zu erteilen ist,

sofern dem Verein eine amtliche Bescheinigung darüber ausgestellt ist, daß er den im Abs. 1 bezeichneten übrigen Voraussetzungen der §§ 1, 3 entspricht.

Die Bestimmungen der Landesgesetze über die Abhaltung öffentlicher Tanzlustbarkeiten werden durch die Vorschrift des Abs. 2 Nr. 2 nicht berührt.

§ 20.

Die im § 19 Abs. 2 vorgesehene Bescheinigung wird auf den Antrag des Vorstandes des Vereins von der Landes-Zentralbehörde oder der von dieser bestimmten Behörde ausgestellt.

Wird die Bescheinigung versagt, so sind die Gründe mitzuteilen.

Tritt in der Satzung des Vereins eine Aenderung ein, so ist von Amts wegen zu prüfen, ob der Verein den im § 19 Abs. 1 bezeichneten Voraussetzungen auch ferner entspricht. Nach dem Ausfalle dieser Prüfung ist die Bescheinigung von neuem zu erteilen oder zu widerrufen.

Die Bescheinigung kann ferner widerrufen werden:

1. wenn in den Verhältnissen des Vereins eine Aenderung eintritt, die, falls sie vor der Ausstellung der Bescheinigung bereits vorhanden gewesen wäre, die Versagung der Bescheinigung gerechtfertigt haben würde;
2. wenn der Verein eine Arbeiteraussperrung oder einen Arbeiterausstand herbeiführt oder fördert, die mit Rücksicht auf die Natur oder die Bestimmung des Betriebs geeignet sind, die Sicherheit des Reichs oder eines Bundesstaats zu gefährden, eine Störung in der Versorgung der Bevölkerung mit Wasser oder Beleuchtung herbeizuführen, oder eine gemeine Gefahr für Menschenleben zu verursachen.

Solange die erteilte Bescheinigung nicht widerrufen ist, liegt dem Vorstande des Vereins die im § 11 Abs. 2 bezeichnete Verpflichtung ob. Zur Erfüllung dieser Verpflichtung können die Mitglieder des Vorstandes und die Liquidatoren von der Verwaltungsbehörde nach Maßgabe des § 16 Abs. 2 durch Ordnungsstrafen angehalten werden.

§ 21.

Auf Abteilungen (Zweigvereine, Ortsvereine, Ortsgruppen, Zahlstellen usw.) eines im Besitze der Bescheinigung (§ 19 Abs. 2) befindlichen Vereins, die nach Maßgabe seiner Satzung für gewisse Bezirke gebildet werden, finden die Vorschriften des § 18 entsprechende Anwendung.

III. Abschnitt.

Schlußbestimmungen.

§ 22.

Wird die Satzung eines Vereins der im § 1 bezeichneten Art, der in das Vereinsregister nach Maßgabe der Vorschriften der §§ 55 ff. des Bürgerlichen Gesetzbuchs eingetragen ist, dahin geändert, daß der Verein als Berufsverein eingetragen werden soll, so erfolgt die Eintragung der Aenderung in das Vereinsregister gebühren- und stempelfrei.

§ 23.

Dieses Gesetz tritt am in Kraft.

III.

Eingaben

des

Centralverbandes Deutscher Industrieller aus dem Jahre 1906.

1.

Eingabe an das Kaiserliche Reichseisenbahnamt Berlin betreffend die Eisenbahn-Verkehrsordnung.

Berlin, den 19. September 1906.

Zu dem Entwurf einer Eisenbahn-Verkehrsordnung beehren wir uns zunächst hervorzuheben:

In den zahlreichen uns aus den Kreisen unserer Mitglieder zugegangenen Aeußerungen wird vielfach mit Dank anerkannt, daß die vorgeschlagene Neuregelung im ganzen gegenüber der bestehenden Eisenbahn-Verkehrsordnung wesentliche Verbesserungen bringt, daß eine systematischere Regelung vorgenommen ist, und den Bedürfnissen der Verkehrsinteressenten gedeihlich Rechnung zu tragen gesucht wird. Wir sind in der Lage, diesen Stimmen gerne beitreten zu können. Betreffs der Wünsche, die im einzelnen noch bestehen bleiben, unterbreiten wir gehorsamst die beiliegenden Anträge und Ausführungen mit der Bitte um geneigte Berücksichtigung.

Anträge des Centralverbandes Deutscher Industrieller, der Centralstelle für Vorbereitung von Handelsverträgen und des Bundes der Industriellen zum Entwurfe einer Eisenbahn-Verkehrsordnung.

Eingangsbestimmungen.

Es dürfte sich empfehlen, in Zukunft etwa alle fünf Jahre eine periodische Revision der Verkehrsordnung, wie sie auch beim internationalen Frachtübereinkommen — alle drei Jahre — stattfindet, unter Zuziehung von Sachverständigen aus Industrie und Handel in Aussicht zu nehmen.

Ausführungsbestimmungen, Abweichungen und Aenderungen sollten stets erst einige Zeit nach ihrer Veröffentlichung in Wirksamkeit treten; für das Inkrafttreten von Tariferhöhungen oder sonstigen Erschwerungen der Beförderungsbedingungen sieht § 6 eine derartige Bestimmung bereits vor. Ferner sollten alle Ausführungsbestimmungen, Abweichungen 2c. auch in ausreichender Weise bekannt gemacht werden. Am meisten möchte sich die Veröffentlichung im „Reichsanzeiger“ empfehlen. Es würde damit nur dem Vorgange gefolgt werden, der bereits in dem Patent-, Handels- und Gesellschaftsrecht gewiesen ist, wonach alle für die Oeffentlichkeit wichtigen Bekanntmachungen durch den „Reichsanzeiger“ zu erfolgen haben. Schon jetzt enthält der „Reichsanzeiger“ übrigens eine Rubrik über Tarifveränderungen.

Es ist ferner wünschenswert, daß die gesamten Tarife und Beförderungsvorschriften wenigstens für alle deutschen Eisenbahnen zusammengestellt und periodisch veröffentlicht werden, sowie, daß das ganze Tarifmaterial und was damit zusammenhängt, unter amtlicher Autorität an einer Centralstelle gesammelt und dem Publikum zur Verfügung gestellt wird. Bisher ist das Publikum vielfach auf private Quellen angewiesen, wie z. B. auf die jüngste Publikation des Stahlwerksverbandes über Frachten für Eisen und Stahl des Spezialtarifs II.

Allgemeine Bestimmungen.

§ 2. Pflichten des Publikums.

Abs. 4. Entwurf: „Das Ausspeien in die Eisenbahnwagen, auf die Bahnsteige und die Fußböden der inneren Bahnhofsräume ist untersagt.“

Es wird angeregt, da durch ein Verbot die Unsitte des Ausspeiens kaum gänzlich beseitigt werden könnte, für ausreichende Versorgung der Bahnhofsräume mit Spucknäpfen sorgen zu lassen und eine entsprechende Bestimmung in die Verkehrsordnung aufzunehmen.

§ 4. Beschwerden, Eingaben.

Entwurf: „Beschwerden, die eine sofortige Abhilfe bezwecken, können mündlich angebracht werden. Andere Beschwerden sind schriftlich einzureichen. Auf alle Eingaben ist so bald wie möglich ein schriftlicher Bescheid zu erteilen.“

Es wird angeregt, durch Anschlag auf der Station oder in sonst geeigneter Weise diejenigen Behörden bekanntzugeben, bei welchen schriftliche Beschwerden einzureichen sind, und ebenso auf jeder Station Gelegenheit zu schaffen, Beschwerden und Anträge zu Protokoll zu geben, damit die schnelle Erledigung der Beschwerden erleichtert wird.

§ 6, Abs. 5. Entwurf: „Die **Tarife** treten nicht vor ihrer Veröffentlichung in Kraft, Tariferhöhungen oder sonstige Erschwerungen der Beförderungsbedingungen frühestens zwei Monate nach der Veröffentlichung.“

Eine nähere Bestimmung über die Art der Veröffentlichung der Tarife („Reichsanzeiger") erscheint notwendig. (Vergl. die Bemerkungen zu den Eingangsbestimmungen.)

Personenbeförderung.

§ 10. Von der **Beförderung ausgeschlossene u. s. w. Personen.**

Entwurf: „1. Personen, die die vorgeschriebene Ordnung nicht beachten, sich den Anordnungen der Beamten nicht fügen oder den Anstand verletzen, insbesondere trunkene Personen, sind von der Beförderung auszuschließen.

2. Personen, die wegen einer Krankheit oder aus anderen Gründen Mitreisende belästigen können, sind von der Beförderung auszuschließen, wenn ihnen nicht ein besonderes Abteil angewiesen werden kann.

3. Pestkranke dürfen nicht befördert werden. An Aussatz (Lepra), Cholera (asiatischer), Fleckfieber (Flecktyphus), Gelbfieber oder Pocken (Blattern) erkrankte oder einer dieser Krankheiten verdächtige Personen dürfen nur dann befördert werden, wenn der für die Zugangsstation zuständige beamtete Arzt die Zulässigkeit der Beförderung bescheinigt. Die an Aussatz erkrankten oder dieser Krankheit verdächtigen Personen sind in abgeschlossenem Abteile mit besonderem Abort, die übrigen hier aufgeführten Personen in besonderem Wagen zu befördern.

4. Personen, die an Typhus (Unterleibstyphus), Diphtherie, Ruhr, Scharlach, Masern oder Keuchhusten leiden, sind in abgeschlossenem Abteil mit besonderem Abort zu befördern. Ist eine Person einer solchen Krankheit verdächtig, so kann die Eisenbahn die Vorlegung eines ärztlichen Zeugnisses verlangen, aus dem die Art der Krankheit hervorgeht.

5. Für die Beförderung in besonderen Wagen oder Wagenabteilungen sind die tarifmäßigen Gebühren zu entrichten.

6. Das bezahlte Fahrgeld und die etwa entrichtete Gepäckfracht sind den Reisenden beim Ausschluß von der Beförderung für die nicht durchfahrene Strecke zu erstatten.

7. Erfolgt der Ausschluß erst kurz vor Abgang des Zuges auf der Zugangsstation oder auf einer Unterwegstation und kann den Ausgeschlossenen ihr Gepäck wegen Mangel an Zeit nicht zurückgegeben werden, so ist es ihnen auf der nächsten Station, wo der Zug einen längeren Aufenthalt hat, zur Verfügung zu stellen."

Es wird beantragt, denjenigen Personen, welche auf Grund der Vorschriften in den Absätzen 2—4 ausgeschlossen werden, das Gepäck auf der Ausgangsstation oder auf der Station, auf dem der Ausschluß erfolgt, sofort und unentgeltlich zur Verfügung zu stellen.

§ 13. **Lösung der Fahrkarten.**

Entwurf: „(2.) 5 Minuten vor der Abfahrtszeit des Zuges erlischt der Anspruch auf Verabfolgung einer Fahrkarte.“

Von verschiedenen Seiten wird diese Bestimmung angefochten. Sie entspreche nicht mehr der heutigen Zeit und unseren Verkehrsverhältnissen, sie wirke vielmehr verkehrserschwerend. Denn es kommt häufig vor, daß ein Passagier noch im letzten Augenblick die Fahrkarte verlangt und den Zug auch noch erreicht, wenn er die Fahrkarte erhält. Wird ihm aber die Fahrkarte verweigert, so ist er nicht mehr imstande, den betreffenden Zug, der vielleicht gar Verspätung hatte, zu erreichen. Es erscheint um so ungerechtfertigter, diese aus der alten Verkehrsordnung übernommene Bestimmung aufrecht zu erhalten, als ja der Reisende, der die Abfahrtszeit des Zuges versäumt, gemäß § 22, Abs. 3 ohnehin keinen Erstattungsanspruch gegen die Eisenbahnverwaltung haben soll, dieser also aus dem Verkauf der Fahrkarte niemals ein Nachteil erwachsen kann.

§ 14. **Geltungsdauer der Fahrkarten.**

Entwurf: „Die Geltungsdauer der Fahrkarten ist im Tarif festzusetzen; sie muß für je angefangene 300 km mindestens 1 Tag betragen.“

Eine möglichst geraume Geltungsdauer der Fahrkarten wird gewünscht.

§ 15. **Platzkarten. Vorausbestellung von Abteilen.**

Entwurf: „2. Ganze Abteile sind dem Reisenden auf Verlangen gegen Bezahlung des tarifmäßigen Preises zur Verfügung zu stellen, wenn nicht Rücksichten des Betriebs oder Verkehrs entgegenstehen.“

Wir empfehlen, „ganze oder halbe Abteile zu bestimmen.

§ 17. **Warteräume.**

Entwurf: „1. Die Warteräume sind spätestens 1 Stunde vor Abgang eines jeden Zuges zu öffnen.

2. Den auf einer Uebergangsstation angekommenen Reisenden ist gestattet, sich in dem Warteraume der Bahn, die sie zur Weiterreise benutzen wollen, bis zur Abfahrt ihres Zuges aufzuhalten. Während der Zeit von 11 Uhr abends bis 6 Uhr morgens kann nicht beansprucht werden, daß der Warteraum nur für solche Reisende offen gehalten wird, jedoch ist ihnen auch während dieser Zeit möglichst entgegenzukommen.“

Nicht bloß zu den Wartesälen, auch zu den Bahnsteigen sollte den Reisenden der Zutritt eine angemessene Zeit vor Abgang des Zuges gestattet werden.

Auf manchen Stationen werden die Reisenden bis kurz vor Eintreffen des Zuges in den überfüllten oder schlecht gelüfteten Wartesälen festgehalten.

Wenn der Anschluß durch Zugverspätung nicht erreicht wird, müßte den Reisenden das Verbleiben im Wartesaal auch während der Nacht gestattet sein.

§ 18. **Ein- und Aussteigen, Abrufen.**

Entwurf: „1. Zum Einsteigen ist in den Warteräumen und auf den Bahnsteigen abzurufen."

Nach dem jetzigen Brauch (der Entwurf sieht keine bestimmte Zeit vor) wird 5 Minuten vor der planmäßigen Abfahrt durch Ausruf in den Warteräumen u. s. w. zum Einsteigen aufgefordert, ohne Rücksicht darauf, ob der Zug Verspätung hat oder nicht. Es wird gewünscht, daß künftig bei einer nennenswerten Verspätung des Zuges, beispielsweise um 15 Minuten, diese Verspätung 5 Minuten vor der im Fahrplan stehenden Abfahrtszeit in den Wartesälen und auf den Bahnsteigen durch Ausruf bekannt gegeben, und daß dann etwa 5 Minuten vor der wirklichen Abfahrt des Zuges in den Warteräumen zum Einsteigen abgerufen werde.

§ 21. **Rücknahme und Umtausch gelöster Fahrkarten.**

Entwurf: „1. Der Reisende hat einen Anspruch auf Beförderung in der Wagenklasse, wofür seine Fahrkarte gilt, nur, wenn ihm dort ein Platz angewiesen werden kann. Ist dies nicht möglich, und wird dem Reisenden auch kein Platz in einer höheren Klasse — wenn auch nur zeitweilig — eingeräumt, so ist ihm die Karte gegen eine solche einer niedrigeren Klasse, in der noch Plätze frei sind, unter Erstattung des Preisunterschiedes umzutauschen, wenn er nicht vorzieht, die Fahrt zu unterlassen und das Fahrgeld zurückzuverlangen. Ein weiterer Anspruch auf Entschädigung steht dem Reisenden nicht zu.

2. Auf der Zugangsstation darf der Reisende bis 5 Minuten vor der Abfahrtszeit des Zuges seine Fahrkarte, wenn sie noch nicht durchlocht oder nachweislich nur zum Betreten des Bahnsteigs benutzt ist, unter Ausgleich des Preisunterschiedes gegen eine andere umtauschen.

3. Auch für Teilstrecken kann gegen einen im Tarife festzusetzenden Zuschlag eine höhere Klasse oder ein höher tarifierter Zug benutzt werden."

Es wird die Aufnahme einer Bestimmung beantragt, wonach für die nachweislich nicht benutzte Fahrkarte der Fahrpreis unter Anrechnung einer mäßigen Gebühr auf Antrag zurückerstattet wird, ebenso für die nur teilweise benutzte Fahrkarte der entsprechende Teilbetrag des Fahrpreises. Es wird als unbillig bezeichnet, dem Reisenden, welcher aus irgendwelchen Gründen gezwungen ist, von dem durch Lösung der Fahrkarte mit der Eisenbahnverwaltung geschlossenen Beförderungsvertrag zurückzutreten, keinen Anspruch auf Erstattung des Fahrgeldes zu gewähren. Diese Reisenden können mit Recht mindestens ein gleiches Maß von Entgegenkommen verlangen, wie diejenigen Personen, welche aus den in § 10, 1. genannten Gründen von der Beförderung ausgeschlossen werden und trotzdem nach § 10, 6. das bezahlte Fahrgeld für die nicht durchfahrene Strecke erstattet bekommen. Die Rücknahme gelöster Fahrkarten sollte jederzeit erfolgen gegen entsprechende Gebühr für nutzlose Bemühung der Bahnverwaltung (etwa 10 Pfg. bis 1 Mark, je nach dem Betrage des Fahrgeldes), wenn der Reisende die Fahrt aus irgend einem Grunde nicht antritt.

§ 22. **Abfahrt des Zuges. Versäumung der Abfahrt durch den Reisenden.**

Entwurf: „3. Der Reisende, der die Abfahrt versäumt, hat keinen Anspruch auf Erstattung des Fahrgeldes oder eine andere Entschädigung.“

Wir beantragen die Streichung dieser Bestimmung, unter Hinweis auf die Ausführungen unter § 21.

Ferner empfehlen wir, es möge gestattet sein, bei einer Fahrt zwischen zwei Stationen eine andere als die etwa allein auf der Fahrkarte angegebene Linie benutzen zu dürfen, und zwar ohne weiteres, wenn diese Strecke kürzer, und mit entsprechender Aufzahlung, wenn sie länger ist.

§ 25. **Unterbrechung der Fahrt auf Zwischenstationen.**

Entwurf: „Der Tarif muß bestimmen, wie oft, wie lange und unter welchen Bedingungen der Reisende die Fahrt auf Zwischenstationen unterbrechen darf. Für jeden Tag der Geltungsdauer der Fahrkarte ist mindestens eine einmalige Fahrtunterbrechung zu gestatten; Ausnahmen hiervon sind bei Fahrkarten mit ermäßigten Preisen zulässig.“

Die nur einmalige Fahrtunterbrechung an jedem Tage entspricht heute nicht mehr den Verkehrsanforderungen; es wird gebeten, die Mindestanforderung an die Bahnverwaltungen zu erhöhen.

§ 26. **Verspätung oder Ausfall von Zügen. Betriebsstörungen.**

Entwurf: „1. Verspätete Abfahrt oder Ankunft oder Ausfall eines Zuges begründen einen Anspruch auf Entschädigung nur nach Maßgabe folgender Bestimmungen:

1. Wird infolge einer Zugverspätung der Anschluß an einen andern Zug versäumt, oder fällt ein Zug ganz oder teilweise aus, so kann der Reisende das Fahrgeld für die nicht durchfahrene Strecke zurückfordern oder er kann mit seinem Gepäck die Reise ohne Preiszuschlag mit dem nächsten auf der gleichen oder auf einer andern Strecke nach derselben Bestimmungsstation fahrenden und dort anhaltenden Zuge fortsetzen. Die Benutzung einer Hilfsstrecke ist nur dann zulässig, wenn hierdurch die Ankunft auf der Bestimmungsstation beschleunigt wird. Die Eisenbahn ist berechtigt, durch den Tarif einzelne Züge oder Zuggattungen von der hilfsweisen Benutzung zur Weiterfahrt auszuschließen.

2. Gibt der Reisende die Weiterfahrt auf und kehrt mit dem nächsten Zug ohne Fahrtunterbrechung nach der Abgangsstation zurück, so wird ihm das Fahrgeld erstattet, für die Rückreise jedoch höchstens für die auf der Hinreise benutzte Wagenklasse. Diesen Anspruch hat der Reisende bei Vermeidung des Verlustes unter Vorlegung der Fahrkarte sogleich nach seiner Ankunft auf der Station, wo er die Reise aufgibt, und bei seiner Rückkehr auf der Abgangsstation beim Stationsvorsteher anzumelden. Beide Beamten haben dem Reisenden die Meldung zu bescheinigen.

2. Wenn Naturereignisse oder andere zwingende Umstände die Fahrt auf einer Strecke verhindern, so hat die Eisenbahn für die Weiterbeförderung bis zur fahrbaren Strecke tunlichst auf andere Weise zu sorgen. Die Kosten hierfür sind ihr, abzüglich des Fahrgeldes für die nicht durchfahrene Eisenbahnstrecke, zu erstatten.

3. Der Eisenbahn bleibt überlassen, weitere Erleichterungen mit Genehmigung der Landesaufsichtsbehörden nach Zustimmung des Reichs-Eisenbahn-Amts durch den Tarif einheitlich festzusetzen.

4. Zugverspätungen, die mehr als 15 Minuten betragen, und Betriebsstörungen sind durch Anschlag bekannt zu machen."

Zu Abs. 1, Nr. 2. Die vorgeschlagene Fassung, nach welcher der Reisende bei Aufgabe der Weiterfahrt mit dem nächsten Zuge ohne Fahrtunterbrechung nach der Abgangsstation zurückkehren muß, wenn er Anspruch auf Rückerstattung des Fahrgeldes erheben will, ist nicht immer zweckmäßig, denn der nächstgehende Zug kann unter Umständen eine ungünstige Fahrgelegenheit bieten und den Reisenden später an die Abgangsstation zurückbringen als ein nachfolgender Zug. Es wäre daher besser zu sagen:

„Gibt .... auf und kehrt mit dem nächsten oder dem zuerst auf der Abgangsstation eintreffenden Zug nach der Abgangsstation zurück 2c."

Absatz 2. Die Bestimmung, daß die Eisenbahn, wenn die Fortsetzung der Fahrt durch Naturereignisse, Unglücksfälle u. s. w. gehindert wird, zwar für Transportmittel zur Weiterbeförderung zu sorgen habe, dies aber auf Kosten der Reisenden geschehe, wird als unbillig empfunden, und es müßte verlangt werden, daß für die Beförderung bis zur nächsten Station, von der aus der Reisende seine Fahrt fortsetzen kann, die Kosten von der Eisenbahnverwaltung getragen werden. Eine solche Regelung entspricht auch allein den von der Reichsgesetzgebung in ähnlichen Fällen angenommenen Grundsätzen. Vgl. Reichsgesetz vom 9. VI. 1897, § 30.

§ 31. **Begriff des Reisegepäcks.**

Entwurf: „1. Der Reisende kann nach Lösung der Fahrkarte Gegenstände, deren er zur Reise bedarf, bei der Gepäckabfertigungsstelle zur Beförderung als Reisegepäck aufgeben.

3. Auch größere Kisten und Tonnen sowie Fahrzeuge und andere nicht zum Reisebedarf zu rechnende Gegenstände können als Reisegepäck angenommen werden, wenn sie zur Beförderung mit Personenzügen geeignet sind.“

Zu 1. Die Einfügung der Worte „nach Lösung der Fahrkarte“ wird damit begründet, daß es erwünscht scheine festzustellen, daß Reisebedürfnisse nur auf Grund einer Fahrkarte als Reisegepäck aufgeliefert werden dürfen. Tatsächlich wird jedoch auf preußischen, namentlich aber auf süddeutschen Bahnen, Reisegepäck auch ohne Lösung von Fahrkarten aufgegeben und befördert. Die Beseitigung dieser Einrichtung würde vom reisenden Publikum unangenehm empfunden werden. Denn die Beförderung von Reisegepäck als Expreßgut nach § 40 bis 42 des Entwurfs bildet durchaus keinen vollen Ersatz für die Annehmlichkeit, Reisegepäck ohne Lösung von Fahrkarten zu dem für die Beförderung des Reisegepäcks festgesetzten Tarif aufgeben zu können.

Es wird daher beantragt, daß — unbeschadet der Ausgestaltung des Expreßgutverkehrs — die bisher gestattete Abfertigung von Gepäck auf Gepäckscheine ohne Lösung einer Fahrkarte beibehalten wird.

Zu 3 wird, um Mißverständnisse zu vermeiden, beantragt, statt „Personenzüge“ zu sagen: „Züge für den Personenverkehr“. Die Bezeichnung „Personenzüge“ ist nicht bestimmt genug. Es bleibt zweifelhaft, ob darunter alle dem Personenverkehr dienenden Züge gemeint sind, oder ob mit dieser Bestimmung gesagt werden soll, daß die Beförderung von den Kisten u. s. w. nicht mit Schnellzügen zu erfolgen hat.

Dieselbe Unbestimmtheit ist auch bei § 40, Beförderung von Expreßgut, zu beheben. Vielleicht empfiehlt sich auch folgende Abänderung: „Die Beförderung erfolgt mit allen fahrplanmäßigen, dem Personenverkehr dienenden Zügen, soweit nicht für einzelne Züge die Beförderung beschränkt oder ausgeschlossen wird; diese Züge sind bekannt zu machen."

§ 33. . . . **Gepäckscheine** . . .

Entwurf: „6. Bei der Annahme ist dem Reisenden ein Gepäckschein auszuhändigen. Darin muß die Abfertigungsstelle im Falle der Angabe des Interesses an der Lieferung auch die angegebene Summe vermerken."

Eine Bestimmung:

Der Gepäckschein muß zur Informierung des Publikums die Taristaxe enthalten

wird vielfach gewünscht.

§ 38. **Gepäckträger.**

Entwurf: „3. Der Tarif ist an den Gepäckannahme- und Ausgabestellen und in den zur Gepäckaufbewahrung dienenden Räumen auszuhängen."

Es wird beantragt, zu bestimmen, daß die Aushängung an einer dem Publikum zugänglichen und deutlich sichtbaren Stelle erfolgen muß. Aehnliche Bestimmungen finden sich auch sonst in der Reichsgesetzgebung, so z. B. in der Gewerbeordnung, § 134e Abs. 2.

Beförderung von Gütern.

§ 41. **Auslieferung von Expreßgut.**

Entwurf: „2. . . . Die Anmeldung oder Zuführung hat innerhalb der in den §§ 77 und 78 für Eilgut vorgesehenen Fristen zu erfolgen."

Da hierüber eine zu lange Zeit vergeht, wird gewünscht, daß Expreßgut nach der Ankunft unverzüglich dem Empfänger angemeldet werde, was bei den um vieles höheren Kosten des Expreßgutes gegenüber Eilgut gerechtfertigt erscheint.

§ 53. Von der Beförderung ausgeschlossene und nur bedingungsweise zur Beförderung zugelassene Gegenstände.

Zu § 53 liegt von Mitgliedern des Centralverbandes eine Reihe von Wünschen vor. Ihre Wiedergabe beziehungsweise eine Aeußerung war zu verschieben, bis die amtlichen Bestimmungen dieses Paragraphen und Beilage C bekannt und von den Interessenten in der Industrie geprüft sind. Verschiedene Mitglieder des Centralverbandes haben auch besonders ersucht, ihre Gutachten bis nach Kenntnis der Anlage C aufschieben zu dürfen. Mit diesem § 53 stehen noch andere Bestimmungen, so solche aus § 59, Frachtzuschläge, in Zusammenhang.

§ 54. **Frachtbrief; dessen Form.**

Entwurf: „2. Der Frachtbrief für gewöhnliches Frachtgut hat dem Muster der Anlage D, der für Eilgut dem Muster der Anlage E zu entsprechen."

Es ist wünschenswert, den für die Frachtberechnung vorgesehenen Raum zu vergrößern. Auch erscheint es wünschenswert, daß eine besondere Rubrik für die Bezeichnung desjenigen, der die Gebühr für das Interesse an der rechtzeitigen Lieferung trägt, vorgesehen wird, so daß nicht, wie beabsichtigt, auf Grund der Bezeichnung „franko" die Fracht und die Kosten für das Lieferungsinteresse vom Absender erhoben werden, da es häufig vorkommt, daß der Absender zwar die Fracht bis zum Bestimmungsort zahlt, jedoch der Empfänger die Gebühr für das Interesse an der rechtzeitigen Lieferung zu entrichten hat. (Vergl. auch die Bemerkung zu § 68.)

Die Vergrößerung des für die Frachtberechnung vorgeschlagenen Raumes erscheint auch um deshalb nötig, weil er für solche Fälle ungenügend ist, in denen mangels durchgehender Tarife bis zur Bestimmungsstation eine Umkartierung oder bei nachträglicher Verfügung des Absenders eine Zurück- oder Weiterversendung des Gutes stattfindet.

Die Vergrößerung des Raumes für die Frachtberechnung ließe sich durch kleineren Druck der am Fuße der rechten Frachtbriefhälfte befindlichen „Bemerkungen" oder dadurch bewirken, daß diese am linken Rande der Frachtbriefe entlang angebracht werden.

Endlich wird der im Frachtbrief vorgesehene Raum für die Ortsbezeichnung als ungenügend erachtet, es müssen zwei Zeilen statt einer sein;

z. B. wenn eine Angabe erforderlich, wie: Zur Weiterbeförderung mit der Kleinbahn nach . . . . . u. dergl.

Noch zahlreicher liegen die Wünsche zu

§ 55. **Inhalt des Frachtbriefes** (13 Nummern) vor.

Entwurf: „1. Der Absender hat in den Frachtbrief einzutragen: a) die Adresse des Empfängers, b) den Bestimmungsort, c) die Bestimmungsstation (vergl. Abs. 9), d) die Bezeichnung der Sendung nach ihrem Inhalt und das Gewicht, bei Stückgut auch Anzahl, Verpackungsart, Zeichen und Nummer der Frachtstücke, e) bei Gütern, die der Absender zu verladen hat, die Nummer und die Eigentumsmerkmale des Wagens, f) Ort und Tag der Ausstellung."

Ueber die Form der Frachtbriefadresse bei Sendung nach Klein- und Schmalspurbahnen wird eine klare Bestimmung zu treffen sein.

Weil bei Sendungen nach Klein- und Schmalspurbahnen eine zweimalige Frachtenberechnung notwendig ist, müssen auf Seite 3 des Frachtbriefes an geeigneter Stelle die Worte: „Fracht bis" noch einmal erscheinen.

Da jetzt verschiedene Bestimmungen bei den Bahnen bestehen, die dem Verfrachter nicht zugänglich sind, so wird Aufnahme der Vorschrift über die Ausfertigung der Frachtbriefe im Verkehr mit Kleinbahnstationen in die Verkehrsordnung gewünscht.

Entwurf: „2. Ein Frachtbrief darf nicht mehr als eine Wagenladung umfassen. Die Eisenbahn kann Ausnahmen gestatten.“

Bisher wurde vielfach gestattet, bis zu 5 Wagen auf einem Frachtbrief abzufertigen.

Man hofft bestimmt auf Beibehaltung dieser Praxis. Gegen die neue Fassung erheben sich schwere Bedenken. Nach der bisherigen Fassung: „Die Versandstation kann verlangen, daß für jeden Wagen ein besonderer Frachtbrief beigegeben wird“, war nur Ausnahme, was in Zukunft nach der veränderten Fassung Regel werden soll. In Bezug auf die Verfrachtung von Massengütern, z. B. Kohlen, Rüben rc. hat sich aber das bisherige Verfahren bestens bewährt und als nötig erwiesen. Die Neuerung würde zweifellos den Verladern von Massengütern weiteren Zeitverlust und mehr Kosten verursachen, auch der Eisenbahnverwaltung keine Vorteile, vielmehr Nachteile in Gestalt vermehrter Schreibarbeit bringen. Es wird daher dringend gebeten, mindestens die alte Fassung zu belassen.

Erwünschter noch wäre die folgende Fassung der Nr. 2:

„Ein Frachtbrief darf, sofern nicht Ausnahmen von der Eisenbahn zugelassen sind, nicht mehr als eine Wagenladung, bei gleichartigen Gütern jedoch nicht mehr als fünf Wagenladungen umfassen.“

Entwurf: „3. Mehrere Gegenstände dürfen nur dann in denselben Frachtbrief aufgenommen werden, wenn sie nach ihrer Beschaffenheit ohne Nachteil zusammengeladen werden können, und keine Zoll-, Steuer- und Polizeivorschriften entgegenstehen.“

Diejenigen Güter, welche nicht zusammen verladen werden dürfen, sollten bahnseitig bekanntgegeben werden.

Entwurf: „10. Auf der Rückseite der die Adresse tragenden Hälfte des Frachtbriefes darf die Firma des Ausstellers gedruckt werden. Auch können dort für den Empfänger bestimmte, die Sendung betreffende Vermerke nachrichtlich angebracht werden, z. B. „von Sendung des N. N.“, „im Auftrage des N. N.“, „zur Verfügung des N. N.“, „zur Weiterbeförderung an N. N.“, „versichert bei N. N.“.“

Nach der neuen Fassung können bisher stellenweise erhobene Zweifel über die Zulässigkeit von Vermerken „zur Ausfuhr nach N. N.“, „für Dampfer N. N.“ nicht mehr obwalten. Sollte indes der jetzige Wortlaut des Absatzes 5, § 50 in die neue Verkehrsordnung unverändert übergehen, so bitten wir diese beiden Vermerke ausdrücklich als zulässig mit aufzuführen.

Entwurf: „11. Die Aufnahme weiterer Erklärungen in den Frachtbrief, die Ausstellung anderer Urkunden anstatt des Frachtbriefes sowie die Beifügung anderer Schriftstücke zum Frachtbrief ist unzulässig, soweit es nicht durch diese Ordnung oder durch die Eisenbahn unter Genehmigung der Landesaufsichtsbehörde nach Zustimmung des Reichs-Eisenbahn-Amtes für statthaft erklärt ist. Die Erklärungen, die Urkunden und die Schriftstücke dürfen nur das Frachtgeschäft betreffen."

Eine Reihe von gewichtigen Stimmen verlangen, daß „weitere Erklärungen", namentlich betreffs der Umkartierung in den Frachtbrief aufgenommen werden dürfen.

So sagt ein großes Syndikat:

Die mit der bisherigen Vorschrift gemachten Erfahrungen haben es als dringend notwendig erwiesen, dem Verfrachter die Möglichkeit zu geben, in den Frachtbrief, wenn schon keine Wegevorschrift, so doch eine Frachtberechnungsvorschrift aufzunehmen. Es werden heut in Tausenden von Fällen die direkten regelrechten Tarife durch Umkartierung auf einer Unterwegsstation unter Zuhilfenahme von Ausnahmetarifen (für einen Teil der Gesamtstrecke) unterboten. Die Versandabfertigungsstellen wie die mit der Prüfung der Frachtensätze betrauten Verkehrskontrollen kennen das Vorhandensein solcher billigerer Umexpeditionsmöglichkeiten vielfach gar nicht.

Der Verfrachter erhält allerdings, wenn er den Frachtunterschied zwischen der sogenannten direkten und der indirekten Abfertigung kennt oder in Erfahrung bringt, und nachträglich reklamiert, diesen Unterschiedsbetrag erstattet, von Amtswegen geschieht dies eisenbahnseitig aber nicht. Dieser Zustand führt auch im Widerspruch mit der Bestimmung der Verkehrsordnung, laut welcher die zu Recht bestehenden Tarife für jedermann in derselben Weise anzuwenden sind, zu Ungleichheiten. Denn diejenigen Verfrachter, welche die Vorteile der jeweiligen Umexpedition kennen und die Mehrfracht nachträglich zurückfordern, erlangen solchen Interessenten gegenüber, welche ihren Berechnungen die direkten Frachtsätze zu Grunde legen und auf die Richtigkeit der letzteren bauen, einen Vorsprung, der gegenüber der Vorschrift des § 6 des Entwurfs nicht zu rechtfertigen ist.

Von anderer Seite wird dazu ausgeführt:

Die Eisenbahn muß zwar jetzt schon das Gut auf dem billigsten Wege befördern. Gilt nun von einer Unterwegsstation an ein Ausnahmetarif mit billigeren Frachtsätzen, so wird schon heute durch Umkartierung auf der betreffenden Station die Anwendung des niedrigeren Satzes des Ausnahmetarifs herbeigeführt. Die Aufnahme einer bezüglichen Kartierungsvorschrift in den Frachtbrief ist aber untersagt. Wird also der höhere Tarif für die ganze Strecke der Frachtberechnung zu Grunde gelegt, so müssen jeweils die Beteiligten den Frachtunterschied reklamieren. Das macht viel Weitläufigkeiten, auch für die Eisenbahn. Beantragt wird daher die Aufnahme von Umkartierungsvorschriften in den Frachtbrief; z. B. Station Brauneberg, umzukartieren in Konitz für zulässig zu erklären.

Wir empfehlen diese Anträge dringend der geneigten Berücksichtigung.

Entwurf: „12. Der Absender hat den Frachtbrief mit seinem Namen oder seiner Firma unter Angabe seiner Wohnung zu unterzeichnen. Werden den Frachtbriefen nach Abs. 5 besondere Blätter beigegeben, so ist auch jedes dieser Blätter zu unterzeichnen. Eine im Wege der mechanischen Vervielfältigung hergestellte Unterschrift ist genügend. Der Unterschrift darf die Telegrammadresse des Absenders hinzugefügt werden."

Hierzu wird beantragt, daß der Aufschrift auf dem Frachtbrief außer der Telegrammadresse des Absenders auch dessen Fernsprechnummer hinzugefügt werden kann.

Seitens einer Firma wird dazu noch angeregt, festzulegen, daß die Unterschrift auch durch Typendruck hergestellt werden kann; mechanische Vervielfältigung erklärt ja der Entwurf als zulässig.

Von anderer Seite wird gewünscht, dem ersten Satz die Worte hinzuzufügen: „oder zu unterstempeln".

Wir unterbreiten diese Vorschläge geneigter Erwägung.

§ 56. **Haftung für Angaben im Frachtbrief.**

Entwurf: „Der Absender haftet für die Richtigkeit und Vollständigkeit seiner Angaben und Erklärungen im Frachtbrief und trägt alle Folgen, die aus unrichtigen, ungenauen oder ungenügenden Eintragungen entspringen."

Die Worte „und Vollständigkeit" sowie „ungenauen oder ungenügenden" dürften zu streichen sein, da der Versender mit Fug und Recht doch nur für tatsächlich unrichtige Angaben haften kann, und die Eisenbahn durchgängig in der Lage ist, sich auf andere Weise gegen die Folgen ungenauer und unvollständiger Angaben zu schützen. Die Begriffe „ungenau" und „ungenügend" können leicht zu unverschuldetem Schaden des Absenders ausgelegt werden. Jedenfalls genügt § 254 B.G.B. (Haftung für Schaden wegen Verschuldens); es erscheint eine besondere, soweit gehende Bestimmung in der Eisenbahn-Verkehrsordnung überflüssig. Für

Inhalt und Gewicht der Sendung sind an anderer Stelle ausreichende besondere Bestimmungen getroffen.

§ 57. **Prüfung des Inhalts der Sendungen. Feststellung von Anzahl und Gewicht.**

Entwurf: „1. Die Eisenbahn kann jederzeit die Sendung auf ihre Uebereinstimmung mit dem Frachtbriefe nach Stückzahl, Gewicht und Inhalt prüfen . . .“

Wir beantragen zu diesem Paragraphen den Zusatz, daß die Eisenbahn, falls ihrerseits bei Selbstverladung eine Kontrolle über Stückzahl u. s. w. gegen Entgelt geübt wird, auch die Haftung für etwa in Verlust geratene Stücke übernimmt.

Entwurf: „6. Die Eisenbahn kann die Verwägung der Wagenladungsgüter auf der Gleiswage vornehmen und der Gewichtsberechnung das an den Eisenbahnwagen angeschriebene Eigengewicht zu Grunde legen. Einem Antrage des Verfügungsberechtigten auf Verwägung des leeren Wagens ist zu entsprechen, wenn es ohne erheblichen Zeitverlust geschehen kann. Ergibt diese Verwägung keine größere Abweichung vom angeschriebenen Gewicht als 2 %, so ist die Eisenbahn berechtigt, für die Verwägung die tarifmäßige Gebühr zu erheben.“

Das an den Eisenbahnwagen angeschriebene Eigengewicht stellt sich sehr oft niedriger als das wirkliche Eigengewicht. In den meisten Fällen sind die festgestellten Uebergewichte auf die zu niedrigen Angaben des Eigengewichts der Eisenbahnwagen zurückzuführen.

Wir beantragen daher am Schlusse des ersten Satzes nachzutragen: „falls das Eigengewicht nicht durch besondere Verwägung des leeren Wagens festgestellt wird“ und am Schluß des Absatzes die Zufügung: „Die Feststellung des Eigengewichts des Eisenbahnwagens hat stets und ohne Erhebung der tarifmäßigen Wägegebühr stattzufinden, wenn die Nachwägung des Gutes auf der Gleiswage eine höhere Abweichung als 2 % des im Frachtbrief angegebenen Gewichts ergibt.“

Entwurf: „7. Ergibt die Nachwägung des Gutes auf der Gleiswage keine größere Abweichung als 2 % des im Frachtbriefe angegebenen Gewichts, so ist dieses als richtig anzunehmen.“

Dazu wird folgende Anfügung beantragt:

„Bei solchen Gütern, welche wie insbesondere Steinkohlen, Koks, Briketts u. s. w. in feuchtem Zustande verladen werden und infolgedessen auf dem Beförderungswege Gewichtsverluste durch Abtropfen oder Abdampfen des Wassergehalts erleiden, ist der Absender berechtigt, ein sogenanntes Gutgewicht zu verladen. Das Gutgewicht darf das im Frachtbrief angegebene Gewicht höchstens um 2 % überschreiten und wird zur Frachtberechnung nicht herangezogen."

Die Praxis vieler Zechen, ein Gutgewicht zu verladen, wird jetzt von den Eisenbahnen verschiedentlich geduldet, doch gehen deren Ansichten auseinander. Deshalb muß das Recht auf ein Gutgewicht von 2 % gegenüber dem im Frachtbrief angegebenen Gewicht festgestellt werden. Es wird darauf hingewiesen, daß bei Kohlen häufig höhere Differenzen als 2 % vorkommen, und daß bei österreichischen Eisenbahnen die Strafgrenze sogar erst mit 5 % bemessen ist.

§ 59. **Frachtzuschläge.** (Bleibt noch nach § 53 zu ergänzen.)

Entwurf: 1 c und d.

„c) Bei zu niedriger Angabe des Gewichts einer Wagenladung beträgt der Frachtzuschlag das doppelte des Unterschiedes zwischen der Fracht für das angegebene und der Fracht für das ermittelte Gewicht von der Aufgabe- bis zur Bestimmungsstation;

d) Bei Ueberlastung eines Wagens beträgt der Frachtzuschlag das sechsfache der Fracht von der Aufgabe- bis zur Bestimmungsstation für das Gewicht, das die im § 58, Abs. 2 festgesetzten äußersten Belastungsgrenzen übersteigt. Diese Bestimmung gilt sinngemäß auch für Gegenstände, deren Fracht nicht nach dem Gewichte berechnet wird. Ist z. B. die Fracht nach der Ladefläche zu berechnen, so wird der Frachtzuschlag derart ermittelt, daß die nach der Ladefläche des verwendeten Wagens berechnete Fracht als Fracht für das zulässige höchste Belastungsgewicht angesehen, daraus die Fracht für das Uebergewicht berechnet und der gefundene Betrag dreifach genommen wird."

In dem Entwurf ist bezüglich der Frachtzuschläge eine recht bedeutsame und sehr dankenswerte Aenderung getroffen, insofern, als die Strafe für Ueberlastungen bei der Berechnung der Fracht nach der Ladefläche vom sechsfachen auf das dreifache herabgesetzt ist. Leider ist aber die gleiche Herabsetzung der Strafe für Ueberlastungen für nach dem Gewicht zu berechnende Wagenladungen nicht erfolgt, wie wohl diese mindestens ebenso gerechtfertigt sein würde, sondern es ist der alte, so enorm hohe Satz, das sechsfache beibehalten.

Namentlich bei Rübentransporten ergibt sich die Ueberlastung vielfach aus der Schwierigkeit oder Unmöglichkeit, das genaue Gewicht festzustellen. Auf den größeren Stationen, die eine Eisenbahnwage besitzen, ist ein durchgängiges Wiegen der mit Rüben beladenen Wagen deshalb fast unmöglich, weil bei der Kürze der Beladungszeit ein Hin- und Herrangieren der beladenen Wagen zur

Wage aus technischen Gründen unausführbar ist, auch fehlt die nötige Zeit, oder die Absendung wird dadurch allzusehr verzögert. Noch viel schwieriger aber liegen die Verhältnisse für den Absender auf den meisten, kleineren Stationen, wo überhaupt keine Wage vorhanden ist. Hier ist Angabe des Gewichts in fast allen Fällen nur nach Schätzung und Augenmaß tunlich, eine solche Schätzung ist aber gerade bei Rüben wegen des ihnen anhaftenden Schmutzes außerordentlich schwer. Bei dem besonders im Herbst hervortretenden Wagenmangel muß allen beteiligten Faktoren an einem möglichst schnellen Umlauf der Wagen, also auch an der Vermeidung von Weiterungen durch Abwiegen, gelegen sein. Seitens der Eisenbahnverwaltung sind auch, in Anerkennung dieser Schwierigkeiten und Erfordernisse, viele Zuckerfabriken aufgefordert worden, zu veranlassen, daß in die Frachtbriefe für Rübentransporte ein Gewicht nicht eingeschrieben werde, die Fracht sollte dann nach den auf den Fabriken ermittelten Gewichten berechnet werden. Das erwies sich aber auch meist nicht durchführbar.

Wir beantragen die Herabsetzung der Frachtzuschläge für Ueberlastungen auch für die Berechnung der Fracht nach dem Gewicht auf das dreifache in Aussicht zu nehmen. Außerdem wird die Aufnahme einer Vorschrift in die Verkehrsordnung gewünscht, daß das bei festgestellter Ueberlastung abgeladene Gut dem Absender oder Empfänger unter Benachrichtigung seitens der Eisenbahnverwaltung bis zu einer angemessenen Frist zur Verfügung gestellt oder möglichst auf gleichartige Ladungen gegen Kostenerstattung übergeladen und so dem Empfänger zugestellt, nicht aber ohne weiteres verkauft wird.

Entwurf: „2. Ein Frachtzuschlag darf nicht erhoben werden:

a) bei unrichtiger Gewichtsangabe und bei Ueberlastung, wenn der Absender im Frachtbriefe die Verwägung verlangt hat;

b) bei einer während der Beförderung eingetretenen Gewichtszunahme ohne Ueberlastung, wenn der Absender nachweist, daß die Gewichtszunahme auf Witterungseinflüsse zurückzuführen ist.

Es ist unerfindlich, wie der Absender den Nachweis, daß eine während der Beförderung eingetretene Gewichtszunahme auf Witterungseinflüsse zurückzuführen ist, anders erbringen soll, als daß er bei Aufgabe des Gutes dessen Gewicht bahnamtlich feststellen läßt. Das geschieht aber nach § 57, Abs. 2 und 3 bei Stückgütern und Wagenladungen, die von der Eisenbahn verladen werden, ohne weiteres, und somit würde die Vorschrift genügen, daß für Wagenladungen, die vom Absender mit Gütern verladen werden, bei denen die Möglichkeit einer Gewichtszunahme durch

Witterungseinflüsse vorhanden ist, die bahnseitige Feststellung des Gewichts bei Aufgabe zu erfolgen habe. Der Bestimmung, daß ein Frachtzuschlag nicht erhoben werden darf bei unrichtiger Gewichtsangabe und bei Ueberlastung, wenn der Absender im Frachtbrief die Verwiegung verlangt hat, sollte hinzugefügt werden: „oder im Frachtbrief kein Gewicht angegeben hat“.

In demselben Sinne erklärt ein Hüttenwerk: Es müßte in Konsequenz von § 59, 2a auch dann kein Frachtzuschlag erhoben werden, wenn bei unterlassener Angabe des Gewichts im Frachtbrief eine Ueberlastung vorliegt, denn das Fehlen der Gewichtsangabe sei einem Verlangen auf Verwiegung gleichzuachten. Auch an und für sich sollte eine Ueberlastung bei fehlender Gewichtsangabe nicht ungünstiger beurteilt werden, als bei unrichtiger Gewichtsangabe und einem Antrage auf bahnseitige Verwiegung.

Ein Eisenwerk bemerkt: Die Fassung des Paragraphen gibt der Eisenbahn ein Recht, einen Frachtzuschlag von dem Doppelten des Frachtunterschiedes zu erheben, auch wenn nur ein Irrtum vorliegt, der vom Absender alsbald berichtigt wird. Es empfiehlt sich, für derartige Fälle eine Befreiung vorzusehen.

Wir empfehlen diese Wünsche zu gefälliger Berücksichtigung.

Entwurf: „3. Der Frachtzuschlag ist verwirkt, sobald der Frachtvertrag abgeschlossen ist (§ 60). Zur Zahlung des Zuschlags ist der Absender verpflichtet. Nach Ablieferung des Gutes haftet für den Zuschlag neben dem Absender auch der Empfänger gemäß § 75, Abs. 4.“

Der Satz 3 des Absatzes 3 gibt zu Bedenken Anlaß.

Es wäre unbillig, den Empfänger für Zuschläge haften zu lassen, die nicht aus dem Frachtbrief hervorgehen, die vielmehr erst nach Annahme des Gutes von ihm verlangt werden; anscheinend ist dies aber auch nicht der Zweck dieser Vorschrift, da auf § 75, Abs. 4 verwiesen wird, nach dieser Bestimmung der Empfänger des Gutes aber nur nach Maßgabe des Frachtbriefes Zahlung zu leisten hat. Eine Klarstellung des Inhalts des Satzes 3, Abs. 3, § 59 erscheint notwendig. (Vergl. Staub, Handelsgesetzbuch 7 A., Seite 1533, Nr. 5.)

§ 60. **Abschluß des Frachtvertrages.**

Entwurf: „1. Der Frachtvertrag ist abgeschlossen, sobald die Versandstation das Gut mit dem Frachtbriefe zur Beförderung angenommen hat. Als Zeichen der Annahme ist dem Frachtbriefe der Tagesstempel der Abfertigungsstelle aufzudrücken. Mit diesem Stempel ist auch jedes der nach § 55, Abs. 5 dem Frachtbrief etwa angefügten Blätter zu versehen.“

Es sind wiederholt Zweifel darüber entstanden, wann bei Wagenladungen der Frachtvertrag als abgeschlossen gilt, ob schon bei Uebernahme des Frachtbriefes nach erfolgter Verladung, selbst wenn der Annahmebeamte den Wagen noch nicht plombiert hatte, oder erst nach Abstempelung des Frachtbriefes. Es wird die Auffassung vertreten, daß man hier einen Unterschied machen sollte zwischen Stückgut, welches auf dem Güterboden, also an der amtlichen Annahmestelle übergeben wird, und Wagenladungen, welche der Lademeister bezw. dessen Vertreter auf den öffentlichen Ladegleisen oder den Uebergabestellen bei Anschlußgleisen übernimmt. Im letzteren Falle sollte der Frachtvertrag mit dem Augenblick der Uebergabe des Frachtbriefes an den amtlich bestellten Uebernahmebeamten als abgeschlossen gelten, da damit tatsächlich die Sendung zur Beförderung übernommen ist. Eine entsprechende Ergänzung des Absatzes 1 ist erwünscht.

Zu Abs. 1 beantragen wir ferner: Nach „Tagesstempel der Abfertigungsstelle aufzudrücken" die Hinzufügung: „Was auf Verlangen des Absenders in dessen Gegenwart zu erfolgen hat."

Abs. 4 lautet: „Bei den vom Absender verladenen Gütern dienen die Angaben des Frachtbriefes über das Gewicht und die Anzahl der Stücke nur dann als Beweis gegen die Eisenbahn, wenn sie die Stücke nachgewogen oder nachgezählt und dies im Frachtbrief beurkundet hat."

Nach § 57, Abs. 4 kann nun die Eisenbahn die Feststellung von Stückzahl und Gewicht ablehnen, wenn sie nach den vorhandenen Einrichtungen nicht ohne erheblichen Zeitverlust möglich ist. Es erscheint uns als eine einfache Konsequenz einer solchen Ablehnung, daß die Eisenbahn in diesem Falle die Angaben des Frachtbriefes gegen sich gelten läßt. Nach unserer Ansicht sollte deshalb dem Abs. 4 angefügt werden:

„oder die Eisenbahn die Feststellung von Stückzahl und Gewicht gemäß § 57, Abs. 4 abgelehnt hat".

Entwurf: „8. Auf Verlangen des Absenders ist der Empfang des Gutes auch in anderer Form, z. B. durch Unterstempelung eines Eintrags in einem Quittungsbuche zu bescheinigen. Eine solche Bescheinigung hat nicht die Bedeutung eines Frachtbriefduplikats oder eines Aufnahmescheins."

Wir erbitten eine Abänderung des Absatzes 8 dahin:

„Auf Verlangen des Absenders ist der Empfang des Gutes auch in anderer Form, z. B. durch Unterstempelung eines Eintrages in einem Quittungsbuche zu bescheinigen, auch ist die Eisenbahn auf Verlangen gehalten, dem Absender monats- oder wochenweise eine beglaubigte Nachweisung über die von ihm versandten Güter gegen Vergütung der Kosten zu liefern."

Solche periodische Kontrolle hat sich zur Verhütung von Unterschleifen des Ladepersonals auf größeren Werken und Zechen vielfach als wünschenswert erwiesen.

Von zahlreichen Industriellen und industriellen Verbänden wird der Wunsch nach Streichung des zweiten Satzes des Absatzes 8 beantragt, so daß also die Eintragung in ein Quittungsbuch die Bedeutung eines Frachtbriefduplikats erhält. Da das Frachtbriefduplikat in seiner rechtlichen Wirkung nur Beschränkungen des Absenders ermöglicht, diese aber nur in der Weise geltend gemacht werden können, daß der Absender das Frachtbriefduplikat aus seinen Händen gibt, was der Bestimmung der Quittungsbücher und ähnlicher Einrichtungen widerspricht, so haben wir Bedenken getragen, diese Anträge zu befürworten, wollten aber nicht verfehlen, von diesen weitverbreiteten Wünschen Kenntnis zu geben.

§ 61. **Verpackung und Bezeichnung.**

Entwurf: „5. Der Eisenbahn bleibt überlassen, für Güter, die nicht zu den in § 53, Abs. 2 A aufgeführten gehören, mit Genehmigung der Landesaufsichtsbehörden nach Zustimmung des Reichs-Eisenbahn-Amts durch den Tarif einheitliche Verpackungsvorschriften zu treffen."

Der Einfügung dieses zur Zeit nicht bestehenden Absatzes betreffs Erlasses einheitlicher Verpackungsvorschriften für bestimmte Güter wird verschiedentlich widersprochen. Der Eisenbahn sollten die Vorschriften genügen, wonach sie jedes nicht gehörig verpackte Gut zurückweisen kann. Einheitliche Verpackungsbestimmungen werden schwer so zu fassen sein, daß sie wirklich für alle Fälle passen und nicht im einzelnen schwer belästigend wirken. Außerdem befürchten wir, daß sich hier eine Verschiedenheit der Auffassung der einzelnen Eisenbahn-Verwaltungen ergeben wird, die dem Grundsatze des einheitlichen deutschen Verkehrsgebietes zuwider ist und zu sehr unangenehmen Weiterungen für die Industrie, die über die Strecken verschiedener Verwaltungen expedieren muß, führen wird. Auch könnte hier sich die Möglichkeit einer verschiedenen Behandlung gleicher Fabriken durch die einzelnen Verwaltungen ergeben.

Wir möchten daher die Streichung des Abs. 5 beantragen.

§ 62. **Annahme.**

Entwurf: „4. Die Bereitstellung der Wagen für Güter, die der Absender zu verladen hat, muß für einen bestimmten Tag nachgesucht werden. Bei Bestellung der Wagen kann die Eisenbahn eine dem Wagenstandgelde für einen Tag gleichkommende Sicherheit verlangen. Können mindestens drei Tage vorher bestellte Wagen nicht bereitgehalten werden, so ist der Besteller hiervon kostenfrei zu benachrichtigen. Erfolgt diese Benachrichtigung nicht vor dem Tage, für den die Wagen bestellt waren, oder werden fest zugesagte Wagen nicht rechtzeitig gestellt, so hat die Eisenbahn die Kosten der vergeblich versuchten Auflieferung, mindestens aber den Betrag des Wagenstandgeldes für einen Tag zu erstatten."

Die neue Fassung scheint die Bezahlung von Wagenstandsgeld an den Besteller, falls er fest zugesagte Wagen nicht rechtzeitig erhält, mehr oder weniger auszuschließen. Tritt die neue Bestimmung in Kraft, so hat die Eisenbahnverwaltung dem Besteller entweder die Kosten der vergeblich versuchten Auflieferung zu bezahlen, oder, falls die Kosten der Auflieferung hinter dem Betrage des Wagenstandsgeldes zurückbleiben, das Wagenstandsgeld für mindestens einen Tag. Nach der bisherigen Bestimmung (§ 56, Abs. 7, letzter Satz) hatte der Besteller der Wagen, wenn die Gestellung der Wagen erst mehrere Tage später erfolgte, einen Anspruch auf das Wagenstandsgeld für diese Zeit. Unseres Erachtens wird mit Recht darauf hingewiesen, daß besonders im Massenspeditionsverkehr mit der neuen Bestimmung eine Verschlechterung der Lage des Bestellers gegenüber der Eisenbahnverwaltung verbunden sein kann.

Wie wenig aber eine weitere Einschränkung der Entschädigungspflicht der Eisenbahn mit den tatsächlichen Verhältnissen und Wünschen in Einklang steht, geht aus Anregungen hervor, wonach die seitens der Eisenbahnverwaltung zu zahlende Entschädigung im Falle nicht rechtzeitiger Gestellung der Wagen, nicht nur dem Wagenstandsgeld entsprechend, sondern noch höher bemessen werden soll, da die bisherige Bestimmung das Interesse der Wagenbesteller nicht genügend schütze.

Auch bedarf dieser Absatz der Klarstellung darüber, ob die Benachrichtigung als erfolgt anzusehen sein soll bereits mit dem Schreiben einer Postkarte seitens der Station, oder erst mit dem Eintreffen dieser Postkarte. Dem Verkehrsinteresse ist nur gedient, wenn die Benachrichtigung an dem Tage vor dem beabsichtigten Versandtage eintrifft. Es wird also die Fassung empfohlen: „Erhält der Besteller eine Benachrichtigung nicht vor dem ꝛc." Wünschenswert ist ferner eine Ergänzung der Vorschriften dieses Absatzes dahin, daß in der Verkehrsordnung eine Bestimmung Aufnahme finde, welche Versendern mit großem Wagenbedarf die Möglichkeit gewährt, die angeforderten Wagen in täglichen den Lademöglichkeiten und Einrichtungen der Werke entsprechenden Verhältnissen Rechnung tragenden Raten gestellt zu erhalten.

Werden die angeforderten Wagen nicht gestellt, so ist dringend erwünscht, daß diese am nächsten Tage nachzuliefern sind, sofern der Besteller auf die Anlieferung ausdrücklich verzichtet. Wir bitten daher im Absatz 4 nicht dem dritten Satz folgende Worte anzufügen: „und sind diesem die nicht gestellten Wagen, ohne weitere nochmalige Bestellung möglichst bald zu stellen."

Entwurf: „5. Die Verladung durch den Absender hat in der Regel während der Dienststunden zu erfolgen; sie muß binnen der festgesetzten Frist, die durch Aushang und in einem Lokalblatte bekannt zu machen ist, vollendet sein. Wird die Frist überschritten oder wird der wegen Unrichtigkeit oder Unvollständigkeit beanstandete Frachtbrief nicht innerhalb der Ladefrist berichtigt, so ist das tarifmäßige Wagenstandgeld zu zahlen. Auch kann die Eisenbahn, wenn die Frist um mehr als 24 Stunden überschritten wird, auf Kosten des Absenders das Gut ausladen und auf Lager nehmen."

6. Der Lauf der Fristen in den Abs. 3 und 5 ruht an Sonn- und Festtagen sowie für die Dauer einer zoll- oder steueramtlichen Abfertigung, soweit diese nicht durch den Absender verzögert ist. Der Absender hat die Dauer der Abfertigung nachzuweisen."

Abs. 5. Wir beantragen hinter den Worten: „binnen der festgesetzten Frist" einzuschieben: „die mindestens 6 Tagesstunden betragen muß", und ferner nach den Worten „vollendet sein" den Zusatz: „Die Mittagszeit von 12—2 Uhr ist nur mit einer Stunde in Anrechnung zu bringen."

Eine einigermaßen entsprechende Frist für Beladung und Entladung (§ 79) ist für einen geordneten Betrieb durchaus notwendig.

Es ist eine vielseitige Beschwerde, daß von der Eisenbahn den Anschlußgeleiseeignern eine viel kürzere Ladefrist vorgeschrieben wird als den sonstigen Verladern. Die gewöhnlich 12 Stunden betragende Be- und Entladungsfrist wird nur für den gewöhnlichen Ladeverkehr auf den Freiladegeleisen zugestanden, während für den Ladeverkehr, der sich auf den Privat-Geleiseanschlüssen abwickelt, sehr viel kürzere Fristen gewährt werden. So kommt es, daß wenn z. B. jemand von den Freiladegeleisen auch nur einen einzigen Wagen abzufertigen hat, er hierzu eine Frist von gewöhnlich 12 Stunden genießt, während ein Anschlußgeleis-Inhaber, der oftmals eine Menge Wagen auf einmal abfertigen muß, kaum halb so viel Zeit zugebilligt erhält.

Geklagt wird insbesondere noch darüber, daß häufig nicht rechtzeitig gelieferte Wagen später zusammen, mehrere auf einmal, gestellt werden, die dann das betreffende Unternehmen in der ihm gestellten sechsstündigen Frist unmöglich be- und entladen kann. Auch wird Beschwerde geführt, daß die Stunden der Zustellung am Tage oft ungünstig seien, und gebeten, daß zum Verladen von schweren Gegenständen von 5—10000 kg eine zwölfstündige Ent- und Beladefrist gewährt wird.

Für Waggons, die über Sonntag oder gesetzliche Feiertage stehen bleiben müssen, weil sie am Samstag nachmittag aus besonderen Gründen nicht beladen werden konnten, dürften keine Standgelder berechnet werden.

§ 63. **Zoll-, Steuer-, Polizei- und statistische Vorschriften.**

Entwurf: „1. Die Eisenbahn ist nicht verpflichtet, diese Papiere (Begleitpapiere) auf ihre Richtigkeit und Vollständigkeit zu prüfen."

Die völlige Befreiung der Eisenbahn von der Pflicht, die Richtigkeit und Vollständigkeit der Begleitpapiere zu prüfen, geht zu weit; vielfach ist die Art der Abfertigung (Verkehrsleitung 2c.) für die Art der beizugebenden Begleitpapiere maßgebend. Auch ist die Eisenbahn infolge der ihr zukommenden besseren Sachkenntnis weit mehr in der Lage, in dieser Hinsicht sicher zu urteilen, allerdings kann sie diese Prüfung nur nach Maßgabe des Frachtbriefes vornehmen. Es wird daher folgender Wortlaut empfohlen:

„Der Eisenbahn liegt eine Prüfung der Richtigkeit und Vollständigkeit der Begleitpapiere nur nach Maßgabe des Frachtbriefes ob."

Laut 4. ist, wie schon in der bisherigen Verkehrsordnung, bestimmt, daß eine Benachrichtigung des Absenders nicht erforderlich ist. Es wird für manchen Fall eine solche Benachrichtigung aber recht wünschenswert und zweckdienlich sein, und diesem Mangel ist durch einen Nachsatz abzuhelfen:

„Kann aber auf Antrag gegen Kostenerstattung erfolgen."

§ 64. **Verwendung bedeckter oder offener Wagen.**

Entwurf: „1. Der Absender ist, wenn nicht Bestimmungen dieser Ordnung oder Zoll-, Steuer- oder polizeiliche Vorschriften oder zwingende Gründe des Betriebs entgegenstehen, berechtigt, im Frachtbriefe zu verlangen:

1. daß nach dem Tarif in offenen Wagen zu befördernde Güter in gedeckten Wagen befördert werden;
2. daß nach dem Tarif in bedeckten Wagen zu befördernde Güter in offenen Wagen befördert werden.

2. Im ersteren Falle kann die Eisenbahn einen im Tarife festzusetzenden Frachtzuschlag erheben.

3. Ob und unter welchen Bedingungen auf Antrag des Absenders im Frachtbriefe Decken für offene Wagen mietweise überlassen werden, bestimmt der Tarif."

Es wird der Zusatz empfohlen, daß die Eisenbahn, falls keine bedeckten Wagen verfügbar sind, und infolgedessen die Güterbeförderung in offenen Wagen geschehen muß, die volle Verantwortung für etwaige auf der Reise an den verladenen Gütern entstandenen Schäden zu tragen hat.

Es empfiehlt sich ferner an dieser Stelle die Aufnahme einer Bestimmung, daß beim Fehlen bedeckter Wagen auf Wunsch des Verladers offene Wagen mit Decken zur tarifmäßigen Beförderung des Gutes gestellt werden, wenn Decken auf der Verladestation vorhanden sind. Eine besondere Miete für die Decken, wie sie bisher erhoben wird, müßte in diesem Falle wegfallen.

§ 65. Art und Reihenfolge der Beförderung.

Entwurf: „2. Die Eisenbahn hat die Abfertigung vorzunehmen, die nach den Tarifen den billigsten Frachtsatz und die günstigsten Beförderungsbedingungen bietet. Der Absender kann im Frachtbriefe das Zoll- oder Steueramt für die zoll- oder steueramtliche Abfertigung und die Station vorschreiben, wo eine etwa nötige polizeiliche Prüfung stattfinden soll. Auch kann er bei Eilgütern den Beförderungsweg vorschreiben. Solche Frachtbriefvorschriften muß die Eisenbahn beachten; sie kann aber die Fracht für den vorgeschriebenen Weg verlangen. Andere Wegevorschriften sind ungültig."

Wenn auch die Zusatzbestimmung 13 zu § 51 der geltenden Verkehrsordnung, durch welche Abfertigungsvorschriften in den Frachtbriefen über Frachtgut ausdrücklich verboten sind, nicht in dem Entwurf übernommen wurde, so schließt dieser doch nach wie vor Frachtberechnungsvorschriften im Frachtbriefe aus (§ 55, 11). Wie notwendig es jedoch ist, dem Versender die Möglichkeit zu geben, sich durch eine Vorschrift im Frachtbriefe die billigste Fahrt zu sichern, erhellt schon daraus, daß die Eisenbahndienststellen durch die allgemeinen Abfertigungsvorschriften angewiesen sind, die direkten Tarife anzuwenden, wenn solche zwischen der Versandstation und der Empfangsstation bestehen. Die Erzielung billigerer Frachten als der direkten durch Umkartierung auf einer mit Ausnahmetarifen ausgerüsteten Unterwegsstation ist hiernach geradezu ausgeschlossen, wenn jedesmal der Reklamationsweg beschritten werden soll. Ferner ist in den allgemeinen Abfertigungsvorschriften vorgeschrieben, daß bei fehlenden direkten Tarifen in der Regel die Abfertigung auf die in der Beförderungsrichtung weitestgelegene Station, nach welcher direkte Frachtsätze vorhanden sind, zu bewirken ist. Hierdurch wird die Anwendung des Umkartierungstarifs auf weitere Entfernungen, womit größere Vorteile verbunden sind, zum Nachteil des Verfrachters wesentlich beschränkt.

Es erscheint sonach in diesem Sinne die Zulassung von Frachtberechnungsvorschriften notwendig.

§ 67. Berechnung der Fracht. Provision.

Entwurf: „3. Die Eisenbahn darf für die Auslagen die tarifmäßige Provision erheben; provisionsfrei sind die von der Eisenbahn nachgenommenen Roll- und Frachtgelder, Portoauslagen und Gebühren.“

Sehr allgemein ist der Wunsch, es möchte die Fracht in einer Steigerung von 5 zu 5 kg zur Berechnung gelangen und von dem bisherigen System, angefangene Kilogramm auf 10 kg aufzurunden, abgegangen werden.

Gewisse Ausnahmetarife werden jetzt nur dann gewährt, wenn das Ladegewicht des Wagens voll ausgenützt wird. Es kommt nun vor, daß jemand Ladung für einen 10-Tonnenwagen hat, einen solchen bestellt, jedoch einen größeren Wagen bekommt, da die Eisenbahn einen Wagen der bestellten Art nicht zur Verfügung hat. Auch in solchen Fällen, in denen also an der Nichtausnützung des Ladegewichts lediglich die Eisenbahn die Schuld trägt, wird die Anwendung der fraglichen Ausnahmetarife verweigert. Das scheint uns eine offenbare Ungerechtigkeit zu sein. Geholfen wäre, wenn der Antrag:

„Durch die Lieferung anderer als der bestellten Wagen soll für den Absender oder Empfänger ein Nachteil in der Frachtberechnung nicht entstehen.“

von den Eisenbahnverwaltungen angenommen würde. Der § 67 wäre wohl der geeignete Platz für die Aufnahme einer solchen Bestimmung. Die Erfüllung dieses Wunsches ist um so eher zu gewärtigen, als soeben die Dienststellen der Eisenbahnverwaltungen in dankenswerter Weise angewiesen sind, in Bemessung des neuen Frachturkundenstempels, den Verfrachter, den Wagen von größerer Tragfähigkeit als 10 t verwendet, nicht ungünstiger zu behandeln als bei der Verwendung von 10-Tonnenwagen. Namentlich soll das Ladegewicht des angeforderten, nicht aber des gestellten Wagens der Stempelberechnung zu Grunde gelegt werden, wenn der Verfrachter den gewünschten Wagen nicht, z. B. statt des angeforderten 10-Tonnenwagens einen 15-Tonnenwagen gestellt bekommen hat.

§ 68. Zahlung der Fracht.

Entwurf: „2. In allen anderen Fällen hat der Absender die Wahl, ob er die Fracht bei Aufgabe des Gutes zahlen (Frankatur) oder auf den Empfänger überweisen will (Ueberweisung). Es ist gestattet auf die Fracht einen beliebigen Teil als Frankatur anzuzahlen.

3. Will der Absender die Sendung frankieren, so hat er dies im Frachtbrief an der vorgeschriebenen Stelle zu erklären.

4. Fügt der Absender seiner Frankaturerklärung keine Einschränkung bei, so verpflichtet er sich zur Zahlung der ganzen

Fracht einschließlich der Gebühr für die Angabe des Interesses an Lieferung (§ 91) sowie aller Nebenkosten, die nach dieser Ordnung und dem Tarif auf der Versandstation zur Berechnung kommen (unbeschränkte Frankatur)."

Der Entwurf beseitigt nicht die Möglichkeit der bisher vielfach geübten Praxis, daß Fracht und sonstige auf der Versandstation zur Berechnung kommende Kosten trotz der Frankaturvorschrift auf dem Frachtbriefe vom Empfänger eingezogen werden, wenn die Eisenbahn die Einziehung vom Absender aus Versehen oder aus irgend einem anderen Grunde unterlassen hat. Es empfiehlt sich daher eine entsprechende Ergänzung des § 68. Im übrigen verweisen wir auf unsere Anträge zu § 54 (S. 8 dieser Eingabe).

§ 72. **Nachträgliche Verfügungen des Absenders.**

Entwurf: „1. Der Absender kann verfügen, daß das Gut auf der Versandstation zurückgegeben, unterwegs angehalten oder an einen anderen Empfänger am Bestimmungsort oder an einem anderen Ort ausgeliefert oder an die Versandstation zurückgesandt werde . . .

2. Ferner kann die Eisenbahn durch den Tarif Verfügungen des Absenders zulassen wegen nachträglicher Auflage, Erhöhung, Minderung oder Zurückziehung von Nachnahmen und wegen nachträglicher Frankierung.

3. Andere Verfügungen des Absenders sind unzulässig.

4. Die Verfügungen müssen sich auf die ganze Sendung beziehen. Sie sind schriftlich unter Verwendung des Musters der Anlage H bei der Versandstation einzureichen.

6. Die Eisenbahn kann, wenn die nachträgliche Verfügung nicht durch ihr Verschulden veranlaßt ist, für deren Ausführung neben Erstattung der erwachsenden Fracht- und Nebengebühren sowie etwaiger Auslagen eine im Tarife festzusetzende Gebühr verlangen."

Die Eisenbahn ist nicht verpflichtet, die Verfügungen des Absenders über das Gut, soweit diese ihr nicht durch Vermittelung der Versandstation zugekommen sind, zu beachten. Diese Bestimmung nimmt nicht ausreichende Rücksicht auf die Dringlichkeit, welche in der Regel derartigen Verfügungen des Absenders zu Grunde liegt, und vermehrt die Gefahr, die durch letztere abgewendet werden soll. Die Vermittelung der Versandstation erfordert vielfach einen solchen Zeitaufwand, daß der Zweck der Verfügungen des Absenders geradezu vereitelt wird.

Kann auf die Prüfung der Legitimation dessen, der die Anweisung erteilt, nicht verzichtet werden, so sollte doch in die Verkehrsordnung die Bestimmung aufgenommen werden, daß bei Anweisungen des Absenders, die unmittelbar bei der Empfangsstation eingehen und einen Grund zu Zweifeln an der Richtigkeit nicht bieten, die Auslieferung des Gutes wenigstens bis zum Eingang einer besonders zu veranlassenden Legitimationsprüfung auszusetzen ist, sofern der Absender zur Sicherheitsleistung bereit und imstande ist.

Wenn die Sendung bei einer Umadressierung die direkte Route von der Abgangsstation zu der neuen endgültigen Empfangsstation nicht verlassen hat, so dürfte es angemessen sein, daß für diese Sendung auch nur die für eine direkte Abfertigung bis zu der neuen Empfangsstation feststehende Fracht erhoben wird.

Wenn die Sendung durch die unterwegs erfolgende Umadressierung einen weiteren Weg machen muß, sollte die Fracht in der Weise berechnet werden, daß die Kilometerzahlen von der Versandstation bis zur Umexpedierungsstation und von letzterer zu der endgültigen Empfangsstation addiert werden und für diese Gesamtzahl der Kilometer die Fracht nach dem von der Abgangsstation gültigen Ausnahmetarife berechnet wird, so daß also unter allen Umständen auch die Strecke von der Umexpedierungsstation bis zur Empfangsstation die Vergünstigung des von der Abgangsstation gültigen Ausnahmetarifs genießt.

Voraussetzung ist hierbei natürlich, daß die neue Empfangsstation in dem von der Abgangsstation gültigen Ausnahmetarif einbegriffen ist.

Besonders Kohlensendungen werden häufig durch ungünstige Frachtberechnung betroffen. Es wird gewünscht, daß in solchen Fällen der direkte Frachtsatz von der ersten Versandstation nach der endgültigen Bestimmungsstation in Anwendung gebracht wird, zuzüglich einer mäßigen Gebühr für die Abänderung der Frachtberechnung im Betrage von vielleicht 1 Mark für den Wagen und zuzüglich der tarifmäßigen Rangiergebühren, falls die Umkartierung die Unterbrechung der durchgehenden Beförderung notwendig machen sollte.

Wenn die Weitersendung des Gutes nach einer Bestimmungsstation verfügt wird, nach der der Beförderungsweg von der ersten Versandstation aus nicht über den vom Gute tatsächlich eingeschlagenen Weg führt, dieser also länger als jener ist, erscheint zur Vermeidung der durch die Erhebung der vollen Umkartierungsfrachten verursachten unverhältnismäßig hohen Mehrfrachten gleichfalls die Gewährung durchgehender Frachtberechnung auf Grund der von der ersten Versandstation für das betreffende Gut bestehenden Kilometertariftabellen angezeigt, wobei selbstverständlich der Tarifsatz nach der Entfernung der vom Gute wirklich befahrenen Strecke zu ermitteln sein würde.

§ 74. **Lieferfrist.**

Entwurf: „1. Die Lieferfristen sind durch den Tarif festzusetzen und dürfen nachstehende Höchstfristen nicht überschreiten:

a) für beschleunigtes Eilgut:

1. Abfertigungsfrist . . . . $1/2$ Tag,
2. Beförderungsfrist für je angefangene 300 km $1/2$ Tag;

b) für Eilgut:

1. Abfertigungsfrist . . . . 1 Tag,
2. Beförderungsfrist für je angefangene 300 km 1 Tag;

c) für Frachtgut:

1. Abfertigungsfrist . . . . 2 Tage,
2. Beförderungsfrist bei einer Entfernung bis zu 100 km . . . . 1 Tag,
   bei größeren Entfernungen für je angefangene weitere 200 km . . . . 1 Tag.

4. Für beschleunigtes Eilgut, das im Laufe des Vormittags aufgeliefert wird, beginnt die Lieferzeit um 12 Uhr mittags; im übrigen beginnt die Frist mit der auf die Annahme des Gutes folgenden Mitternacht.

7. Ist der auf die Auflieferung des Gutes folgende Tag ein Sonntag oder Festtag, so beginnt bei gewöhnlichem Frachtgute die Lieferfrist 24 Stunden später."

Hier fordern zahlreiche gewichtige Stimmen eine Abkürzung der Fristen.

Wir beantragen die Höchstfristen angesichts der Fortschritte, die auf dem Gebiete der Güterbeförderung und in der Abfertigung gemacht worden sind, wie folgt festzusetzen:

a) für beschleunigtes Gut:

1. Abfertigungsfrist . . . . $1/2$ Tag,
2. Beförderungsfrist für je angefangene 300 km $1/2$ Tag;

b) für Eilgut:

1. Abfertigungsfrist . . . . $1/2$ Tag,
2. Beförderungsfrist für je angefangene 300 km 1 Tag;

c) für Frachtgut:

1. Abfertigungsfrist . . . . 1 Tag,
2. Beförderungsfrist für je angefangene 200 km 1 Tag.

Wir weisen darauf hin, daß es jetzt vorkommen kann, daß die Eisenbahn für Güter, die am Sonnabend vormittag aufgeliefert werden, da der Sonnabend und der folgende Sonntag nicht mitzählen, noch am Montag und Dienstag Abfertigungsfrist hat, also fast 4 Tage. Es erscheint ungerechtfertigt, daß bei einem früh morgens aufgelieferten Gut der erste Tag gar nicht mitzählt.

Insbesondere sollte für Frachtgüter „mit versicherter Lieferfrist" die Abfertigungsfrist erheblich ermäßigt werden, was um so gerechtfertigter sein dürfte, als die Eisenbahn für solche Güter Sonderkosten berechnet, für die sie auch zu einer Gegenleistung verpflichtet werden sollte. Weit wichtiger als eine Schadenersatzleistung ist für die Industrie die **Gewährleistung der rechtzeitigen Ankunft der Güter**, die zweifelsohne eher zu erreichen ist, wenn die Bahn sich mit einer kürzeren Abfertigungsfrist begnügen muß. Besonders wird noch angeregt, daß die Lieferfrist für Frachtgüter mit versicherter Lieferfrist nur um 24 Stunden verlängert werden soll, wenn dem Tage der Auflieferung mehrere Festtage folgen.

Wir möchten an dieser Stelle noch einer besonderen Anregung Raum geben, nämlich der Schaffung von **Eisenbahn-Normalpaketen** bis zu 10 kg, mit einheitlichem oder in wenige Zonen durch ganz Deutschland abgestuftem Preise, die als Frachtgut befördert werden sollen. Solche Eisenbahnpakete gibt es in Frankreich, das in dieser Beziehung, während im allgemeinen gewiß das deutsche Eisenbahn- und Postwesen als dem französischen überlegen angesehen werden muß, uns voran ist, und soeben einen weiteren Schritt zur Verbesserung der Verhältnisse vorbereitet. Der Verkehrsminister Herr Barthou hat, nach langen Verhandlungen mit den Eisenbahngesellschaften, dem Parlament einen Entwurf unterbreitet, in dessen Besprechung das Pariser „Journal des Transports" zu dem Schlüß kommt: „Nur in Frankreich wird man zugleich Postpakete von 3, 5 und 10 kg senden können, mit der Möglichkeit der Beförderung gegen Rückzahlung, Wertdeklaration, Entschädigung für Verlust, Havarie oder Beraubung, Verantwortlichkeit des Transportführers im Falle der Verzögerung, und in Streitfällen der leicht zugänglichen und wenig kostspieligen Gerichtsbarkeit der Friedensrichter unterliegend. Nirgends anderwärts finden sich diese Bequemlichkeiten in demselben Grade und derselben Art vereinigt . . . Auch würde man bei uns nicht, ohne zu diskutieren, den deutschen Zonentarif annehmen." Die französischen Postpakete bis 10 kg genießen einen einheitlichen Preis durch das ganze Land. In Frankreich sind die Eisenbahnen noch zu $^{11}/_{12}$ im Privatbesitz. Kann dort die Regierung im Verein mit den Eisenbahngesellschaften solche Verkehrserleichterungen für das Publikum durchführen, so müßte das in Deutschland unter dem Staatsbahnsystem noch weniger Schwierigkeiten machen.

§ 75. **Ablieferung des Gutes.**

Entwurf: „5. Die Empfangsbahn hat bei der Ablieferung alle durch den Frachtbetrag begründeten Forderungen, wie Fracht, Nebengebühren, Nachnahme, Zollgelder und andere Auslagen einzuziehen. Auch hat sie erforderlichenfalls das Pfandrecht an dem Gute geltend zu machen.

Wir beantragen nach dem Worte „Forderungen" einzuschieben: „soweit sie nicht laut Frachtbrief oder der Bestimmung dieser Ordnung vom Absender zu tragen sind".

Es ist u. E. im Handelsgesetzbuch, besonders in den §§ 435 und 436 nicht begründet, daß Kosten, die nach dem Inhalte des Frachtvertrages, namentlich nach Maßgabe des Frachtbriefes bezw. der Verkehrsordnung vom Absender zu zahlen sind, vom Empfänger unter Geltendmachung des Pfandrechts erhoben werden, lediglich um dem Frachtführer die Einziehung der Beträge zu erleichtern. Es ergeben sich daraus vielfach nicht gerechtfertigte Nachteile für den Empfänger des Gutes.

§ 77. **Zuführung der Güter.**

Entwurf: „2. Die Empfänger sind auch auf den Stationen, wo die Eisenbahn die Zuführung bewirkt, berechtigt, ihre Güter selbst abzuholen oder sie durch andere als die von der Eisenbahn bestellten Fuhrunternehmer abholen zu lassen. Wollen sie von diesem Rechte Gebrauch machen, so haben sie es der Abfertigungsstelle vor der Ankunft des Gutes schriftlich anzuzeigen. Die Eisenbahn kann jedoch im allgemeinen Verkehrsinteresse mit Genehmigung der Landesaufsichtsbehörde dieses Recht beschränken oder aufheben."

Es wird der Wunsch ausgesprochen, daß das Recht des Empfängers, die Güter selbst abzuholen, unter keinen Umständen beschränkt oder aufgehoben werden darf; danach wäre der letzte Satz zu streichen.

§ 78. **Benachrichtigung des Empfängers von der Ankunft des Gutes.**

Entwurf: „2. Die Benachrichtigung hat bei Frachtgut nach der Ankunft, spätestens aber nach der Bereitstellung, bei Eilgut binnen zwei Stunden nach der Ankunft zu erfolgen. Bei Eilgut, das an Werktagen nach 6 Uhr abends, an Sonn- und Festtagen nach 12 Uhr mittags ankommt, kann die Benachrichtigung erst am folgenden Morgen verlangt werden."

Wir beantragen, daß, wo dies angängig ist, telephonische Avisierung von Eilgut erfolgt, da die Mitteilung durch die Post oft zu spät kommt.

§ 79. **Fristen für die Abnahme der nicht zugerollten Güter.**

Entwurf: „2. Die Frist, innerhalb deren die vom Empfänger auszuladenden Güter abzunehmen sind, ist durch Aushang an der Abfertigungsstelle unter gleichzeitiger Veröffentlichung in einem Ortsblatt oder durch den Tarif bekannt zu geben. Die Frist beginnt mit der Benachrichtigung von der Ankunft des Gutes, bei Benachrichtigung durch die Post drei Stunden nach Aufgabe des Benachrichtigungsschreibens, keinesfalls aber vor Bereitstellung des Gutes. Die Eisenbahn kann verlangen, daß Ausladen und Abführen während der Dienststunden erfolgen.

3. Sind die Güter bahnlagernd gestellt, oder hat der Empfänger auf die Benachrichtigung schriftlich verzichtet, oder ist die Benachrichtigung nicht möglich, so beginnt die Abnahmefrist mit der Bereitstellung des Gutes.

4. An Sonn- und Festtagen kann nur die Auslieferung von zoll- und steuerfreiem Eilgut während der durch Aushang an den Abfertigungsstellen bekannt zu machenden Tageszeiten verlangt werden. Der Lauf der Abnahmefristen ruht während der Sonn- und Festtage, ferner während einer zoll- oder steueramtlichen oder polizeilichen Abfertigung, soweit sie nicht durch den Absender oder den Empfänger verzögert wird.

7. Wenn die ordnungsmäßige Abwicklung des Verkehrs durch Güteranhäufungen gefährdet wird, so ist die Eisenbahn berechtigt, die Ladefristen und die lagerzinsfreie Zeit abzukürzen, sowie das Wagenstandgeld und das Lagergeld zu erhöhen."

Wir beantragen zu 2 folgende Fassung:

„a) Güter, deren Abladen dem Empfänger obliegt, sofern die Benachrichtigung von dem Eingange und die Bereitstellung der Wagen dergestalt erfolgt, daß die Ladefrist spätestens um 9 Uhr vormittags beginnt, und sofern der Empfänger des Gutes innerhalb eines Umkreises von 2 km von der Station wohnt, noch im Laufe der Geschäftsstunden dieses Tages, sonst aber innerhalb 12 Tagesstunden nach dem Zeitpunkte der Benachrichtigung oder Bereitstellung.

b) Güter, deren Abladen dem Empfänger nicht obliegt, binnen 24 Stunden nach erfolgter Benachrichtigung oder Ankunft während der vorgeschriebenen Geschäftsstunden."

Die für die Be- und Entladung gewährten Fristen sind durchgängig unzulänglich, und wir legen besonderen Wert darauf, daß die Regelung in der Verkehrsordnung aufgestellt und Mindestfristen auch für Privatgleise geschaffen werden.

Für § 79[3] beantragen wir folgende Fassung:

„Für Güter, welche dem Empfänger auf Privatanschlüssen zur Entladung zugestellt werden, gilt die Abnahme als erfolgt, sobald das Gut mit dem Frachtbriefe von dem Bevollmächtigten des Empfängers übernommen und der Empfang bescheinigt ist. Jedoch ist der Empfänger — Anschlußinhaber — berechtigt, die Annahme des Gutes auch nach erfolgter Empfangsbescheinigung zu verweigern, in diesem Falle aber verpflichtet, die Anschlußstation von der Annahmeverweigerung unverzüglich zu benachrichtigen und das Gut mit dem Frachtbrief mit der nächsten Gelegenheit zurückzugeben."

Die für Inhaber von Privatanschlüssen eingehenden Güter werden ohne besondere Benachrichtigung über deren Eingang in das Anschlußgleis übergeführt, wo der Empfang der Wagen nebst den zugehörigen Frachtbriefen meist von einem untergeordneten Angestellten des Empfängers bescheinigt wird. Da es sich bei diesem summarischen Abnahmeverfahren lediglich um die Feststellung der Zahl der überwiesenen Wagen und Frachtbriefe handelt, eine Prüfung der letzteren aber ausgeschlossen ist und erst auf dem Werk vorgenommen werden kann, so erscheint die vorgeschlagene Zusatzbestimmung notwendig. Sie soll dem Anschlußinhaber die Berechtigung wahren, gegebenenfalls die Annahme nicht bestellter Waren auch nach bereits erfolgter Ueberführung zu verweigern.

Aus § 79[4] ergibt sich, daß für Wagenladungsgüter an Sonn- und Feiertagen Wagenstandsgelder nicht zu erheben sind. Wir bitten dies aber ausdrücklich festzustellen.

Zu § 79[7] beantragen wir folgenden Zusatz:

„Soll bei starkem Güterandrang eine der vorstehenden Maßregeln in Kraft treten, so sind die örtlichen Verwaltungsstellen verpflichtet, jede Aenderung mit einer angemessenen Frist den Interessenten zur Kenntnis zu bringen, so daß deren Einwendungen noch gehört und tunlichst berücksichtigt werden können."

Ferner beantragen wir dringend, als Satz 2 des Absatzes 7 aufzunehmen:

„Doch ist hierbei den örtlichen Verhältnissen ausreichend Rechnung zu tragen; in keinem Falle darf die Verkürzung mehr als $^1/_4$ betragen."

§ 81. **Feststellung von Minderung, Beschädigung oder Verlust des Guts durch die Eisenbahn.**

Entwurf: „2. Das Ergebnis ist den sich ausweisenden Beteiligten auf Verlangen bekannt zu geben."

Wir beantragen Abs. 2 folgendermaßen zu fassen:

„Das Ergebnis ist den sich ausweisenden Beteiligten auf Verlangen bekannt zu geben, auch ist von Fällen der Minderung oder Beschädigung des Gutes der Absender sofort zu benachrichtigen. Falls Wagenladungen während der Beförderung umgeladen werden müssen, ist die Eisenbahnverwaltung verpflichtet, dies auf dem Frachtbrief zu bescheinigen und ferner bei solchen Gütern, welche z. B. wie Steinkohlen, Koks und Briketts durch die Umladung erfahrungsgemäß eine Wertverminderung erleiden, auch gehalten, den Absender von der Umladung zu benachrichtigen und dabei den Wagen, in welchen das Gut umgeladen wurde, zu bezeichnen."

Es gibt zu vielen Weiterungen Anlaß, daß der Absender von der Minderung oder Beschädigung des Gutes erst nach geraumer Zeit Kenntnis erhält.

§ 85. **Beschränkung der Haftpflicht bei besonderen Gefahren.**

Entwurf: „1. Die Eisenbahn haftet nicht:

1. in Ansehung der Güter, die nach den Vorschriften dieser Ordnung oder des Tarifs oder nach einer in den Frachtbrief aufgenommenen Vereinbarung mit dem Absender in offen gebauten Wagen befördert werden,

   für den Schaden, der aus der mit dieser Beförderungsart verbundenen Gefahr entsteht; hierunter ist auffallender Gewichtsabgang oder das Abhandenkommen ganzer Stücke nicht zu verstehen;

3. in Ansehung der Güter, deren Auf- und Abladen nach der Vorschrift dieser Ordnung oder des Tarifs oder nach einer in den Frachtbrief aufgenommenen Vereinbarung mit dem Absender von diesem oder von dem Empfänger besorgt wird,

   für den Schaden, der aus der mit dem Auf- und Abladen oder mit einer mangelhaften Verladung verbundenen Gefahr entsteht;

2. Konnte ein eingetretener Schaden den Umständen nach aus einer der im Abs. 1 bezeichneten Gefahren entstehen, so wird vermutet, daß er aus dieser Gefahr entstanden sei."

Wir beantragen zu 1, daß an Stelle der Worte „hierunter ist auffallender Gewichtsabgang oder das Abhandenkommen ganzer Stücke nicht zu verstehen" die Worte gesetzt werden: „hierunter ist ein durch Beraubung oder andere Gründe entstandener ungewöhnlicher Gewichtsabgang oder das Abhandenkommen ganzer Stücke nicht zu verstehen".

Es ist uns zweifelhaft, ob die Bestimmung in Nr. 1 und 3 des Absatzes 1 dieses Paragraphen, wonach die Haftpflicht der Eisenbahnen nicht nur durch die Tarife, sondern auch durch Vorschriften der Eisenbahn-Verkehrsordnung beschränkt wird, gegenüber der Anordnung des § 471, Abs. 1, H. G. B. zulässig ist, zumal allein Nr. 6 des § 459 H. G. B. in Gegensatz zu den übrigen Nummern die Eisenbahn-Verkehrsordnung erwähnt.

Einem Antrage, dem Absatz 1, Nr. 3 den folgenden Zusatz zu geben, schließen wir uns an:

„Wird die eisenbahnseitige Verladung ganzer Wagenladungen verweigert, weil hierzu kein Arbeitspersonal verfügbar ist, so ist auf Verlangen des Verladers die Art der Verladung zu untersuchen und, falls sich keine Mängel zeigen, die Bescheinigung zu erteilen, daß eine mangelhafte Verladung nicht vorliegt. In diesem Falle kommt die Beschränkung der Haftpflicht der Eisenbahn, soweit sie sich auf die Vermutung der mangelhaften Verladung gründet, in Fortfall."

Es erscheint unbillig, die Eisenbahn von der Haftpflicht auch dann zu befreien, wenn sie ihrerseits die Verladung ablehnt und den Versender, gegen seinen Willen, veranlaßt, die Versendung selbst zu übernehmen.

Gegen die Bestimmung des Absatzes 2 richtet sich aus der Industrie sehr lebhafter Widerspruch. Es ist zweifellos, daß eine solche Präsumtion für die Eisenbahn sehr günstig, für den Verfrachter dagegen höchst ungünstig ist und ihn unter Umständen geradezu schutzlos machen kann. Tatsächlich ist aber jene Bestimmung in der Verkehrsordnung wörtlich aus dem § 459 des Handelsgesetzbuchs übernommen. Wir verkennen daher nicht, daß es kaum möglich sein wird, in der Eisenbahn-Verkehrsordnung eine von den Vorschriften des Handelsgesetzbuchs abweichende Regelung durchzuführen; andererseits sollte aber auch den einzelnen Verwaltungen nicht die Möglichkeit genommen werden, für das Publikum günstigere Festsetzungen zu treffen, und jedenfalls auf diese Möglichkeit ausdrücklich hingewiesen werden.

An dieser Stelle möchten wir auch eine Einrichtung empfehlen, um deren Schaffung sich bedeutende Kreise der deutschen Industrie schon seit Jahren bemüht haben, nämlich die Versicherung gegen Beschädigung durch die Eisenbahn. Sie wäre gewiß in vielen Fällen geeignet, Streitigkeiten, Weiterungen und Nachteile hintanzuhalten. So hat der Verein Deutscher Eisengießereien nach eingehenden Erhebungen unter seinen Mitgliedern sich energisch für eine derartige Versicherung eingesetzt. Es wurde ermittelt, daß für Stückgutsendungen aus den deutschen Eisengießereien sich vielleicht ein jährlicher Bruchschaden von 40 000 Mark ergebe. Weit vorwiegend wurde freiwillige, nicht zwangsweise Versicherung gewünscht, da viele Gußwaren der Gefahr der Beschädigung nur in geringem Maße unterliegen. Aehnlich dürfte es sich in andern Industrien verhalten. Als Versicherungsgebühr wurde ein Zuschlag zur Fracht am meisten empfohlen, und die Höhe desselben meist zwischen 2 und 5 % der Fracht angenommen. Dieser Frachtzuschlag wäre so abzustufen, daß er für weitere Entfernungen ein geringerer würde, um so einer allzu hohen Belastung der Werke, die zumeist auf weite Entfernungen versenden, vorzubeugen.

Ueber die im Laufe eines Jahres vorkommende Zahl von Beschädigungsfällen ergeben die Untersuchungen des Vereins Deutscher Eisengießereien, daß bei 100 Werken die Durchschnittszahl 77 betrug; aus einzelnen Angaben war zu schließen, daß auf jede 28. Sendung eine beschädigte kommt. Dazu erklärte das Organ des Vereins: „Wenn irgend etwas dazu angetan ist, die Notwendigkeit der erstrebten Einrichtung nachzuweisen, so sind es diese Zahlen. Es braucht nur darauf hingewiesen zu werden, welche Unsumme von unnötiger Schreibarbeit durch jede beschädigt ankommende Sendung hervorgerufen wird, welchen immerwährenden Quell von Aergernis die Ersatzansprüche bilden.“ Aus andern Industrien wird noch mehr über die Beschädigung ihrer Fabrikate beim Eisenbahntransport geklagt. Jüngst hat der Verband Deutscher Kinderwagenfabrikanten und verwandter Zweige den Antrag wärmstens empfohlen, daß seitens der Eisenbahn auf die Frachtsätze eine Gebühr von 1 oder 2 Pfg. pro 100 kg als Versicherungsgebühr geschlagen werde, um aus den so gewonnenen Mitteln alle entstehenden Schäden sofort kurzerhand seitens der Empfangsstation regeln lassen zu können. Eine solche Transportversicherung, bemerkt dieser Verein, würde allen Beschwerden mit einem Schlage abhelfen.

Zu § 87. **Höhe des Schadenersatzes** 2c. Den uns ausgesprochenen Wunsch, daß, in die Paragraphen der Verkehrsordnung, welche die Haftpflicht regeln, eine Bestimmung aufgenommen werde, nach der in Fällen der Beschädigung oder Beraubung einer Warensendung während des Transports die Eisenbahnverwaltung verpflichtet ist, innerhalb einer bestimmten, möglichst kurz zu bemessenden Frist, nach Anerkennung der Schadensersatzpflicht, dem Berechtigten den anerkannten Schaden nach Maßgabe der betreffenden Paragraphen der Verkehrsordnung zu ersetzen, empfehlen wir zur Erwägung, ebenso nachstehenden uns zur Kenntnis gebrachten Wunsch

zu § 89. **Vermutung für den Verlust des Gutes.**

Entwurf: „Der zur Klage Berechtigte kann das Gut ohne weiteren Nachweis als in Verlust geraten betrachten, wenn es ihm nicht spätestens am dreißigsten Tage nach Ablauf der Lieferfrist abgeliefert wird.“

„Der zur Klage Berechtigte kann das Gut ohne weiteren Nachweis als in Verlust geraten betrachten, wenn es ihm nicht spätestens innerhalb einer nach Entfernungen wie folgt festgesetzten Zeit nach Ablauf der Lieferungsfrist abgeliefert wird:

bis 100 km in 10 Tagen,
über 100 bis 300 km in 15 Tagen,
über 300 bis 600 km in 20 Tagen,
über 600 km in 30 Tagen.“

§ 90. **Wiederauffinden des Gutes.**

Entwurf: „1. Der Entschädigungsberechtigte kann bei Empfangnahme der Entschädigung für das in Verlust geratene Gut in der Quittung verlangen, daß er, wenn das Gut binnen 4 Monaten nach Ablauf der Lieferfrist wiedergefunden wird, hiervon sofort benachrichtigt werde. Hierüber ist ihm eine Bescheinigung zu erteilen."

Dazu wird bemerkt: Es gibt Fälle, in welchen auch die Gewährung einer ausreichenden Entschädigung keinen Ersatz für den Verlust des Gutes bietet, z. B. bei Altertümern, Erb- und Familienstücken, Gemälden u. s. w., so daß man Wert darauf legt, auch nach noch längerer Frist wieder in den Besitz des verloren gehaltenen Gutes zu gelangen. Wir möchten daher anregen, die Worte „binnen 4 Monaten nach Ablauf der Lieferfrist" ganz zu streichen, so daß im Falle auch späterer Auffindung noch eine Benachrichtigung erfolgen muß.

§ 91. **Angabe des Interesses an der Lieferung.**

Entwurf: „3. Die Gebühr darf für unteilbare Einheiten von je 10 Mark und 10 km 0,2 Pfg. nicht übersteigen. Ueberschießende Beträge werden auf 10 Pfg. aufgerundet. Als Mindestbetrag für die Beförderungsstrecke von der Versand- bis zur Bestimmungsstation werden 40 Pfg. erhoben."

Damit die Fracht nicht nach anderen Grundsätzen ausgerechnet wird, als die Nebengebühren, wird vorgeschlagen, unter Streichung des Satzes „Ueberschießende Beträge werden auf 10 Pfg. abgerundet", zu setzen: Ueberschießende Beträge werden in der Weise abgerundet, daß Beträge unter 5 Pfg. gar nicht, Beträge von 5 Pfg. ab aber für 10 Pfg. gerechnet werden."

§ 93. **Haftpflicht für Ueberschreitung der Lieferfrist.**

Entwurf: „2. . . . Eine Vergütung kann nicht verlangt werden, wenn die Fristüberschreitung weniger als 12 Stunden beträgt, oder wenn die Eisenbahn nachweist, daß kein Schaden entstanden ist."

Dieser Nachsatz zu 2 ist eine Verschlechterung des bisherigen Zustandes. Bisher vergütete die Eisenbahn die Hälfte der Fracht bei längerer Verzögerung ohne jeden Nachweis. Wenngleich der Eisenbahn der Nachweis, daß kein Schaden entstanden ist, aufgebürdet wird, kann die Bestimmung doch zu langwierigen Erhebungen und zu Belästigungen des Absenders führen, während nach dem Anfang des Absatzes 2 bezweckt wird, die Sache kurzerhand zu erledigen. Mit Rücksicht darauf, daß die Eisenbahn überall Gebühren berechnet und Strafen vorsieht, wenn Absender oder Empfänger im Verzuge sind — ohne Rücksicht, ob ein Verschulden vorliegt oder nicht —, erscheint es nur recht und billig, wenn die

Eisenbahn bei erheblicher Ueberschreitung der ohnehin langen Lieferfristen zur Zahlung einer, wenn auch geringen Summe verpflichtet ist, nicht nur, ohne daß der Empfänger seinen Schaden nachweist, sondern auch ohne ihr die Möglichkeit zu lassen, nachzuweisen, daß kein Schaden entstanden ist.

2.

Eingabe an das Kaiserliche Reichseisenbahnamt Berlin, betreffend Anlage C des Entwurfs einer Eisenbahn-Verkehrsordnung, enthaltend Vorschriften über die **bedingungsweise zur Beförderung zugelassenen Gegenstände** (§ 53 Abs. [2] V. O.).

Berlin, den 23. Oktober 1906.

Wir erkennen dankend an, daß, soweit die neue Fassung bis jetzt bekannt gegeben ist, das Bestreben nach einer entsprechenden und übersichtlichen Ordnung der bisherigen Anlage B im ganzen erreicht sein dürfte, und daß sachlich einer Reihe von Wünschen aus Interessentenkreisen Rechnung getragen ist.

Im einzelnen beehren wir uns noch folgende aus dem Kreise unserer Mitglieder uns zugegangene Anträge und Wünsche mit Bitte um Berücksichtigung vorzutragen.

I d. Verdichtete und verflüssigte Gase.

Nach Nr. 1 der Zusatzbestimmungen zum § 50 (§ 53 des neuen Entwurfs) der geltenden Verkehrsordnung unterliegen verschiedene der in der Anlage B enthaltenen Gegenstände außer den in der letzteren angegebenen Beförderungsbedingungen noch der ferneren Beschränkung, daß sie von der Beförderung als Eilgutstück ausgeschlossen sind. Hierzu gehört auch der unter I d „Verdichtete und verflüssigte Gase", 4 der neuen Anlage C (bisher XLV der Anlage B) aufgeführte Artikel verdichteter Sauerstoff. Er findet für Zwecke des Rettungswesens, insbesondere bei Grubenunglücksfällen und Bränden Verwendung, so daß bei eintretenden Unfällen eine beschleunigte Beförderung der mit verdichtetem Sauerstoff gefüllten Rettungsapparate dringend wünschenswert erscheint.

Da die bisherige Zusatzbestimmung weder in dem § 53 des Entwurfs der Verkehrsordnung noch in die Anlage C aufgenommen ist, welche unter I d zu F anderweitige Vorschriften über die Beförderung bringt, aber eine Ausschließung dieser Gegenstände von der Beförderung als Eilgutstück nicht erwähnt, so darf wohl angenommen werden, daß diese Beschränkung überhaupt abgeschafft wird, und die in der Anlage B zu dem § 50 der jetzigen Verkehrsordnung aufgeführten Stoffe bei genügender Verpackung auch zur Beförderung als Eilstückgut zugelassen werden. Auf diesem Gebiete wäre ein Entgegenkommen gegen die Bedürfnisse des Kleinverkehrs recht dankenswert. Bestimmte Aufklärung erscheint erwünscht.

Zu I d. C. Amtliche Prüfung der Gefäße

heißt es am Schlusse des ersten Absatzes:

„Jedes Gefäß ist vor der Prüfung sorgfältig auszuglühen."

Es wird der Wunsch ausgesprochen, der Deutlichkeit willen, diese Bestimmung dahin zu erwägen, daß das Ausglühen sich nur auf Flaschengefäße (sogenannte Bomben) erstrecken soll, nicht aber auf Kessel, die als Wagenladung Beförderung finden, da diese Behälter bereits aus gewalzten, geglühten Blechen hergestellt sind.

Zu I e. 3. Natriumsuperoxyd und Bariumsuperoxyd (Oxylith).

Es wird beantragt, Bariumsuperoxyd betreffs der Vorschrift starker dicht verschlossener eiserner Gefäße u. s. w. nicht dem Natriumsuperoxyd gleichzustellen.

Die vorgeschriebene Art der Verpackung wird für Natriumoxyd als sachgemäß angesehen, da dieser feinpulverige hygroskopische Körper sich durch Einwirkung von Wasser unter Wasserstoffentwickelung so stark erhitzt, daß der Wasserstoff entflammt. Für Bariumoxyd dagegen wäre die Vorschrift überflüssig, weil das jetzt im Handel vorkommende fast ätzbarytfreie Fabrikat so wenig hygroskopisch ist, daß von einer Erwärmung ebensowenig wie von einer Zersetzung in Barythydrat und Sauerstoff die Rede sein kann; dieser ist zudem nicht selbstentzündlich. Daher hat sich sogar beim Ueberseetransport eine andere Verpackung wie dichte Holzbarrels als nicht erforderlich erwiesen.

II. Selbstentzündliche Stoffe.

Zu 2. In die bisherige Anlage B war unter Ziffer VIa auf Antrag aus Interessentenkreisen aufgenommen:

„Mischungen von amorphem Phosphor mit Harzen oder Fetten, deren Schmelzpunkt über 35° C. liegt."

In dem neuen Entwurf der Anlage C ist diese Mischung nicht mitaufgeführt. Man kann daraus schließen, daß sie in Zukunft ohne Einschränkung zum Eisenbahntransport zugelassen werden soll. Eventuell wäre sie an passender Stelle aufzunehmen, am besten wohl unter „Selbstentzündliche Stoffe, II, 2."

Position II, 6 führt auf:

Folgende Stoffe, gefettet oder gefirnißt: Wolle, Haare, Kunstwolle, Baumwolle, Seide, Flachs, Hanf, Jute — in rohem Zustand, als Abfälle vom Verspinnen und Verweben, als Lumpen oder Lappen — u. s. w.

Ueber die Verpackung dieser Stoffe enthält Absatz 5 u. a. folgende Bestimmung: „Ballen mit Abfällen vom Verspinnen und Verweben dürfen nicht gepreßt sein." Diese Vorschrift findet sich allerdings bereits in der jetzt gültigen Anlage B zur Eisenbahnverkehrsordnung, sie ist aber offenbar garnicht beachtet worden, sodaß sie in einer uns zugegangenen Zuschrift einer Handelskammer als neu bezeichnet wird. Ihre praktische Durchführung würde nach der Ueberzeugung wohlerfahrener Kreise eine außerordentliche Erschwerung und vielleicht eine völlige Unterbindung des Eisenbahnverkehrs in fettigen Abfällen vom Verspinnen und Verweben bedeuten. Solche Abfälle werden jetzt fast ausschließlich in gepreßten Ballen versandt; diese Verpackungsart kann bei überseeischen Bezügen sogar allein in Frage kommen. Eine andere Verpackungsart, z. B. in Säcken, wäre höchstens für inländische Sendungen möglich. Das Ziel einer größeren Sicherheit gegen Feuersgefahr würde übrigens durch die Vorschrift der Nicht-Pressung nicht erreicht werden, im Gegenteil ist gerade bei gepreßten Ballen die Feuersgefahr weniger groß als bei loser Verpackung. In Fabriken ist die Beobachtung gemacht, daß bei ausbrechendem Brande Abfälle in Säckeverpackung sofort lichterloh brannten, während dazwischen liegende gepreßte Ballen nur angekohlt waren. In einzelnen Bezirken ist die Verwendung der Abfälle recht bedeutend; bei Durchführung der Verpackungsvorschrift würde ihr Weiterbezug aus England, Amerika und Ostindien gänzlich in Frage gestellt werden.

Es wird daher beantragt den Schlußsatz „Ballen mit Abfällen“ u. s. w. unter II, Verpackung, Absatz (5) zu streichen.

V. Aetzende Stoffe.

In den „Bemerkungen“ zur Anlage C wird gesagt:

„Das Höchstgewicht eines Versandstücks mit gefährlichen Flüssigkeiten ist allgemein bei Verwendung von Glasgefäßen auf 60 kg, bei Verwendung von Tongefäßen auf 75 kg festgesetzt. Hierdurch würde für die Stoffe der bisherigen Nummer XXII eine Erleichterung eintreten, während allerdings die Bedingungen für eine Reihe anderer Stoffe eine Erschwernis erfahren. Die vorgeschlagene Gewichtsgrenze würde aber nach den Gutachten der Sachverständigen den an die Bruchfestigkeit zu stellenden Anforderungen nach jeder Richtung entsprechen und eine sachgemäßere Behandlung der Versandstücke gewährleisten“ u. s. w.

Diese Bestimmung sowie ihre Begründung werden, soweit sie die Versendung von Säuren betreffen, lebhaft angefochten.

Was den Versand von Schwefelsäure insbesondere anlangt, so würde, da über den Grad der Konzentration der Schwefelsäure nichts gesagt ist, unter die neue Vorschrift auch die verdünnte, zur Füllung von Akkumulatoren-Batterien verwendete sogenannte Akkumulatoren-Schwefelsäure, die ausschließlich in Glasgefäßen transportiert werden kann, fallen. Wenn eine auch für die Schwefelsäure höhere Konzentration die neue Bestimmung, des Höchstbruttogewichts eines Frachtstücks auf 60 kg eine bedeutende Belastung mit sich bringt, so würde doch Akkumulatorensäure besonders hart betroffen. Sie wird verhältnismäßig viel und weit mit der Eisenbahn versandt.

Für die Neuerung wird vornehmlich die geringere Bruchgefahr der kleinen Ballons angeführt. Selbst wenn für den einzelnen kleineren Ballon die Bruchgefahr sich wesentlich verringern würde, ist doch in Betracht zu ziehen, daß die Anzahl der zum Versand gelangenden Ballons sich stark erhöhen und damit auch wieder die Bruchgefahr, in Bezug auf das ganze, gesteigert würde. Hervorragende Firmen der Branche erklären aber, daß bei Ballons von 60 kg Brutto die Bruchgefahr ebenso groß sei, wie bei Ballons der seither gebräuchlichen Größe. Die Entlastung der Annahme-Beamten und andere etwa für die Neuerung ins Feld zu führende Gründe könnten nicht ins Gewicht fallen gegenüber den sich für Industrie und Handel, sowie den Konsumenten ergebenden Nachteile.

Im einzelnen wird folgende Berechnung aufgestellt:

Ballons von 60 Liter kosten in Weidenkörben . . ca. M. 2.—
" " 60 " " " Eisenkörben . . . " " 4.—

Eine Partie Säure von 10 000 Litern erfordert etwa 170 Ballons im Werte von M. 340.— bezw. M. 680.—.

Sind nun Ballons von höchstens 60 kg = 50 kg netto zulässig deren Kosten auf M. 1.60 bezw. M. 3.20 geschätzt werden können, so sind für die gleiche Menge Säure erforderlich bei einem spez. Gewicht von 1,23:

250 Ballons im Werte von M. 400.— bezw. M. 800.—

und bei einem spez. Gewicht von 1,71:

342 Ballons im Werte von M. 547.20 bezw. M. 1094.60.

Das Gewicht eines leeren Ballons der jetzt gebräuchlichen Größe beträgt etwa 13 kg; kleinere Ballons für 60 kg Versandgewicht werden etwa 10 kg wiegen. Das Gewicht der Verpackung für 10 000 Liter Schwefelsäure stellt sich demnach bei . . . . 1,23 1,71 spez. Gew.

bei Ballons alter Größe (170 Ball.) auf	2210	2210 kg
bei Ballons von 60 kg Versandgewicht (erforderlich bei 1,23 spez. Gewicht 250 Ballons) (erforderlich bei 1,71 spez. Gewicht 342 Ballons)	2500	3420 "

und dementsprechend erhöht sich auch der auf das Ballongewicht entfallende Frachtanteil bei Versendung der kleineren Ballons. Dabei ist in Betracht zu ziehen, daß die Ballons leer zurückgesandt werden müssen, sich die Mehrfracht für das erhöhte Gewicht also nahezu verdoppelt.

Dem Lieferanten steht für die leihweise Hergabe der für den Versand von Säure erforderlichen Ballons eine Vergütung zu; diese schwankt zwischen 30 und 70 Pf. und beträgt im Mittel 50 Pf. pro Ballon. Diese Leihgebühr beträgt — immer auf 10 000 Liter Säure bezogen — bei Ballons der seitherigen Größe M. 85.—, bei 60 kg-Ballons dagegen, selbst wenn man die Gebühr hierfür auf 40 Pf. reduziert, bei 1,23 spez. Gewicht Mark 100.—, bei 1,71 spez. Gewicht M. 136.80.

Auch die Frachtkosten würden durch das erhöhte Taragewicht steigen, z. B. bei Wagenladungen würde die Unmöglichkeit eintreten, das Ladegewicht auszunutzen, so daß die Versendung der Säure auf größere Entfernungen untunlich gemacht würde. Weiter gelegene Absatzgebiete würden den Fabrikanten dadurch verschlossen, den Konsumenten aber die Preisvorteile, die durch die Konkurrenz verschiedener Werke entstehen, genommen werden.

Ferner ist darauf hinzuweisen, daß bisher in der chemischen Industrie im wesentlichen zum Transport von Säure nur Glasgefäße verwendet worden sind, welche einen Inhalt von ca. 60 Liter haben. Sämtliche Fabriken haben große Vorräte solcher Ballons auf Lager. In den Händen der Kundschaft befinden sich ebenfalls große Mengen solcher Glasgefäße, welche den Fabriken zur Neufüllung zurückgesandt werden.

Die Einführung der geplanten Bestimmung würde diese in Gebrauch befindlichen Ballons, deren Zahl sicher mehrere Millionen beträgt und die einen sehr bedeutenden Wert darstellen, vollkommen wertlos machen, da sie in Zukunft nahezu unverwendbar sein würden.

Endlich sind Fabriken wie Händler genötigt, eine bedeutende Anzahl Ballons in gefülltem Zustande auf ihren Werken bezw. ihren Lägern vorrätig zu halten, um auch plötzlich gemachten größeren Bestellungen stets gerecht werden zu können. Bereits heute, wo 60 Liter-Ballons verwendet werden, bedingt dieser Umstand sowohl für Fabriken, als insbesondere auch für die Händler, eine große Belastung, da die erforderlichen Lagerräume bezw. Stapelplätze in den Großstädten und deren Umgebung nur unter Aufwand von bedeutenden Kosten beschafft werden können.

Würden noch kleinere Gefäße verwendet werden müssen, so würde, um ein gleiches Quantum Säure auf diese Weise zu lagern, eine weit größere Anzahl von Ballons nötig sein, welche naturgemäß weit größere Lagerplätze beanspruchen. Die so auf Vorrat hingestellten Ballons müssen dauernd überwacht und kontrolliert werden. Trotzdem springt bei dem Lagern durch atmosphärische Einflüsse eine Anzahl von Glasgefäßen; je größer die Zahl der zur Verwendung gelangten Gefäße, je größer auch prozentualiter der Bruch und desto unangenehmer sind die mit demselben verbundenen Verluste an Säure und Ballons.

Gleich oder ähnlich liegen die Verhältnisse für Salzsäure. Für Salzsäure sind Flaschen von mindestens 70 Litern Inhalt gebräuchlich. Aus der beteiligten Industrie wird hervorgehoben und zahlenmäßig nachgewiesen, daß bei einem Bruttogewicht von 60 kg nur Flaschen von 40 Liter Inhalt verwendet werden können, und dies eine Verteuerung der Fracht um rund 40 Prozent und eine Verteuerung der Fracht um rund 16 Prozent bedeute.

Nach alledem unterstützen wir die dringende Bitte, von der neuen Vorschrift eines Höchstbruttogewichts von nur 60 kg abzusehen, und es bei den bisher geltenden Bestimmungen zu belassen.

Zu V, „ätzende Stoffe", enthält der Entwurf unter B, sonstige Vorschriften, die Bestimmung: „3. Leere Gefäße, worin Stoffe der Ziffern 1—5, d. h. Schwefelsäure, Salzsäure u. s. w., enthalten waren, müssen dicht verschlossen sein. Ihr früherer Inhalt muß im Frachtbrief angegeben sein. Sie sind im offenen Wagen zu befördern."

Der erste Teil dieser Vorschrift wird nach Ansicht von Interessenten nicht immer durchzuführen sein, denn vielfach geraten die Stöpsel, mit denen die gefüllten Ballons verschlossen gewesen sind, in Verlust und passender Ersatz ist nicht leicht oder garnicht zu beschaffen. Auch kann die Bestimmung durch verschiedenartige Handhabung Schwierigkeiten hervorrufen. Es müßte also wenigstens angegeben werden, was unter dichtem Verschluß zu verstehen ist. Am besten wäre aber die Vorschrift überhaupt zu beseitigen, denn wenn die Gefäße wirklich leer sind, ist kein rechter Grund abzusehen, sie noch dicht zu verschließen.

VI. Ekelerregende Gegenstände.

8. Andere Fäkalien und Latrinenstoffe (dazu Verpackung (2) f.)

Die Vorschrift im neuen Entwurf lautet:

„Stoffe der Ziffer 8 sind nur in starke gut verschlossene Gefäße zu verpacken. Trockener Taubendünger darf auch in starken, dichten Säcken verpackt sein."

Es wird der Wunsch ausgesprochen, die jetzt geltende Erleichterung auch künftig bestehen zu lassen, indem aus der bestehenden Verkehrsordnung in dem neuen Entwurf nach dem vorstehenden ersten Satz der Zusatz mit übernommen wird:

„sofern nicht besondere Einrichtungen für deren Transport bestehen. In jedem Falle sind Vorkehrungen zu treffen, welche das Herausdringen der Masse und der Feuchtigkeit verhindern."

Nach der neuen eingeschränkten Vorschrift müßte z. B. auch feuchter Stalldünger in festverschlossene Gefäße verpackt werden, während bisher andere, einfachere, daher auch wesentlich billigere Einrichtungen, die als zweckentsprechend galten, getroffen sind. Auch ist und bleibt die Eisenbahnverwaltung auf Grund der ihr zur Zeite stehenden Vorschriften jederzeit in der Lage, etwa sich ergebenden Mißständen abzuhelfen.

In der bisherigen Anlage B der Verkehrsordnung, welche die künftig der Anlage C zufallenden Regelungen enthält, findet sich unter LIII a folgende Bestimmung:

„1. der Explosion unterworfene chemische Produkte, die nicht in § 50 A, Ziffer 4, lit. a bis f der Verkehrsordnung und in einer der voranstehenden Nummern der Anlage B besonders aufgeführt sind, auch nicht der Selbstentzündung unterliegen, werden, sachgemäß verpackt, zur Beförderung zugelassen, wenn von einem vereideten Chemiker auf dem Frachtbrief bescheinigt ist, daß von ihm Proben des im Frachtbriefe angegebenen Produkts im trocknen Zustande sämtlichen nachstehend bezeichneten Versuchen unterworfen worden sind, und sich dabei als nicht gefährlicher erwiesen haben als die zum Vergleiche herangezogene gepulverte reine Pikrinsäure (folgen Angaben der Versuche).

2. Eine Beiladung sprengkräftiger Zündungen in denselben Wagen ist nicht zulässig.

3. Die Bestimmungen dieser Nummer finden auf mechanische Gemenge explosiver Natur keine Anwendung."

Es ist erwünscht, daß diese Bestimmung auch in der neuen Verkehrsordnung Aufnahme finde, was wohl zu den fehlenden ersten drei Litera der explosionsgefährlichen Gegenstände in Aussicht steht.

Ehrerbietigst

Centralverband Deutscher Industrieller.

Der Geschäftsführer:

I. V.

gez. Professor Dr. Leidig.

Centralstelle für Vorbereitung von Handelsverträgen.

gez. Dr. Vosberg-Reckow.

Bund der Industriellen.

gez. Dr. Wendlandt.

3.

Eingabe an das Kaiserliche Reichseisenbahnamt Berlin, betreffend Anlage C des Entwurfs einer Eisenbahnverkehrsordnung, enthaltend Vorschriften über die bedingungsweise zur Beförderung zugelassenen Gegenstände.

(§ 53, Abs. (2) V. O.)

An das Kaiserliche Reichseisenbahnamt, Berlin.

Berlin, den 29. Oktober 1906.

Zu unserer Eingabe vom 23. Oktober unterbreiten wir aus nachträglich uns zugegangenen Wünschen und Anträgen noch folgendes geneigter Berücksichtigung.

Zu II. **Selbstentzündliche Stoffe.**

Allgemein wird, aus den verschiedenen beteiligten und in der Sache erfahrenen textilindustriellen Bezirken des Reichs die Bestimmung unter II 6 (5), wonach Ballen mit Abfällen vom Verspinnen und Verweben nicht gepreßt sein dürfen, als unpraktisch, undurchführbar oder die Interessenten schwer schädigend bezeichnet. Es wird ebenso allgemein konstatiert, daß die schon in der jetzigen Verkehrsordnung enthaltene Vorschrift tatsächlich nicht streng oder gar nicht durchgeführt worden ist.

Als charakteristisches Beispiel führen wir an, daß die Handelskammer zu Plauen bereits im Jahre 1904 aus Anlaß eines Einzelfalles, in welchem die Generaldirektion der Sächsischen Staatseisenbahnen die Versendung von Baumwollabfällen von der Station Crimmitschau in Säcken angeordnet hatte, für die weitere Zulassung der Beförderung dieser Abfälle in gepreßten Ballen bei der Königlichen Generaldirektion vorstellig geworden ist, und die Generaldirektion in Anerkennung der vorgebrachten Gründe die von ihr beanstandete Beförderung in gepreßten Ballen wieder zugelassen hat.

Es wird auch von allen Seiten erklärt, daß bisher aus der Versendung in gepreßten Ballen kein Schaden entstanden ist, und daß die Beförderung in losem Zustande feuergefährlicher sein würde.

Hiernach möchten wir nochmals die Beseitigung dieser, schon durch die bisherige Nichtbeachtung als ungangbar erwiesene Vorschrift dringend empfehlen.

Ziffer 6 zählt ferner unter den selbstentzündlichen Stoffen auf: gefettete oder gefirnißte Seilerwaren, Treibriemen aus Baumwolle oder Hanf, Weber-, Harnisch- und Geschirrlitzen. Es wird bestritten, daß diese Gegenstände selbstentzündlich seien und ihre Streichung aus dieser Rubrik gewünscht.

III. Brennbare Flüssigkeiten.

Verpackung (2).

Wenn der Satz „offene Körbe, Kübel und Kisten" 2c. sich auf alle brennbaren Flüssigkeiten, nicht bloß auf die der Ziffern 3, 8 und 9 beziehen soll, so werden dagegen aus der Lackindustrie Bedenken erhoben. Es wäre nicht angängig, daß offene Körbe, Kisten 2c., die z. B. Lacke in kleinen Flaschen, Oelfarben und Dosen und dergleichen enthalten, mit Lehm oder Kalkmilch und dergleichen überstrichen werden, die leicht eindringen und die saubere Aufmachung verunreinigen können. Es sollte wie bisher genügen, daß die Körbe mit Leinen übernäht werden.

Ferner wird betreffs der „sonstigen Vorschriften" bemerkt, daß die im Frachtbrief verlangte Angabe des spezifischen Gewichts von Kohlenwasserstoffen schwer durchführbar sein dürfte, da es häufiger vorkomme, daß Kohlenwasserstoffe einer Sendung in verschiedenen Fässern abweichendes spezifisches Gewicht haben. Vielleicht würde eine allgemeinere Angabe betreffs des spezifischen Gewichts genügen.

Gegen die Bestimmung zu (6), wonach brennbare Flüssigkeiten in größeren Mengen als 10 kg in offenen Wagen zu verladen sind, wird angeführt, daß darunter teure Artikel in eleganter Aufmachung, mit sauberen Papieretiketten, feinen Dekorationen 2c., wie Parfümerien, Emaillelacke, Fußbodenlacke 2c. gehören. Alle diese Artikel würden bei Verladung in offenen Wagen dem Regen 2c. ausgesetzt sein und unscheinbar, vielleicht unverkäuflich werden oder die Verpackung viel zu teuer machen.

Zu III und V. Aetzende Stoffe möchten wir betreffs der viel angefochtenen Bestimmung, wonach das zulässige Gewicht eines Versandstückes bei Verpackung in Glasgefäßen nur 60 kg, bei der Verpackung in Ton- und Blechgefäßen 75 kg betragen soll, noch auf folgendes hinweisen.

Die neue Vorschrift wird nicht nur schädigend, sondern auch unklar erachtet. Bisher war bei Versendung von Säuren in Glasgefäßen das zulässige Gewicht eines Ballons 75 kg bei Stückgutsendungen, und 100 kg und darüber bei Wagenladungen. Aus dem Entwurf wird nicht überall klar entnommen, ob sich das zulässige Gewicht von 60 kg nur auf Stückgutsendungen, deren Verladung der Bahn obliegt, erstreckt, oder auch auf volle Waggons, die vom Absender beladen werden. Es wird geltend gemacht, daß im Wagenladungsverkehr die Bruchgefahr beim Wegfall von Umladungen eine wesentlich geringere und eine rationellere Verstauung der einzelnen

Stücke möglich ist. Man könnte also bei Wagenladungen von einer Gewichtsbegrenzung des einzelnen Stückes ganz absehen. Wenn das nicht tunlich, sollte es wenigstens bei den bisherigen höheren Gewichten verbleiben.

Falls im Stückgutverkehr auf einer Herabsetzung bestanden wird, dürfte zur Einführung der leichteren bezw. kleineren Gefäße wenigstens eine reichliche Uebergangsfrist gelassen werden.

Hinsichtlich der Gewichtsbestimmung für Ton- und Blechflaschen auf 75 kg ist noch wünschenswert, daß, solange die Fracht nach vollen 10 kg berechnet wird, auch das zulässige Höchstgewicht eines Versandstückes in gleicher Weise festgesetzt und daher bei Verwendung von Ton- und Blechflaschen statt 75 kg ein Höchstgewicht von 80 kg zugelassen werde, damit die Frachtschädigungen vermieden werden.

Bei den Verpackungsvorschriften für ätzende Stoffe ist nicht abzusehen, warum nur bei der Verpackung der Gefäße in Metallkörben kein Stoff verwendet werden darf, der durch den Inhalt des Gefäßes oder durch Funken in Brand geraten kann, während bei der zugelassenen Verwendung von Weidenkörben, die brennbarer sind, die Verwendung entzündbarer Verpackungsstoffe zugelassen ist. Es wird angeregt, die Worte „in Metallkörbe" zu streichen und dafür zu setzen „in Uebergefäße aller Art".

Zu VI. **Ekelerregende Gegenstände. 2. Angesalzene frische Häute.**

Durch die Berührung frischer Häute mit Karbolsäure werden die Felle für Gerbereizwecke ungeeignet. Da eine derartige Verpackung sich demnach von selbst verbietet, könnte nur eine solche in Kübeln, Kisten oder Fässern in Frage kommen. Aber auch diese Art ist für frische Häute deshalb wenig geeignet, weil durch den Mangel hinzutretender frischer Luft der Fäulnisprozeß beschleunigt und umsomehr schlechter Geruch erzeugt wird. Zumeist beschränkt sich der Verkehr in frischen Häuten auf die Wintermonate; während dieser Zeit dürften üble Gerüche am ehesten durch eine Versendung der Häute ohne jede Verpackung, nur gerollt und mit Kreuzschnur versehen, hintangehalten werden.

Es wird deshalb zur Erwägung gegeben, ob nicht in den Wintermonaten diese einfache Versendung zuzulassen wäre.

4.

Eingabe an den Herrn Minister der öffentlichen Arbeiten, betreffend Ermäßigung der Gütertarife.

Berlin, den 15. Oktober 1906.

Das große Werk der Verstaatlichung der Eisenbahnen Preußens ist bei seinem Beginn wesentlich auch mit der Wichtigkeit der Eisenbahnen für die wirtschaftliche Entwickelung des Landes begründet worden. In den Motiven zu dem Gesetzentwurf betreffend den Erwerb mehrerer Privateisenbahnen für den Staat vom 19. Oktober 1879 (Anlagen zu den Stenographischen Berichten des Abgeordnetenhauses,

14. Legislaturperiode, 1. Session, Nr. 5, Band I, S. 55) heißt es völlig zutreffend:

„Der Transportpreis der Eisenbahnen bildet daher gegenwärtig in der Tat einen höchst wesentlichen Teil der Produktionskosten der meisten Waren, so daß die Entwickelung aller Produktionszweige, die nicht etwa aus besonderen Gründen der Transportvermittelung durch die Eisenbahnen überhoben sind, von der Tarifstellung derselben abhängig ist."

In gleicher Richtung heißt es ebenda auf S. 56:

„Bei seiner Fürsorge für die Belebung des inländischen Verkehrs hat der Staat an der Ermäßigung der Frachten im allgemeinen und vor allem für die minderwertigen Massenartikel, welche für die Entwickelung der Industrie unentbehrlich sind, ein eminentes Interesse. Es leuchtet dies um so mehr ein, als der großartige Aufschwung des Verkehrs, den das Zeitalter der Eisenbahnen gebracht hat, ebensowohl mit der allmählichen Ermäßigung der Transportpreise, wie mit der Ausdehnung des Eisenbahnnetzes selbst gleichen Schritt gehalten hat. Für eine gedeihliche Entwickelung und Gestaltung des Eisenbahnwesens ist es daher unbedingt erforderlich, daß dem Staate die Einwirkung auf die allmähliche dem wirtschaftlichen Bedürfnis des Landes entsprechende Reduktion der Tarife gesichert wird. Der im Artikel 44 Nr. 2 der Reichsverfassung aufgestellte Grundsatz für die Eisenbahnpolitik des Reichs beruht sonach auf der richtigen Erkenntnis einer unerläßlichen Notwendigkeit. Auch die Bezeichnung des Einpfennigtarifs als der anzustrebenden Normalfracht für die dem wirtschaftlichen Verkehr unentbehrlichsten Massenartikel erscheint als der konkrete Ausdruck der Erkenntnis, daß der Vertrieb dieser Güter in einem weit ausgedehnten Zirkulationsgebiet die Grundbedingung für die Hebung der Industrie und die Entfaltung der natürlichen Kräfte des Landes bildet."

Die in diesen programmatischen Erklärungen der Staatsregierung zum Ausdruck gebrachte wirtschaftspolitische Auffassung von den Aufgaben des Staates hinsichtlich der Gestaltung der Eisenbahntarife erkennt wohl die gesamte deutsche Industrie auch heute noch als richtig an.

Wir verkennen nicht, daß zahlreiche Ermäßigungen der Tarife teils durch Schaffung einzelner Tarifarten, so des Rohstofftarifs, teils durch Gewährung von Ausnahmetarifen für gewisse Verkehrsbeziehungen geschaffen worden sind; sehr große Kreise der deutschen Industrie, ja wir glauben sagen zu dürfen die gesamte deutsche Industrie ist aber der Ansicht, daß die Entwickelung der preußischen Eisenbahnpolitik in der Tarifgestaltung nicht völlig in den Bahnen geblieben ist, die bei der Verstaatlichungsaktion vorgezeichnet wurden. Gewiß kann auch die Staatsverwaltung „eine angemessene Verzinsung des in den Eisenbahnen angelegten Kapitals auf die Dauer nicht entbehren", wir wollen auch nicht bestreiten, daß die Eisenbahnverwaltung aus ihren Erträgen auch Beiträge zu den allgemeinen Staatsausgaben zu leisten hat, wir sehen aber mit Besorgnis, daß diese Heranziehung der Eisenbahnüberschüsse zu den allgemeinen Staatsausgaben in immer höherem Maße geschieht.

Die nachfolgende Tabelle gibt davon ein anschauliches Bild.

Es betrug:

	I.	II.	III.
	das auf die Eisenbahnen verwendete Anlagekapital	die für allgemeine Staatszwecke verwendete Summe (§ 4, Abs. 3. Nr. 2. Ges. 27. 3. 82)	Die Summe II ist in Prozenten der Summe I
	Millionen Mark	Tausend Mark	
1885/86	5 814	23 706	0,41 pCt.
1890/91	6 404	86 360	1,04 „
1895/96	7 003	172 080	2,31 „
1900	7 985	295 820	3,70 „
1905	9 163	470 793	5,14 „

Noch klarer ergibt sich die immer zunehmende Heranziehung der Erträge der Eisenbahnen zu allgemeinen Staatszwecken aus folgenden Zahlen:

Zieht man von dem rechnungsmäßigen Ueberschuß der Eisenbahnverwaltung alle zu Zwecken der Eisenbahnverwaltung gemachten Aufwendungen wieder ab, d. h. 1) die Verzinsung der Eisenbahnkapitalschuld nebst den gesetzlich zur Deckung eines Fehlbetrages im Staatshaushalt bestimmten 2 200 000 M., ferner 2) als Tilgungssumme $^3/_4$ pCt. der Grundsumme der Eisenbahnkapitalschuld, 3) die Tilgungssumme gemäß § 4, Abs. 3, Nr. 1 des Gesetzes vom 27. März 1882, sowie 4) die Aufwendungen für das Extraordinarium des Eisenbahnetats und für Pensionen und Reliktengelder, so ergeben sich, während noch 1885/86 ein Defizit von 9 111 000 M. vorhanden war, in den späteren Jahren die folgenden Summen als verfügbar für allgemeine Staatszwecke:

1890/91	ein Ueberschuß	von		43 098 000	M.;
1895/96	„	„	„	142 191 000	„ ;
1900	„	„	„	202 959 000	„ ;
1905	„	„	„	284 766 000	„

Im Verhältnis zu dem auf die Eisenbahn verwendeten Anlagekapital sind demnach zu allgemeinen Staatszwecken verwendbar gewesen:

1890/91	. . . .	0,67 pCt.;
1895/96	. . . .	2,03 „ ;
1900	. . . .	2,54 „ ;
1905	. . . .	3,11 „ .

Diese immer wachsende Heranziehung der Eisenbahnüberschüsse zu der Deckung der allgemeinen Staatsausgaben verhindert u. E. eine Herabsetzung der Gütertarife, welche im dringenden, wirtschaftlichen Interesse der Industrie liegt, die auf Herabminderung der Produktionskosten durchaus angewiesen ist und diese nur in der technischen und organisatorischen Vervollkommnung der Betriebe, der Herabsetzung der Transportkosten und der Arbeitslöhne zu finden vermag. Soll die letztere Möglichkeit nicht angewandt werden, liegt vielmehr ein Steigen der Löhne auch für die Zukunft im Interesse der Gesamtheit, so erscheinen die anderen beiden Faktoren für die Gestaltung der Selbstkosten der Industrie von um so größerer Wichtigkeit. Auf die Bemessung der Transportkosten hat aber die Industrie unter dem Staatsbahnsystem keinen Einfluß, sie muß hier der Einsicht der Staatsregierung, daß die Herabsetzung der übermäßig hohen Frachten im wirtschaftlichen Interesse des Landes liegt, vertrauen.

Die Einsicht, daß die Verwaltung der Eisenbahnen und die Gestaltung der Eisenbahntarife eines der wesentlichsten Mittel des Staates ist, das wirtschaftliche Leben der Nation zu beeinflussen, ihm, nach Maßgabe des Gesamtinteresses, Ziele zu weisen und den einzelnen Zweigen der nationalen Produktion Förderung angedeihen zu lassen, ist heute allgemein. Der Abgeordnete Frhr. von Zedlitz hat in der 155. Sitzung des Hauses der Abgeordneten vom 6. März 1905 mit Recht auf den engen Zusammenhang des Schutzzollsystems mit der Gestaltung der Eisenbahngütertarife im inneren Verkehr Deutschlands hingewiesen. Es ist ein unbedingt notwendiges Korrelat des Schutzzollsystems, daß im Innern des Landes ein möglichst freier und leichter Austausch der wirtschaftlichen Güter, eine möglichst große Annäherung des Produzenten und Konsumenten herbeigeführt wird. Die Schaffung eines einheitlichen und eng zusammengeschlossenen Wirtschaftsgebietes ohne innere Schranken und Verkehrshemmungen ist das Verlangen ebensowohl der preußischen Schutzzollpolitik bei

Begründung des Zollvereins wie der theoretischen und praktischen Agitation unseres **Friedrich** List gewesen; der Träger dieser Traditionen kann aber heute wesentlich nur die Staatseisenbahnverwaltung in einer großzügigen, auf allmähliche, planmäßige Ermäßigung der Gütertarife gerichteten Politik sein. Dazu kommt, daß nach der industriellen Entwickelung, die Deutschland in den letzten dreißig Jahren genommen hat, ein wesentlicher und anscheinend noch immer zunehmender Teil unserer industriellen Produktion seinen Absatz im Auslande suchen muß. Es ist allgemein bekannt, daß die deutsche Industrie vielfach unter ungünstigeren natürlichen Voraussetzungen arbeitet wie ihr ausländischer Wettbewerb; die Ausfuhrindustrie muß, um sich konkurrenzfähig zu erhalten, auf das genaueste kalkulieren und das stete Streben in allen industriellen Betrieben ist deshalb auf Herabdrückung der Produktionskosten gerichtet. Wir haben bereits dargelegt, und wir nehmen auf die übereinstimmenden Ausführungen des Abg. **Hirsch**-Essen in der schon erwähnten Verhandlung des Abgeordnetenhauses Bezug, daß unter allen für die Produktion in Betracht kommenden Faktoren allein die Herabsetzung der Transportkosten die Möglichkeit einer wesentlichen Verbilligung der Produktion gewährt. Für die Erhaltung und Stärkung der Machtstellung Deutschlands und seiner Industrie im wirtschaftlichen Wettbewerb der Völker liegt hier eine der wesentlichsten Voraussetzungen.

Im Jahre 1848 betrug auf den norddeutschen Eisenbahnen die durchschnittliche Frachtgebühr für einen Tonnen-Kilometer 13,3 Pf., sie sank bis zum Jahre 1879 auf 4,52 Pf.[1]), im Jahre 1889 betrug sie 3,81 Pf., 1894/95 war sie auf 3,76 Pf. gefallen, fiel 1899 auf 3,55 Pf. und 1902 auf 3,54 Pf.[2]), stieg 1903 wiederum auf 3,55 Pf. und ist in 1904, dem letzten Jahre, für das Nachweisungen vorliegen, wieder auf 3,57 Pf. gestiegen.[3]) Seit zehn Jahren ist somit ein Fallen des Durchschnittssatzes der Frachtgebühr um 0,19 Pf. = 5 pCt., seit 1899 aber ein **völliger Stillstand, ja sogar eine Erhöhung des Durchschnittssatzes der Frachtgebühr** eingetreten.

Diese Nachweisungen dürften es erklären, daß die Industrie bei aller Anerkennung der Vorteile des Staatsbahnsystems, auch in

---

[1]) Vgl. Reichsanzeiger v. 30. November 1904. Besondere Beilage „Die Entwicklung der Gütertarife der Preußisch-Hessischen Staatseisenbahnen".

[2]) Nach dem Reichsanzeiger v. 30. November 1904 stieg der Einheitsatz 1902 auf 3,58 Pf.

[3]) Die Zahlen sind den an den Landtag erstatteten Betriebsberichten der Eisenbahnverwaltung, für 1889 und 1899 dem für 1890—1900 an Seine Majestät den König erstatteten Bericht entnommen.

der Gestaltung der Tarife, doch glaubt behaupten zu dürfen, daß die Staatsbahnverwaltung bei der Festsetzung der Höhe der Tarife zu sehr finanziellen und zu wenig den Erwägungen, daß die Eisenbahnen eins der hauptsächlichsten Förderungsmittel nationaler Produktion sein sollen, Raum gibt. Die Industrie muß demgegenüber immer und immer wieder darauf hinweisen, daß die Eisenbahnen nur dann in dem vollen ihnen 1879 zugedachten Umfange zu Hebeln des nationalen Wohlstandes gestaltet werden können, wenn ihre Leistungen für allgemeine Staatszwecke gesetzlich begrenzt werden, und der dann freibleibende Ueberschuß im Interesse des nationalen Wirtschaftslebens namentlich durch Herabsetzung der Gütertarife seine Verwendung findet.

Wir verkennen nicht, daß in der von uns angedeuteten Richtung nur schrittweise vorgegangen werden kann, wir halten aber umsomehr ein planmäßiges Vorgehen nach diesem Ziele für notwendig, vor allem insoweit, als sich lediglich aus veränderten Betriebsverhältnissen für die Eisenbahnverwaltungen erhöhte Einnahmen ergeben, für die keine erhöhte Gegenleistung gewährt wird.

Daß eine planmäßige Ermäßigung der Gütertarife ein unumgängliches Bedürfnis ist, dem sich die preußische Eisenbahnverwaltung nicht länger entziehen kann, will sie sich nicht dem Vorwurf aussetzen, daß sie den Interessen der nationalen Produktion und dem Wettbewerb Deutschlands auf dem Weltmarkt nicht die genügende Förderung angedeihen lasse, darüber herrscht heute in den weitesten Kreisen die allgemeinste Uebereinstimmung. Deutlichster Beweis für diese Ueberzeugung weitester Kreise ist der Beschluß des Hauses der Abgeordneten vom 8. März 1905, der sich ähnlichen Kundgebungen früherer Jahre anschließt, und der unter der Zustimmung aller Parteien des Hauses gefaßt worden ist. Nach diesem Beschlusse ersucht das Abgeordnetenhaus, genau von denselben Erwägungen wie diese Eingabe ausgehend, die Königliche Staatsregierung

> unter voller Anerkennung der bei der Fortbildung der Gütertarife der Staatsbahnen befolgten Methode innerhalb der durch die Rücksichten auf die Finanzlage und die Konkurrenzverhältnisse gezogenen Grenzen planmäßiger als bisher auf die Ermäßigung der Tarife, insbesondere für solche Güter Bedacht zu nehmen, welche als Produktionsmittel oder Produkte der heimischen Gütererzeugung für deren Ertragsfähigkeit, insbesondere für die Ertragsfähigkeit von Landwirtschaft und Industrie, von großer Bedeutung sind.

Seit diesem Beschlusse des Hauses der Abgeordneten, der, wie schon erwähnt, unter der Zustimmung aller Parteien gefaßt worden ist, sind wiederum $1\frac{1}{2}$ Jahre vergangen, ohne daß etwas darüber verlautet hätte, daß die Königliche Staatsregierung dieser so sehr begründeten Anregung Folge zu geben geneigt sei. Inzwischen hat aber die Industrie noch eine nicht zu unterschätzende Belastung des Verkehrs in dem Frachturkundenstempel auf sich nehmen müssen. Nach einer uns vorliegenden Berechnung beträgt diese Abgabe ungefähr

bei Steinkohlen . .	$\frac{1}{2}$—1 pCt.	des Wertes.
„ Braunkohlen . .	2—4 „	
„ Salz	1—5 „	
„ Kalkstein . . .	1—2 „	
„ Schwerspat . . .	1—2 „	
„ Kiesabbrände . .	$\frac{1}{2}$—1 „	

Sie macht somit eine nicht unerhebliche Verteuerung der Produktionskosten aus.

Die deutsche Industrie hat gegen diese Belastung in der Erkenntnis, daß die Finanzen des Deutschen Reiches einer Sanierung unbedingt bedürftig waren, keinen Einspruch erhoben, um so lebhafter darf die Industrie aber ihr altes und wohlberechtigtes Verlangen nach einer Herabsetzung der Gütertarife jetzt erneuern.

Den dahingehenden Anträgen ist unter anderem auch immer der Widerspruch der Interessen entgegen gehalten worden, der sich fast bei jeder Tarifänderung erhebt. Daß über ihn hinwegzukommen sein muß, zeigt schon der einmütig gefaßte Beschluß des Abgeordnetenhauses vom 8. März 1905, außerdem gibt es aber Teile der Gütertarife, hinsichtlich deren ein Gegensatz der Interessen innerhalb der deutschen wirtschaftlichen Produktion überhaupt nicht vorhanden ist. Dies trifft vor allem auf die Abfertigungsgebühren zu. Eine Herabsetzung dieser Gebühren bei der Verfrachtung von Massengütern dürfte allgemeiner Zustimmung sicher sein. Wir halten eine solche Herabsetzung auch für möglich und erforderlich.

Die Abfertigungsgebühren sollen im wesentlichen als Entgelt derjenigen Leistungen dienen, die von der Länge des Transportweges unabhängig sind und die die Eisenbahnverwaltung neben den eigentlichen Beförderungskosten auf der Abgangs-, einer Mittel- oder der Empfangsstation zu übernehmen hat. Diese Leistungen bestehen unseres Erachtens bei Wagenladungen in der Bereitstellung der Wagen zum Be- und Entladen, dem Rangieren auf den Bahnhöfen, dem Ein- und Ausrangieren in die und aus den Zügen, der Vorhaltung der zum Rangieren erforderlichen Gleise, Maschinen, Arbeitskräfte u. s. w., allenfalls noch bei längeren Beförderungsstrecken in der Ueberführung der Wagen von einem Zug auf den anderen. Die Kosten für die zuletzt genannte Leistung, wodurch die Erhöhung der Abfertigungsgebühr mit der wachsenden Entfernung begründet werden könnte, hat die Eisenbahn durch Verbesserung der Betriebseinrichtungen, die eines immer weiteren Ausbaues besonders durch Verbesserung des Beförderungsdienstes fähig sind, in den letzten Jahren wesentlich herabgemindert. Inzwischen ist die Eisenbahnverwaltung bekanntlich auch dazu übergegangen, die Verfrachter zur Mitwirkung bei Verringerung dieser Kosten heranzuziehen. Zahlreiche Ausnahmetarife sind an die Bedingung geknüpft, daß die Fracht für das Ladegewicht der beladenen Wagen bezahlt wird; einzelne erfordern zur Verminderung der Rangierarbeiten die gleichzeitige Auflieferung mehrerer zusammenstehender Wagen für e i n e n Empfänger.

Es ist klar, daß alle diese vorher erwähnten Leistungen der Eisenbahnverwaltung bei der Abfertigung nicht eigentlich von dem Gewicht der Ladung oder der Größe des Wagens abhängen, daß sie vielmehr im wesentlichen für jeden Wagen die gleichen sind; will man trotzdem an dem jetzigen Prinzip, bei dem die Abfertigungsgebühren nach Maßgabe des Gewichts der Ladung festgesetzt werden, festhalten, so darf man billigerweise nicht außer acht lassen, daß sich der Normaltyp der Wagen seit der Zeit, in der die Abfertigungsgebühren in jetziger Höhe festgesetzt worden sind, wesentlich verändert hat. Während in früheren Jahren die Staatseisenbahnverwaltung im allgemeinen nur einen einheitlichen Wagentyp von 10 t-Wagen zur Verfügung hatte, hat sich dies jetzt derartig geändert, daß über 80 pCt. aller Wagen ein Ladegewicht von mehr als 10 t haben. Dadurch wird aber die Abfertigungsgebühr für den einzelnen Wagen erheblich erhöht, während die Leistungen der Eisenbahnverwaltung, für welche die Abfertigungsgebühr gezahlt wird, wie schon vorher ausgeführt worden ist, auf den einzelnen Wagen bezogen, wenn nicht geringer wie früher, so jedenfalls doch nicht höher geworden sind. Bei der Teilung der Gesamtfracht in die beiden Arten der Zahlung für die Streckenbeförderung und die Abfertigung des Wagens erscheint es somit als ein unbilliger Gewinn, daß die Eisenbahnverwaltung die volle Mehrgebühr, die jetzt auf den Wagen größeren Ladegewichts entfällt, für sich beansprucht, während doch die Abfertigung der größeren Wagen ihr keinerlei Mehrarbeit oder Mehrkosten verursacht. Im Gegenteil, die Verwendung dieser Wagentypen bietet zweifellos der Eisenbahnverwaltung sehr erhebliche Vorteile. Gewiß ist die Schaffung dieser größeren Wagentypen auf den Wunsch weiter Kreise der Industrie erfolgt. Andererseits muß aber mit Nachdruck darauf hingewiesen werden, daß die Einführung dieser größeren Wagen der Industrie auch erhebliche Lasten und Kosten auferlegt.

Die vorhandenen Einrichtungen und Betriebsverhältnisse hinsichtlich der Entladung und Beladung müssen den neuen Verhältnissen angepaßt werden, Privatanschlüsse, Drehbühnen, Entladevorrichtungen u. s. w. müssen mit großen Kosten geändert werden. Andererseits hat die Eisenbahnverwaltung nicht nur durch die verhältnismäßig geringeren Anschaffungspreise der größeren Wagentypen und durch die verhältnismäßig niedrigeren Unterhaltungskosten der größeren Wagen, sondern vor allem infolge des bei weitem günstigeren Verhältnisses während der Zugbeförderung zwischen der Nutzlast und dem Eigengewicht bei diesen neuen Wagentypen ganz erhebliche Vorteile aus dem Uebergang zu den Typen der 15 und 20 t-Wagen. Es erscheint in der Tat unbillig, daß die Eisenbahnverwaltung nunmehr auch noch zu diesem großen Vorteile den fast zufälligen Zuwachs an Abfertigungsgebühren für sich in Anspruch nimmt.

Nach einer Mitteilung der Königl. Eisenbahndirektion in Essen sind am 1. Oktober 1906, abgesehen von 26 Wagen mit weniger als 10 t Ladegewicht, an offenen Güterwagen vorhanden:

Wagen	Ladegewicht von		der Gesamtstückzahl
46 777	je 10	t	= 24,642 pCt.
41 786	„ 12,5	t	= 22,013 „
99 774	„ 15	t	= 52,561 „
1 423	„ 20	t	= 0,750 „
50	„ 25	t	= 0,026 „
16	„ 30	t	= 0,008 „

Unter 100 000 Wagen befinden sich demnach:

24 642	10 t-Wagen	mit	246 420	t	Gesamtladegewicht
22 013	12,5 t „	„	275 162,5	t	„
52 562	15 t „	„	788 415	t	„
750	20 t „	„	15 000	t	„
26	25 t „	„	650	t	„
8	30 t „	„	240	t	„
zusammen 100 000	Wagen	mit	1 325 882,5	t	Gesamtladegewicht.

Nach einer anderen amtlichen Mitteilung betrug der gesamte Güterwagenpark der Preußisch-Hessischen Eisenbahngemeinschaft (bedeckte und offene Wagen, ausschließlich 4267 Vieh- und 18902 Arbeitswagen) am 30. September 1905:

Wagen	mit einem Ladegewicht von	der Gesamtstückzahl
1 073	weniger als 10 t	0,38 pCt.
62 511	je 10 t (bis 12,4)	= 21,81 „
55 267	je 12,5 („ 14,9 t)	= 19,29 „
162 034	je 15 t	= 56,55 „
5 633	20 t und darüber	= 1,97 „

Unter letzteren befinden sich 3836 vierachsige 25 und 30 t-Plattformwagen und außerdem noch einige 60—80 t-Wagen.

Unter 100000 offenen und bedeckten Güterwagen befanden sich demnach am 30. September 1905

380	5 t-Wagen mit .	1900 t	Gesamtladegewicht
21810	10 (—12,4 t) Wagen	218100 t	"
19290	12,5 t-Wagen mit	241125 t	"
56550	15 t " "	848250 t	"
1970	20 t und mehr "	39400 t	"
zusammen 100000	Wagen mit . .	1348775 t	Gesamtladegewicht.

Wir legen diese Zahl unseren Berechnungen zu Grunde, gestatten uns aber dabei darauf hinzuweisen, daß infolge der stets wechselnden Zusammensetzung des Wagenparks auch die von uns errechneten Zahlen sich schnell ändern, insbesondere bei dem zunehmenden Prozentsatz größerer Wagentypen unsere Zahlen für die Industrie noch immer zu ungünstig sind.

Wir haben schon darauf hingewiesen, daß unseres Erachtens das Gewicht der Ladung an sich in keinem ursächlichen Zusammenhang mit der Höhe der Abfertigungsgebühr steht. Tatsächlich erhält aber die Eisenbahnverwaltung für jeden Wagen heute eine erheblich höhere Abfertigungsgebühr wie früher; diese Erhöhung der Abfertigungsgebühreinheit von 1 auf etwa 1,3 für jeden Wagen, wie sie sich lediglich infolge der veränderten Zusammensetzung des Wagenparkes ergibt, kann unseres Erachtens ohne Unbilligkeit nicht aufrechterhalten werden.

Die von uns angestrebte Neuordnung würde sich beispielsweise bei dem Rohstofftarif, dem Eisenerztarif und dem Kalitarif folgendermaßen gestalten:

Nach der Zusammensetzung des Wagenparks der Staatsbahnverwaltung am 30. September 1905 besaßen durchschnittlich 100 000 Wagen ein Ladegewicht von insgesamt 1 348 775 t. Dafür ist unter Anwendung der erwähnten Tarife eine Abfertigungsgebühr von 1 348 775 × 0,7 M. = 944 142,5 M. zu zahlen, so daß auf jeden verwendeten Wagen eine Abfertigungsgebühr von 9,44 M. entfällt, während früher, als wesentlich nur 10 t-Wagen den Bestand der Eisenbahn an Wagen bildeten, der Aufwand an Arbeit und Kosten, der der Eisenbahnverwaltung aus der Abfertigung der 100 000 Wagen entstand, mit 700 000 M., für jeden Wagen also mit 7 M., entgolten wurde. Wir sind der Ansicht, daß der Mehrbetrag von 2,44 M. auf den Wagen, den die Eisenbahnverwaltung erhebt, wesentlich nicht dieser, sondern den Befrachtern zu gute kommen müßte, und wir würden glauben, daß demgemäß in diesen Tarifen eine Herabsetzung der Abfertigungsgebühr von 0,7 für die Tonne auf etwa 0,52 M. lediglich den alten zu Ungunsten der Befrachter verschobenen Zustand wiederherstellen würde; da die Gesamtsumme der für diese 100 000 Wagen zu zahlenden Abfertigungsgebühr dann noch immer die früher erhobene Summe übersteigen würde.

In gleicher Weise würde sich auch bei allen übrigen in Betracht kommenden Tarifen das Maß der Herabsetzung gemäß dem Verhältnis des erhöhten durchschnittlichen Ladegewichts zu dem früheren Ladegewicht ziffermäßig feststellen lassen.

Bereits am Eingang dieser Darlegungen haben wir uns erlaubt darauf hinzuweisen, daß schon im Jahre 1879 von der Preußischen Staatsregierung die Ermäßigung der Frachten vor allem für die minderwertigen Massenartikel, welche für die Entwickelung der Industrie unentbehrlich sind, als ein eminentes Interesse der nationalen Wohlfahrt bezeichnet worden ist. Das Bedürfnis nach einer Herabsetzung der Frachten für die Massengüter besteht in unveränderter Weise, ja in erhöhtem Maße, fort. Sofern und solange daher eine Neuregelung der Abfertigungsgebühren für Wagenladungsgüter überhaupt nicht möglich sein sollte, erscheint eine solche Regelung jedenfalls für die Rohstoffe am dringendsten, und wir beantragen daher in erster Reihe für diese eine Neuregelung der Abfertigungsgebühren nach den von uns befürworteten Grundsätzen.

Wir bitten um wohlwollende Prüfung unserer Anträge.

IV.

Kathedersozialismus.

Vortrag, gehalten in der „Eisenhütte Oberschlesien, Zweigverein des Vereins deutscher Eisenhüttenleute“, am 28. Oktober 1906 in Gleiwitz von dem Geschäftsführer des Centralverbandes Deutscher Industrieller H. A. Bueck.

Schon im 18. Jahrhundert hatte sich in England eine erhebliche Industrie entwickelt, die, mit Einführung und Verbesserung der Dampfmaschine, schnell zum Großbetrieb und zur Massenerzeugung vorschritt. In keiner Weise durch irgend welche gesetzliche Vorschriften in der äußersten Ausnutzung menschlicher Arbeit jeden Alters und Geschlechts beschränkt, unter dem Schutze eines fast prohibitiven Handelssystems, anfangs im Alleinbesitz wichtiger maschineller Hilfsmittel — nach Erfindung der Spinnmaschine war deren Ausfuhr bei Todesstrafe verboten —, waren die Erzeugnisse Englands denen der anderen Länder, soweit überhaupt schon Industrien in ihnen vorhanden waren, in jeder Beziehung überlegen. In den großen Seekriegen gegen Ende des Jahrhunderts hatte England die volle Herrschaft über die Meere erlangt und seiner durch die Schiffahrtsakte geschützten und groß gewordenen Handelsflotte die Wege geöffnet. Sie landeten englische Industrieerzeugnisse, wo das Meer einen irgend aufnahmefähigen Hafen bespülte. England war der Fabrikant fast für die ganze Welt geworden, besonders aber für Deutschland, dessen jämmerliche Zustände auf den Gebieten der allgemeinen Politik und des Verkehrs die Entwickelung wirtschaftlicher Kräfte aufs äußerste behinderten.

In den Napoleonischen Kriegen zu Anfang des 19. Jahrhunderts litt die englische Industrie schwer unter der Kontinentalsperre, nach deren Aufhebung sie alles aufbot, um die Massen der aufgespeicherten Erzeugnisse auf die fremden Märkte zu werfen, auf denen der Absatz jedoch durch Schutzzölle in verschiedener Höhe erschwert war. Da griff

England zu den volkswirtschaftlichen Lehren Adam Smith's, des Begründers der nationalökonomischen Wissenschaft im heutigen Sinne, indem er ihr die Aufgabe stellte, die wirtschaftlichen Erscheinungen und deren Ursachen zu erfassen und festzustellen. Adam Smith hatte mit wunderbarer Voraussicht der wirtschaftlichen Entwickelung seines Vaterlandes und mit richtiger Erkenntnis der für sie notwendigen Vorbedingungen und der ihr entgegenstehenden hindernden Momente um das Jahr 1776 in seinem berühmten Buche „The Wealth of Nations“ volkswirtschaftliche Theorien aufgestellt, die er in bestechender und packender Weise in ein System gebracht hatte.

Dieses System des „ökonomischen Liberalismus und Individualismus“ oder „die Theorie des Systems der freien wirtschaftlichen Konkurrenz“, wie Wagner es genannt hat, ging von dem Vorhandensein unabänderlicher, harmonisch zusammenwirkender wirtschaftlicher Grundgesetze aus, und von der Annahme, daß jedem Menschen ein gewisses Durchschnittsmaß von Fähigkeiten gegeben sei, das ihn bei seinem Handeln in den Stand setzt, zu erkennen, was vorteilhaft für ihn sei. Vom Eigennutz, dem berechtigsten und mächtigsten Triebe der Menschen, bewegt, werde so aus den wirtschaftlichen Handlungen der Einzelnen das Wohl der Allgemeinheit, der Gesellschaft hervorgehen, vorausgesetzt, daß der Staat sich jedes Eingriffes in das Wirtschaftsleben der Nation enthalte. Dem freien Spiel der Kräfte dürfe nur durch die Bestimmungen des Civil- und des Privatsrechts eine Grenze gezogen sein, im übrigen müsse der Grundsatz unbedingter freier Konkurrenz herrschen. Dem Staate solle nur die Aufgabe zufallen, für die Sicherheit und den Schutz des Rechtes und des Eigentums zu sorgen, im übrigen laissez faire, laissez passer.

Diese Grundsätze wurden auf die Arbeiterverhältnisse und den Verkehr im allgemeinen ausgedehnt. Bezüglich der Arbeiter wurde ein Gegensatz ihrer Interessen zu denen anderer Gesellschaftsklassen, und daher das Vorhandensein einer eigentlichen Arbeiterfrage, nicht anerkannt. In dem allgemein harmonischen Zusammenwirken der Kräfte müßten sich auch die Verhältnisse der Arbeiter befriedigend gestalten. Das Eingreifen des Staates sei daher auch auf diesem Gebiete gänzlich zurückzuweisen.

Der unbedingte freie Verkehr wurde gefordert, da nur unter seiner Herrschaft die tunlichst größte Herstellung von Gütern, von Befriedigungsmitteln, und deren vollkommenste Verteilung, diese hauptsächlichste Grundbedingung für das Wohlbefinden der Allgemeinheit, zu erreichen seien. Die Grundlagen für die Erzeugung von Gütern seien bei den verschiedenen Völkern nach ihrer geistigen und körperlichen Befähigung, nach den klimatischen Verhältnissen, nach den von der Natur ihrer Länder gebotenen Erzeugnissen und Stoffen und sonstigen Vorbedingungen durchaus verschieden. Jedes Volk werde nur dann das höchste Maß von Gütern erzeugen, wenn es sich darauf beschränke, die Erzeugung nach den für sie vorhandenen Vorbedingungen tunlichst zu steigern. Daher werde nur bei dem Prinzip der internationalen Arbeitsteilung die möglichst höchste Steigerung der Produktion eintreten können. Der vollkommen freie Verkehr sei aber die unbedingt zu folgernde Notwendigkeit; denn nur durch ihn werde die gegenseitige Ergänzung, die gerechte Verteilung, der höchste Grad der allgemeinen Befriedigung ermöglicht und erreicht werden können, die „volkswirtschaftliche Weltgemeinde", deren Einheit durch Staatsgrenzen nicht gestört werden dürfe.

Das war die „britische Oekonomie" oder die Manchesterlehre, die in Deutschland als „Freihandelsschule" ihre bei uns in so üblem Andenken stehende Wirksamkeit geübt hat. In England richtete sie sich gegen Schutz und Prohibition, überhaupt gegen staatliche Eingriffe, die ihre Schuldigkeit vollauf getan hatten, bei der vorgeschrittenen Entwickelung aber hinderten und hemmten. Nach Deutschland wurde sie von englischen Emissären übertragen, um der englischen Industrie den fast ungeschützten deutschen Markt zu erhalten und die während die Kontinentalsperre im Aufblühen befindliche deutsche Industrie im Keime zu ersticken.

Für die Aufnahme dieser neuen Lehre waren die Zustände in Deutschland ungemein günstig. Gewerbe und Verkehr waren durch das Zunftwesen, polizeiliche Eingriffe, besonders aber durch den Abschluß der Bundesstaaten gegeneinander tief bedrückt und schwer behindert. Unter diesen Umständen mußte die Lehre vom freien Verkehr, vom freien Spiel der Kräfte, wie ein Evangelium erscheinen. Besonders aber trugen die politischen Verhältnisse dazu bei, der neuen Lehre Eingang zu verschaffen. Die Hoffnung auf freiere, verfassungsmäßige Zustände nach Abschüttelung der Fremdherrschaft durch die ruhmvolle Volkserhebung, war von den deutschen Fürsten getäuscht worden; es war im Gegenteil durch den von Metternich'schem Geiste geleiteten deutschen Bundestag eine Zeit finsterer Reaktion und Polizeiwirtschaft eingetreten. Sehnsüchtig waren die Blicke auf England mit seiner Jahrhunderte alten parlamentarischen Verfassung und seiner vielgerühmten Selbstverwaltung gerichtet. Da kam von diesem, wegen seiner freiheitlichen Institutionen viel beneideten Lande die Lehre von der freien Bewegung, vom Freihandel. In Deutschland erblickte man in ihr auch den Inbegriff politischer Freiheit, man glaubte sich in Freiheit zu baden, wenn man vom Freihandel sprach und schwärmte. Und so war es kein Wunder, daß dieser neuen Lehre die Geister gerade der Besten der Nation entgegenflogen. Dazu trug noch wesentlich bei, daß die an der Einfuhr ausländischer, besonders englischer Waren interessierten Handelskreise, das war besonders der Handel in den deutschen Seestädten, mit äußerster Energie für die neue Lehre eintraten.

Namhafte Schriftsteller und Nationalökonomen wie Krauß, Sartorius, Hufeland, Graf Soden, von Jakob und Lotz hatten sich der Lehre Adam Smith's zugewandt. Einzelne gingen sogar weiter und verfielen in Uebertreibungen. Man wollte dem Staate nur soweit das Recht einzugreifen gestatten, als die freien privaten Kräfte nicht oder nicht ebensogut ausreichten. So kam man z. B. zu dem Verlangen der privaten Münzprägung — nicht zu verwechseln mit dem jetzt bestehenden Recht der staatlichen Ausprägung von Münzen für Privatrechnung —, der Verpachtung der Post an Einzelunternehmer und der Bewirtschaftung der Staatsforsten durch Private.

Diese neue Lehre hatte unverkennbar bereits einen gewissen Einfluß auf die denkwürdige Stein-Hardenberg'sche, der Wiedererrichtung des niedergebrochenen preußischen Staates dienende Gesetzgebung ausgeübt. Der Umstand, daß die neue Lehre fast von allen Kathedern gepredigt wurde, wirkte mächtig auf die Anschauungen der heranwachsenden Generation von Staatsbeamten ein. So ist es zu erklären, daß die beiden bedeutungsvollsten wirtschaftlichen Ereignisse der nächsten Jahrzehnte vom Geiste des Smithianismus durchweht waren. Es war das preußische Gesetz vom 26. Mai 1818, betreffend die Aufhebung der Binnenzölle, die Beseitigung der Einfuhrverbote mit Ausnahme des auf Spielkarten und Salz und die Einführung sehr mäßiger Schutz- und Finanzzölle, die lediglich an der Landesgrenze erhoben werden sollten. Es war ferner die hochbedeutungsvolle Begründung des deutschen Zollvereins, der seine Wirksamkeit am 1. Januar 1834 aufnahm. Freilich, den Grundsätzen der vollkommenen Bewegungs- und Verkehrsfreiheit entsprechen auch diese beiden Vorgänge nicht. Ueberhaupt war in Deutschland das Erwerbsleben und teilweise waren auch noch die Individuen durch staatliche Bindung und gesetzlichen Zwang stark in der Entwickelung und im Fortkommen gehindert. Zunftzwang und Konzessionswesen, Privilegien und Monopole, Preistaxen und Zinsbeschränkungen verkümmerten das Gewerbe; der Verkehr im Innern war durch Fluß- und Durchfuhrabgaben behindert, die persönliche Freiheit des Gewerbebetriebes und der Niederlassung stark beschränkt. Damit wird es erklärlich, daß allmählich tatkräftige

Männer sowohl aus dem Stande der Gelehrten wie der Journalisten und Politiker zur Bildung einer förmlichen Schule, der **deutschen Freihandelsschule**, zusammentraten, um den englischen Smithianismus bis zu seinen äußersten Konsequenzen auch in Deutschland zur Geltung zu bringen. Unter diesen nenne ich **Schultze-Delitzsch**, **Faucher**, **Dr. Braun**, **Michaelis**, **Wolf**, den Redakteur der Stettiner Ostseezeitung, damals das verbissenste Organ des deutschen Manchestertums; an ihrer Spitze stand **Prince Smith**, ein naturalisierter Engländer und entschieden ein englischer Emissär. Diese Männer begründeten am 21. September 1858 in Gotha den „**Volkswirtschaftlichen Kongreß**“.

Mit seinen jährlichen Zusammenkünften bildete er den Sammelpunkt der deutschen Freihändler und des Manchestertums. Wir wissen, welchen unheilvollen Einfluß er allmählich auf die Handelspolitik der deutschen Regierungen ausübte. Die Freihandelsperiode der 60er und 70er Jahre, die der Industrie so tiefe Wunden schlug und ihren Bestand jeweilig in Frage stellte, war sein Werk.

Aber wir würden ungerecht sein, wenn wir nicht anerkennen wollten, daß die von England überkommene Lehre und ihre spätere Verkörperung in der deutschen Freihandelsschule unserem Vaterlande auch wertvolle Dienste geleistet hat. Ich habe schon darauf hingewiesen, daß das preußische Gesetz vom 26. Mai 1818 und die Begründung des deutschen Zollvereins, der die Wiedererrichtung eines neuen einigen deutschen Reiches vorbereitet hatte, vom Geiste dieser Lehre wesentlich beeinflußt waren. In jahrzehntelanger ernster Arbeit ist der Volkswirtschaftliche Kongreß für Gewerbefreiheit, Freizügigkeit, Beschränkung des Konzessionswesens, für Münz- und Währungseinheit und auch noch auf manchem anderen Gebiete für eine aufgeklärtere Gesetzgebung eingetreten. Er hat die Gesetzgebung auf diesem Gebiete vorbereitet und die öffentliche Meinung für sie gewonnen. Ihren großen Verdiensten aber haben der Volkswirtschaftliche Kongreß und die Freihandelsschule dadurch stark Abbruch getan, daß sie häufig über das Ziel hinausschossen und in Extreme verfielen. Das war auch der Fall mit Bezug auf die Stellung der deutschen Freihandelsschule zur Arbeiterfrage; ihre extreme Haltung dieser Frage gegenüber rief eine gegen sie gerichtete Bewegung hervor.

Wie in England, so waren auch in Deutschland bei dem Uebergang zur Industrie und zum Fabrikbetriebe die Industriellen meistens Männer, die sich aus dem Stande der Handwerker emporgearbeitet hatten. Bei all ihrer Tatkraft, Tüchtigkeit und bei all ihrem Können fehlte diesen Männern doch die allgemeine Bildung des Geistes und des Herzens, die erforderlich gewesen wäre, um im Interesse ihrer Arbeiter ihrem Eigennutz und ihrer Gewinnsucht Schranken zu ziehen. Daher wurden die Arbeitskräfte von ihnen aufs äußerste angestrengt und ausgenutzt. Mit dem Zeitalter der Maschine war auch in Deutschland rücksichtslose Ausbeutung der menschlichen Arbeitskräfte und deren traurige Folgeerscheinungen eingezogen. Diese Zustände haben den Staat veranlaßt, zuerst im Jahre 1839 schützend einzugreifen und diese Gesetzgebung bis zum Erlaß der Gewerbeordnung im Jahre 1869 und dann durch die folgenden zahlreichen Abänderungen und Ergänzungen derselben weiter auszuarbeiten. Abgesehen von ihren extremsten Elementen wagte die Freihandelsschule freilich nicht mehr gegen jeden Eingriff des Staates in die Arbeiterverhältnisse Einspruch zu erheben. Ein gewisser Schutz der Kinder und Frauen wurde von ihr als berechtigt anerkannt. Die erwachsenen Arbeiter wollte sie aber sich selbst überlassen, alle sonstigen Eingriffe des Staates in die Gewerbebetriebe auf das im allgemeinen Interesse unbedingt Notwendige beschränken. Das Bestehen einer Arbeiterfrage, die durch den inzwischen in die Erscheinung getretenen Sozialismus, den Klassengegensatz und die Feindseligkeit gegen das Kapital und das Unternehmertum wachsende Bedeutung erlangt hatte, wurde von der Freihandelsschule nicht mehr völlig in Abrede gestellt. Ihr gegenüber ging sie jedoch von dem Grundsatze aus, daß die Arbeiter das gleiche Interesse an der Erhaltung und dauernden Vermehrung des Kapitals wie dessen Besitzer haben; denn nur bei fortschreitender Kapitalbildung können die Gütererzeugung vermehrt, der zunehmenden Zahl der Arbeiter Beschäftigung, höherer Lohn und besserer Unterhalt gewährt werden. Die Freihandelsschule vertrat daher das Prinzip der vollen Interessengemeinschaft zwischen Kapital und Arbeit.

Wenn die Arbeiterschaft ihre Lage als unbefriedigend erachte, so habe sie die Ursache zunächst in den gegebenen Verhältnissen und sodann in sich selbst zu erblicken, — in den Verhältnissen, weil unsere gesamte Wirtschaft noch nicht so weit vorgeschritten sei, um jedem das gewünschte Maß der Befriedigung zu gewähren, in ihnen selbst, weil sie noch nicht zu größerer Leistungsfähigkeit und zur Betätigung wirtschaftlicher Grundsätze vorgeschritten seien.

Im übrigen war die Freihandelsschule fest davon überzeugt, daß die unbefriedigende Lage der Arbeiter durchaus nicht eine Folge der bestehenden wirtschaftlichen und rechtlichen Einrichtungen sei, also nicht der kapitalistischen Produktionsweise und des Lohnarbeitersystems oder des Privateigentums, wie von den Sozialisten behauptet wurde, daß somit auch die Besserung nicht durch die Beseitigung dieser angeblich fehlerhaften Institutionen erreicht werden könne. Durch Selbsttätigkeit der einzelnen Individuen, durch Selbsthilfe und freiwillige genossenschaftliche Tätigkeit müsse die Besserung allmählich gefördert werden, nicht aber durch das künstliche Eingreifen des Staates, wie beispielsweise durch Feststellung des Arbeitsvertrages, der Arbeitszeit für Erwachsene, durch progressive Einkommensteuer zum Ausgleich der Vermögens- und Einkommensverhältnisse oder durch direkte Staatshilfe, Unterstützung von Arbeiterunternehmungen oder überhaupt durch Organisation der Gütererzeugung von oben her.

Vor allem sei zu berücksichtigen, daß die dem Schwachen in Aussicht gestellte Staatshilfe das Gefühl der eigenen Selbstverantwortung vernichte, den Arbeiter veranlassen werde, auf die Anwendung der eigenen Kraft zu verzichten. Daher sei das Eingreifen des Staates doppelt schädlich. Wie in allen wirtschaftlichen Dingen, so dürfe die Tätigkeit des Staates auch hier lediglich eine ergänzende sein, in Wahrung solcher staatlicher Interessen, für die weder die Privattätigkeit, noch die freie Tätigkeit von Vereinen einzutreten vermag.

Diese Stellung zur Arbeiterfrage nahm die Freihandelsschule ein im vollbewußten Gegensatz zum Sozialismus. Dieser war seit der politischen Bewegung in den 40er Jahren, besonders unter den Fabrikarbeitern, immer stärker hervorgetreten. Er hatte in immer schärferer Hervorkehrung des Klassengegensatzes und der Feindseligkeit gegen das Kapital und das Unternehmertum zur Entwickelung der Sozialdemokratie mit ihren utopischen Forderungen und ihren revolutionären Umsturzplänen geführt.

Diese scharfen Gegensätze, mit der Gefahr einer drohenden Sozialrevolution im Hintergrunde, hatten bei einem Teil der jüngeren Nationalökonomen Zweifel erregt, ob die herrschenden Lehren der Freihandelsschule, des deutschen Manchestertums, auch ferner rückhaltlos anzuerkennen seien. Sie bezweifelten das Walten unabänderlicher wirtschaftlicher Grundgesetze, sie verlangten, daß die nationalökonomische Wissenschaft die Menschen in ihrem wirtschaftlichen Leben und in ihren Beziehungen zueinander erfassen solle. Historisch müsse der Mensch als ein in dem stets veränderlichen Fluß der Zeit stehendes Wesen erfaßt und ebenso der Zusammenhang der volkswirtschaftlichen Vorgänge zurückverfolgt werden. Als Hilfsmittel dieser veränderten Methode sollte eine besser ausgebildete Statistik dienen. Man bestritt ferner, daß die täglich an Bedeutung zunehmende soziale Frage mit dem Prinzip des Nichteingreifens des Staates bezw. mit dem Dogma, den Egoismus der Einzelnen walten zu lassen, gelöst werden könne. Man verlangte, daß der Staat nicht als ein tunlichst zu beschränkendes

Uebel betrachtet, sondern als eine Institution anerkannt werden müsse, die auf den sozialen und wirtschaftlichen Gebieten weitgehende Aufgaben zu erfüllen habe.

Diese neuen, dem Manchestertum entgegengesetzten Anschauungen wurden, weil sie anfangs wesentlich von Gelehrten und Professoren anerkannt waren, spottweise „Kathedersozialismus“ genannt. Diese Bezeichnung ist später von der neuen Schule acceptiert worden und geblieben. In großen, damals auf der Tagesordnung stehenden Fragen bestand freilich noch volle Uebereinstimmung zwischen den Vertretern der beiden verschiedenen Richtungen. Alle verlangten eine Revision des Zolltarifs, d. h. sie waren alle Freihändler; alle verlangten Gewerbefreiheit, Freizügigkeit und die Beseitigung anderer veralteter, das moderne Leben behindernder Einrichtungen.

Wenn wir nunmehr den Kathedersozialismus nicht in seiner allmählichen Entstehung, sondern so ins Auge fassen, wie er sich bei der Begründung seines Sammelpunktes, des „Vereins für Sozialpolitik“ in den ersten 70er Jahren darstellt, so müssen wir, um ihn besser zu verstehen, einen Blick auf die Erscheinungen der damaligen Zeit werfen.

Bereits im Norddeutschen Bunde waren durch eine großzügige Gesetzgebung die Prinzipien der volkswirtschaftlichen Freiheit zur Geltung gelangt. Damit war eine der wesentlichsten Grundlagen geschaffen, auf der sich, nachdem Deutschland in ruhmvollem Kampfe ein machtvoller großer Einheitsstaat geworden war, fast plötzlich ein wirtschaftlicher Aufschwung vollzog, wie ihn die Weltgeschichte noch nicht gesehen hatte. Aber es ist bekannt, daß dieser Aufschwung verbunden war mit Mißständen und Ausschreitungen, die diese, im übrigen so glanzvolle Bewegung für alle Zeit mit der Bezeichnung „Gründer- und Schwindelperiode“ behaftet hat.

Auf der anderen Seite hatte die Sozialdemokratie als politische Partei ihre Vertretung im Reichstag erlangt, von wo aus zum Fenster hinaus, wie überhaupt von zahlreichen, ebenso geschickten wie gewissenlosen aber unermüdlichen Agitatoren die hoffnungslose elende Lage der Arbeiter gepredigt, der Umsturz von Staat und Gesellschaft und die Errichtung des sozialistischen Zukunftsstaates als einziger Rettungsweg gepriesen wurde. Alle diese Erscheinungen wirkten mächtig auf die Vertreter der neuen nationalökonomischen Richtung ein. Die gewaltigen Fortschritte auf allen Gebieten der Technik, der Gütererzeugung, des Handels und des Verkehrs wurden von ihnen nicht geleugnet; aber als deren Begleiterscheinungen glaubten sie tiefe Mißstände zu erkennen. Ganz besonders richtete sich ihr Augenmerk auf die zunehmende Ungleichheit der Vermögen und Einkommen. Die traurigen Fälle schwindelhaften betrügerischen Gebahrens in der erwähnten Periode wurden von ihnen als dauernde Zeichen der Zeit angesehen. Besonders lenkte sich ihre Aufmerksamkeit auf die unteren Klassen, die sie, infolge der auch in jener Periode vorgekommenen Zügellosigkeiten und Roheiten, als auf einer ungemein tiefen Kulturstufe stehend ansahen. Als hauptsächliche Ursache aller dieser Mißstände glaubten sie den Umstand zu erkennen, daß seit geraumer Zeit alle maßgebenden Bestrebungen auf die tunlichst größte Steigerung der Produktion, der Gütererzeugung gerichtet gewesen seien, daß dabei aber die Einwirkung auf die Menschen nicht genügende Berücksichtigung gefunden habe. Sie waren überzeugt, daß neben dem wirtschaftlichen auch auf ethischem Gebiete Fortschritte zu erreichen seien, die allen Klassen des Volkes zu gute kommen müßten, und sie erblickten den Kernpunkt der Uebelstände in der Nichtbeachtung dieser Seite der Frage. Die Kathedersozialisten erkannten an, daß sich die materielle Lage der arbeitenden Klassen gegenüber den Zuständen im 18. Jahrhundert etwas gebessert habe, aber sie verneinten, daß sie unter den für sie bestehenden Lebensbedingungen sittlich oder wirtschaftlich fortschreiten könnten. In dem immer schroffer hervortretenden Gegensatz zwischen den Gebildeten und Besitzenden einerseits und den unteren Klassen andererseits, besonders auf dem Gebiete der Gesittung und Bildung, erblickten sie die Gefahr einer sozialen Revolution, der Vernichtung unserer Kultur, eine Gefahr, die nur abgewendet werden könne durch Reformen, welche auf der Grundlage der Rechtseinheit die unteren Klassen soweit bilden, heben und versöhnen werde, daß sie sich in Eintracht und Frieden in den Staat und in die bestehende Gesellschaft einfügen.

Von diesen Grundanschauungen ausgehend verlangten die Kathedersozialisten eine wirkungsvollere Fabrikgesetzgebung und zu deren gesicherter Durchführung das Fabrikinspektorat. Die in der Gewerbeordnung zwar an die Spitze gestellte Freiheit des Arbeitsvertrages betrachteten sie als nichtssagende, nur die Ausbeutung der Arbeiter begünstigende Form; sie verlangten für sie das uneingeschränkte Koalitionsrecht, um mitbestimmend beim Abschluß des Arbeitsvertrages mitwirken zu können. Vom Staat verlangten sie, daß er wirkungsvoller als bisher für die Bildung und Erziehung der unteren Klassen, für bessere Wohnungsverhältnisse und Arbeitsbedingungen eintrete.

„Wir verlangen", so sagte Schmoller in seiner Rede, mit der er die erste große Zusammenkunft der Kathedersozialisten am 6. und 7. Oktober 1872 in Eisenach eröffnete, „vom Staate, wie von der ganzen Gesellschaft und jedem einzelnen, der an den Aufgaben der

Zeit mitarbeiten will, daß sie von einem großen Ideal getragen seien. Und dieses Ideal darf und soll kein anderes sein als das, einen immer größeren Teil unseres Volkes zur Teilnahme an allen höheren Gütern der Kultur, an Bildung und Wohlstand zu berufen. Das soll und muß die große im besten Sinne des Wortes demokratische Aufgabe unserer Entwickelung sein, wie sie das große Ziel der Weltgeschichte überhaupt zu sein scheint."

Wenn ich dieses Programm in manchen Beziehungen als auf unerreichbare Ideale gerichtet bezeichnen muß, so nehme ich doch keinen Anstand ausdrücklich anzuerkennen, daß der Verein für Sozialpolitik, der damals in Eisenach begründete Sammelpunkt des Kathedersozialismus, durch seine gründlichen Arbeiten und Forschungen die Erkenntnis von Uebelständen in den Lebensbedingungen der unteren, arbeitenden Klassen herbeigeführt und durch seine nachhaltigen Bestrebungen die Besserung mancher Schäden vorbereitet und gefördert hat. Dies war wesentlich der Fall auf dem Gebiete der Fabrikgesetzgebung, auf der er für Reformen eintrat, die damals auch von allen humanen und weitblickenden Arbeitgebern im Prinzip als berechtigt anerkannt wurden.

Ich erkenne ferner an, daß solche Reformen, wie überhaupt die notwendige Betätigung der Staatsgewalt auf manchen anderen wirtschaftlichen Gebieten, gar nicht, oder nicht so bald eingetreten wären, wenn die Kathedersozialisten nicht den Kampf gegen das Manchestertum, gegen das Prinzip des laisser faire aufgenommen hätten. Daß sie diesen Kampf geführt, daß sie der Volkwirtschaftslehre andere, richtigere Wege gewiesen, daß sie ihr bessere, wirkungsvollere Methoden an die Hand gegeben hat, das wird ein Verdienst jener damals jüngeren Nationalökonomen für alle Zeit bleiben.

Diese von mir dem Kathedersozialismus gezollte Anerkennung entspricht den Eindrücken, die ich in ziemlich enger Berührung mit ihm seinerzeit gewonnen habe. Ich habe selbst viele Jahre dem Ausschuß des Vereins für Sozialpolitik als Mitglied angehört; freilich ist meine anfängliche Freude an der Mitarbeit in zunehmendem Maße getrübt worden durch die Wahrnehmung der immer radikaleren Richtung, die der Verein einschlug und die in den 90er Jahren dazu führte, daß ich mich von ihm abwandte. In einer Beziehung hatten die Kathedersozialisten, wie ich bereits erwähnte, es nicht vermocht, sich von den Manchestermännern zu trennen, sie blieben Freihändler. Die Sinnesgemeinschaft in dieser Frage und die Gefährdung der Herrschaft des Freihandels durch die energische Agitation des neubegründeten Centralverbandes Deutscher Industrieller gaben sogar Veranlassung zu einer Annäherung an den Volkswirtschaftlichen Kongreß, dem Sammelpunkt des extremen Manchestertums. Man verabredete jährlich abwechselnd, das eine Mal mit der Generalversammlung des Vereins für Sozialpolitik, das andere Mal mit der des Volkswirtschaftlichen Kongreß zu tagen. Dieses im Jahre 1876 geschlossene Abkommen wurde jedoch 1881 vom Volkswirtschaftlichen Kongreß wieder gelöst. Der Erörterung der Handelspolitik waren die Kathedersozialisten jedoch tunlichst aus dem Wege gegangen; sie entschlossen sich erst, sie im Frühjahr 1879 auf die Tagesordnung ihrer Versammlung zu setzen, als sie bereits als entschieden gelten konnte. Nur Professor Wagner ging in dieser Frage nicht mit. Als der Volkswirtschaftliche Kongreß in Bremen 1876 sich für den Freihandel aussprach und sämtliche anwesenden Kathedersozialisten sich diesem Votum angeschlossen hatten, trat Wagner aus dem Ausschuß des Vereins für Sozialpolitik aus.

In der öffentlichen Polemik, die sich zu Anfang der 70er Jahre zwischen den Kathedersozialisten und den Vertretern der Freihandelsschule entspann, traten freilich schon manche recht bedenkliche Anschauungen zu Tage. Diese Polemik war von Professor Wagner mit einer Rede eröffnet worden, die er am 12. Oktober 1871 in der Garnisonkirche in Berlin gehalten hatte. Das Prinzip des Gehenlassens griff er heftig an. Er beschuldigte die oberen Klassen durch ihre Gleichgültigkeit die äußerst gedrückte Lage der arbeitenden Bevölkerung, den Klassengegensatz, die soziale Bewegung mitverschuldet zu haben. Er appellierte an ihre Gewissen, tatkräftig und opferwillig an den Reformen mitzuwirken, die erforderlich seien und die er näher bezeichnete. Diese Rede machte ungeheures Aufsehen und rief, wie gesagt, eine lange andauernde öffentliche, mit großer Heftigkeit geführte Polemik hervor. In ähnlicher Weise wirkte ein von Professor Schmoller im Jahre 1874 in den Preußischen Jahrbüchern veröffentlichter Vortrag über die soziale Frage und den preußischen Staat. In voller Uebereinstimmung mit Wagner hatte auch Schmoller, jedoch unter Darstellung der historischen Entwickelung der verschiedenen Gesellschaftsklassen und der Klassengegensätze, die gewaltigen Uebelstände und Mißverhältnisse dargelegt, deren Fortdauer unsere gesamte Kultur mit dem Untergang bedrohe. In dieser bedeutenden Rede, in der er besonders die 200jährige soziale Arbeit des preußischen Königstums verherrlichte, die Deutschland vor einer Revolution, wie der französischen bewahrt habe, trat aber doch bezüglich gewisser Verhältnisse eine historische Auffassung hervor, die von der Sozialdemokratie wohl als der Beweis der Notwendigkeit ihres Kampfes gegen die bestehenden Zustände in Anspruch genommen werden konnte. Schmoller führte den historischen Ursprung der sozialen Klassen auf die von Sippen und Stämmen, von ganzen Volksklassen und Völkern gegeneinander geübte Gewalt zurück. Aus der Unterwerfung und Knechtung der einen durch die andere sei die Ungleichheit des Besitzes, und infolge hiervon, die Ungleichheit der Bildung hervorgegangen. Schmoller setzte in dieser Beziehung bei allen Menschen eine gewisse gleiche Begabung und Bildungsfähigkeit voraus. Der vorerwähnte Zustand, so behauptete er weiter, habe sich auf die spätesten Geschlechter fortgeerbt. Auch die Schuld und das Unrecht, mit dem man begonnen, hört nicht auf, es werde nur später die Gewalt raffinierter, sie verwandele sich in Betrug und listige Uebervorteilung, in ungerechte Ausbeutung der politischen Gewalt. Aus der Eigentums- und Einkommensverteilung bei allen Völkern und bis auf den heutigen Tag konstruierte Schmoller gleichsam eine tragische Schuld, an welche die sozialen Konflikte stets wieder anknüpfen. Schmoller erachtet eine ganz gleichförmige Verteilung des Einkommens nicht für wünschenswert, deswegen sei es aber nicht ausgeschlossen, daß man die ungleiche Verteilung abzuschwächen suchen solle. Eine große Zunahme des Wohlstandes dürfe nicht von einer Verschlechterung der Lage der unteren Klassen begleitet sein, weil das Ziel, auf das die historische Entwickelung hinarbeite, darin liege, alle Klassenherrschaft, alle Ausbeutung mehr und mehr zu tilgen, alle Menschen zu den höheren Gütern der Kultur heranzuziehen. Daher verlangte Schmoller vor allem, daß die unteren Klassen mehr erzogen, mehr gebildet, mehr unterrichtet werden müßten, um sie zu befähigen, an den höheren Gütern der Kultur teilzunehmen.

Ich will auf weitere Aeußerungen in dieser Rede nicht eingehen, die in der Hand geschickter Agitatoren sehr wohl zur Anstachelung der unteren Klassen hätte verwendet werden können. Daß sie in diesem Sinne, wie von mir, so auch damals verurteilt wurde, beweist, was Professor Treitschke, ein sicher auch hervorragender Historiker und Gelehrter, gegen die Rede Schmollers in einem Artikel schrieb, den er „Der Sozialismus und seine Gönner“ betitelte. Mit tiefer Entrüstung wendete sich Treitschke gegen die schonungslose Verdammung unserer sozialen Ordnung durch pessimistisch gesinnte Gelehrte. Ein Heer von Anklagen werde gegen die bürgerliche Gesellschaft „herangewälzt, doch nur als bequeme Flankendeckung für die Bestrebungen der Sozialisten, der geschworenen Feinde jeder edlen Gesittung“. Nach einer ungemein treffenden und vernichtenden Kritik der sozialdemokratischen Führer, schildert er „wie das arg- und harmlose Gemüt des Gelehrten von den Schreiern von der Richtung, deren bodenlose Gemeinheit er im stillen ahnt, allmählich umstrickt wird". Mit beißender Schärfe geißelt Treitschke die nervöse Furchtsamkeit vor den Massen, die Neigung ihnen entgegenzukommen, die zu einer Verwirrung aller wissenschaftlichen und sittlichen Begriffe führe. Er schreibt: „Wenn der große Volksmann X mit der üblichen rüpelhaften Betonung mir treuherzig erklärt, er denke zur rechten Stunde unsere Paläste und Akademien mit Petroleum anzufeuchten — so darf ich ihm nicht ebenso treuherzig erwidern: „Großer Mann, ich finde das niederträchtig und werde mich nötigenfalls zur Wehr setzen." Nur ein geistloser Mensch oder ein hartherziger Krämer mag sich solche Antwort erlauben. Ich bin vielmehr verpflichtet anzuerkennen, die unholde Schale jener Drohungen umschließe einen edlen Kern unergründlicher sozialpolitischer Weisheit — nur schade, daß besagter Volksmann diese Weisheit als elende Bourgeois-Halbheit entschieden verdammt."

Gegen Schmoller führt er aus, daß seine Auffassung auf dem Wahngebilde der natürlichen Gleichheit der Menschen beruhe. Die Menschen seien aber von Natur nicht gleich, sondern ungleich; mit dem Dasein der Menschen sei die Ungleichheit gegeben und diese lasse sich nicht denken ohne die Ungleichheit der Macht. Diese Macht wirke auf die Bildung der Gemeinschaft. „Wo der Kleine dem Großen im Wege steht, da wird er gebändigt." Daß der Starke den Schwachen bezwingt, war die Vernunft des früheren Lebensalters der Menschheit; an diesen Kämpfen hafte nicht mehr Unrecht, nicht mehr tragische Schuld, als an jeder Tat unseres sündhaften Geschlechts. Treitschke weist dann nach, wie ohne die Scheidung eines herrschenden und eines dienenden Standes die Anfänge der Kultur weder nachweisbar noch denkbar sind. Nur durch Unterjochung seien die Horden zu Völkern geworden, fähig ein Bild der Menschheit aus sich herauszugestalten. Einen freundlicheren Weg kenne die Geschichte nicht. Die von Natur bedürftige Gesellschaft bedinge aber, daß die ungeheure Mehrheit der Menschen immer und überall der Sorge um das Leben und der materiellen Arbeit ihr Dasein widmen muß. „Millionen müssen ackern und schmieden und hobeln, damit einige Tausende forschen, malen und regieren können. Der Sozialismus versucht umsonst durch leeres Wutgeschrei diese herbe Erkenntnis aus der Welt zu schaffen." Keine Kultur sei denkbar ohne Dienstboten; die niederen persönlichen Dienstleistungen werden niemals durch die Maschine ersetzt werden können. Die Klassenherrschaft, oder richtiger Klassenordnung, ergebe sich ebenso notwendig aus der Natur der Gesellschaft, wie der Gegensatz zwischen Regierenden und Regierten aus der Natur des Staates. Mit Bezug auf die Forderung, den Massen mehr Bildung zu geben, kommt Treitschke zu dem Schluß, daß, weil zur Bewahrung unserer Kultur die harte Arbeit von Millionen unentbehrlich sei, der geistige Horizont unzähliger Menschen nicht sehr weit über den Kreis der wirtschaftlichen Dinge hinausreichen könne. Dem Arbeiter werde immer nur eine Halbbildung gegeben werden können, die eine Schmach sei und geradezu den Seelenfrieden der Arbeiter wie den Frieden der Gesellschaft zerstöre. Niemals werde die Masse des Volks soweit gebildet werden können, daß sie die verwickelten Gesetze des sozialen Lebens wirklich verstehen lerne. Mit Bezug auf das Jammern über die Ungleichheit der Gesellschaftsklassen sagt Treitschke wohl ganz richtig: „Der soziale Gleichheitsdrang unserer Tage könne niemals das Gesetz umstoßen, daß die Gesellschaft leben muß, daß also die Mehrheit der Menschen den niederen Zwecken der Wirtschaft, der groben Arbeit sich zu widmen hat."

Aus diesen Darlegungen ist zu ersehen, daß bereits unter den damaligen Kathedersozialisten, und zwar bei einem Manne wie Schmoller, den wir heute zu den gemäßigten zählen, der unverbrüchlich an dem Staatsgedanken festgehalten hat, eine gewisse Neigung vorhanden war, den in der Sozialdemokratie herrschenden Theorien und Ansichten sich zu nähern, ihnen entgegen zu kommen. Ein Blick auf die Tätigkeit des Vereins für Sozialpolitik lehrt, daß diese Neigung leider kräftige Fortschritte gemacht hat.

Der Verein für Sozialpolitik begann mit der Erörterung von Arbeiterfragen. In den Anträgen der Referenten wie bei der ausschlaggebenden Mehrheit der Mitglieder war die Neigung unverkennbar, den staatlichen Schutz der sogenannten Schwachen und Unmündigen auszudehnen und die Stellung der Arbeiter dem Arbeitgeber gegenüber zu stützen und zu stärken. Von extremen Beschlüssen, wie von Aeußerungen des Uebelwollens und der Feindseligkeit gegen die Arbeitgeber hielt man sich aber noch zurück. Fast als Kuriosum muß heute die Tatsache erscheinen, das Professor Brentano, der in der ersten konstituierenden Versammlung des Vereins in Eisenach 1872 über die Fabrikgesetzgebung referierte, die so wenig ineinanderpassenden und daher höchst unzweckmäßigen Bestimmungen über die Beschränkung der Arbeitszeit der Kinder auf 6, der jugendlichen Arbeiter auf 10 Stunden, über die unsere Arbeitgeber in der Textilindustrie noch heute klagen, auch für möglichst ungeschickt erklärte, und daß er auf Grund seiner in England gemachten Beobachtungen beantragte, das Alter, in dem Kindern gestattet werden soll, in Fabriken zu arbeiten, von dem 12. auf das 10. Jahr herabzusetzen. Andererseits freilich wurde von ihm die weitgehende Forderung gestellt, die Beschränkungen für jugendliche Arbeiter anstatt bis zum 16., auf das 21. Lebensjahr auszudehnen und diese Klasse wie Frauen und Mädchen jeden Alters, nur 10 Stunden zu beschäftigen.

Auch über die Gewerkvereine hatten lange Erörterungen stattgefunden, die mit der Sentenz endigten, daß die Koalitionsfreiheit unbedingt anzuerkennen sei. Die gesetzliche Anerkennung der Gewerkvereine wurde, freilich gegen den Widerspruch einer erheblichen Minderheit, unter gewissen Normativbestimmungen und Verpflichtungen, als angemessen und die Errichtung von Einigungsämtern und Schiedsgerichten als zweckmäßig erachtet.

Der Verein hatte etwa im ersten Jahrzehnt seines Bestehens durch seine Arbeiten, seine Resolutionen, Eingaben und Petitionen auf den Gang der Fabrikgesetzgebung bei der Revision der Gewerbeordnung in den 80er Jahren unverkennbaren Einfluß ausgeübt. Zu Anfang der 80er Jahre begann das kräftige, zielbewußte und energische Eingreifen des großen Kaisers und seines unvergeßlichen Kanzlers in die sozialen, besonders die Arbeiter betreffenden Fragen. Man hätte annehmen sollen, daß der Verein für Sozialpolitik hierin eine mächtige Anregung zur Mitarbeit hätte erkennen sollen. Aber merkwürdigerweise trat gerade das Gegenteil ein. Zeitlich fiel die Lösung des im Jahre 1876 mit dem Volkswirtschaftlichen Kongreß geschlossenen Abkommens mit einer anderen Richtung des Vereins in seiner Tätigkeit zusammen. Inwieweit dieser Vorgang mitgewirkt hat, ist nicht zu übersehen, aber gleichzeitig beschloß der Verein eine andere Art seiner Gebahrung und seines Vorgehens. Man beschloß in Zukunft keine Resolutionen und Beschlüsse zu fassen. Nach Schluß der Verhandlungen über einen Gegenstand sollte lediglich eine kurze Zusammenfassung ihres Inhaltes durch den Vorsitzenden gegeben werden. Damit wollte sich der Verein unverkennbar seiner ausgesprochenen Parteistellung und seines agitatorischen Charakters entkleiden. Die gelegentliche Erörterung von Tagesfragen sollte nicht agitatorisch, sondern akademisch geführt werden. Der Verein wollte ohne Zweifel den Anschein erwecken, nunmehr über den Parteien zu stehen. Er stellte seine Tätigkeit auf dem Gebiete der speziell die Fabrikarbeiter betreffenden Fragen vorläufig ein und wendete sich mit bedeutendem Aufwande von Arbeiskraft und Mitteln der Anstellung von Ermittelungen auf anderen sozialen Gebieten und der Veröffentlichung der Ergebnisse dieser Arbeiten in seinen sehr umfangreichen Schriften zu. So bearbeitete er die Frage der Landarbeiter, die Handwerkerfrage, die Hausindustrie, die Wohnungsverhältnisse der ärmeren Klassen in den deutschen Großstädten, und, anläßlich des handelspolitischen

Kometenjahres 1892, in einem großen Sammelwerke die Handelspolitik sämtlicher Kulturstaaten in den Jahren 1860—1892. Vor dieser letzten Arbeit aber hatte der Verein sich wieder den sozialen Arbeiterfragen zugewendet. Den Anlaß dazu hatte ihm der Ausstand der Bergarbeiter im Rheinisch-westfälischen Kohlenrevier im Jahre 1889 gegeben.

Inzwischen hatten sich die allgemeinen Verhältnisse in manchen Beziehungen wesentlich geändert. Die Industrie war mächtig vorgeschritten. Immer größere Arbeitermassen waren in den Industriebezirken und in den großen Städten zusammengeströmt. Das an sich mangelhafte und schwächlich durchgeführte Sozialistengesetz hatte die sozialdemokratische Bewegung nicht abwehren können; die Sozialdemokratie war eine große politische Partei mit starker Vertretung im Reichstag geworden. In zahlreichen bedeutenden Wahlkreisen mußte mit den Stimmen der Sozialdemokratie gerechnet werden. Die Rückwirkung dieses Umstandes auf die Parteien im Reichstage war unverkennbar. Das Buhlen um die Gunst der Massen war zur Tagesordnung geworden. Die Parteien überstürzten und überboten sich mit arbeiterfreundlichen Anträgen und man glaubte sich in den Augen der Arbeiter noch ein besonders großes Verdienst erwerben zu können, wenn man die Begründung und Vertretung jener Anträge mit Angriffen und Schmähungen auf das Arbeitgeber- und Unternehmertum verknüpfte. Der Arbeitgeber wurde im Deutschen Reichstage vogelfrei.

Die großen Arbeiterversicherungsgesetze, ein bisher von anderen Völkern unerreichtes gewaltiges sozialpolitisches Werk, waren vom Kaiser Wilhelm I. und dem Fürsten Bismarck unter Dach und Fach gebracht und in Wirksamkeit gesetzt worden.

Der junge Kaiser hatte den Thron bestiegen. In seinen denkwürdigen Februar-Erlassen des Jahres 1890 hatte er sein soziales Programm niedergelegt, das den Sozialdemokraten und ihren Helfern in den bürgerlichen Parteien in manchen Beziehungen zu recht bedenklichen Auslegungen Veranlassung gab.

Der Altreichskanzler hatte sich von der politischen Bühne zurückgezogen. Es war ein offenes Geheimnis, daß die Divergenz zu den sozialpolitischen Ansichten des Kaisers bei seinem Rücktritt wesentlich mitgewirkt hatte.

Das Sozialistengesetz war unter dem Stillschweigen von Regierung und Reichstag abgelaufen.

Alle diese Vorgänge und Erscheinungen übten ersichtlich einen starken Druck auf die Regierung aus; vor dem Andrängen der Sozialisten begann sie Schritt für Schritt zurückzuweichen.

Die deutschen Lehrstühle der Nationalökonomie waren bis auf geringe Ausnahmen von Kathedersozialisten besetzt. An ihrer Spitze standen noch immer die hervorragenden Gelehrten, von denen die Bewegung ausgegangen war. Wagner war zu den Christlich-Sozialen Stöcker'scher und Naumann'scher Richtung abgeschwenkt. Tief religiöses Empfinden steigerte sein Mitleid mit den Mühseligen und Beladenen der unteren Klassen. Die von ihm ins Auge gefaßten Hilfsmittel und Reformen entbehrten nicht eines ziemlich ausgesprochenen staatssozialistischen Anstriches. Sein glühender Eifer trieb ihn an, selbst in solche Arbeiterversammlungen hinabzusteigen, die der Sozialdemokratie sehr nahe standen, und sein starkes Temperament riß ihn zuweilen zu einer Ausdrucksweise gegen die Arbeitgeber fort, die in diesen Kreisen Unwillen und Empörung erregte.

Diesen Empfindungen gab Freiherr von Stumm, dieser bisher in unserem öffentlichen Leben noch nicht erreichte und ersetzte Vertreter unserer Staats-, Gesellschafts- und Wirtschaftsordnung, in der Sitzung des Herrenhauses am 28. Mai 1897 lebhaften Ausdruck. Er wandte sich mit großer Schärfe gegen Wagner, gegen das sozialistische Professorentum überhaupt und gegen die dieses begünstigende Regierung. Er fand es unerhört, daß ein erklärter sozialdemokratischer Führer und Agitator, Dr. Arons, an der Hochschule zu Berlin als Privatdozent wirke, und daß der erledigte Lehrstuhl des hochangesehenen Historikers Treitschke mit Professor Delbrück besetzt worden sei, der an der Seite des national-sozialen Pastor Naumann stehend, sich in seinen Ansichten und seinem Streben kaum noch von der Sozialdemokratie unterscheide.

Dieses Auftreten Stumm's hatte scharfe Auseinandersetzungen zur Folge, in denen Wagner erklärte, er habe die betreffende Frage vor den Arbeitern nicht agitatorisch, sondern akademisch behandelt. Ich bezweifele nicht, daß dies in seiner Absicht gelegen hat; sein Temperament aber hatte entschieden über seinen Willen gesiegt und ihn weit über das Ziel fortgeführt. Ich muß gestehen, daß mir die Persönlichkeit dieses großen temperamentvollen und durchaus wohlmeinenden Gelehrten, mit dem ich manchen scharfen Kampf ausgefochten habe, immer sympathisch geblieben ist. Schmoller hatte immer eine sehr gemäßigte Haltung nach außen bewahrt. Er hat auch in einer Reihe bedeutsamer Aufsätze über die Entwickelung der Unternehmung, sowie neuerdings in seiner Volkswirtschaftslehre kluge und anerkennende Worte für die Unternehmer und deren wichtige Aufgaben gefunden. Ich bedaure nur, daß er nicht genügenden Einfluß gerade auf einige seiner begabtesten Schüler gehabt hat, ihnen eine etwas weniger einseitige Richtung zu geben. Brentano hatte sich immer mehr in eine den Arbeitgebern feindselige Stellung verrannt; ich werde gleich Veranlassung haben, mich mit ihm eingehender zu beschäftigen.

Wie aber von den Kathedersozialisten, den genannten wie den anderen, in ihren Hörsälen und Seminaren gelehrt worden war, das zeigte der Nachwuchs, der sich in seiner extremen sozialistischen Richtung zum Teil nur wenig von der Sozialdemokratie unterscheidet und die aggressive Feindseligkeit gegen die Arbeitgeber mit ihr teilt.

Unter dem Einfluß der hier dargestellten Entwickelung hatte der Verein für Sozialpolitik sich veranlaßt gesehen, nach dem Bergarbeiterstreik des Jahres 1889 für den Herbst des Jahres 1890 seine Generalversammlung nach Frankfurt zu berufen. Als erstes und hauptsächliches Thema stand auf der Tagesordnung: „Die Arbeitseinstellungen und die Fortentwickelung des Arbeitsvertrages." Als Referent fungierte Brentano. Die Vereinsleitung hatte mich aufgefordert das Korreferat zu übernehmen.

Ich muß hier die Mitteilung einschalten, daß die immer größere Bedeutung, die der Behandlung der Arbeiterfragen beigelegt werden mußte, die großen rheinischen wirtschaftlichen und industriellen Vereine und den Centralverband Deutscher Industrieller veranlaßt hatte, im Herbst 1899 eine Kommission zum Studium der Arbeiterverhältnisse in England dorthin zu entsenden. Sie bestand aus dem Fabrikbesitzer Theodor Möller-Brackwede, dem späteren Handelsminister, dem Generalsekretär Dr. Beumer, späterem Mitgliede des Reichstages und des Hauses der Abgeordneten und aus meiner Person. Angeschlossen hatte sich noch der Fabrikbesitzer Walter Caron aus Rauenthal bei Rittershausen. Mit Rücksicht auf das mir übertragene Korreferat und um mir über manche Fragen noch vollständigere Klarheit zu verschaffen, bin ich im Sommer 1890 noch einmal auf vier Wochen allein nach England gegangen. Dort hatte unsere Untersuchung sich hauptsächlich auf das Wesen und Wirken der Trade Unions gerichtet. Ich muß hier ferner in Erinnerung bringen, daß im Jahre 1868 ein Berliner Journalist Dr. Max Hirsch und der junge Professor Brentano, beide ganz unabhängig voneinander, in England die Arbeiterverhältnisse studiert hatten. Die trotz Verbote und Verfolgungen in England gebildeten Arbeitervereinigungen waren endlich gesetzlich anerkannt worden. Die Trade Unions standen in hoher Blüte. Beide deutsche Gelehrte kamen begeistert von den englischen Arbeiterorganisationen zurück.

Max Hirsch begründete mit seinem politischen Gesinnungsgenossen Stadtrat Duncker die deutschen Gewerkvereine. Brentano machte es von da ab zu seiner Lebensaufgabe, Stimmung für die Trade Unions zu machen und die gleichen Einrichtungen in Deutschland einzuführen; er war daher auch ein eifriger Verfechter der Organisation der Arbeiter und des vollen uneingeschränkten Koalitionsrechts. Er hielt mit äußerster Zähigkeit an dem Gedanken fest, daß alle Differenzen zwischen den Arbeitern und den Arbeitgebern am sichersten und am besten durch Verhandlungen zwischen den beiden Parteien auf dem Fuße voller Gleichberechtigung geschlichtet werden könnten. Nur auf diesem Wege sei ein tatsächlich freier Arbeitsvertrag als das Ergebnis der vollen freien Entschließung beider Parteien zu erreichen, an Stelle des jetzt chimärischen der Reichsgewerbeordnung, der den einzelnen Arbeiter der Willkür des Arbeitgebers ausliefere. Denn besonders in den Großbetrieben werde der Arbeitsvertrag vollkommen einseitig vom Arbeitgeber festgestellt. Diesen Standpunkt vertrat Brentano mit äußerster Schärfe auch in Frankfurt. Von der Wirksamkeit gesetzlich anerkannter machtvoller Arbeiterorganisation erwartete er den friedlichen und befriedigenden Ausgleich aller Differenzen zwischen Arbeitgebern und Arbeitern, die Herstellung des sozialen Friedens.

Brentano handelte konsequent und vollkommen richtig nach Maßgabe der von ihm bei seiner ersten Studienreise in England gemachten Beobachtungen. Damals standen in der Tat die englischen Trade Unions in voller Harmonie mit den Arbeitgebern. Zwischen ihnen wurden auf dem Fuße voller Gleichberechtigung und zur allgemeinen Befriedigung die entstandenen Streitfragen erledigt. In schwierigeren Fällen unterwarfen beide Teile sich willig dem Schiedsspruch eines Unparteiischen. Die Arbeitgeber, namentlich in den großen Betrieben der Montan-, Eisen- und Textilindustrie, erblickten in der Tat in den Trade Unions Organisationen, die den Frieden gebracht hatten. Und das kam daher.

In England hatte sich, infolge von Umständen, die ich bereits angeführt habe, mit der Entwickelung der Industrie und der Ausbildung des Maschinenwesens ein System furchtbarster, grauenhaftester Ausbeutung der menschlichen Arbeitskräfte jeden Alters und jeden Geschlechts, bis zum zartesten Kindesalter, bei kärglichsten Hungerlöhnen ausgebildet. Schutz und Recht bestand für die Arbeiter nicht; denn hier zeigte sich auch die dunkle Schattenseite der so vielgerühmten englischen Selbstverwaltung und Rechtsprechung jener Zeit. Diejenigen, die zu verwalten und Recht zu sprechen hatten, taten es, wenn es sich um die Klage der Arbeiter handelte in eigener Sache und nach Maßgabe ihrer eigenen Interessen, denn es waren meist selbst

Industrielle. Auch das Parlament und die Regierung standen auf der Seite jener Arbeitgeber. Durch Gesetz war den Arbeitern bei schwerer Strafe jede Vereinigung verboten. Aber sie vereinigten sich doch. In Geheimbünden wurde konspiriert und, von ihren Arbeitgebern zur Verzweiflung getrieben, brachen Arbeiterrevolten, richtige Emeuten mit Blutvergießen und Zerstörung von Maschinen und ganzen Fabriken aus. Und Hand in Hand damit gingen die furchtbar verheerenden Streiks, die wie große Schlachten in blutigen Kriegen Leichenfelder zurückließen. So schilderte im Jahre 1889 Mr. David Dale, einer der größten Montanindustriellen im Norden Englands die damaligen Zustände. Er ließ seinen ältesten und besten Meister kommen, beide waren hochbetagt, der die Greuel jener Zeit ebenso wie sein Herr schilderte; er gebrauchte das Gleichnis von den Leichenfeldern. Und alle diese bewegten, hochtragischen Schilderungen hatten den Zweck, uns zu erklären, wie jetzt durch die gesetzlich anerkannten Trade Unions, die übrigens, nach der eindringlichen Versicherung des Meisters, auf dem Standpunkt vollständiger Interessengemeinschaft mit den Arbeitgebern standen, gegen damals ein goldenes Zeitalter der Ruhe und des Friedens eingetreten war, um uns zu zeigen, wieso man mit den Trade Unions und mit der Art des Verhandelns mit ihnen vollkommen zufrieden sei. Diese Zufriedenheit war auch nicht alteriert worden durch die wachsenden Ansprüche der Trade Unions; denn noch beherrschte die englische Industrie die Märkte der Welt und diktierte die Preise, die sie ganz nach der Höhe ihrer Selbstkosten bemessen konnte. Die Bewilligung der Forderung der Trade Unions machte daher keine Schwierigkeiten und Sorgen.

In diesem Lichte hat Brentano die Trade Unions kennen gelernt und sein Urteil danach gebildet. Zahlreiche, namentlich Großindustrielle, urteilten auch noch ebenso oder gaben sich uns gegenüber wenigstens den Anschein so über die Trade Unions zu urteilen, als wir 1889 in England waren. Aber wir drangen etwas tiefer in die Sache ein, denn nicht alle Industriellen lebten so vertrauensselig auf ihre Uebermacht im Weltverkehr in den Tag hinein; nicht alle konnten den tiefen Groll gegen die Arbeiterorganisationen verhalten. Nach vielen eingehenden Ermittelungen und Beobachtungen konnten wir feststellen, daß die englische Industrie mehr und mehr unter die Herrschaft der Trade Unions d. h. unter das Joch der Arbeitersekretäre gekommen war. Nach den verschiedensten Richtungen waren dem Selbstbestimmungsrecht der Arbeitgeber Schranken gezogen, Fesseln angelegt. Wir gelangten zu der Ueberzeugung, daß dieser Zustand der Industrie Englands abträgig werden müsse.

Und daß wir richtig gesehen und richtig geurteilt hatten, bewies die Periode schwerer Streiks, die 1890 mit dem Ausstande von 100 000 Bergarbeitern in Yorkshire und Lankashire begann und mit dem furchtbaren Streik der Maschinenbauer 1897 endigte, Streiks, die von den Arbeitgebern mit schweren Opfern durchgekämpft wurden und zwar mit dem ausgesprochenen Zweck das ihnen von den Trade Unions auferlegte Joch abzuschütteln und es zu brechen. Die unverkennbar geschwächte Wettbewerbsfähigkeit der Industrie Englands ist nicht zum geringsten Teil auf das Gebahren der Trade Unions zurückzuführen.

Bei diesen Darlegungen habe ich mich etwas lange aufhalten müssen, weil ich gegen Professor Brentano den Vorwurf erhebe, daß er den Wechsel der Verhältnisse, der in den 25—30 Jahren, seitdem er seine Studien in England gemacht hatte, eingetreten war, gänzlich unbeachtet gelassen hat oder daß er von ihm nichts wissen wollte. Er sah die Trade Unions damals in Frankfurt und sieht sie noch heute in dem Lichte, in dem sie noch 1889 dem Mr. David Dale und seinem alten Meister erschienen. Und Brentano will auch nicht sehen, daß es den deutschen Gewerkschaften nicht auf Verhandlungen über die Arbeitsbedingungen zum Zwecke der Herstellung einer besseren Wirtschaftslage der Arbeiter und friedlicherer Verhältnisse zwischen Arbeitern und Arbeitgebern ankommt, sondern daß ihr Ziel ist die Erlangung von Macht, die Herrschaft in den Betrieben und über die Arbeitgeber.

Charakteristisch für den Verein für Sozialpolitik war, daß sich unter den 4 Bänden seiner Schriften, die er zur Vorbereitung für die Verhandlungen in Frankfurt herausgegeben hatte, einer befand, den ein junger Nationalökonom, der kaum das Seminar verlassen haben konnte, Dr. Oldenberg, über den Bergarbeiterausstand im Jahre 1889 geschrieben hatte. Dr. Beumer bezeichnete diese Schrift in jener Versammlung als „eine ohne jede Sachkenntnis tendenziös gegen die Arbeitgeber zusammengestoppelte Sammlung von Lesefrüchten". Er bezweifelte, daß Dr. Oldenberg jemals eine Kohlenzeche gesehen oder mit einem Kohlenarbeiter oder Arbeitgeber gesprochen habe. Der anwesende Dr. Oldenberg fand kein Wort zur Verteidigung. Der ganze Vorgang war aber typisch für das Vorgehen des Kathedersozialismus und die ihm eigentümliche Art der akademischen Behandlung öffentlicher Angelegenheiten. Ich möchte hier gleich noch einen fast anekdotenhaften Fall hervorheben. Ein Fräulein Dr. Else Conrad hat als Dissertation eine Geschichte des Vereins für Sozialpolitik geschrieben und herausgegeben; ein sehr gutes Buch mit reichem Material und eigenen Gedanken und Urteilen. Ich habe es in nicht unerheblichem Maß zu meinem heutigen Vortrage benutzt. In diesem Buche wird natürlich auch die Versammlung in Frankfurt und der Bergarbeiterstreik von 1889 behandelt. Mit Bezug auf diesen schreibt die Dame: „Fast rührend mutet es uns an, daß eine Bergmannsdeputation zu ihrem jungen Landesvater reist, um ihm persönlich ihre und ihrer Kameraden Beschwerden vorzutragen und ihn um Hilfe zu bitten." Dieser Vorgang steht noch in allgemeiner Erinnerung. An den drei berüchtigten sogenannten Kaiserdelegierten haftet noch heute das Schandmal, daß sie ihren „jungen Landesvater" belogen haben, denn sie hatten ihre Zugehörigkeit zur sozialdemokratischen Partei verleugnet. Das wußte die junge Dame nicht, woraus ich ihr keinen Vorwurf machen will. Denn in den Hörsälen, die sie besuchte — zu ihren Lehrern haben die Professoren Max Weber und Herkner gehört — sind ihr ohne Zweifel die ausständigen Arbeiter, im Gegensatz zu den Arbeitgebern, den Ausbeutern, im günstigsten Lichte geschildert worden.

Der äußere Verlauf der Frankfurter Versammlung war wenig erbaulich. Eine große Korona von jungen Nationalökonomen, augenscheinlich Angehörige der Seminare der tonangebenden Professoren, lauschten andächtig den Reden ihrer Meister, sie freuten sich, wenn Bemerkungen gegen die Arbeitgeber fielen und jubelten, wenn ein Stötzel, Dasbach oder Lensing, Redakteur der „Tremonia", des berüchtigten ultramontanen Hetzblattes in Dortmund — der besonders eingeladene Sozialdemokrat Grillenberger war nicht erschienen — sie beschimpfte. Die Redner der anderen Partei wurden mit mißbilligenden Zurufen oder höhnischem Gelächter unterbrochen und begleitet.

Ich habe mein möglichstes getan, um den berechtigten Standpunkt der Arbeitgeber zu vertreten und als die Sache vorüber war, stand es bei mir fest, daß ich ein Tor gewesen war, als ich den Auftrag das Korreferat zu halten, annahm. Ich hatte geglaubt dem Interesse der Arbeitgeber nützen zu können, mußte mir aber sagen, daß meine Worte in diesem Kreise ungehört und ohne irgend Eindruck zu machen, verhallt waren. Und dieses Referates wegen hatte ich eine festgeplante Reise in die Bezirke der Eisenindustrie der Vereinigten Staaten unter der bewährten Führung unseres verehrten Herrn Dr. Schrödter aufgegeben. Die Gelegenheit, die Vereinigten Staaten zu sehen, ist für mich nicht wiedergekommen.

Durch diese Versammlung in Frankfurt wurde es klar, was auch bereits in der Zwischenzeit aus Schriften und Reden besonders der jüngeren Gelehrten hervorgetreten war, daß der Kathedersozialismus immer radikaler wurde und sich immer weiter den Anschauungen und dem Gedankengange des Sozialismus näherte. Auch die Machtgelüste der Sozialdemokratie fanden Unterstützung. Das Verlangen der Arbeitgeber, Herr in ihrem Eigentum, in ihrer Werkstatt, in ihrem Hause zu sein, wird als Ausfluß unberechtigter Herrschergelüste bezeichnet. Der von Stöcker am 21. Januar 1896 im Reichstag ausgesprochene Satz: „Es muß an die Stelle des souveränen Unternehmertums das konstitutionelle treten", wurde willig von den Kathedersozialisten aufgenommen. Auf der Versammlung des Vereins in Köln 1897 erklärte Professor Gierke: „Die Fabrik ist ein großer öffentlicher sozialer Organismus, nicht das Haus des Arbeitgebers, in dem er nach Belieben schalten und walten kann, ohne der Gesamtheit dafür verantwortlich zu sein." Schalten und walten nach Belieben kann der Arbeitgeber in seiner Fabrik nicht, das wissen wir alle; denn er ist an die bestehenden Gesetze gebunden und befolgt sie. Höchst eigentümlich aber muß es anmuten, wenn ein Professor der Staatswissenschaften und des Staatsrechts über das Eigentumsrecht so denkt wie Professor Gierke in dem vorangeführten Satze.

Bekanntlich hatte die Regierung einige Jahre vorher den freilich vergeblichen Versuch gemacht, zum Schutze der Arbeitswilligen eine Verschärfung des § 153 der Reichsgewerbeordnung im Reichstage durchzusetzen. Freiherr von Berlepsch, der auf dem Festmahle der Kölner Versammlung ein Hoch auf den vierten Stand ausbrachte, hatte damals als Handelsminister den Antrag der Regierung wiederholt und eindringlichst mit guten Gründen, leider, wie bemerkt, vergebens befürwortet.

Diese Frage kam in der Kölner Versammlung zur Verhandlung. Die Erörterung drehte sich vor allem um die Frage, ob die bestehenden Gesetze zum Schutze der Arbeitswilligen ausreichten. Professor Loening vertrat die Ansicht, daß dies nicht der Fall sei; er mußte deswegen einen Sturm von Angriffen über sich ergehen lassen. Jastrow, ein der Sozialdemokratie sehr nahestehender Privatgelehrter, trat für den entgegengesetzten Standpunkt ein, er forderte sogar die gänzliche Streichung dieses Paragraphen. Er wurde mit jubelndem Beifall überschüttet.

In lebhafter Erinnerung wird Ihnen allen noch die Generalversammlung des Vereins für Sozialpolitik in den Oktobertagen des vergangenen Jahres in Mannheim stehen. Das Hauptthema lautete: „Das Arbeitsverhältnis in den privaten Riesenbetrieben." Dieses Thema erschien recht geeignet alle Voreingenommenheit, allen Haß gegen die Arbeitgeber zum Ausdruck zu bringen. Die Verhandlungen gestalteten sich in der Tat auch so, daß die anwesenden Arbeitgeber sich wie Untersuchungsgefangene auf der Anklagebank vorkommen mußten. Brentano, als Referent, hatte volle Gelegenheit seine Ansichten vom freien Arbeitsvertrag an den Mann zu bringen. Er verlangte den kollektiven Arbeitsvertrag, abgeschlossen durch frei gewählte Vertreter. „Wenn die Arbeitgeber dagegen protestieren", so sagte er, „ist es nicht die Freiheit des Arbeiters, die man wahren möchte, sondern die Freiheit des Arbeitgebers durch Verhandlung mit widerstandsunfähigen einzelnen Arbeitern deren Freiheit zu brechen." Man sieht wie immer dieselben Schmähungen und Verdächtigungen der Arbeitgeber wiederholt werden.

Noch schlechter kamen dieses Mal die Arbeitswilligen fort. Brentano bezeichnete sie als jene eigentümliche Spezies von Arbeitern, die sich angeblich danach sehnt, zu schlechteren Arbeitsbedingungen als den von den organisierten Arbeitern verlangten zu arbeiten. Ich möchte diese eigentümliche Definition des großen Gelehrten nicht weiter charakterisieren.

Professor Max Weber brauchte das Wort „Kanaille" mit Bezug auf Beispiele und in einer Wortstellung, die deutlich erkennen ließ, daß in seinen Augen die Arbeitswilligen zu den Kanaillen zählen.

So behandelten die Herren Professoren von der Höhe ihres wissenschaftlichen Berufes und ihrer die Sicherheit der Existenz verbürgenden Kathedern Männer, die sich nicht bedingungslos nach der Laune verhältnismäßig gut besoldeter unverantwortlicher Agitatoren und Arbeiterführer zu Märtyrern hingeben wollen, Männer, die den Haus- und Familienvater, den Menschen, dem Klassenangehörigen voranstellen.

Die höchste Leistung dieser Versammlung im Sinne der vorgeschrittenen Kathedersozialisten war wohl die vollständige Verurteilung aller Wohlfahrtseinrichtungen nicht streng charitativen Charakters. Brentano bezeichnete sie als Einrichtungen, „die die Arbeiter innerhalb wie außerhalb der Unternehmungen zu jedweder Unterwerfung unter den Willen des Arbeitgebers zwingen, die geeignet sind jedwedes Recht, welches die Gesetzgebung des Reiches zum Schutze seiner individuellen Freiheit verliehen hat, vollständig auszuschalten."

Die deutsche Industrie ist mit Recht stolz auf ihre Wohlfahrtseinrichtungen. Jeder Ausländer, der sie kennen lernt, bewundert sie und ist des Lobes voll und des Bedauerns darüber, daß nur die deutschen Arbeiter sich solcher weitgehenden und vollkommenen Einrichtungen zu erfreuen haben. In der Generalversammlung zu Mannheim stimmten die Kathedersozialisten der merkwürdigen Auffassung

Brentanos unbedingt zu. Sie wurde in den verschiedensten Tonarten variiert und erntete lebhaften Beifall.

Das mag genug sein über den Mannheimer Kongreß. Zur eingehenden Information über den Geist der dort geherrscht hat, empfehle ich die Lektüre der Reden des Professor Max Weber, des bekannten Herrn von Rottenburg und des Pastor Naumann. Der Geh. Kommerzienrat Kirdorf, der Generaldirektor des Gelsenkirchener Bergwerks- und Hüttenvereins, hat sich wahrlich ein großes Verdienst um die deutschen Arbeitgeber erworben, als er am zweiten Tage es versuchte die Aufgabe zu erfüllen, in diesem Kreise für die deutschen Unternehmer und Arbeitgeber einzutreten. Auch in diesem Falle war die Aufgabe eine höchst undankbare.

Zum Schluß möchte ich noch einige Worte über einen Mann sagen, der die oberschlesischen Industriellen schon deswegen interessieren wird, weil er Ihnen wenigstens räumlich nähergestanden hat und den ich gegenwärtig als Typus des kathedersozialistischen jüngeren Professorentums betrachte. Als solchen möchte ich ihn Ihnen vorstellen. Es ist Professor Werner Sombart, der bisher einen Lehrstuhl der Nationalökonomie in Breslau einnahm, jetzt aber an die Handelshochschule nach Berlin berufen worden ist.

Ich behaupte, daß dieser Gelehrte sich nach seinen Anschauungen und nach seinem Auftreten von der Sozialdemokratie nicht mehr unterscheidet. Dafür möchte ich einige Belege geben.

In einem Artikel des „Tag" Nr. 469 vom 7. Oktober 1902 über das Proletariat sagt Sombart: „Wie sich die Lage der Arbeiter zum Kapitalismus gestaltet, ist so oft dargestellt, das Lied vom Elend und Jammer von Mißhandlung und Ausbeutung, daß er darauf verzichte, eine neue Schilderung von dem „Gange zwischen den Mauern" zu geben, den das Proletariat zurückgelegt hat und noch immer wandert." Sombart spricht weiter von den Nöten der arbeitenden Bevölkerung, der Entgeistigung der Arbeit und von der bedingungslosen Unterwerfung des rechtlich Freien unter den Willen eines anderen, von der „ökonomischen Sklaverei". Wer so spricht unterscheidet sich nach meiner Auffassung nicht mehr von den sozialdemokratischen Agitatoren und Stumpfrednern.

Ich kann den Herrn Professor hier nicht aus seinen großen Büchern schildern, er hat sehr viele und sehr große Bücher geschrieben, ich habe aber hier ein kleines Schriftchen, betitelt „Dennoch!" „aus Theorie und Geschichte der gewerkschaftlichen Arbeiterbewegung". Diese Schrift umfaßt im Druck erweiterte Vorträge, gehalten von Sombart im „Humboldtverein für Volksbildung". Den Inhalt bildet ein Loblied und eine Verherrlichung der englischen Trade Unions und eine Anfeuerung der deutschen Arbeiter, ihre Gewerkschaften auf die gleiche Höhe zu bringen.

Sombart entwirft zunächst ein Bild von dem großen Umfang der Trade Unions, deren gewaltigen Mitteln und ihrem gemeinnützigen Wirken und behauptet: „Ungezählte Aussprüche hochgestellter Personen bestätigen nicht minder als vielerlei Anzeichen, daß es durchaus jetzt der Stimmung aller politisch maßgebenden Kreise Englands entspricht, in den Trade Unions einen Faktor fortschrittlicher Entwickelung zu erblicken."

Nach dem, was ich über die Trade Unions vorher gesagt habe, darf ich hier wohl behaupten, daß Sombart von derselben Voreingenommenheit für sie befangen ist, wie Brentano, was bei Sombart schwerer ins Gewicht fällt, da er viel später die englischen Trade Unions, wie er behauptet, aus eigener Anschauung kennen gelernt hat. Für seine Ansicht beruft er sich auf zwei Industrielle Mr. David Dale und Mr. Mather. Von Mr. David Dale habe ich Ihnen bereits gesagt, daß dieser hochbejahrte Mann, er ist in der Zwischenzeit gestorben, mit seinen Erinnerungen in längst vergangenen Zeiten lebte. Ich kenne auch Mr. Mather, den Besitzer der weltberühmten Maschinenfabrik Mather & Platt in Salford bei Manchester. Ich habe sein Werk gesehen und mit meinen Genossen der bereits erwähnten Kommission in seinem Hause, im folgenden Jahre in London mit ihm eingehend verhandelt. Mr. Mather ist Maschinenbauer, aber in der Hauptsache Politiker und zwar radikales Parlamentsmitglied. Er steht sich als solches ausgezeichnet mit der Amalgamated Society of Enginees, der Trade Unions der Maschinenbauer, der seine Leute angehörten. Es war ein Gegenseitigkeitsverhältnis; sie gaben ihm ihre Stimmen und er vertrat ihre Interessen im Parlament. Denn eine Arbeitervertretung im deutschen Sinne des Wortes im englischen Parlament, ist erst eine Erscheinung der allerjüngsten Zeit. Mr. Mather ist der Industrielle, der den bekannten Versuch mit dem Achtstundentag gemacht hat, um die Einführung desselben in der ganzen Maschinenindustrie Englands zu bewirken. Dieser Versuch erstreckte sich auf die Dauer eines Jahres. Nach Ablauf desselben veröffentlichte Mr. Mather eine Broschüre, in der er mit reichem ziffermäßigen Material bewies, daß in dem abgelaufenen Jahre mit einer Arbeitszeit von 8 Stunden nicht nur das gleiche wie im Durchschnitt vorhergegangener Jahre, sondern sogar etwas mehr geleistet worden sei. Das Geheimnis dieses günstigen Verlaufes wurde aber von der anderen Seite später aufgeklärt. Ich erwähnte schon, daß Mr. Mather ausgezeichnet mit der Trade Union der Maschinenbauer stand. Diese war an dem günstigen Ausfall des Mather'schen Versuches deswegen außerordentlich interessiert, weil er die allgemeine Einführung des langersehnten Achtstundentags herbeiführen konnte. Die Trade Union hatte daher ihre besten Leute zur Durchführung dieses Versuches gestellt, die mit äußerstem „spurt" d. h. mit Anstrengung aller ihrer Kräfte und Energie, das Jahr hindurch gearbeitet hatten. Dieser Versuch wurde von der englischen Maschinenindustrie zurückgewiesen. Nur von ein oder zwei anderen Maschinenfabriken wurde mit Rücksicht auf ihn der Achtstundentag eingeführt.

Als Vorbild des Geschäftsführers einer englischen Trade Union bezeichnete Professor Sombart einen Mr. Knight in Glasgow, zu seiner Zeit Sekretär der Boilermakers Society. Auch diesen Herrn kenne ich. Er war, wenn ich nicht irre Sekretär der Amalgamated Society of Engineers. Der Besuch bei diesem Herrn steht mir noch deutlich vor Augen. Er ließ sich durch unseren Eintritt in seiner Arbeit nicht stören und als wir in unserer höflichen deutschen Manier fragten, ob wir den Vorzug hätten Mr. Knight zu sprechen, sagte er kurz: „I am Knight." Ich werde das ungeheure Selbstbewußtsein nicht vergessen, das in diesem „I am Knigth" lag. Der Mann hatte auch alle Ursache dazu, denn hinter ihm stand eine furchtbare Macht. Er widmete uns nur kurze Zeit und verwies uns an seine Gehilfen. Diese waren gesprächiger. In ihrem Streben, uns ein möglichst imposantes Bild von den Vorzügen und der Bedeutung ihrer Trade Unions und deren Institutionen zu geben, haben sie uns wohl mehr gesagt als dem Mr. Knight lieb gewesen wäre, wenn er es gehört hätte.

Sombart spricht von der straffen Disziplin, welche von den Trade Unions und ihren Mitgliedern auch im Interesse der Arbeitgeber ausgeübt werde. Nach dem bekannten Werke der Sidney und Beatrice Webb führt er unter anderem folgende Beispiele von Strafen an, die von dem Vorstande der Trade Unions ihren Mitgliedern auferlegt worden seien:

F. F., Vorarbeiter, weil er zugleich zwei Aufträge in Hayes übernommen hatte, 40 sh.

T. B., Plattennieter, weil er die Arbeit der Plattenleger verrichtete, 10 sh.

J. J., Plattennieter, weil er die Arbeit der Plattenleger verrichtete, 20 sh.

H. R. wegen übermäßiger Ueberarbeitszeit 30 sh.

Die Naivität, mit der Professor Sombart diese Beispiele anführt ist wirklich köstlich, denn er hat augenscheinlich keine Ahnung davon, daß er damit die Beweise für zwei der größten Schattenseiten der Trade Unions liefert. Daß die Plattennieter T. B. und J. J. mit 10 bezw. 20 sh bestraft sind, weil sie die Arbeit der Plattenleger verrichtet haben, bezeugt, daß die Trade Unions die Arbeit ihrer Mitglieder in fast noch schmählicherer Weise eingeengt haben, wie die Zünfte im deutschen Mittelalter, in denen beispielsweise ein Handschuhmacher, der lederne Handschuhe anfertigte, nicht Pelzhandschuhe machen durfte, weil dies Kürschner- oder Weißgerberarbeit war. In ganz gleicher Weise haben die Trade Unions das Arbeitsgebiet der einzelnen Gruppen der Arbeiter eingeengt. Ueber die derart gezogenen Grenzen dürfen sie nicht herausgehen. Der Plattennieter durfte keine Platte anlegen, selbst wenn der Arbeitgeber wegen solcher Arbeiten in der größten Verlegenheit ist. Diese zum großen Schaden der englischen Arbeitgeber gereichende verwerfliche Praxis der Trade Unions wird durch die vom Professor Sombart angeführten Beispiele klar aufgedeckt. Was bedeutet es ferner, wenn der Arbeiter H. R. wegen übermäßiger Ueberarbeitszeit mit 30 sh gestraft wird. Es beweist, daß die Trade Unions auch mit voller Berechnung die Leistung des einzelnen Arbeiters beengten. Der Arbeiter soll nur ein bestimmtes mittleres Maß von Arbeit leisten, an den Maschinen wie auch sonst, um den Bedarf an Arbeitern zu steigern und dadurch die Löhne in die Höhe zu treiben. Es ist das bekannte Prinzip des Cacanny. Ich darf für mich in Anspruch nehmen, bei meiner zweiten Studienreise nach England im Jahre 1890 diesem Gebahren der Trade Unions auf den Grund gekommen zu sein und die Kenntnis davon in Deutschland verbreitet zu haben. Daß Professor Sombart diese Beispiele angeführt hat zeigt, daß er nur sehr oberflächliche Kenntnis von dem Wesen und dem Streben der Trade Unions in England erlangt hatte. Denn wenn er eine Ahnung von diesen Sachen gehabt hätte, würde er sich wohl gehütet haben diese Beispiele zu veröffentlichen.

Nachdem Professor Sombart die englischen Trade Unions bis in den Himmel gehoben hatte, stimmt er ein Klagelied an über die noch immer geringe Entwickelung der deutschen Gewerkschaften. Er sagt:

> „Welcher Abstand gegen England! Und was noch schwerer wiegt: wie klein steht die Gewerkschaftswelt heute noch in Deutschland da, wie gering sind ihre Machtmittel, wie bedeutungslos erscheint sie gegenüber dem Stirnrunzeln der Großen und Mächtigen im Reiche des Kapitalismus! Wie unbegrenzt rücksichtslos kann noch heute in den meisten deutschen Industrien der junkerlich ausstaffierte Fabrikabsolutist die Stimmungen in „seiner“ Arbeiterschaft mit überlegenem Lächeln ignorieren, als wären sie überhaupt nicht

in dieser Welt. Ignorieren, gar nicht sehen, als Luft betrachten — viel schlimmer als wenn er wenigstens gegen sie schon raste. Aber was ist einem Krupp, einem Stumm heute noch der Verband der Metallarbeiter? Luft. Es gibt kein anderes Wort dafür."

Auch hier wieder die gegen die Arbeitgeber hetzende Ausdrucksweise des sozialdemokratischen Versammlungsredners.

Professor Sombart bespricht sodann die Hindernisse, die der Entwickelung der Gewerkschaftsbewegung in den Weg gestellt worden sind, besonders die von der Regierung ergriffenen Maßnahmen und sagt:

„Will man in dem Verhalten der staatlichen Gewalten eine Ursache der Rückständigkeit der deutschen Gewerkschaftsbewegung erblicken, so wäre mit mehr Grund fast als die Unterdrückungspolitik die Eigenart der amtlichen Sozialpolitik anzuführen. Ich meine die Ablenkung der Arbeiterschaft von der selbstherrlichen Vertretung ihrer Interessen durch die staatliche Zwangsversicherung. Erschien ja doch den geistigen Vätern dieser Gesetze — den Bismarck-Stumm — als das eigentlich durch sie zu erreichende Ziel die Mundtotmachung der Arbeiterschaft, die Ertötung jeder selbständigen Regung und die künstliche Züchtung einer staatserhaltenden Zufriedenheit in den Kreisen der Arbeiter. Getreu dem Motto:

„Vertrauet Eurem Magistrat,
Der fromm und liebend schützt den Staat
Durch huldreich hochwohlweises Walten;
Euch ziemt es, stets das Maul zu halten."

So spricht ein deutscher Professor der Nationalökonomie, ein Lehrer der künftigen Staats- und Verwaltungsbeamten, von der Sozialpolitik des großen Kaisers und seines unvergeßlichen Kanzlers, so von der deutschen Sozialpolitik, den Arbeiterversicherungsgesetzen, durch welche jetzt im Jahre über 500 Millionen, täglich fast $1^1/_2$ Millionen, für die Arbeiter aufgebracht werden, durch welche im letzten Jahre 2 Millionen Personen allein aus der Unfall- und Invalidenversicherung mit Renten und Unterstützungen versorgt worden sind. Wenn das Ziel des großen Kaisers, die Versöhnung der Sozialdemokratie mit unserer Wirtschafts- und Gesellschaftsordnung herbeizuführen, bis jetzt auch nicht erreicht worden ist, so ist doch unendlich viel Jammer und Elend damit aus der Welt geschafft, so sind doch Ströme von Tränen getrocknet worden. Wahrlich, ein deutscher Professor sollte anders über Institutionen denken und urteilen, die eines der höchsten Ruhmesblätter in der deutschen Geschichte füllen.

Sombart behauptet weiter, daß mit dem kapitalistischen Wirtschaftssystem die wachsende ökonomische Abhängigkeit der großen Mehrzahl der Menschen von den kapitalistischen Unternehmungen in die Welt gekommen ist. Dagegen erscheint als Helfer die Gewerkschaftsbewegung. Er sagt:

„Sie ist es nämlich, die es möglich macht, die großen Härten der zunehmenden Verunselbständigung des Arbeiters zu mildern, indem sie uns eine neue Form industrieller und kommerzieller Arbeiterorganisationen zu schaffen verspricht, die konstitutionelle.“ .... „Und wie ich schon früher einmal angedeutet und hier noch einmal ausdrücklich hervorheben möchte: der innerste Kern des Streites um das Gewerkschaftsvereinsproblem ist der Kampf um industriellen Konstitutionalismus gegen industriellen Absolutismusmus oder Feudalismus.“*)

Hier vertritt Sombart vollständig das Streben der Sozialdemokratie, den Arbeitgeber aus seiner berechtigten Stellung herauszudrängen, ihm in Abhängigkeit zu bringen von dem Parlament seiner eigenen Arbeiter, durch die sogenannte konstitutionelle Fabrik.

Diese Belege mögen genügen, um die Seelenverwandtschaft des Professor Sombart mit der Sozialdemokratie zu erweisen.

In dieser Beziehung aber möchte ich zum Schluß noch ein Urteil des „Vorwärts“ über Professor Sombart anführen. Der „Vorwärts“ bespricht in seiner Nummer 196 vom 24. August d. J. das Sombart'sche Buch „Sozialismus und soziale Bewegung“. Es umfaßt auch eine Reihe von ihm gehaltener Vorträge. Das Buch ist in fünfter Auflage und mit der stolzen Reklamenotiz vierundzwanzigstes bis dreiunddreißigstes Tausend in die Welt geschickt, hatte also, wie der „Vorwärts“ sagt, 24000 Leser gefunden. Der „Vorwärts“ wundert sich darüber, da das Buch nach seiner Ansicht nichts Neues enthält. Was darin stehe, habe sich die „kleinste sozialdemokratische Provinzzeitung“ an den Schuhsohlen abgelaufen; freilich sei es in gewissem Sinne eine Offenbarung für die Bourgeois. Im übrigen wirft der „Vorwärts“ dem Professor Sombart eine unglaubliche Oberflächlichkeit vor. Dann aber attestiert er dem Herrn Professor den von ihm eingenommenen sozialistenfreundlichen Standpunkt, erhebt aber gegen ihn den schweren Vorwurf, daß er den Mantel nach dem Winde hänge und mit verschiedenen Zungen spreche. Es heißt in dem Artikel:

„Alles in allem ist aber Sombarts Schrift weit eher geeignet, des Lesers eigenes Denken einzulullen, als es zu wecken und anzuregen. Ja, es kann in gewisser Hinsicht gefährlich werden, weil

*) Im Original im Druck hervorgehoben.

der Verfasser sich durchweg auf einen so sozialistenfreundlichen Standpunkt stellt, daß der unbefangene Leser leicht zu dem Wahn verführt werden kann, was ihm hier geboten werde, sei die Lehre der Sozialdemokratie. Wir haben schon neulich Gelegenheit genommen, auf den krassen Widerspruch hinzuweisen, zwischen dem, was Herr Sombart in diesem Buche sagt, und dem, was er z. B. auf dem letzten christlichen Gewerkschaftskongreß zu Breslau von sich gegeben hat. Das legt den Verdacht nahe, daß Sombart seine Worte nach seinen Hörern richtet und weiter kein Ziel kennt, als diejenigen für sich einzunehmen, an die er sich gerade wendet. In dem Buch wirft er dem Sozialismus und auch der Sozialdemokratie — abgesehen natürlich von den „orthodoxen Altmarxisten" — fortgesetzt Schmeicheleien an den Kopf, bezeichnet er ziemlich unverblümt die Durchtränkung der Arbeiterbewegung mit Sozialismus als ein großes Verdienst; in Breslau, wo er zu den Christlichen redet, bedauert er die Zersplitterung der Arbeiterbewegung und bezeichnet als Störenfriede die Sozialdemokraten, weil sie durchaus nicht ihre Weltanschauung draußen lassen! Wer so den Mantel nach dem Winde trägt, darf sich nicht wundern, wenn man mißtrauisch wird. Dies veranlaßt uns, die Genossen geradezu zu warnen."

Ich bin an das Ende meines Vortrages gelangt. Ich habe Ihnen den Professor Sombart vorgeführt, weil ich in ihm die Verkörperung des jetzigen Kathedersozialismus erkenne. Dieselben Ansichten, mehr oder weniger lebhaft und deutlich pointiert, werden von den meisten jüngeren Professoren der Nationalökonomie, die sich heute zum Kathedersozialismus bekennen, gelehrt und vertreten. Mir ist nicht bekannt, daß von den Aelteren jemals in Schrift oder Wort eine Mißbilligung über die Lehren, das Auftreten bezw. die Sprache und die Schrift dieser jüngeren Herren geäußert worden ist. Bei der Generalversammlung der Kathedersozialisten in Mannheim, tadelte Schmoller, freilich in sehr gelinder Weise, das radikale Auftreten des Pastor Naumann; dieser gehörte aber nicht zu dem Kreise der zünftigen Nationalökonomen.

Der Kathedersozialismus ist, mit einem Wort, nahe an die Sozialdemokratie herangerückt und sein Wirken ist Beschönigung und Verbreitung der sozialdemokratischen Lehren und Grundanschauungen. Darin liegt eine große Gefahr für den Staat und die Gesellschaft; denn wir müssen uns immer vor Augen halten, daß diese, im übrigen außerordentlich gelehrten, fast ausnahmslos mit einer glänzenden, packenden und bestrickenden Eloquenz ausgestatteten Herren, mit wenigen Ausnahmen die akademischen Lehrstühle der Volkswirtschaft beherrschen, also die Lehrer unserer akademischen Jugend, und was ich als das bedenklichste ansehe, unserer angehenden Staats- und Verwaltungsbeamten sind.

Ich nehme für mich in Anspruch, daß ich dem Kathedersozialismus in seiner ursprünglichen Form voll gerecht geworden bin; heute betrachte ich ihn als einen Krebsschaden an unserem Staats- und Gesellschaftskörper.

Zu dem vorstehenden Vortrage ist u. a. folgendes Material benutzt worden:

Preußische Jahrbücher. 30. Band, 2. Heft, August 1872.

Preußische Jahrbücher. 34. Band, 1. Heft, Juli 1874.

Preußische Jahrbücher. 34. Band, 3. Heft, September 1874.

Verhandlungen der Eisenacher Versammlung zur Besprechung der sozialen Frage am 6. und 7. Oktober 1872. Leipzig. Duncker und Humblodt. 1873.

Werner Sombart, Professor an der Universität Breslau. Sozialismus und soziale Bewegung des 19. Jahrhunderts. Jena. Gustav Fischer. 1896.

Karl Theodor Reinhold. Die bewegende Kraft der Volkswirtschaft. Leipzig. C. L. Hirschfeld. 1898.

Werner Sombart, Professor an der Universität Breslau. „Dennoch". Aus Theorie und Geschichte der gewerkschaftlichen Arbeiterbewegung. Jena. Gustav Fischer. 1900.

Handwörterbuch der Staatswissenschaften. 2. Aufl. 3. Band. Jena. Gustav Fischer. 1900.

Dr. Rudolf Klemperer. Die deutsche Freihandelspartei zur Zeit ihrer Blüte. Jena. Gustav Fischer. 1903.

Julius Junior. Die Herren Kathedersozialisten. Berlin. Deutscher Verlag. 1905.

Dr. jur. Eugen Böllinger. Demokratie und Zukunft. Berlin. Hermann Walter. 1906.

Verhandlungen des Vereins für Sozialpolitik. Leipzig. Duncker und Humblodt. 1906.

Dr. Else Conrad. Der Verein für Sozialpolitik und seine Wirksamkeit auf dem Gebiete der gewerblichen Arbeiterfragen. Jena. Gustav Fischer. 1906.

V.

Beschlüsse

des Ausschusses des Centralverbandes Deutscher Industrieller in der Sitzung am 17. November 1906.

1. Zum Eigentumsvorbehalt an Maschinen:

„Der Centralverband Deutscher Industrieller erkennt an, daß für verschiedene Industriezweige, insbesondere die Maschinen-Industrie, der Verkauf gegen Eigentumsvorbehalt ein zweckmäßiges und in vielen Fällen für den Geschäftsabschluß notwendiges Sicherungsmittel des Verkäufers ist, das auch sozial insofern von nicht geringer Bedeutung ist, als es dem kapitalschwachen tüchtigen Industriellen die Begründung einer selbständigen Existenz erleichtert.

Die Rechtsprechung des Reichsgerichts hat den Eigentumsvorbehalt in den meisten Fällen wirkungslos gemacht, eine gesetzliche Aenderung des jetzigen Rechtszustandes, der zu einer unbilligen Bevorzugung insbesondere des Grundeigentümers, dessen Rechtsnachfolgers, der Konkursgläubiger, sowie der Realgläubiger gegenüber den Lieferern von Maschinen geführt hat, erscheint daher im berechtigten Interesse der Industrie dringend geboten."

2. Zur Aenderung des § 63 H. G. B. betreffend die Angestellten im Handel und in der Industrie:

„Der Centralverband Deutscher Industrieller sieht sich gezwungen, gegen den Antrag Bassermann betreffend die Abänderung des § 63 H. G. B. die schwersten Bedenken zu erheben. Soll der Absatz 1 des § 63 H. G. B. zwingende Rechtskraft erhalten, so darf dies nur geschehen, wenn der Absatz 2 dahin abgeändert wird, daß der Handlungsgehilfe verpflichtet ist, sich auf das ihm im Absatz 1 bis zur Dauer von 6 Wochen gewährleistete volle Gehalt denjenigen Betrag anrechnen zu lassen, der ihm für die Zeit seiner Verhinderung aus einer Kranken- und Unfallversicherung zukommt, sofern der Arbeitgeber zu diesen Versicherungen beigetragen hat. Die im Antrage Bassermann geforderte Zuwendung des vollen Gehalts neben den Bezügen aus der Kranken- und Unfallversicherung muß, abgesehen von ihrer nicht zu unterschätzenden sozialpolitischen Tragweite, schon aus sittlichen Gründen als verwerflich und als dem allgemeinen Gerechtigkeitsgefühl widersprechend erachtet werden."

3. Zu den im Reichstage eingebrachten Anträgen betreffend die rechtliche Stellung der technischen Angestellten:

„Der Centralverband Deutscher Industrieller erkennt die bedeutsame Stellung, welche den technischen Angestellten in der deutschen Industrie zukommt, sowie die verdienstvolle Mitwirkung der Angehörigen dieses Berufsstandes an der erfolgreichen Entwickelung der deutschen Industrie in vollem Maße an. Er widerstrebt auch keinesfalls der Verbesserung ihrer rechtlichen Stellung im Einzelnen, stellt jedoch das Vorhandensein erheblicher Mißstände auf diesem Gebiete entschieden in Abrede. Er hält aber die zwischen den einschlägigen gesetzlichen Bestimmungen der Gewerbeordnung einerseits und des Handels-Gesetzbuches andererseits bestehenden Abweichungen zum größten Teile für begründet durch die Verschiedenheit der beruflichen Stellung beider Kategorien von Angestellten, und erachtet die durch die Bassermann'schen Anträge erstrebte **schematische** Gleichstellung der technischen mit den kaufmännischen Angestellten für überaus bedenklich, zum Teil auch geradezu für unvereinbar mit Lebensinteressen der Industrie."

VI.

Geschäftsbericht

für die Zeit vom 5. Mai 1905 bis zum 20. Juni 1906.

Seit der am 5. Mai 1905 abgehaltenen Delegiertenversammlung sind dem Centralverband Deutscher Industrieller die nachstehenden Vereine als Mitglieder beigetreten:

Ziegeleibesitzer-Verein zu Berlin,
Verkaufsstelle des deutschen Kupferrohrverbandes, Köln,
Handelskammer Schweidnitz,
Verkaufsstelle des Verbandes deutscher Drahtstiftfabrikanten, Berlin,
Deutsche Teerproduktenvereinigung,
Verein für den Verkauf von Siegerländer Roheisen, Siegen i. W.,
Spinnereivereinigung Rheydt, E. V.,
Verband von Großgasmaschinen-Fabrikanten, Nürnberg,
Verband der Dampfkraftmaschinen-Fabrikanten, Nürnberg,
Verband deutscher Preßhefefabrikanten, Berlin,
Verein für die gemeinschaftlichen Interessen des Hannoverschen Kalibergbaus, Hannover,
Verband deutscher Kognakbrennereien,
Bayerischer Industriellenverband, München,
Verkaufsstelle für gewalzte und gepreßte Bleifabrikate, Köln,
Stanzblech-Verband, Hagen i. W.,
Verband deutscher Kokosindustrieller, Hervest-Dorsten,
Verband deutscher Maschinenfabrikanten für Brauerei- und Mälzereianlagen.

Dem Centralverband gehören nunmehr 181 körperschaftliche Mitglieder an.

Eine eingehende Darstellung der Wirksamkeit des Centralverbandes, insbesondere auf dem Gebiet der Sozialpolitik ist in dem von dem Geschäftsführer im Juni 1905 herausgegebenen 2. und 3. Band der Geschichte des Centralverbandes enthalten, worauf wir auch an dieser Stelle unsere Leser und Freunde des Centralverbandes aufmerksam machen möchten.*)

Eine programmatische kurze Schilderung über die bisherige 30jährige Tätigkeit des Centralverbandes hat ferner der Geschäftsführer in einer Festschrift, welche in der Delegiertenversammlung in Nürnberg zur Verteilung gelangte, entworfen.**) Seit der Delegiertenversammlung vom 5. Mai 1905 haben 7 Sitzungen des Direktoriums stattgefunden.

Der Verkehr zwischen den Behörden und dem Centralverband ist auch in dieser Berichtsperiode fortlaufend und lebhaft gewesen; die dem Centralverband zugegangenen Mitteilungen seitens des Reichskanzleramtes, des Ministeriums für Handel und Gewerbe, des Reichsamtes des Innern sind, wo es angezeigt erschien, durch Rundschreiben verbreitet oder auch in unserem Organ, der „Deutschen Industrie-Zeitung", bekanntgegeben worden; wo aber der vertrauliche Charakter eine solche Verbreitung nicht zuließ, ist den Interessenten in anderer geeigneter Weise Kenntnis gegeben. Es sind ferner Gutachten von dem Centralverband eingefordert worden, die er in entsprechender Weise abgegeben hat.

Auf dem Gebiet der Handelspolitik hat der Centralverband bezüglich der Neuregelung unserer Handelsbeziehungen zu den Vereinigten Staaten von Amerika die Wünsche der Industrie in wiederholten Eingaben den maßgebenden Stellen unterbreitet. Er ist auch seitens der „Interessengemeinschaft" — bestehend aus der Centralstelle für Vorbereitung von Handelsverträgen, dem Bunde der Industriellen und dem Centralverbande Deutscher Industrieller — in einer solchen vom 7. Februar d. J. bei dem Herrn Reichskanzler nochmals vorstellig geworden. Auf Antrag des Vereins der deutschen Zuckerindustrie hat ferner der Centralverband beantragt, daß der

---

*) Der Centralverband Deutscher Industrieller 1876 bis 1901 vom Geschäftsführer H. A. Bueck, Berlin. J. Guttentag, Verlagsbuchhandlung, G. m. b. H., Band I bis III.

Diese Bände können von den Mitgliedern durch die Geschäftsführung zu dem Vorzugspreise von je 5 M. bezogen werden.

**) Der Centralverband Deutscher Industrieller und seine 30jährige Arbeit von 1876 bis 1906. H. A. Bueck, Berlin. 1906. J. Guttentag, Verlagsbuchhandlung, G. m. b. H. Diese Schrift kann zu einem Vorzugspreise von 0,40 M. von der Geschäftsstelle bezogen werden.

deutsche Rübenzucker bei der Einfuhr nach den Vereinigten Staaten von Amerika nicht ungünstiger behandelt werde als der Rohrzucker.

Auch bezüglich der Neuregelung unserer Handelsbeziehungen zu Schweden, Spanien, Portugal und Argentinien hat der Centralverband die Wünsche der Industrie in einer Reihe von Eingaben den maßgebenden Behörden unterbreitet.

Von dem Verein Deutscher Papierfabrikanten wurde dem Direktorium ein Antrag auf die Einführung des Lumpenausfuhrzolles zur Befürwortung unterbreitet. Das Direktorium beschloß in seiner Sitzung vom 30. April d. J., sich gegen die Einführung eines jeden Ausfuhrzolles von dem Standpunkt des Gesamtinteresses der deutschen Industrie auszusprechen, da die deutsche Volkswirtschaft in ihren wichtigsten Zweigen auf die ungehinderte Zufuhr von Rohmaterialien aus dem Auslande angewiesen ist und man daher die Hand zur Wiederaufnahme des früheren Systems der Ausfuhrzölle nicht bieten könnte, da dadurch Deutschland Repressalien, die uns schwer zu schädigen geeignet seien, wachrufen würde.

Auf Antrag der Vereinigung sächsischer Spinnereibesitzer Chemnitz haben mit Vertretern von 12 Vereinen der Textilindustrie und 8 Handelskammern kommissarische Verhandlungen über die Abänderung einiger die Baumwollindustrie betreffender Positionen des Zolltarifs vom 25. Dezember 1902 stattgefunden. Die von dieser Kommission einstimmig angenommenen Anträge sind dem Bundesrat in einer Eingabe vom 5. Februar 1906 unterbreitet worden. Ferner hat der Centralverband eine Reihe von Gutachten über Anträge, betreffend den Veredlungsverkehr, z. B. den Veredlungsverkehr mit Stanzblechen, Veredlungsverkehr mit Papierfabrikaten 2c. an die Behörden erstattet.

Aus dem Kreise der Mitglieder wurde angeregt, eine Kommission von Sachverständigen zu einer Studienreise nach Ostasien, insbesondere nach Japan und China, zur Förderung des Exports zu entsenden.

Das Direktorium beschloß, um die Wünsche der Mitglieder in dieser Beziehung näher kennen zu lernen, ein Rundschreiben zu erlassen. Das Ergebnis dieser Rundfrage war, daß sich nur drei Vereine und fünf Einzelmitglieder für die Entsendung einer solchen Kommission aussprachen und materielle Beihilfe gewähren wollten. Infolgedessen beschloß das Direktorium, von der Veranstaltung einer solchen Studienreise nach Ostasien gänzlich abzusehen.

Infolge des eingetretenen Mißverhältnisses zwischen der Weltproduktion von Kautschuk und Guttapercha und dem Weltkonsum hatte der Centralverband eine Versammlung der Interessenten an der Kultur von Kautschukpflanzen am 6. Mai 1905 abgehalten, in der beschlossen wurde, im Verein mit dem Kolonialwirtschaftlichen Komitee und dem Centralverein deutscher Kautschukwarenfabriken bei der Kolonialabteilung des Auswärtigen Amts zu beantragen, daß in dem Etat 1906 des Schutzgebietes Neu-Guinea ein Betrag von 25000 M. für Förderung der Kautschuk- und Guttaperchagewinnung durch das Kolonialwirtschaftliche Komitee eingesetzt und zugleich in Aussicht gestellt würde, einen gleichen Betrag zu dem gleichen Zwecke in die Voranschläge 1907 und 1908 einzustellen. Die Kolonialabteilung des Auswärtigen Amts hat hierauf dem Centralverband unter dem 5. Juli mitgeteilt, daß sie diesem Antrage entsprechen werde.

Von einer Mitgliedsfirma wurde folgender Antrag, betreffend Aenderung des Patentgesetzes, dem Direktorium unterbreitet: Gegenwärtig gehörten die Klagen wegen Patentverletzung vor die ordentlichen Gerichte. Der Richter sei in diesen Fällen auf das Gutachten von Sachverständigen angewiesen; es sei schwer, immer ein objektives sachkundiges Gutachten zu erlangen und namentlich eine einstweilige Verfügung zu erwirken. Die genannte Firma beantragte daher, im Anschluß an den Vorschlag des Patentanwalts M. Schütze-Berlin, das Patentgesetz dahin zu ändern, daß eine neue Feststellungsabteilung bei dem Senat des Patentamtes gebildet würde, welche über die Klagen der Patentverletzung entscheiden soll.

Das Direktorium beschloß, eine Kommission zur Beratung über die mit der Reform des Patentgesetzes zusammenhängenden Fragen einzusetzen.

Auf dem Gebiete des Verkehrswesens ist das Direktorium auf Anregung des Vereins deutscher Jute-Industrieller und des Vereins deutscher Portlandzementfabrikanten bei der Ständigen Tarifkommission der deutschen Eisenbahnen gegen die eisenbahnseitig in die Wege geleiteten Erschwerungen der Beförderung stark staubender Güter vorstellig geworden.

Hierauf ist dem Centralverbande von zuständiger Seite die Antwort erteilt worden:

Der gegen den ursprünglichen Antrag bereits erheblich gemilderte Beschluß der Ständigen Tarifkommission bedarf zu seiner endgültigen Durchführung noch der Genehmigung der Generalkonferenz der deutschen Eisenbahnverwaltungen, deren Tagung im Dezember d. J. abzuwarten sein wird. In der Zwischenzeit habe der preußische Landeseisenbahnrat folgende Aenderung der in Rede stehenden Bestimmungen empfohlen:

„Leere Umhüllungen, die zur Beförderung von stark staubenden Gütern benutzt worden sind, werden zur Beförderung als Stückgut nur dann angenommen, wenn sie genügend ausgeklopft oder in staubdichten Umhüllungen, wie Kisten, Fässern, oder Säcken verpackt sind."

Es sei nicht ausgeschlossen, daß die Generalkonferenz der deutschen Eisenbahnen sich für diesen Vorschlag des Landeseisenbahnrats erklärt.

Auf Antrag des Vereins der Deutschen Zuckerindustrie beschloß das Direktorium in einer Eingabe bei dem preußischen Herrn Minister der öffentlichen Arbeiten die Aufhebung der sogenannten Anschlußfracht (Ueberführungsgebühr, Anrückegebühr), welche die Inhaber von Privatanschlüssen zu entrichten haben, zu beantragen, sowie die Herabsetzung der Abfertigungsgebühren für alle Massengüter, die auf Gleisanlagen der Abnehmer oder Empfänger verladen oder entladen werden, zu befürworten.

Der Centralverein für Hebung der Fluß- und Kanalschiffahrt hatte an den Centralverband die Anfrage gerichtet, ob er es für zweckmäßig halte, eine gesetzliche Festlegung des zulässigen Mindergewichtes verfrachteter Güter in Binnenschiffen zu Gunsten des Schiffers anzuregen.

Das Direktorium beschloß, zunächst in einem Rundschreiben die Ansichten der Mitglieder zu dieser Frage festzustellen. Alsdann hat es sich auf Grund zahlreicher Gutachten unserer Mitglieder gegen eine Festlegung des zulässigen Mindergewichts oder Mindermaßes bei Schiffsfrachten durch den Bundesrat an die einzelnen Centralbehörden der Bundesstaaten ausgesprochen und bei dem Centralverein beantragt, von einer solchen Eingabe an die bezeichneten Stellen abzusehen.

Anläßlich der Einführung eines Neunstundentags in den Werkstätten der Königlichen Eisenbahndirektionen ist der Herr Minister der öffentlichen Arbeiten seitens der „Interessengemeinschaft" gebeten worden, vor irgend welchen Aenderungen in dem Arbeitsverhältnis der in staatlichen Betrieben beschäftigten Arbeiter, die rückwirkend in irgend einer Weise in die Verhältnisse der Privatindustrie eingreifen könnten, Sachverständige aus dem Kreise der alle Industrien vertretenden Interessengemeinschaft zu hören.

Der Herr Minister hat hierauf unter dem 31. März 1905 erwidert, daß er sich vorbehalte, auf diese Anregungen der Interessengemeinschaft zurückzukommen, wenn es sich darum handelt, Neuerungen von grundsätzlicher und erheblicher Bedeutung bei der Staatseisenbahnverwaltung einzuführen, von denen bei gleichen Voraussetzungen eine berechtigte Rückwirkung auf die Betriebs- und Arbeitsverhältnisse der verwandten Privatindustrie zu erwarten ist.

Auf Wunsch des Verbandes deutscher Färbereien und chemischen Waschanstalten hatte das Direktorium in einer Eingabe vom 24. Oktober 1905 bei dem Bundesrat beantragt, dem Gewerbszweige der chemischen Waschanstalten gemäß § 139a der Gewerbeordnung die Ueberarbeit mit Arbeiterinnen über 16 Jahre an mehr als 40 Tagen im Jahre bis zu 13 Stunden täglich an so vielen Tagen prinzipiell zu gestatten, daß die tägliche Dauer der Arbeit im Durchschnitt der Betriebstage des Jahres die regelmäßige gesetzliche Arbeitszeit nicht übersteigt. Hierauf ist seitens des Reichsamt des Innern dem Centralverbande unter dem 9. November 1905 mitgeteilt worden, daß diese Eingabe dem Bundesrate vorgelegt worden ist, derselbe habe aber beschlossen, ihr keine Folge zu geben.

Der Verband deutscher Tonindustrieller hat zusammen mit sämtlichen Vereinen der Ton-, Kalk- und Zementindustrie den Herrn Minister des Innern in einer Eingabe gebeten zu veranlassen, daß die von dem Reichsamt des Innern und einer Anzahl Gewerbeinspektoren über die Veränderungen des § 120 e der Gewerbeordnung gefaßten Beschlüsse, soweit sie die Ziegelindustrie sowie die verwandten Industriezweige betreffen, den von ihm vertretenen Vereinen zur Gegenäußerung übermittelt werden. Es wurde dabei darauf hingewiesen, daß sich die Gewerbeinspektoren durch ihre vielseitige Tätigkeit eine große Erfahrung erwerben, aber damit sei noch nicht die Grundlage gegeben, daß sie auch ein absolut sicheres Urteil darüber gewinnen, welche Tragweite die hier in Rede stehenden Bestimmungen für den Betrieb haben können und was der Industrie unbedingt nützt oder schadet. Der genannte Verein bat den Centralverband, diese Angelegenheit zu der seinigen zu machen.

Das Direktorium beschloß, in einer Eingabe bei dem Reichsamt des Innern zu beantragen, daß nicht bloß die vom Verband deutscher Tonindustrieller zur Sprache gebrachte Verordnung, sondern alle auf Grund des § 120 e der Gewerbeordnung erlassenen Verordnungen, nachdem sie fertiggestellt seien, vor ihrer Veröffentlichung den industriellen Körperschaften zur Begutachtung und Geltendmachung ihrer etwaigen Einwände mitgeteilt werden möchten.

Bezüglich der Bestechung der Privatbeamten hatte das Direktorium beschlossen, eine Rundfrage bei seinen Mitgliedern zu veranstalten. Das Ergebnis dieser Erhebungen war, daß in der Tat recht erhebliche Mißstände in den einzelnen Industrien bestehen.

Das Direktorium beschloß, dieses Material dem Reichsamt des Innern zur Kenntnis zu bringen, dagegen ein gesetzgeberisches Vorgehen in dieser Angelegenheit nicht zu verlangen.

Anläßlich der zunehmenden Fleischteuerung ist das Direktorium in seiner Sitzung am 9. Oktober 1905 in eine eingehende Erörterung über das Bestehen und die Gründe der derzeitigen Fleischteuerung, insbesondere bei dem hauptsächlichsten Fleischnahrungsmittel der breiten Volksmassen, dem Schweinefleische, und über die Rückwirkung dieser Teuerung auf die industrielle Arbeiterschaft eingetreten.

Das Direktorium beschloß einstimmig, zunächst in einer schleunigen Eingabe bei dem preußischen Herrn Landwirtschaftsminister die sofortige Zulassung des in dem neuen deutsch-russischen Handelsvertrage in Aussicht genommenen erhöhten Einfuhrkontingents russischer Schweine zu beantragen, sowie ferner bei der bayerischen und sächsischen Regierung zu befürworten, daß das für den 1. März 1906 in dem deutsch-österreichischen Handelsvertrage vereinbarte Einfuhrkontingent österreichischer Schweine alsbald gestattet werde.

Für das in Kufstein zu errichtende Denkmal für den großen Nationalökonomen Friedrich List sind von den Mitgliedern des Centralverbandes 5000 M. aufgebracht und dem Komitee übermittelt worden.

Um verschiedenen Wünschen aus dem Kreise der Mitglieder zu entsprechen, hatte das Direktorium beschlossen, Vergünstigungsverträge mit Versicherungsgesellschaften zu Gunsten seiner Mitglieder abzuschließen, und zunächst mit der Kölnischen Unfall-Versicherungs-Aktien-Gesellschaft in Köln im März d. J. einen solchen Vergünstigungsvertrag getätigt hinsichtlich der Haftpflichtversicherung, Versicherung gegen körperliche Unfälle aller Art, Beamten- und Arbeiter-Kollektivunfallversicherung, Kautions- und Garantieversicherung, Versicherung der vertraglichen Haftpflicht industrieller Betriebe für die Eisenbahnwaggons auf den Anschlußgeleisen, Maschinenversicherung, Glasversicherung, Sturmschädenversicherung, Wasserleitungsschädenversicherung.

Die Tätigkeit der Zollauskunftsstelle des Centralverbandes war in dem Berichtsjahre viel umfassender und bedeutender als in den früheren Jahren gewesen. Das Inkrafttreten der neuen Handelsverträge und der neuen Zolltarife in den Vertragsstaaten hat naturgemäß eine Reihe von Schwierigkeiten und Unklarheiten erzeugt, die unseren Mitgliedern zu berechtigten Beschwerden Anlaß boten. Dem Centralverbande ist es in den meisten Fällen gelungen, diese Beschwerden in den einzelnen Vertragsstaaten mit Erfolg durchzuführen.

Von dem Centralverbande wird jetzt regelmäßig das ihm aus dem Kreise der Baumwollindustriellen des Reichs zugehende Material für die internationale Baumwollstatistik der vereinigten europäischen Baumwollindustriellen gesammelt und bearbeitet.

Druck: Deutscher Verlag (Ges. m. b. H.), Berlin SW. 11.

Kolibri 360 GmbH
Ferdinand-Jühlke-Straße 7
99095 Erfurt, Deutschland
produktsicherheit@kolibri360.de